HISTOIRE
DES
INSTITUTIONS MONARCHIQUES
DANS LE
ROYAUME LATIN DE JÉRUSALEM
1099-1291

PAR

GASTON DODU

ANCIEN ÉLÈVE DE LA FACULTÉ DES LETTRES DE LYON
DOCTEUR ÈS LETTRES

PARIS
LIBRAIRIE HACHETTE ET Cⁱᵉ
79, BOULEVARD SAINT-GERMAIN, 79

1894

HISTOIRE
DES
INSTITUTIONS MONARCHIQUES
DANS LE
ROYAUME LATIN DE JÉRUSALEM
1099-1291

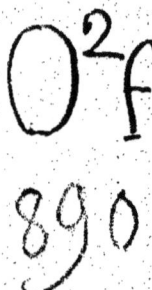

COULOMMIERS
Imprimerie PAUL BRODARD.

HISTOIRE
DES
INSTITUTIONS MONARCHIQUES
DANS LE
ROYAUME LATIN DE JÉRUSALEM
1099-1291

PAR

GASTON DODU

ANCIEN ÉLÈVE DE LA FACULTÉ DES LETTRES DE LYON
DOCTEUR ÈS LETTRES

PARIS
LIBRAIRIE HACHETTE ET Cie
79, BOULEVARD SAINT-GERMAIN, 79

1894

Droits de traduction et de reproduction réservés

A MON MAITRE

Monsieur CHARLES BAYET

ANCIEN PROFESSEUR D'HISTOIRE DU MOYEN AGE A LA FACULTÉ
DES LETTRES DE LYON,
RECTEUR DE L'ACADÉMIE DE LILLE, CORRESPONDANT DE L'INSTITUT.

Hommage
de respectueuse et très reconnaissante affection.

PRÉFACE

Une étude du gouvernement organisé par les Latins dans le royaume de Jérusalem n'est pas seulement intéressante en elle-même; elle se recommande encore à l'attention des savants par l'analogie des institutions fondamentales que les Croisés établirent en Orient avec les institutions de notre pays. Tandis que la royauté capétienne, absorbant les droits souverains des seigneurs, groupait les éléments épars de la nationalité française, la royauté latine portait en Orient, au détriment de la civilisation musulmane, l'influence et les idées de la France. La première a été, dans ces dernières années, l'objet d'une critique aussi attentive qu'éclairée; et le beau livre de M. Achille Luchaire [1]

---

[1]. ACHILLE LUCHAIRE, *Histoire des Institutions monarchiques de la France sous les premiers Capétiens (987-1180)*, 2 vol. in-8, Paris, Imprimerie Nationale, 1re éd., 1883; 2e éd., 1891.

a jeté la plus éclatante lumière sur une époque, auparavant mal connue, de notre histoire nationale. Au contraire, la seconde ne paraît pas avoir attiré, autant qu'elle le mérite, les regards des historiens. Séduits par l'œuvre de conquête, ceux-ci ont un peu négligé l'œuvre d'organisation; ils se sont plus préoccupés de retracer l'histoire même des Croisades que d'étudier les institutions politiques qui devaient en assurer les résultats. En France, aucun travail d'ensemble n'a été consacré à l'histoire intérieure du royaume de Jérusalem; l'ouvrage de Michaud, classique en son temps mais qui ne doit plus être consulté qu'avec défiance, fait moins connaître les organes du gouvernement latin que la lutte séculaire engagée entre Chrétiens et Infidèles[1]. Si les œuvres produites en Allemagne décrivent avec plus de détails, souvent même avec précision, la vie des Chrétiens d'Orient[2], elles n'offrent guère plus de ressources à celui qui veut approfondir l'histoire politique et administrative de la royauté. Des revues fondées soit chez nous, soit chez nos voisins[3], ont pour la première fois mis au jour quelques

---

1. MICHAUD, *Histoire des Croisades*, 1ʳᵉ éd., 1812-1817, rééditée plusieurs fois jusqu'en 1840.
2. Parmi ces œuvres nous citerons de préférence : WILKEN, *Geschichte der Kreuzzüge*, 7 vol. in-8, Leipzig, 1807-1832; KUGLER, *Geschichte der Kreuzzüge*, in-8, Berlin, 1880, 2ᵉ éd. 1891 (collection Oncken); H. PRUTZ, *Kulturgeschichte der Kreuzzüge*, in-8, Berlin, 1883.
3. Telles sont : la *Revue de l'Orient Latin*, dont le premier numéro a paru en 1893; les *Archives de l'Orient Latin*, publiées depuis 1881 et formant aujourd'hui deux volumes; la *Zeitschrift des Deutschen Palaestina-Vereins*, qui vit le jour en 1878.

documents précieux; plusieurs bonnes monographies ont été écrites, surtout depuis vingt ans, sur les principales questions de l'histoire des Croisades [1]; mais aucune étude générale des institutions n'a jusqu'à ce jour été abordée. En l'entreprenant nous avons voulu combler une lacune depuis longtemps signalée à l'attention des hommes d'étude [2].

Nous nous sommes donc proposé dans ce livre d'examiner comment les Latins ont été gouvernés, dans les pays conquis, par les rois de leur race. Nous avons essayé surtout de déterminer la place exacte que la monarchie avait occupée aux yeux des contemporains dans le milieu politique et social où il lui fallut exister et se maintenir. Afin de mieux observer les institutions monarchiques, nous avons laissé à d'autres le soin de faire connaître les institutions d'ordre privé. Comment, dans un pays où la féodalité ne présenta aucune des irrégularités, aucune des contradictions qu'elle offrait en Europe, la royauté put-elle s'accommoder des idées féodales et du régime qui prévalait partout autour d'elle? De quels moyens disposèrent les rois pour gouverner les

---

1. Voir dans notre *Introduction*, p. 68 et suiv., la liste des ouvrages dus à l'érudition moderne.
2. En 1853, Beugnot écrivait : « L'examen des institutions du royaume de Jérusalem et la recherche des causes qui ont favorisé ou contrarié leur affermissement au sein d'une population mêlée d'Européens de tous pays, de Syriens, d'Arabes et de Turcs, est un sujet neuf, très digne d'exciter la curiosité des historiens et qui comblerait une lacune qui se trouve dans toutes les histoires des Croisades. » (*Bibl. de l'Éc. des Ch.*, 3ᵉ série, t. IV, p. 533.)

hommes? Sous quelles formes se produisirent leurs relations avec la société laïque et ecclésiastique? Tel est l'objet du travail que nous présentons aujourd'hui. Puisse ce travail, dont les défaillances et les lacunes frapperont trop souvent sans doute les yeux du lecteur, révéler les causes générales qui entraînèrent dans la décadence puis dans la ruine une domination aussi brillante qu'éphémère!

Mais pour savoir ce que fut la royauté à Jérusalem fallait-il se restreindre à l'étude d'une époque déterminée et choisir, dans la série des rois, un type de préférence à tous les autres? Cette méthode a paru offrir plusieurs inconvénients. Outre que nos informations ne sont pas assez abondantes pour fournir la matière d'un sujet aussi spécial, l'examen d'un point particulier n'aurait pu se faire qu'au préjudice des autres. En considérant par exemple la royauté à l'époque des origines on eût négligé une foule de faits postérieurs précieux à enregistrer; l'histoire de la décadence, en nous apprenant l'usage que firent les rois des moyens de gouvernement mis par les hommes à leur disposition, complète l'histoire des origines; elle nous éclaire sur la force des institutions, sur leur faiblesse, par conséquent sur leur valeur véritable. Si, d'autre part, on eût examiné les attributions du pouvoir royal vers la fin de la domination latine, on eût été exposé à s'en faire une idée fausse. Dans ce cas on eût sacrifié les circonstances qui entourèrent la fondation du royaume de Jérusalem ou les efforts des premiers princes latins pour étendre leurs frontières; n'ayant rien appris de la période de formation, on eût certainement mal connu la période de déclin. Au contraire, en étendant notre sujet depuis la prise de Jérusalem (1099) jusqu'à la chute de Saint-Jean-d'Acre (1291), qui fut aussi celle du royaume latin, nous avons pu tracer un tableau d'ensemble, dégager des idées générales, marquer l'évolution du pouvoir royal, apercevoir les causes qui préparèrent la chute des colonies chrétiennes.

Pour venir à bout d'une tâche ainsi comprise, il était d'abord indispensable de jeter un coup d'œil rapide sur l'état géographique et l'état politique du royaume de Jérusalem. On ne pouvait comprendre la situation faite aux princes latins qu'en commençant par fixer les limites du territoire soumis à leur puissance et caractériser la nature de leurs rapports avec la haute féodalité. — Cela fait, on devait indiquer les caractères généraux et essentiels de la royauté, se demander comment la couronne se transmettait, observer si les droits de l'aristocratie ne mettaient point de limites à l'action du pouvoir souverain. — En troisième lieu, il convenait de prêter attention à l'organisation du plus important service public qui fût dans l'État, le service militaire. La royauté existait surtout par la guerre et pour la guerre. Dans un pays de fondation récente et sans cesse en lutte contre des ennemis étrangers, les règles du service de guerre étaient minutieusement établies. Il était impossible de ne point faire dans cette étude une large place aux institutions d'ordre militaire. — Mais la guerre veut de l'argent. L'argent donne la force. Il fallait donc examiner ensuite la royauté par son côté matériel et financier, faire le dénombrement des revenus de la couronne et dire si ces revenus fournissaient aux rois les ressources nécessaires pour parer aux dépenses publiques. — Puis se présentait l'étude du système judiciaire. A qui appartenait le droit de juger? Au roi ou aux seigneurs? Quelles étaient la composition et la compétence de la Cour des Barons et de la Cour des Bourgeois? Comment étaient rendues les justices royale et seigneuriale? — Enfin on devait se demander si les rois ne trouvèrent point dans l'Église un contre-poids nécessaire à la souveraineté féodale, et si le clergé s'unit à la royauté pour maintenir la domination des Latins dans une contrée conquise au nom de l'Église. De là, pour l'historien, la nécessité d'insister sur l'organisation de la société ecclésiastique, sur l'étendue de sa puissance, sur la nature de ses relations avec le pouvoir laïque.

La longueur et les difficultés d'une telle entreprise n'échapperont à personne. Elles n'ont pas permis que nous éclaircissions une foule de points demeurés obscurs. Nombreuses sont les questions qu'il a fallu renoncer sinon à considérer, du moins à approfondir. Non moins variées les objections auxquelles ce livre reste sujet. Mais s'il est interdit à l'historien de formuler une opinion gratuite, doit-il, lorsqu'il s'aventure dans un domaine où il est à chaque instant exposé à perdre pied, dédaigner les parcelles de vérité que découvrent çà et là ses patientes et attentives recherches? Peut-être certains critiques penseront-ils que nous n'avons pas entièrement satisfait aux exigences de la tâche qui nous incombait. Nous avons du moins la conscience d'avoir recherché et interrogé les principaux documents qui, à un titre quelconque, intéressent notre sujet. La bibliographie raisonnée que, sous forme d'*Introduction*, nous avons placée en tête de cet ouvrage montrera que nous avons eu le souci constant d'être exact. Puis nous avons demandé à ces documents ce qu'ils peuvent donner, heureux qu'ils aient été parfois clairs et abondants. Nous nous estimerons récompensé de notre peine si ce modeste essai contribue à éclairer d'un jour nouveau l'histoire du plus prodigieux mouvement que le monde ait jamais vu.

Mais dès maintenant nous avons à cœur de remercier ceux qui nous ont suivi avec intérêt dans l'accomplissement de notre travail : notre maître, M. Charles Bayet, qui nous a inspiré la première idée de ce livre, et M. Achille Luchaire, qui a bien voulu nous prodiguer ses conseils. Nous prions également M. Ch. Kohler, secrétaire de la *Revue de l'Orient Latin*, bibliothécaire à Sainte-Geneviève, qui nous a guidé avec autant de compétence que d'amitié dans la recherche des documents relatifs aux Croisades, d'agréer l'expression de notre reconnaissance. M. Chotard, bibliothécaire de Niort, dont nous avons souvent mis la complaisance à contribution, voudra bien enfin nous permettre de lui adresser nos sincères remerciements.

HISTOIRE
DES
INSTITUTIONS MONARCHIQUES
DANS
LE ROYAUME LATIN DE JÉRUSALEM
(1099-1291)

INTRODUCTION

LES DOCUMENTS

Nous pouvons diviser en trois catégories les documents qui nous permettent de connaître les institutions politiques du royaume de Jérusalem : les œuvres historiques, les textes législatifs, les chartes. Nous allons passer rapidement chacune d'elles en revue afin de savoir la valeur des renseignements que nous lui devons.

I. — Les Œuvres historiques.

HISTORIENS OCCIDENTAUX. — GRECS. — ARMÉNIENS. — ARABES.

Les historiens dont les témoignages sont précieux à recueillir peuvent se répartir en quatre séries : les Occidentaux, les Grecs, les Arméniens, les Arabes.

Parmi les Occidentaux, Guillaume de Tyr mérite d'être cité en première ligne. Guillaume a reçu une instruction très littéraire. Il connaît non seulement les auteurs du Moyen Age [1], mais aussi ceux de l'antiquité classique. A côté d'Isaïe, Ezéchiel, Jérémie, il cite volontiers Virgile [2], Horace [3], Ovide [4], Térence [5]. Il connaît l'histoire de Tite-Live [6], la Pharsale de Lucain [7], les œuvres de Cicéron [8]. Il cite même Stace [9] et Solin [10]. Il lit et comprend la langue des Arabes [11]. Aussi faut-il se tenir en garde contre ses affectations de modestie. On ne doit pas le prendre au mot lorsqu'il prétend « avoir entrepris un ouvrage au-dessus de ses forces et s'être servi d'un langage indigne de la grandeur des événements [12] ». Ce sont là des artifices de rhétorique fort usités de son temps [13]. A vrai dire,

---

1. Guill. de Tyr, *Historia rerum in partibus transmarinis gestarum*. Édition de 1844 publiée par l'Acad. des Inscr. et Belles-Lettres, liv. I, chap. III, p. 14 (Eginhard, *Vita Caroli*); liv. IV, chap. X, p. 168 (Cassiodore); liv. VII, chap. XXIV, p. 315 (Sozomène).

2. Guill. de Tyr, liv. XI, chap. VI, p. 464; liv. XIII, chap. I, p. 556.

3. Ibid., liv. I, chap. XVI, p. 45; liv. V, chap. IX, p. 209; liv. XIV, chap. VI, p. 614, et chap. XIV, p. 627; liv. XV, chap. V, p. 664.

4. Ibid., liv. XV, chap. XVI, p. 684; liv. XVII, chap. XXVII, p. 806; liv. XVIII, chap. X, p. 833, et chap. XVII, p. 847.

5. Ibid., Prologus, p. 3; liv. XXII, chap. XXV, p. 1117.

6. Ibid., liv. XXIII, Præfatio, p. 1132.

7. Ibid., liv. XIII, chap. I, p. 556.

8. Ibid., Prologus, p. 3 et 4, où l'historien cite le *De Amicitia* et les *Tusculanes*.

9. Ibid., liv. XIV, chap. VII, p. 616.

10. Ibid., liv. VIII, chap. IX, p. 336.

11. Guill. de Tyr (Prologus, p. 3) nous apprend qu'outre l'histoire de la guerre sainte il avait écrit, à la prière d'Amaury Iᵉʳ, roi de Jérusalem, et à l'aide de documents arabes « ipso Arabica exemplaria ministrante », une histoire s'étendant de l'époque de Mahomet à l'année 1184.

12. Ibid., Prol., p. 4 : « Ad impar opus impudenter enitimur, ... ad rerum dignitatem nostra non satis accedit oratio. »

13. Voir Préface d'Albert d'Aix (liv. I, chap. I, p. 271), qui « malgré la faiblesse de ses moyens essaye d'écrire en style simple et sans apprêt ». — Préface de Jacques de Vitry où il est dit que l'auteur « consulte moins ses forces que son zèle ». — Préface de Foucher de Chartres qui s'excuse d'avoir entrepris un ouvrage au-dessus de ses forces. Remarquons

Guillaume a plus de droits à l'admiration du lecteur qu'il n'a besoin de son indulgence [1]. La variété de ses connaissances, la pureté relative de son style le placent parmi les meilleurs écrivains du siècle.

En outre, il a parfaitement connu la société de son temps. Né en Terre-Sainte vers 1127 [2] et promu en 1174 au siège archiépiscopal de Tyr [3], il a vécu au milieu du clergé; il a vu de près les hommes d'Église dont il a pu mieux que personne apprécier les vertus ou déplorer les vices. A cet égard les passages de son Histoire relatifs à l'organisation de l'Église, aux rapports des rois avec les patriarches, sont, pour l'historien, infiniment précieux. D'autre part, confident du roi Amaury Ier, bientôt précepteur du jeune Baudoin IV [4], puis chancelier du royaume de Jérusalem [5], il fut en relations incessantes avec les grands et les rois. Non moins mêlé aux barons qu'aux évêques, il a connu le palais aussi bien que l'Église. Il n'a donc pas seulement écrit en évêque, mais en administrateur, en homme capable de juger le mécanisme gou-

---

d'ailleurs que ces précautions oratoires se retrouvent chez tous les écrivains ecclésiastiques du Moyen Age. Voir : Grég. de Tours, liv. I, Prologue; les préfaces de Fortunatus en tête de ses *Vies des saints*; Sidoine Apollinaire, *Lettre à Gracus*, VII, 2.

1. Guill. de Tyr. Prol., p. 3 : « Ad indulgendum erit proclivior. » P. 6 : « nostræ imperitiæ. »

2. Guill. de Tyr dans la Préface de son livre, p. 4, parle de la Terre-Sainte comme de sa patrie : « Inter tot igitur periculorum insidias et anceps discrimen, tutius fuerat quievisse; silendumque erat, et otium calamis indicendum; sed urgentissimus instat amor patriæ; pro qua vir bene dispositus, etiam si id necessitatis articulus exigat, vitam tenetur impendere. » — Sybel (*Geschichte des ersten Kreuzzuges*, chap. III, p. 103) fait naître Guillaume en Palestine, sans pouvoir indiquer, d'une façon précise, la ville dans laquelle l'historien vit le jour.

3. Guill. de Tyr, liv. XXI, chap. IX, p. 1020.

4. Ibid., liv. XXI, chap. I, p. 1004.

5. Ibid., liv. XXI, chap. V, p. 1012 : « cancellarii nobis tradidit dignitatem. » — H. Prutz (*Kulturgeschichte der Kreuzzüge*, liv. V, p. 460-462) a mis en lumière le rôle politique de Guill. de Tyr sous le roi Baudoin IV.

vernemental avec toute la sûreté que donne une critique judicieuse jointe à une longue expérience des affaires publiques. Il fournit ainsi de nombreux renseignements sur le gouvernement des princes latins, sur l'organisation du palais royal, sur les diverses branches de l'administration, sur l'armée. Il se plaît à faire le portrait des rois de Jérusalem; les développements qu'il consacre à leur costume, à leur cour, sont des plus instructifs. Les discours qu'il met dans la bouche de ses personnages nous éclairent sur l'esprit du temps et les mœurs des hommes. En un mot, c'est une société tout entière, ecclésiastique et laïque, que l'historien fait passer sous nos yeux.

Mais le tableau qu'il trace de la civilisation latine ne l'empêche point d'être attentif aux caractères les plus saillants de la civilisation musulmane. Ce qu'il sait du camp ennemi lui permet de ne se pas renfermer exclusivement dans une description de l'armée chrétienne. Assurément il ne faudrait pas demander à Guillaume de Tyr les abondants détails que donnent sur les Infidèles les écrivains de leur nation. Il n'en est pas moins vrai qu'il a connu le monde arabe mieux qu'aucun autre historien de son temps et de sa foi [1].

La sincérité de ses récits ne paraît guère discutable. On peut objecter que l'évêque de Tyr, comme les autres chroniqueurs latins, a été surtout préoccupé de faire ressortir l'idée religieuse. Il n'y a pas là une raison suffisante pour se défier de ses jugements. Le pieux historien fait preuve d'une véritable indépendance à l'égard du clergé. Ceux des patriarches de Jérusalem qui, par leur

---

[1] SYBEL, *Gesch. des erst. Kreuz.*, chap. III, p. 109.

folle ambition, jetèrent le trouble dans le royaume, ne trouvent guère grâce auprès de lui. L'ardeur de la foi qu'il enseigne n'altère à ses yeux aucun des faits qu'il décrit. Il en coûte à son patriotisme de raconter les revers essuyés par les Chrétiens[1], mais l'historien se doit d'abord à la vérité[2]. Sa crédulité est moins absolue que celle de la plupart des écrivains contemporains, sa bonne foi moins facile à surprendre[3]. Presque toujours son jugement est impartial et droit. Guillaume de Tyr ne dissimule aucun des malheurs qui arrivent aux colonies chrétiennes; et il est celui des historiens latins qui nous fournit sur leur décadence les plus nombreux renseignements.

Cependant Guillaume n'a pas assisté à tous les événements qu'il raconte. Si incontestable qu'ait été sa compétence dans les affaires politiques et religieuses, si éclairé qu'ait pu être son jugement, l'historien fut plus d'une fois obligé de recourir à des témoignages antérieurs. Est-il donc possible de déterminer les sources d'information auxquelles il a puisé? Pour répondre à cette question on doit examiner si l'auteur a lui-même laissé quelques renseignements sur les autorités dont il a fait usage. Guillaume a divisé son œuvre en deux parties bien distinctes : dans l'une qui correspond aux quinze premiers livres et s'étend jusqu'à l'année 1144, il raconte

---

1. GUILL. DE TYR, liv. XXIII, Préface, p. 1132 : « Apta fletibus et lacrymas extorquens nobis se offert lugentis patriæ calamitas et miseria multiformis. »
2. IBID., Prol., p. 3 : « Nam rerum veritatem studiose præterire, et occultare de industria, contra eorum officium esse dinoscitur. »
3. SYBEL (*Gesch. des erst. Kreuz.*, chap. III, p. 129 et 130) remarque que Guillaume a montré une extrême réserve dans l'emploi du merveilleux et s'est appliqué à rechercher les causes naturelles des événements. Voir en effet, pour ne citer qu'un exemple, la manière si différente avec laquelle GUILLAUME (liv. VI, chap. XIV, p. 256) et RAYMOND D'AGILES (chap. X, p. 253) ont raconté la découverte de la Sainte Lance.

des événements qu'il n'a point vus, mais sur lesquels il dit avoir recueilli les traditions les plus détaillées et les plus exactes; dans l'autre, c'est-à-dire dans les huit derniers livres, s'étendant jusqu'à l'année 1184, il expose des faits dont il a été le contemporain [1].

L'attention est tout d'abord attirée sur les documents à l'aide desquels fut composée la première partie de l'œuvre. Guillaume ne fournit aucun renseignement sur les traditions détaillées dont il dit s'être inspiré; toutefois les expressions « *aliorum tantum quibus prisci temporis plenior adhuc famulabatur memoria* » ne font-elles pas entendre qu'il s'agit de traditions orales, transmises de bouche en bouche et conservées dans la mémoire des hommes? Au reste un passage de la *Préface* semble confirmer cette opinion. Après avoir parlé d'un premier ouvrage intitulé *Histoire des Arabes depuis le temps du séducteur Mahomet jusqu'à l'année 1184* et composé par lui à l'aide d'écrits arabes, Guillaume de Tyr avoue qu'il n'a été guidé dans la rédaction de son *Histoire des Croisades* par aucun ouvrage grec ni arabe [2]; il a été instruit seulement par les traditions. Les mots « *præducem scripturam* » opposés aux mots « *solis traditionibus* » indiquent clairement que Guillaume a moins puisé à des relations écrites que fait

---

[1]. GUILL. DE TYR, liv. XVI, chap. 1, p. 704 : « Quæ de præsenti hactenus contexuimus historia, aliorum tantum quibus prisci temporis plenior adhuc famulabatur memoria, collegimus relatione; unde cum majore difficultate, quasi aliena mendicantes suffragia, et rei veritatem, et gestorum seriem, et annorum numerum sumus consecuti : licet fideli, quantum potuimus, hac eadem recitatione, scripto mandavimus. Quæ autem sequuntur deinceps, partim nos ipsi fide conspeximus oculata, partim eorum, qui rebus gestis præsentes interfuerunt, fida nobis patuit relatione. »

[2]. WILKEN (*Geschichte der Kreuzzüge*, liv. II, p. 632 et suiv.) remarque à ce sujet que les faits pour lesquels Guillaume n'a pas eu de sources latines disparaissent à ses yeux comme n'ayant pas existé.

appel au témoignage des hommes ayant conservé un fidèle souvenir des temps passés[1]. Guillaume ne s'adressa pas seulement aux gens de son entourage; mais il se déplaça toutes les fois qu'il crut trouver au loin quelques renseignements nécessaires à la manifestation de la vérité. C'est ainsi qu'il se rendit à Tibériade pour s'informer du caractère et des actes de Tancrède, autrefois seigneur du pays[2]. Il connaissait le gouverneur de Biblios, petit-fils du conquérant de cette ville; et les termes dans lesquels il en parle portent à croire qu'il avait appris de la bouche même de ce seigneur les circonstances de la prise de Biblios[3]. Guillaume frappa à toutes les portes; et partout recueillit avec une scrupuleuse exactitude les informations que des hommes de toute race et de tout rang consentirent à lui communiquer[4].

Cependant il est hors de doute que Guillaume a eu sous les yeux quelques-uns des nombreux ouvrages inspirés par la guerre sainte et composés au lendemain de la conquête. Il n'a donc pas seulement fait appel aux souvenirs de ses compatriotes; il a encore consulté les récits que les écrivains latins avant lui avaient consacrés à la fondation du royaume chrétien. Sybel s'est appliqué

---

1. Guill. de Tyr, Prol., p. 5 : « Aliam historiam a tempore seductoris Mahumet usque in hunc annum, qui est nobis ab Incarnatione Domini MCLXXXIV, per annos quingentos septuaginta decurrentem, conscripsimus, auctorem maxime secuti virum venerabilem Seith, filium Patricii, Alexandrinum patriarcham. In hac vero nullam, aut Græcam aut Arabicam, habentes præducem scripturam, solis traditionibus instructi, exceptis paucis quæ ipsi oculata fide conspeximus, narrationis seriem ordinavimus, etc. »
2. Idem, liv. IX, chap. xiii, p. 383.
3. Idem, liv. XI, chap. iv, p. 463.
4. Sybel, Gesch. des erst. Kreuz., chap. iii, p. 112 : « Guillaume a étendu ses recherches de tous côtés, a choisi ses autorités pour chaque fait en particulier et s'est approprié toute chose avec une scrupuleuse exactitude. »

à rechercher les passages dans lesquels Guillaume s'est manifestement inspiré d'écrivains antérieurs; et il a pu se convaincre qu'Albert d'Aix, l'archevêque Baudry, Foucher de Chartres, Raymond d'Agiles, le chancelier Gaultier avaient fourni à l'évêque de Tyr la matière de la première Croisade et celle des règnes de Godefroy, Baudoin Ier, Baudoin II[1]. La description des misères de l'Occident au xie siècle[2], le récit de la querelle entre l'empereur Henri IV et le pape Grégoire VII[3], le tableau de la France émue jusque dans ses entrailles par la voix puissante des orateurs au concile de Clermont[4] se retrouvent dans Foucher de Chartres. L'influence d'Albert d'Aix se reconnait dans les livres où sont racontés le siège de Nicée et les divers engagements qui ont précédé la prise de Jérusalem[5]. Les trois chapitres consacrés aux combats livrés sous les murs d'Antioche sont tirés en partie d'Albert et en partie de Baudry[6]. Ailleurs c'est Raymond qui sert de guide à l'historien : les récits de la Sainte Lance[7], de l'élection de Godefroy[8]

---

1. Sybel, *Gesch. des erst. Kreuz.*, chap. iii, p. 110 et 111.
2. Guill. de Tyr, liv. I, chap. viii, p. 25, et Fouch. de Ch., liv. I, chap. i, p. 321.
3. Guill. de Tyr, liv. I, chap. xiii, p. 36, et Fouch. de Ch., liv. I, chap. v, p. 325, 326.
4. Guill. de Tyr, liv. I, chap. xiv et xv, p. 38-42, et Fouch. de Ch., liv. I, chap. i, ii, iii, p. 321-324.
5. Comparez le récit du siège de Nicée dans Guill. de Tyr, liv. III, chap. ii, p. 113, et dans Alb. d'Aix, liv. II, chap. xvi, xxii et xxiii, inspiré p. 314-317.
6. Guill. de Tyr, liv. V, chap. i-iii, p. 194-197. Les premières phrases du chapitre i sont empruntées à Albert; les dernières de ce même chapitre et celles du suivant sont tirées de Baudry. Le chapitre iii est inspiré d'Albert.
7. Guill. de Tyr, liv. VI, chap. xiv, p. 256, et Raymond, chap. x, p. 253. Cependant, tout en s'inspirant de Raymond, Guillaume interprète les faits à sa façon et n'est pas le prisonnier de l'historien qui l'inspire. Voir p. 5, note 3.
8. Guill. de Tyr, liv. IX, chap. ii et iii, p. 366, 67, et Raymond, chap. xx, p. 301, et xxi, p. 302.

et de la bataille d'Ascalon [1] trahissent chez Guillaume une identité visible avec le témoignage de Raymond. Plus loin Foucher devient une seconde fois la source principale; c'est à ce chroniqueur que Guillaume demande la plus grande partie des renseignements avec lesquels il écrit l'histoire détaillée des rois Baudoin Ier et Baudoin II [2].

Ainsi Guillaume a composé les quinze premiers livres de son Histoire à l'aide de souvenirs conservés dans la mémoire des hommes et à l'aide de faits consignés dans les relations des chroniqueurs qui l'avaient précédé. Il a profité de tout ce qu'on savait à son époque et de tout ce qui avait été dit avant lui. Mais loin qu'il ait suivi ses autorités avec une docilité servile, il est resté original. De même qu'il n'accueillait pas sans examen les confidences qu'on lui faisait de toutes parts et contrôlait le dire des uns par le dire des autres [3], ainsi il témoignait la plus entière indépendance d'esprit et de jugement à l'égard des chroniqueurs qui l'inspiraient. On ne rencontre dans son récit aucun passage qui ait été copié sur la narration d'un écrivain antérieur. Guillaume ne fut ni plagiaire ni compilateur; il eut un ardent désir de s'éclairer et de s'instruire; il prit son bien partout où il le trouva, mais sans tomber jamais sous la dépendance de ceux qui l'instruisaient et l'éclairaient.

1. GUILL. DE TYR, liv. IX, chap. XII, p. 389, et RAYMOND D'AGILES, chap. XXI, p. 302 et suiv.
2. Comparez GUILL. DE TYR, liv. X, XI et XII avec FOUCH. DE CH., liv. II et III.
3. SYBEL (*Gesch. des erst. Kreuz.*, chap. III, p. 113 et 114) démontre que Guillaume, rencontrant des écarts dans les divers récits qu'il recueille, ne néglige jamais de faire connaître les deux versions avec une égale fidélité. Voir par exemple GUILL. DE TYR, liv. VII, chap. I, p. 277; liv. XI, chap. IX, p. 463, etc.

Les huit derniers livres sont l'œuvre d'un homme qui a vu les événements de ses propres yeux. A partir de l'année 1144 Guillaume écrit l'histoire de son époque et raconte des événements auxquels lui-même fut mêlé. Mais cette circonstance n'empêche pas le scrupuleux historien de compléter ses connaissances par des recherches personnelles et d'utiliser toutes les ressources mises à sa disposition. Guillaume est un témoin méfiant qui ne se contente pas d'avoir vu ou entendu, mais qui demande des éclaircissements sur le fait accompli, s'informe des causes, instruit l'affaire et ne néglige aucun des moyens propres à satisfaire sa légitime curiosité. Quand, par exemple, l'Église prononce, pour cause de parenté, le divorce entre Amaury Ier et la reine Agnès d'Édesse, Guillaume, désireux de savoir à quel degré les deux époux étaient parents, commence une série de recherches qui n'aboutissent qu'au jour où l'abbesse Stéphanie de Sainte-Marie-Majeure, parente de la reine, fait connaître au chroniqueur la généalogie de la famille [1]. Une autre fois, c'est un des principaux barons du royaume, Hugue de Césarée, qui, chargé d'une mission auprès du khalife d'Égypte, communique à Guillaume ses impressions sur la cour du Caire et l'initie aux secrets de la politique égyptienne [2]. Au retour du roi Amaury de sa campagne contre l'Égypte, Guillaume, étonné « que le résultat de l'expédition ait si mal répondu aux espérances qu'on en avait conçues », interroge les barons et le roi lui-même, afin de découvrir les causes d'un échec inattendu [3]. Mais si, malgré ses efforts, il ne parvient pas à chasser le

---

1. GUILL. DE TYR, liv. XIX, chap. IV, p. 858.
2. IBID., liv. XIX, chap. XVII-XXVIII, p. 903-932.
3. IBID., liv. XX, chap. XVII, p. 970, 971.

doute de son esprit, il a soin d'en avertir le lecteur : « Voilà, répète-t-il en maints endroits, le bruit qui court. Quant à moi, je n'ai rien découvert à ce sujet. » Il y a quelque chose de comique, remarque Sybel, dans l'amoncellement d'expressions comme celles-ci : *on prétend, on dit* et autres semblables [1]. N'y a-t-il pas là plutôt un éloquent témoignage de la bonne foi de l'historien?

On voit que les sources d'information auxquelles Guillaume a puisé sont nombreuses, variées et choisies avec soin. L'évêque de Tyr a lu les chroniques d'Albert, Foucher, Raymond, Baudry; il a recueilli des bouches les plus autorisées un certain nombre de faits; lui-même a été le témoin de beaucoup d'autres. Chercheur passionné, il n'a négligé aucune démarche dès qu'il s'est agi de connaître la vérité. Comme il a vécu sur les lieux et dans le temps même des Croisades, il a pu donner libre cours à sa soif d'investigation. Il a réussi ainsi à élever un monument solide par ses bases, captivant par sa forme, en définitive un des plus instructifs et des plus intéressants qui aient été conservés.

Ce n'est pas à dire que l'*Histoire des Croisades* soit à l'abri de toute critique. On a pu reprocher à l'auteur d'avoir trop souvent renversé l'ordre chronologique, de l'avoir au moins rendu méconnaissable. Wilken a fait voir par comparaison avec les chroniques arabes que la partie faible du livre de Guillaume était la partie chronologique [2]; et, en effet, sans les nombreuses indications fournies par les Arabes, l'ordre des dates ne pourrait se retrouver à travers la narration de l'historien qu'avec

---

1. Sybel, *Gesch. des erst. Kreuz.*, chap. III, p. 127. Voir Guill. de Tyr, liv. X, chap. II, p. 402 : « Dicitur autem fuisse. » Passim.
2. Wilken, *Gesch. der Kreuz.*, liv. III, chap. I, p. 239.

une extrême difficulté. Sybel ne s'est pas montré moins sévère : Guillaume a eu le tort soit de passer les dates sous silence [1], soit de les intervertir de façon à faire croire à une erreur de sa part [2]. Prutz enfin a montré que chez l'évêque de Tyr « le fond était parfois pauvre sous un grand luxe de fleurs de rhétorique [3] ». Mais quelque fondés que soient ces reproches, il faut reconnaître que Guillaume a tracé un tableau général de son époque incontestablement vrai et en même temps supérieur à tout ce que ses contemporains ont fait en ce genre [4].

On doit citer après Guillaume de Tyr la série des historiens latins qui ont écrit des relations de la guerre sainte. Les uns comme Tudebœuf, Raymond d'Agiles, Foucher de Chartres, Raoul de Caen, Robert le Moine, le chancelier Gaultier et Jacques de Vitry ont passé une partie de leur vie en Terre-Sainte [5]. L'abbé allemand

---

1. Sybel, *Gesch. des erst. Kreuz.*, chap. III, p. 118. Guillaume a en effet complètement omis les dates pour l'époque d'Amaury.
2. Sybel (chap. III, p. 117) cite deux exemples d'interversion grave dans l'ordre chronologique. 1° Nous savons par Foucher (p. 434) qu'Eustache Garnier fut pendant la captivité de Baudoin II nommé régent du royaume, que la flotte des Vénitiens arriva en Terre-Sainte peu de temps avant sa mort et qu'ensuite seulement Guillaume de Bures obtint la régence. L'évêque de Tyr qui utilise uniquement cette source, mais auquel il importe de présenter avec enchaînement ce qui concerne les Vénitiens, fait d'abord mourir Eustache et succéder Guillaume de Bures; puis ce n'est qu'après l'arrivée de ce dernier aux affaires qu'il mentionne la venue des Vénitiens (Guill. de Tyr, liv. XII, chap. XXI et XXII, p. 555-557); 2° la ville de Panéas livrée en 1129 aux Chrétiens par la trahison d'un Assissin fut donnée en fief trois ans plus tard au seigneur Reinier Brus. Guillaume, qui raconte en détail la guerre de 1129, omet la prise de Panéas, n'en parle pour la première fois qu'à l'arrivée de Reinier et passe ainsi sous silence l'intervalle de trois années écoulé entre les deux événements (Guill. de Tyr, liv. XIV, chap. XIX, p. 634).
3. Prutz, *Kulturgesch. der Kreuz.*, liv. V, chap. IV, p. 467.
4. Rohricht (*Amalric I König von Jerusalem*, p. 3 et 4) dit très justement que « malgré des lacunes nombreuses, l'ouvrage de Guillaume est indispensable à tous ceux qui veulent connaître l'histoire des Croisades ».
5. Tudebœuf, thème XIV, § VI, p. 106 : « Credendus est qui primus hoc scripsit, quia in processione fuit et oculis carnalibus vidit, videlicet Petrus

Ekkehard y fit un pèlerinage en 1101[1]. Les autres tels qu'Albert d'Aix, Baudry, archevêque de Dol, Guibert de Nogent n'ont point assisté aux événements qu'ils décrivent; ils ont composé leur ouvrage soit d'après le rapport de témoins oculaires, soit sur la foi de relations antérieures[2]. Mais, si bien renseignés qu'aient été ces divers chroniqueurs, il est impossible de les placer sur le même rang que l'illustre archevêque de Tyr. Sans parler du style, incorrect chez Gaultier, trivial chez Tudebœuf, prétentieux et affecté chez Guibert, rempli d'antithèses et de mots à effet chez Foucher, plus simple et plus naturel chez Albert d'Aix, parfois élégant chez Robert le Moine, observons l'état d'esprit de l'écrivain, le nombre des années qu'embrasse son récit, enfin la

---

Tudebovis. — Raymond d'Agiles écrit qu'il reçut l'ordre de la prêtrise dans le cours du voyage à Jérusalem (chap. xv, p. 276) : « Quia quum promotus ad sacerdotium in itinere Dei sim. » — Foucn. de Ch., liv. I, chap. xxxiii, p. 365 : « Ego Fulcherus Carnotensis qui his intereram. » Voir encore liv. II, chap. ii, p. 375; liv. III, chap. ix, p. 445, 446, chap. xviii, p. 454. — Raoul de Caen a recueilli les récits de Tancrède, mais il est hors de doute qu'il vécut quelques années en Orient comme le fait entendre cette phrase de la Préface, p. 603 : « Hujus tam præclari laboris cooperatoribus me contigit militare: Boamundo, quum Dyrachium obsideret; Tancredo paulo post quum Edessam ab obsidione Turcorum liberaret. » — Gaultier fut chancelier de Roger, prince d'Antioche. (Gallerii cancellarii Bella Antiochena secundum bellum, p. 99, prologue.) — Enfin Jacques de Vitry fut appelé en Terre-Sainte vers l'an 1210 par les chanoines de Saint-Jean-d'Acre, dont le siège se trouvait vacant; il y resta jusque vers l'an 1239.

1. Ekkehard, abbé d'Uraugen, dans le diocèse de Wurtsbourg.
2. Albert d'Aix ne visita jamais la Terre-Sainte, mais puisa ses renseignements auprès d'une foule de pèlerins revenus de Jérusalem (liv. I, chap. i, p. 271) : « Sæpius accensus desiderio ejusdem expeditionis, et faciendæ illic orationis, dum ferverem, sed minime ob diversa impedimenta intentioni meæ effectus daretur, temerario ausu decrevi saltem ex his aliqua memoriæ commendare quæ auditu et relatione nota fierent ab his qui præsentes affuissent. » — Baudry avoue dans son Prologue, p. 10 (Historia Jerosolimitana), qu'il a composé son histoire sur une autre, très mal écrite, d'ailleurs anonyme, mais où la vérité avait été respectée. — Guibert dit également (Préface, p. 120) qu'il a sous les yeux pour composer son histoire une relation anonyme : « ab illo priori quem prosequor auctore. »

nature des renseignements dont nous lui sommes redevables. Il est visible que tous ces historiens veulent célébrer la gloire des Croisés qui est la gloire de leur siècle et de leur foi. Aucune impression ne se dégage plus nettement de la lecture de leurs écrits. Ne cherchons pas chez eux la trace d'un doute sur l'issue de l'entreprise. Ne leur demandons aucune réflexion sur les difficultés opposées à la création d'un royaume latin en Orient. Nous avons affaire à des chrétiens livrés tout entiers aux impressions de l'admiration, de la confiance et de la joie. De plus, la période qu'ils font connaître est moins celle de l'organisation que celle de la conquête. Dans les chroniques de Tudebœuf, Baudry, Raymond d'Agiles, Robert le Moine on ne trouve rien au delà de l'année 1099. Raoul de Caen et Ekkehard terminent leur récit à l'année 1105; Guibert à 1112; Albert d'Aix à 1120; Gaultier à 1122; Foucher à 1127; seul Jacques de Vitry le prolonge jusqu'en 1220[1]. Il résulte de là que la plupart de ces auteurs ne renferment qu'un nombre relativement restreint de renseignements sur les institutions. Leur pensée est ailleurs. Il leur était cependant impossible de les passer entièrement sous silence. Nous trouvons épars dans leur narration des faits intéressant l'Église et des faits en rapport avec l'histoire de l'État. La lutte des pouvoirs sacerdotal et laïque est exposée dans Foucher de Chartres et Albert d'Aix. Raoul de Caen, en

---

[1]. La narration de Jacques de Vitry, pour les faits qui ont précédé son arrivée en Terre-Sainte, s'inspire des chroniques antérieures. Ainsi certains passages de Jacques de Vitry et de Guillaume de Tyr sont à peu près identiques. Tels sont les chapitres où Jacques de Vitry fait connaître les divisions géographiques du royaume de Jérusalem. Cf. JACQ. DE VIT., chap. XXX et suiv., p. 1068 (ap. Bongars, t. I), et GUILL. DE TYR, liv. XVI, chap. XXIX, p. 754. Voir BARROUX, *Étude sur Jacques de Vitry*, École des Chartes, 1855.

décrivant la vie de Tancrède prince d'Antioche, et le chancelier Gaultier, en exposant l'histoire militaire de la principauté, jettent quelque lumière sur la situation des grands barons et leurs rapports avec la royauté. Jacques de Vitry nous transmet sur les divers peuples de l'Orient, chrétiens ou infidèles, sur leurs mœurs et sur leurs croyances, les plus curieuses remarques. Les règles qui présidaient à la transmission du pouvoir souverain apparaissent encore dans presque tous ces écrits. Une observation attentive permet même d'y découvrir quelques allusions à l'état financier et à l'état militaire des pays croisés. D'autres fois les guerres des rois de Jérusalem sont racontées avec détails : Albert d'Aix expose celles de Baudoin Ier et se plaît à faire ressortir les efforts de ce prince pour fortifier, défendre et agrandir son royaume. L'élection de Baudoin II, les premiers actes de son gouvernement et ses expéditions militaires terminent l'intéressant ouvrage du chanoine de l'église d'Aix. Dans tous il y a beaucoup à glaner. Si un grand nombre de faits n'offrent aucun intérêt pour l'histoire des institutions monarchiques, il en est d'autres au contraire dont la connaissance lui est indispensable. En montrant dans l'emploi de ces documents une certaine prudence, en faisant la part des passions du chroniqueur, en ne se laissant point prendre aux belles prétentions philosophiques de Guibert[1], tout aussi crédule que ceux-là mêmes dont il se moque, on fera son profit des relations écrites en langue latine[2].

Malheureusement les historiens latins ne font pas con-

[1]. Guib. de Nog., notamment le chapitre xxiii du livre VII, p. 259.
[2]. Voir sur ces chroniqueurs : Sybel, Gesch. des ersl. Kreuz., chap. et II, p. 7-72; Prutz, Kulturgesch. der Kreuz., liv. V, chap. IV, p. 455-458.

naître les dernières années de la domination latine en Syrie[1]. Au début on s'était empressé de célébrer une si glorieuse expédition. Mais l'enthousiasme s'était bien vite refroidi; à mesure que les échecs des princes chrétiens s'étaient multipliés, les historiens étaient devenus plus rares. Ce n'est pas à dire que le silence ait été fait sur la période de décadence des colonies chrétiennes ni que les hommes aient voué à l'oubli les tristesses et les calamités de la dernière heure. Quelques écrivains songèrent à raconter l'histoire de la perte de Jérusalem reprise par Saladin et, passant rapidement sur les victoires des premiers rois de Terre-Sainte, s'étendirent avec complaisance sur les revers de leurs descendants. Ils composèrent ainsi plusieurs chroniques, écrites en français, que l'on est convenu de désigner sous le titre général de *Continuations de l'archevêque de Tyr*.

M. de Mas Latrie a recherché l'origine et la formation de ces *Continuations* qui ont prolongé l'œuvre de l'archevêque depuis l'année 1184 jusqu'à l'année 1277[2]. Au premier examen on serait tenté de croire — en considé-

---

1. La mort imprévue de Guillaume de Tyr l'avait empêché de prolonger son récit jusqu'aux catastrophes qui suivirent la mort de Baudouin V, la chute de l'État chrétien, les efforts des Latins pour reconquérir Jérusalem. L'historien avait manifesté l'intention d'accomplir cette tâche dans le Prologue de son XXIII° livre, p. 1132 : « Vincimur ergo; et quæ subsequentia ministrabunt tempora, sicut cœpimus (utinam fausta feliciaque!), auctore Domino, vita comite, scripto mandare curabimus diligenter, a secundo proposito revocati. » Mais il est possible aussi, comme l'a supposé Pertz (liv. V, chap. IV, p. 465), que la fin du livre de Guillaume ait été détruite par ses adversaires politiques. Nous n'avons rencontré aucun indice qui nous permette de nous prononcer en faveur de l'une ou de l'autre de ces deux versions.

2. De Mas Latrie, *Essai de classification des Continuateurs de l'Histoire des Croisades de Guillaume de Tyr* (en appendice à l'édit. de la *Chronique d'Ernoul*, publiée en 1871 dans la *Collection pour la Soc. de l'Hist. de Fr.*, p. 474; et dans la *Bibl. de l'Éc. des Ch.*, 5° série, t. I, p. 38 et 140, année 1869).

rant la langue dont se servirent les Continuateurs — que ceux-ci n'écrivirent qu'après la publication de la traduction française de Guillaume de Tyr et dans l'intention manifeste de joindre plusieurs annexes à la grande *Histoire des Croisades*, M. de Mas Latrie a démontré la fausseté d'une semblable opinion. Après avoir établi que la traduction de l'*Historia rerum in partibus transmarinis gestarum* fut effectuée seulement vers le milieu du XIII° siècle, entre 1225 et 1230, et, selon toute vraisemblance, par un certain Hugue Plagon, dont on ne connaît d'ailleurs ni le pays ni la condition, il a distingué les Continuateurs en deux catégories. Les uns ont composé des chroniques séparées, indépendantes, antérieures à la version française de Guillaume et nullement destinées à être rattachées à l'œuvre d'un devancier. Tels sont Ernoul, écuyer de Balian d'Ibelin, dont le récit s'arrête en 1229[1], et Bernard, trésorier de Saint-Pierre de Corbie, qui poursuit l'histoire des événements jusqu'en 1231[2]. Au contraire, les autres ont écrit ou compilé postérieurement à la traduction attribuée à Hugue Plagon et se sont proposé expressément de la continuer. C'est d'eux qu'émanent deux *continuations* très distinctes : l'une s'étendant de 1229 à 1261, dite *du manuscrit de Rothelin*; l'autre procédant directement des premières suites de Guillaume de Tyr arrêtées en 1231 et se prolongeant jusqu'en 1277.

Mais ces diverses chroniques n'ont pas une égale importance. Celle d'Ernoul, dont nous n'avons peut-être

---

1. ERNOUL, chap. XII, p. 149 : « dont (Balian d'Ibelin) fist descendre un sien varlet qui avoit à non Ernous. Ce fu cil qui cest conte fist metre en escript. »
2. ERNOUL et BERNARD LE TRÉSORIER, chap. XLI, p. 479 : « Explicit liber. Ceste conte de la terre d'Outremer fist faire li tresoriers Bernars de Saint-Pierre de Corbie, en l'Incarnation mille CC.XXX.II. »

même qu'un abrégé [1], est de beaucoup supérieure aux autres par l'abondance des faits historiques qu'elle renferme, et surtout par la valeur que donnent à son dire la personnalité de l'auteur, l'époque à laquelle il vécut, les circonstances auxquelles il fut mêlé.

Ernoul, dans lequel M. de Mas Latrie a cru reconnaître le sire de Giblet, a assisté auprès de son maître Balian d'Ibelin à la défaite de Tibériade ou Hattin, à la prise du roi Guy, au siège et à la capitulation de Jérusalem (1187). Il connaît donc, pour les avoir pratiqués, les hommes d'outre-mer; et il décrit des événements dont lui-même a ressenti la douloureuse impression.

Au contraire, il n'est pas certain que Bernard le Trésorier ait connu l'Orient. Les chroniques, dans lesquelles on ne trouve nulle mention de son nom ni de son œuvre, ne permettent ni de l'affirmer ni de le nier. En outre, le religieux de Corbie, à part quelques passages à lui personnels, reproduit en entier la chronique ou l'abrégé de la chronique d'Ernoul et ne devient original qu'à partir de l'année 1229. La rédaction qui lui appartient en propre n'embrasse ainsi qu'une période de deux ans, 1229-1231.

Les deux autres *continuations* ont à nos yeux moins de valeur encore parce qu'elles sont restées anonymes ; il est clair qu'on ne saurait trop user de prudence dans la consultation d'un ouvrage lorsqu'on ne connaît ni le

---

[1]. Nous croyons plutôt à un abrégé. Plusieurs parties importantes sont exposées avec une sobriété de détails qui étonne, surtout lorsqu'on les compare au récit beaucoup plus développé publié par l'Académie. Cf. la narration de la prise de Damiette dans Ernoul (éd. Mas Latrie, chap. xxxvi, p. 411) et Cont. de Guill. de Tyr (éd. de l'Acad., liv. XXXI, chap. xiv à liv. XXXII, chap. xvi). Cf. les détails fournis sur la vente de l'île de Chypre au roi Guy dans éd. Mas Latrie, chap. xxv, p. 284, et éd. Acad., liv. XXVI, chap. xi et suiv.

caractère, ni la condition, ni les moyens d'investigation de l'auteur.

Ernoul apparaît donc comme le principal continuateur de Guillaume de Tyr. C'est à sa chronique que l'historien doit puiser si, instruit déjà des faits concernant la conquête, il veut connaître les circonstances au milieu desquelles succomba le royaume latin. Il est regrettable que le texte de la chronique ait subi de nombreuses variantes à travers les divers manuscrits qui nous sont parvenus. L'édition de l'Académie des Inscriptions et Belles-Lettres publiée d'après les manuscrits de Berne et de Paris (1859) ne fixa pas d'une manière définitive le texte d'Ernoul [1]. Pourrait-on même affirmer que l'édition plus récente de Mas Latrie qui adopta pour fond principal de son travail le manuscrit de Bruxelles (1871) [2] défie toute critique? Elle présente des erreurs de chiffres grossières; par exemple elle attribue à Godefroy, mort quelques mois après son élévation, un règne de treize ans [3]; diminue de moitié la durée véritable du règne de Baudoin Ier [4]; et augmente de sept années celle du règne de Baudoin II [5]. Or il n'est pas possible qu'un auteur, à peine postérieur d'un demi-siècle à ces princes, se soit aussi gravement trompé sur leur

---

1. *Recueil des historiens des Croisades, Historiens occidentaux*, t. II. Les liv. XXIII et suiv. jusqu'aux premiers chap. du liv. XXXIII (p. 1-393) renferment la *continuation* qui va de 1184 à 1231, c'est-à-dire la partie due à la plume d'Ernoul et de Bernard. Les liv. XXXIII et XXXIV (p. 393-481) contiennent la prolongation jusqu'en 1277. La *continuation* dite *du manuscrit de Rothelin* (1229-1261) fait suite jusqu'à la page 639.

2. *Chronique d'Ernoul et de Bernard le Trésorier*, publiée pour la première fois d'après les mss de Bruxelles, de Paris et de Berne avec un *Essai de classification des continuateurs de Guill. de Tyr* pour la Soc. de l'Hist. de Fr., par M. de Mas Latrie (1871).

3. Ernoul, chap. 1, p. 5 : « Cil Godefrois régna xiii ans. » Le règne de Godefroy s'étend de 1099 à 1100.

4. *Ibid.* : « Cil ... régna ix ans. » Baudoin Ier (1100 à 1118).

5. *Ibid.* : « Cil fu rois après lui et régna xx ans. » Baudoin II (1118 à 1121).

compte. Il faut attribuer de semblables erreurs à l'ignorance ou à la négligence d'un copiste; et voilà qui suffit pour faire craindre que l'édition n'ait été gâtée par d'autres altérations provenant de la même cause et dénaturant la rédaction originale. Elle offre aussi des confusions dans les noms; d'après elle ce serait Frédéric et non pas Conrad qui aurait entrepris avec Louis VII la seconde Croisade[1]. Peut-on supposer qu'Ernoul ait confondu Conrad avec son puissant héritier? Il est plus naturel d'admettre que là encore l'erreur est le fait du copiste et plus simple d'avouer que la rédaction publiée en 1871 n'est peut-être pas aussi voisine qu'on pourrait le croire de la rédaction de l'écuyer. Cependant il faut reconnaître, avec le savant historien de Chypre, que nous avons dans le manuscrit de Bruxelles un texte qui a plus de chance que tous les autres d'être le texte d'Ernoul. Outre que la rédaction de l'écuyer d'Ibelin paraît plus personnelle dans ce manuscrit que dans ceux de Paris et de Berne, le style et le dialecte du document attestent son antériorité sur les deux pièces dont firent usage les éditeurs de l'Académie. Aussi est-ce à l'édition de Mas Latrie qu'ont été faits, pour l'histoire des événements accomplis en Terre-Sainte de 1184 à 1229, les emprunts nécessaires à l'étude qui va suivre. La période parcourue par Bernard le Trésorier (1229-1231) peut encore être étudiée à la même source. Mais il faut recourir à l'édition de l'Académie pour l'histoire d'outre-mer postérieure à l'an 1231.

On connaît ainsi, grâce aux nombreuses *continuations* de Guillaume de Tyr, un siècle de l'histoire du royaume

---

[1]. Ernoul, chap. III, p. 12 : « Or avint cose que, al tans chel roi, ala li rois Loeys de Franche, qui peres fu le roy Philippe, Outremer aveuc l'empereour d'Alemaigne, qui avoit à non Fedrich. »

latin (1181-1277), siècle de luttes constantes contre les Infidèles, d'efforts inutiles, de cruelles désillusions. Mais les années qui s'étendent de 1277 à la prise de Saint-Jean-d'Acre (1291) sont plus mal connues; et pour atteindre, sans trop de désavantage, l'époque qui vit la catastrophe finale, on est réduit à s'inspirer de chroniques diverses où plusieurs allusions plus ou moins directes éclairent tant bien que mal l'histoire des événements d'outre-mer. Les œuvres de Guillaume de Nangis, de Jean d'Ypres, de Rishanger, continuateur de Mathieu Paris, d'André Dandolo et de quelques historiens arabes comblent assez heureusement la lacune jusqu'au moment où la chronique anonyme publiée par Dom Martène, sous le titre de *Excidium Acconis* ou *Gestorum Collectio*[1], offre un récit complet de la chute de Saint-Jean-d'Acre et conduit du même coup à la ruine du royaume chrétien d'Orient.

Il faut se garder d'omettre la chronique italienne, écrite au xvie siècle, de François Amadi[2]. Après avoir tracé à grands traits l'histoire des Croisades depuis la prise de Jérusalem (1099) jusqu'au retour de Philippe-Auguste et de Richard Ier en Europe, Amadi consacre de longs développements aux événements dont l'île de Chypre fut le théâtre. A cette occasion il étudie les rapports des Chrétiens de Chypre avec les Chrétiens de Syrie; souvent même il s'arrête à des faits intéressant exclusivement la

---

1. *Amplissima Collectio*, t. V, col. 757-784. Cette chronique est un récit fait par un Français qui a recueilli les rapports de plusieurs témoins de la chute de Saint-Jean-d'Acre. Ce récit nous est parvenu sous une double forme, en latin et en français. Voir les études de M. V. LE CLERC sur la rédaction française (*Hist. Litt.*, t. XX, p. 79 et suiv.). *Relation anonyme de la prise d'Acre en 1291.*

2. AMADI, chronique publiée par M. de Mas Latrie dans la *Collection des documents inédits sur l'Hist. de France* (1891). Amadi mourut à Venise en 1566 (Voir biographie du personnage, avertissement, p. 1, note 1).

Terre-Sainte. Mais qu'il écrive l'histoire de Chypre ou qu'il fasse quelques digressions sur celle de la Palestine, Amadi est avec Ernoul celui des chroniqueurs qui a laissé les détails les plus circonstanciés sur la chute du royaume de Jérusalem [1].

Il convient enfin de mentionner deux ouvrages écrits dans un esprit différent : l'un est dû à Dubois, avocat des causes ecclésiastiques au bailliage de Coutances sous Philippe le Bel [2]; l'autre à un noble vénitien du xive siècle, Marino Sanuto [3]. Ces deux écrivains s'efforcent de décider les princes de l'Occident à une nouvelle Croisade [4]. Pour

---

1. Amadi, Abrégé de l'histoire des Croisades, p. 1-78; événements intéressant la décadence du royaume de Jérusalem, p. 78-228; les faits racontés plus loin étant postérieurs à l'année 1291 n'ont plus aucun rapport avec notre sujet.
2. Dubois, De recuperatione Terre Sancte (éd. de 1891 par M. Ch.-V. Langlois; publié antérieurement par Bongars, t. II, p. 316-361). Dubois écrivit son mémoire entre le 5 juin 1305, date de l'avènement de Clément V, et le 7 juillet 1307, date de la mort d'Édouard Ier, roi d'Angleterre (V. éd. Langlois, introduct., p. x), en 1306 d'après Renan (Hist. Litt. de la Fr., t. XXVI, p. 479). M. Langlois a démontré que l'ensemble du traité portant dédicace à Édouard Ier est adressé à Philippe le Bel avec prière de faire parvenir la première partie seulement, c'est-à-dire les 109 premiers paragraphes, au roi d'Angleterre, au pape, sans doute à d'autres princes encore en faisant changer les formules initiales. Il n'y a donc pas lieu de s'étonner, comme l'a fait M. Renan (Hist. Litt., t. XXVI, p. 480), qu'un écrit destiné à exalter la couronne de France ait pu être dédié au roi d'Angleterre.
3. Marino Sanuto, Liber secretorum fidelium crucis, ap. Bongars, t. II, p. 1-281. Ce traité, écrit vers 1320, est divisé en 3 livres. La plus grande partie du troisième concerne l'époque qui nous occupe mais est dépourvue d'originalité. Sanuto a eu sous les yeux l'ouvrage de Jacques de Vitry et l'a reproduit presque textuellement en plusieurs endroits. Cf. Mar. San., liv. III, pars VI, chap. viii, p. 156, et Jacq. de Vitr., chap. xxviii, p. 1068. Mar. San., liv. III, pars VIII, chap. ii, p. 182, et Jacq. de Vitr., chap. lxxvii, p. 1088. Mar. San., liv. III, pars VIII, chap. iii, p. 183, et Jacq. de Vitr., chap. lxxviii, p. 1094, etc. Sanuto n'a pas tiré un moindre parti de l'histoire de Guillaume de Tyr dans la partie de son livre antérieure à la prise de Jérusalem; et il n'a guère fait qu'abréger les Continuations de l'archevêque dans la partie postérieure à cet événement.
4. Il convient cependant de ne pas se laisser prendre aux apparences. Voir en effet, pour Dubois, éd. Langlois (introd., p. xx) : « Il ne faut pas se laisser tromper à son zèle extérieur pour la Croisade. Les projets de Croi-

cela ils décrivent les contrées de l'Orient; révèlent les fautes commises; indiquent, au cas d'une tentative nouvelle, les conditions du succès et fournissent ainsi à l'historien une foule de curieux renseignements.

Une seconde série contient les auteurs grecs. Aux XIe et XIIe siècles, les Byzantins n'avaient à aucun degré l'esprit militaire ni l'ardeur de conquêtes qui entraînaient les Occidentaux à la délivrance de la Terre Promise. Mais ils avaient conservé les saines traditions littéraires de l'antiquité classique. Une série d'annalistes dont quelques-uns ne sont pas sans mérite tenaient au courant pendant plusieurs siècles l'histoire byzantine. Il est possible d'extraire de leurs ouvrages quelques faits épars relatifs aux Croisades. Sans doute, les auteurs grecs ne se sont pas proposés, comme les Occidentaux, d'écrire l'histoire des guerres de Syrie et encore moins celle des institutions qu'y apportèrent les Latins. Souvent dédaigneux pour les grossiers barons venus d'Occident et peu jaloux de leur gloire militaire, ils ont surtout fait œuvre d'historiens nationaux. Le récit des événements dont l'empire grec, et, après lui, l'empire latin de Constantinople furent le théâtre tient la plus large place dans leurs écrits. Cependant ni les uns ni les autres ne sont tout à fait à négliger. Une partie de l'*Alexiade* d'Anne Comnène concerne la première Croisade[1]; l'auteur, contemporain des faits et à portée de les bien voir, est riche en renseigne-

sade n'étaient sous sa plume que des occasions pour développer ses plans de réforme nationale et internationale. » De même le conseil que Marino Sanuto donne à ses compatriotes de s'emparer de l'Égypte, dont la possession leur assurerait le commerce de tout l'Orient, fait présumer que cet écrivain n'était pas uniquement guidé par l'enthousiasme religieux.

1. ANNE COMNÈNE, liv. X, XI, XII, XIII, XIV de l'*Alexiade*, correspondant aux années 1096-1118 (*Hist. grecs*, t. I, 2e partie, p. 4-201).

ments de tout genre. Des extraits de Jean Cinname, notaire de la cour de Constantinople, et de Nicétas Choniate qui devint successivement grand secrétaire des sénateurs, grand logogèthe et gouverneur de Philippopolis se rapportent à la seconde et à la troisième Croisade[1]. L'opuscule de Jean Phocas jette une vive lumière sur la topographie des Lieux Saints. L'écrivain qui a visité la Syrie et la Palestine dans la seconde moitié du xii° siècle[2], décrit avec une précision remarquable la contrée qu'il a parcourue; il dit ce qu'il a vu[3]; ses informations sur la position des villes, sur la direction des routes, sur le relief du pays ne sont pas sans intérêt pour l'histoire du royaume latin de Jérusalem. On ne saurait en dire autant de la chronique de Georges Acropolite exclusivement consacrée à l'établissement de l'empire latin et aux luttes soutenues par Baudoin pour se maintenir sur le trône impérial. Le *Livre de la Conquête*, petit poème d'environ mille vers, est une source d'information qui n'est guère plus abondante[4]. Il faut avouer que les historiens grecs nous apprennent peu de choses relativement à l'établissement des Latins en Palestine. Ils sont plus utiles à consulter pour la connaissance des rapports qu'entretinrent les princes grecs et les princes latins que pour une étude du gouvernement fondé par ces derniers en Syrie.

---

1. Événements correspondant aux années 1137-1190 (*Hist. grecs*, t. I, 3ᵉ partie, p. 207-337).
2. Voir pour la date de ce voyage la préface du tome I des *Hist. grecs*, p. xi et xii. Il doit être rapporté à l'année 1177, du vivant de Manuel Comnène.
3. JEAN PHOCAS (*Hist. grecs*, t. I, p. 527) : « Τί δὲ οἱ τῶν ἱερῶν καταπρυξάντες ἑκαμάτων ἡμεῖς, καὶ τόπους ἰδόντες, ἐν οἷς θεὸς πάλαι μὲν ἐχρημάτιζε. »
4. *Hist. grecs*, t. I, p. 581-623. Correspondant aux années 1096-1204.

Les chroniques arméniennes ont au contraire plus de valeur. Elles abondent en détails qu'on chercherait vainement dans les chroniques latines, grecques et arabes sur l'état des principautés d'Antioche et d'Édesse. Elles font connaître la situation accordée par les nouveaux venus aux indigènes de religion chrétienne; elles éclairent le lecteur sur les sentiments des uns et des autres. Forcément les chroniqueurs arméniens sont amenés à parler des institutions. Quand Matthieu d'Édesse et son continuateur Grégoire le Prêtre se font les narrateurs de la coopération active des Arméniens[1] à la conquête de la Syrie par les Francs, ils fournissent de curieux détails sur l'état militaire des principautés chrétiennes. Quand le patriarche saint Nersès Schnorhali et Grégoire Dgh'a déplorent, avec des accents d'une sincérité indiscutable, la prise d'Édesse et la chute de Jérusalem, ils attestent l'existence de relations amicales entre Arméniens et

1. MATTHIEU D'ÉDESSE, qui appartient au XIIe siècle, est un narrateur aussi consciencieux que véridique. Dans la préface de son ouvrage il a exposé les moyens dont il s'est servi pour composer son *Histoire d'Arménie*: « C'est après avoir senti tout le poids d'une entreprise qui paraissait au-dessus de nos forces que nous nous sommes engagé à rassembler et à vérifier tous les faits. Avant de composer notre ouvrage, nous avons mis à contribution un grand nombre de mémoires historiques relatifs aux temps malheureux qui nous ont précédé. Nous nous sommes aussi quelquefois entretenu avec nous-même des calamités que des peuples barbares et corrompus, tels que les Persans, les Turcs et les Grecs leurs semblables ont causées dans l'Arménie pendant le dernier siècle. C'est après ces considérations que nous nous sommes décidé à suivre le fil de nos recherches et à retracer la suite de ces événements que nous regardons comme des choses assez importantes pour les faire connaître.... En nous consacrant à ce travail nous nous sommes donné toutes les peines imaginables, et nous avons été obligé, pour nous livrer à ces pénibles recherches, d'abandonner tous les agréments de la vie et même le soin de nos affaires particulières afin d'exécuter la résolution que nous avions formée. » Pour les événements du XIIe siècle, Matthieu d'Édesse est un véritable témoin : « Ce qu'avait prédit à l'heure de sa mort ce grand saint (le patriarche saint Nersès), nous l'avons vu de nos propres yeux se réaliser dans notre siècle. La porte des Latins fut ouverte et les Occidentaux sortirent de leur pays. » (*Doc. arm.*, t. I, p. 24, 25.)

Latins[1]. A cet égard, l'*Oraison funèbre de Baudoin, comte de Marasch*, par le docteur Basile, n'est pas moins curieuse[2]. Les auteurs arméniens, au contraire des auteurs grecs plutôt hostiles, sont donc des amis des Latins, sensibles à leurs revers comme sympathiques à leurs triomphes. La lettre adressée au roi Léon II par saint Nersès de Lampron, archevêque de Tarse[3], et les œuvres de Michel le Syrien, patriarche jacobite d'Antioche[4], montrent de quel esprit de conciliation étaient animés tous ces prélats, témoignent des tentatives faites pour cimenter entre Rome et les Églises chrétiennes d'Orient une union véritable, enfin prouvent que les membres les plus éminents du clergé chrétien d'Orient ne craignaient point de se faire les champions ardents des idées et des institutions apportées en Syrie par les Francs. Pour toutes ces raisons, l'historien du royaume latin a le devoir de ne pas négliger les sources arméniennes.

Mais pour connaître le sentiment des peuples conquis, il lui faut encore examiner la quatrième série, celle des chroniqueurs arabes. Cette dernière renferme des autorités nombreuses et d'une haute importance. En

---

1. Saint Nersès Schnorhali, *Élégie sur la prise d'Édesse* (*Doc. arm.*, t. I, p. 226-268). — Grégoire Dou'a, *Élégie sur la prise de Jérusalem* (*Doc. arm.*, t. I, p. 272-307).
2. Docteur Basile, *Oraison funèbre de Baudoin* : « Moi, Basile, humble serviteur (de Dieu), j'adresse ces paroles en les accompagnant de douloureux gémissements, de soupirs et de larmes, à tous les fidèles du Christ et principalement à nos voisins de Kéçoun, de Behesni et de Raban, de Germanicia (Marasch), et à ceux qui habitent les villages, bourgs et monastères dépendant de ces villes... au sujet de la triste fin du prince infortuné Baudoin. » (*Doc. arm.*, t. I, p. 204.)
3. Saint Nersès de Lampron, *Lettre au roi Léon II* (*Doc. arm.*, t. I, p. 579-603).
4. Michel le Syrien (*Doc. arm.*, t. I, p. 311-409).

effet, mis en regard des chroniqueurs occidentaux, grecs et arméniens, les auteurs orientaux donnent la faculté de contrôler des récits qu'on pourrait suspecter de partialité. On peut douter par exemple que le clergé latin ait montré une réelle tolérance à l'égard des sectes chrétiennes et musulmanes d'Orient quand on lit cette affirmation dans les récits des historiens, membres du clergé latin; mais on croit à la valeur d'une semblable assertion si on la trouve également formulée par les chroniqueurs arabes[1]. On n'accueillerait pas avec une moindre méfiance le témoignage des Musulmans vantant la générosité de leurs sentiments à l'égard des Chrétiens si les Latins eux-mêmes ne s'étaient faits parfois l'écho de leurs ennemis politiques et religieux[2]. De la

---

1. Le Cont. de Guillaume de Tyr (éd. de l'Acad., liv. XXXIV, chap. xxviii, p. 475) et le voyageur arabe Ibn-Djobair (Hist. ar., t. III, p. 447) parlent de marchands indigènes des pays musulmans vivant sous la protection des Latins. Les historiens arabes avouent que leurs coreligionnaires fixés en Syrie étaient traités avec plus de bienveillance par les Francs que ne l'étaient par les émirs musulmans ceux qui habitaient les pays de l'Islam. Ibn-Djobair reconnaît que les droits prélevés par les Francs sur les caravanes n'étaient pas trop élevés.

2. *Chronique d'Ernoul* où la supériorité de civilisation et de générosité des Musulmans sur les Occidentaux est avouée avec tant de simplicité et de naïveté. Voir notamment la tentative de deux clercs pour convertir le sultan d'Égypte Malek-el-Kamel qui, repoussant l'avis des représentants de la loi musulmane, répond aux clercs : « Signor, il m'ont dit, de par Diu et de par le loi, que je vos face les testes colper, car ensi le commande li lois; mais... je ne vous ferai mie les testes colper, car malvais guerredon vous renderoie de çou que vous vos estes mis en aventure de morir pour m'ame, à vos esciens, rendre à Dame Diu ». « Après si lor dist li soudans que sil voloient demorer avoec lui, qu'il lor donroit grans tiere et grans possessions. » Et sur leur refus « lor dist li soudans que volentiers les feroit conduire en l'ost sauvement » (chap. xxxvii, p. 435). Voir aussi l'entrevue du roi Jean de Brienne et du sultan Malek-el-Kamel : « Sire, dit le roi au sultan, j'ai droit se je pleure, car je voi le peule que Dius m'a cargié morir de faim. » Si ot li soudans pitié de çou qu'il vit le roi plourer.... Il lor envoia 30 000 pains por departir entre als as povres et as rices » (chap. xxxviii, p. 446, 447). Voir encore le passage où l'historien parle de la « grant courtoisie » de Saladin envers les femmes et les filles des chevaliers tombés entre

sorte on est en mesure de vérifier le dire des vainqueurs par celui des vaincus; au jugement des Chrétiens il est facile d'opposer celui des Musulmans; et de l'examen comparé de ces documents divers la vérité a chance de sortir plus éclatante.

Il est vrai que les historiens arabes sont surtout frappés par les événements qui s'accomplissent autour d'eux, par les faits d'ordre matériel auxquels ils sont mêlés. Ils décrivent avec complaisance les rencontres des armées. Rien ne leur échappe de la lutte militaire engagée entre les Chrétiens et les fils de Mahomet : victoires, défaites, sièges et prises des villes, surprises des camps, tout cela est exposé dans leurs écrits avec un grand luxe de détails. Mais tout un ordre d'idées leur est étranger. On chercherait vainement dans leur narration le tableau des causes des événements et le tableau de leurs effets. Ils connaissent mal cette société chrétienne dont ils ne cessent de maudire la mémoire [1]. Les institutions politiques apportées en Orient par les Latins sont à peine soupçonnées par la plupart d'entre eux. Pour les historiens arabes, les Francs sont moins des organisateurs que des conquérants, avides de richesses, grands dévastateurs des pays de l'Islam et toujours

---

ses mains après la prise de Jérusalem en 1187 : « Quant Salehadins les vit plorer, si en ot grant pitié.... Et on lor en dona tant qu'eles s'en loerent durament, à Diu et au siècle, del bien et del honnour que Salehadins lor avoit fait » (chap. XIX, p. 229, 230). Aveux précieux de l'historien qui attestent que le monde oriental n'était pas aussi intolérant qu'on l'avait voulu faire.

1. Remarquez la fréquence de l'expression : *Les Francs que Dieu maudisse!* ou encore : *Que Dieu détruise!* — IBN-AL-ATHIR, *Hist. des Atabecs de Mossoul* (*Hist. ar.*, t. II, 2e partie, p. 35) et *Kamel-Altevarykh* (*Hist. ar.*, t. II, 1re partie, p. 175; t. I, p. 211, 217, 619). — IBN-DJOBAÏR (*Hist. ar.*, t. III, p. 447). — Voir, pour les expressions irrévérencieuses employées par les auteurs arabes en parlant des princes et princesses de religion chrétienne, IBN-DJOBAÏR, p. 447.

prêts à lever de lourdes contributions sur les habitants des villes vaincues[1]. Aussi ce qu'il faut chercher dans leurs écrits ce sont les habitudes, les pratiques et les mœurs des pays envahis par les Croisés. Au moment où s'ouvrit l'ère des Croisades, l'Orient était agité par des révolutions de toute sorte. Les souverains de ces contrées, obscurs ou glorieux, exerçaient le pouvoir au milieu d'une civilisation très avancée mais à peine comprise par les auteurs occidentaux. Au contraire, les Arabes nous instruisent sur les sentiments des hommes, sur le courant de la vie et, d'une façon générale, sur la situation politique, morale, religieuse de leur pays. Par eux l'historien est éclairé sur une foule de détails qu'il chercherait vainement dans les écrits de l'Occident. Dès lors il connaît le milieu politique et social où les Latins essayèrent d'acclimater leurs institutions, comprend les difficultés de la tâche entreprise, calcule les chances de succès, aperçoit les causes de l'échec final. On voit par là combien les relations écrites en langue arabe fournissent de lumières sur l'administration et le gouvernement non seulement des peuples de l'Orient mais encore de leurs vainqueurs occidentaux.

Cependant les historiens arabes ne présentent pas tous une égale importance. Les uns sont de simples compilateurs qui se bornent à copier les récits de leurs devanciers. De ce nombre sont : Aboulféda, né à Damas en 1273, mort à Hamah en 1331, et qui n'a vu aucun des faits qu'il raconte antérieurement au siège de

---

1. Les chroniqueurs arabes signalent avec tristesse les nombreux massacres opérés par les Francs, leur amour de pillage et la rigueur impitoyable avec laquelle ils imposent des tributs aux villes vaincues. Voir : *Annales d'Aboulféda* (Hist. ar., t. I, p. 10), IBN-AL-ATHIR, *Le Kamel* (Hist. ar., t. I, p. 195, 202, 203, 272, 279).

Markab (1285) [1]; El-Aïni, déjà postérieur d'un siècle, qui, dans son Histoire Universelle, intitulée *le Collier de Perles*, fournit de nombreux renseignements sur la guerre des Francs contre les sultans d'Égypte [2], mais qui est rarement original; Aboul-Mehacen, auteur du *Nodjoum* ou biographie des émirs qui ont gouverné l'Égypte et dont l'ouvrage est une vaste compilation [3]. Si nous constatons que l'époque où vécurent ces personnages ne leur permit pas d'être mêlés aux événements, encore devons-nous faire attention aux situations qu'ils occupèrent, aux lieux dans lesquels ils résidèrent. Les relations d'amitié qui unirent la famille d'Aboulféda aux princes de Hamah, la fonction de gouverneur que lui-même exerça dans cette ville, son voyage à Jérusalem, favorisèrent singulièrement ses travaux d'investigation [4]. El-Aïni passant au Caire la plus grande partie de sa vie puisa sur place les matériaux indispensables à son Histoire des sultans de ce pays. Le titre d'*Émir* et de *Maître de la plume et de l'épée* dont le nom d'Aboul-Mehacen est accompagné dans la préface de ses ouvrages prouve que cet histo-

---

1. Résumé de l'Histoire des Croisades tiré des *Annales* d'ABOULFÉDA (Hist. ar., t. I, p. 1-165). — Voir *Autobiographie* d'ABOULFÉDA extraite de sa chronique, p. 168 : « J'assistai la même année (1285) au siège de la forteresse de Markab. J'avais alors environ douze ans. Ce fut la première expédition à laquelle je pris part. »

2. EL-AÏNI, *le Collier de Perles* (Hist. ar., t. II, 1re partie, p. 183-250). El-Aïni mourut en 1431.

3. ABOUL-MEHACEN, *le Nodjoum* (Hist. ar., t. III, p. 481-509). Mehacen mourut en 1470.

4. *Autobiographie* d'ABOULFÉDA, p. 168 et suiv. L'oncle et le cousin de l'historien ont été successivement princes de Hamah. Sa famille était liée d'amitié avec le sultan Kaïavoun et son fils Khalil. Lui-même, après la mort de son cousin, fut chargé des fonctions de gouverneur à Hamah en qualité de lieutenant du sultan. — Voir E. DULAURIER, *Les Sciences arabes au Moyen Âge, Vie et travaux d'Aboulféda* (Revue des Deux Mondes, févr. 1851, p. 633 et suiv.).

rien occupa un poste éminent dans l'armée et la magistrature.

Les autres au contraire sont contemporains des événements qu'ils rapportent. Ils ont recueilli de la bouche de témoins ou ont vu par eux-mêmes la plus grande partie des faits consignés dans leurs écrits. Car, loin de vivre à l'écart, ils ont été mêlés aux affaires de leur temps. Plusieurs se sont signalés comme administrateurs, quelques-uns comme chefs d'armée; la plupart ont vécu à la cour des princes. Ibn-al-Athir, auteur du *Kamel-Altevarykh* et de l'*Histoire des Atabecs de Mossoul*[1], appartient à une famille de fonctionnaires; lui-même a été chargé de plusieurs missions politiques et a pris part à la guerre sainte. Né en 1160 et admis dans l'intimité des princes de Mossoul, il a écrit son *Histoire des Atabecs* en témoignage de la reconnaissance pour les bienfaits dont les siens avaient été comblés. Il a célébré la gloire de Nouraldin[2]. Aussi l'autorité de ce chroniqueur est incontestable : tantôt il écrit sous l'impression vive de ce qu'il a vu et entendu[3]; tantôt il

---

1. Le *Kamel-Altevarykh* est une histoire universelle qui va de la création du monde jusqu'au temps de l'auteur (*Hist. ar.*, t. I, p. 189-711, et t. II, 1re partie, p. 3-186). L'*Histoire des Atabecs de Mossoul*, commençant au règne d'Ak-Sonkor, chef de la dynastie, se termine à l'avènement d'El-Malec-el-Kaher Mesoud II en 1211 (*Hist. ar.*, t. II, 2e partie).

2. IBN-AL-ATHIR, *Hist. des Atab.*, Introd., p. 5 et 6 (*Hist. ar.*, t. II, 2e partie) : « Celui qui nous combla de bienfaits, sous la dynastie des Atabecs,... celui qui nous entoura de faveurs... fut un prince illustre et d'un mérite éprouvé. Ce fut lui qui nous prit par la main pour nous élever aux grandeurs, pour nous porter au rang honorable qui nous a ennobli, pour nous placer auprès de sa personne dans une position plus élevée que celle de ses autres favoris, et pour nous assigner une place dans sa confiance, place à laquelle ses serviteurs les plus dévoués n'avaient pas pu atteindre. » Et plus loin, p. 8 : « Je vais raconter les services qu'ils (les Atabecs) ont rendus dans la défense de la religion et leurs efforts pour expulser l'ennemi du territoire musulman. »

3. L'historien prit part à la guerre sainte. Voir les passages du *Kamel* relatifs à la reprise par les Musulmans, en 1188-89, des forteresses de

reproduit les récits de personnages qui ont été mêlés aux événements[1]; alors les renseignements qu'il tient de son père deviennent la principale source de son information[2]. Beha-eddin, biographe de Saladin[3], a vécu à la cour de ce prince. Après avoir rempli les fonctions de Kadi de l'armée auprès du sultan, il est devenu grand Kadi et premier ministre du fils de son bienfaiteur. Très versé dans l'étude des lettres et du droit[4], il semble doué d'un certain esprit de critique historique; le vif désir de célébrer les grands actes de Saladin ne doit pas détourner l'historien de la recherche scrupuleuse de la vérité. Le biographe prend du moins l'engagement de ne faire connaître au lecteur « que les choses dont lui-même a été le témoin et les renseignements dont l'exac-

---

Sahyoun, Becas, Choghr, Borzeit, Derbessac, où les mots « j'ai vu » reviennent à chaque instant (*Hist. ar.*, t. I, p. 715-738). Il parcourut les lieux qui furent le théâtre des événements qu'il raconte : « J'ai traversé le lieu du combat d'Hattin (Tibériade) environ une année après l'événement. J'ai vu la terre couverte d'ossements qui apparaissaient de loin. » (*Hist. ar.*, t. I, p. 685.)

1. Voir le récit de la bataille de Hattin dans le *Kamel* : « On m'a fait d'après Almalek-Mafdhal, fils de Saladin, le récit suivant... » (*Hist. ar.*, t. I, p. 685.)

2. Ibn-Al-Atrir a écrit l'histoire des Atabecs sur l'autorité de son père : « La plupart des renseignements qui se trouvent dans ce livre me viennent de feu mon père qui était la source même de mon information.... Un grand nombre des renseignements que j'avais recueillis de sa bouche m'ont échappé parce que je ne les avais pas mis par écrit. Je me suis rappelé après sa mort ceux que j'ai réunis ici » (*Hist. ar., Hist. des Atabecs*, t. II, 2ᵉ partie, p. 10). — Ibn-Khallican fait grand cas de notre historien. Voir son *Dictionnaire biographique* (trad. Slane, t. II, p. 289) : « C'était un maître de premier rang par sa connaissance des traditions se rapportant au Prophète, de l'histoire ancienne et moderne, des généalogies arabes, des aventures des anciens Arabes et de leurs journées célèbres. » Ibn-al-Athir mourut en 1233, à Mossoul.

3. Beha-eddin, *Anecdotes et beaux traits de la vie du sultan Youssof* (*Hist. ar.*, t. III, p. 3-370).

4. Ibn-Khallican (*Notice sur Beha-eddin*, au t. III des *Hist. ar.*, p. 319 et suiv., et dans le *Dict. biogr.*, trad. Slane, t. IV, p. 413) fait un grand éloge des connaissances littéraires et juridiques de notre auteur. Beha-eddin, natif de Mossoul (1145), mourut à Alep en 1234.

titude lui paraît le mieux constatée ¹ ». Nous devons à
Ibn-Khallican une autre biographie de Saladin ². Citant
ses autorités, opposant et discutant les témoignages contradictoires, ce chroniqueur fournit des observations historiques précieuses sur les personnages de son temps³.
Ibn-Djobaïr est un voyageur qui a parcouru les colonies
chrétiennes de Syrie et auquel nous sommes redevables
de notes précises sur le commerce, les douanes et les
péages, le mouvement des ports, l'importance des caravanes ainsi que sur les asiles ou établissements de bien-
faisance dont les Latins dotèrent le royaume chrétien ⁴.
Ibn-el-Djeuzi, dans son *Mirât-ez-Zémân*, raconte la conquête de Jérusalem ⁵. Kemal-eddin, dans la *Chronique
d'Alep*⁶, se révèle comme un des auteurs arabes les plus
exacts et les mieux informés.

On objectera que le despotisme plaçait l'écrivain dans
des conditions défavorables. On dira, avec raison, que
les biographes de Nouraddin ou de Saladin ont songé
surtout à faire des panégyriques. On les accusera d'avoir

1. Beha-Eddin, *Anecdotes et Beaux Traits*, p. 5 : « Comblé des faveurs de Salâh-ed-Din, honoré de son amitié et attaché à son service, je me voyais obligé, par la reconnaissance et le devoir, de raconter au public tout ce que j'ai su et tout ce que j'ai appris de ses belles qualités et de ses nobles actions. Mais j'ai dû me borner à rapporter les choses dont j'ai été témoin et les renseignements dont l'exactitude me paraissait le mieux constatée. »
2. Extrait de la *Vie du sultan Salâh-ed-Din*, par Ibn-Khallican, t. III, p. 399-430.
3. L'auteur cite entre autres Ibn-al-Athir, p. 409, Kemal-Eddin, p. 491. A une affirmation de ce dernier, relative à la généalogie de Saladin, il oppose l'affirmation de Beha-Eddin, qui tenait ses renseignements du sultan lui-même. Ibn-Khallican mourut au Caire en 1282.
4. *Voyage d'Ibn-Djobaïr* (*Hist. ar.*, t. III, p. 445-456). Né en 1145 à Valence (Espagne), Djobaïr mourut en 1217 à Alexandrie.
5. Ibn-el-Djeuzi, *Mirât-ez-Zémân* ou *Miroir du Temps* (*Hist. ar.*, t. III p. 518-570). Né à Bagdad en 1186, El-Djeuzi mourut en 1256.
6. Kemal-Eddin, *Chronique d'Alep* (*Hist. ar.*, t. III, p. 577-690). Né à Alep en 1192, Kemal-eddin mourut en 1262.

subordonné le souci de la vérité historique à la noble admiration que leur inspirait leur héros. Il n'en est pas moins vrai qu'ils ont décrit toute la vie d'un homme. La phraséologie pompeuse avec laquelle ils célèbrent les hauts faits du souverain, les titres emphatiques dont ils le décorent, les vertus de toute sorte qu'ils lui accordent, ont un intérêt secondaire et négligeable. Ce qu'il faut retenir, c'est la physionomie de cet homme; ce qui intéresse, c'est la société au milieu de laquelle il a vécu, le contraste offert par cette antique société avec celle des nouveaux venus, le choc des deux mondes en présence, les efforts tentés pour opérer ou pour empêcher leur fusion.

Il est sage de se méfier des panégyristes : il ne leur est guère possible de faire preuve d'impartialité. Cependant Ibn-al-Athir, fidèle à ses maîtres les Atabecs de Mossoul et peu favorable à Saladin dont il blâme les empiétements sur le domaine des grands vassaux, sait rendre justice au prince Ayoubite[1]. Il n'est pas moins sage de se tenir en garde contre les détracteurs. Quelle confiance, dira-t-on, accorder à Ibn-Djobaïr dont l'ouvrage respire, presque sans interruption, le fanatisme le plus haineux? Oublions les imprécations du chroniqueur contre les Latins et retenons ce qu'il a vu dans le pays des Latins. L'historien clairvoyant néglige les injures adressées à la population d'Acre ou à celle de Tyr; il doute que l'arrogance des habitants ait été aussi grande que le veut faire croire l'écrivain musulman; mais il est assuré que les Latins avaient fait d'Acre une grande place de commerce, et de Tyr une ville forte de premier

---

1. Ibn-al-Athir, le *Kamel* (*Hist. ar.*, t. II, 1re partie, p. 73-75).

ordre[1]. L'auteur est certainement exact sur ces points-là. D'ailleurs, la haine religieuse est impuissante à étouffer chez celui-ci tout amour de vérité. Ibn-Djobaïr, qui ne méconnait point la sagesse de l'administration latine, rend hommage à la mansuétude dont les Latins firent preuve dans leurs rapports avec les populations musulmanes[2]. Témoignage d'une incontestable valeur puisqu'il émane d'un ennemi!

Il reste à exprimer un regret en ce qui touche les histoires arabes des Croisades. Leurs auteurs auraient gagné à être plus concis. Ils auraient ainsi évité les négligences, les redites, les imperfections de composition et de style, voire la contradiction. Leur lecture aurait été moins souvent fastidieuse. On leur pardonnerait volontiers leur emphase, inhérente au caractère de la race[3], s'ils s'étaient moins fréquemment copiés les uns les autres sans le moindre scrupule et si le même auteur n'avait, dans des ouvrages différents, raconté les mêmes événements, répété les mêmes phrases[4].

---

1. Voir dans le *Voyage d'Ibn-Djobaïr* (*Hist. ar.*, t. III, p. 450, 451 et suiv.) la description des villes d'Acre et de Tyr.
2. Voir, dans le *Voyage d'Ibn-Djobaïr* (*ibid.*, p. 457), ce qui est dit des tarifs prélevés par les Latins sur les caravanes.
3. Michaud, *Bibl. des Crois.*, Observations préliminaires, t. IV, p. xliij : « Le style des chroniqueurs arabes est habituellement simple; il est même souvent trivial. » Il est incontestable que la langue arabe n'avait pas acquis la pureté et l'élégance soutenue des langues de l'Europe. Cependant il y a quelque exagération à dire que le style des écrivains arabes n'ait pas été souvent enflé et déclamatoire.
4. Certains passages des *Annales* d'Aboulféda et du *Kamel* d'Ibn-al-Athir sont identiques. Voir en particulier dans ces deux chroniqueurs le récit de la bataille de Hattin, p. 56 d'Aboulféda et p. 686 d'Ibn-al-Athir (*Hist. ar.*, t. I). Ibn-al-Athir lui-même reproduit dans l'*Hist. des Atab.* des passages du *Kamel*.

II. — Les textes législatifs.

L'histoire des institutions du royaume de Jérusalem n'existe pas seulement dans les récits des historiens ou des chroniqueurs. Si nous étions réduits au témoignage de ces derniers, nous pourrions sans doute enregistrer une foule de faits et d'observations utiles à retenir; cependant beaucoup nous échapperaient encore. Mais un recueil de lois connu sous le nom d'*Assises de Jérusalem* a été écrit pendant l'époque qui nous occupe. Monument de la jurisprudence féodale au Moyen Age, il fait connaître avec une précision remarquable la constitution politique et sociale du royaume latin. C'est là qu'il faut chercher quel était le droit de ce royaume. C'est dans les *Assises*, expression des besoins d'un état militaire, qu'il faut étudier le véritable caractère de la féodalité. A ce point de vue le législateur est un guide plus sûr que l'historien. Il fournit des données que l'histoire n'indique pas et que des conjectures hasardées ne peuvent suppléer. En un mot il complète heureusement et permet de contrôler les affirmations contenues dans les ouvrages des chroniqueurs.

Une question, dès les premiers pas, se pose. Comment les *Assises de Jérusalem* ont-elles été composées et dans quel état nous sont-elles parvenues? L'historien touche ici à l'un des problèmes les plus difficiles à résoudre. Lorsqu'on examine attentivement les faits qui se rattachent à l'établissement des *Assises*, à leur propagation dans l'Orient, à la transmission et à la publication en Italie, en Allemagne et en France des manuscrits les plus authentiques, on a grand'peine à dissiper la demi-obscurité qui nous enveloppe. Tous nos efforts ne parviennent à saisir que de rares et fugitives lueurs. Les opinions les plus opposées se font jour; on a pu soutenir les unes et les autres avec ardeur et talent. On rencontre quelques textes dont l'examen conduit à des conclusions contraires à la vraisemblance, à la logique ou prêtent à la contradiction; et si, aux assertions contenues dans ces textes, on substitue le raisonnement ou l'hypothèse, on se condamne à changer toutes les conditions de la certitude historique, on transforme une étude qui ne peut avoir de valeur qu'à la condition d'être fortement documentée en œuvre d'imagination. Néanmoins, quelque ingrate que paraisse la tâche que nous nous sommes imposée, on ne jugera pas inutile la partie de cette *Introduction* relative à la formation des *Assises* si nous réussissons, à défaut d'une conclusion ferme, à établir l'état de fluctuation séculaire de la législation des Croisés. Deux idées se dégageront de cette discussion : la première c'est que le texte des *Assises*, tel qu'il nous a été transmis, n'est certainement pas le texte original; la seconde c'est qu'on n'est pas assuré d'avoir retrouvé dans les divers manuscrits connus la rédaction la plus fidèle, c'est-à-dire la plus conforme à la charte primitive qui aurait été élaborée par l'Assemblée de 1099[1].

---

[1]. Voir sur cette question : FLORIO BUSTRON, *Historia overo Commentarii de Cipro*; ÉTIENNE DE LUSIGNAN, *Chorograffia et breve historia universale dell' isola de Cipro* (1573); HENRICO GIBLET (Loredano), Venise, 1667, p. 19; DOMINIQUE JAUNA, *Hist. Génér. des roy. de Chypre, de Jérusalem, d'Arménie et d'Egypte*, Leyde, 1747, t. I, p. 371; THOMAS DE LA THAUMASSIÈRE, éd. des *Assises*, 1690, Avertissement; PARDESSUS, *Collection des lois maritimes antérieures au XVIIIe siècle*, 1828, t. I, chap. VII, p. 261; BEUGNOT, éd. des *Assises*, 1841-43, Introd.; *Journ. des Sav.*, 1841, art. de P. PARIS, p. 291; WILKEN, *Gesch. der Kreuz.*, liv. I, chap. XIII; SCHLOSSER, *Weltgeschichte*, III, 1, p. 154; SYBEL, *Gesch. des erst. Kreuz.*, éd. de 1841, p. 516, éd. de 1881, Leipzig, p. 437, et suiv.; *Revue de législation*, 1843,

Et d'abord le texte des *Assises* tel qu'il nous a été transmis n'est pas le texte original.

Après la prise de la Cité Sainte par les Croisés, Godefroy de Bouillon voulant, écrit Jean d'Ibelin, « que ses homes et son peuple et totes manieres de genz alant et venant et demorant el dit roiaume fucent gardés et gouvernés, tenus et maintenus, menés et justisiés à droit et à raison », choisit par le conseil du patriarche, des princes, des barons et des notables « sages homes à enquerre et à saveir des genz des diverces terres qui là estoient les usages de leur terres ». Ces commissaires remirent leur travail par écrit à Godefroy qui, dans le conseil, adopta ce qu'il crut convenable et en forma les « assises et usages que l'on deust tenir et maintenir et user ou roiaume de Jerusalem, par les quels il et ses genz et son peuple et totes autres manieres de genz alanz et venans et demorans en son reiaume fussent gouvernés, gardés, tenus, maintenus et menés et justisés à droit et à raison el dit roiaume[1] ». Godefroy a donc édicté un corps de lois civiles et politiques dans le royaume de Jérusalem. C'est du

---

t. XVII, p. 22, art. de Ch. Giraud; Mortreuil, *Hist. du droit byzantin*, 1846, t. III, p. 14; *Hist. Litt. de la Fr.*, t. XXI, 1847, p. 433, art. de F. Lajard; La Ferrière, *Hist. du droit français*, 1852-53, t. IV, p. 475-493; Francis Monnier, *Godefroy de Bouillon et les Ass. de Jér.*, Paris, 1874; *Assises d'Antioche reproduites en français et publiées au sixième centenaire de la mort de Sempad le connétable, leur ancien traducteur arménien*, dédiées à l'Acad. des Inscr. et Belles-Lettres de France par la société Mekhithariste de Saint-Lazare, Venise, 1876; *Bibl. de l'Ec. des Ch.*, t. XXXVII, 1876, art. de Mas Latrie, *Observations sur les Ass. d'Antioche*, p. 511; *Trad. grecque des Ass. de Jér.*, publiée par Sathas dans la *Bibliotheca graeca medii aevi*, t. VI, Venise, 1877; *Journ. des Sav.*, 1877, art. de E. Miller, p. 393 (Comparez avec deux articles antérieurs, t. VIII, p. 612-617, et t. XIII, p. 94-96); *Romania*, année 1890, art. de M. Gaston Paris sur Philippe de Novare; *Histoire Générale*, t. II, p. 317, 318, art. de M. Seignobos.

1. *Ass.*, t. I, *Liv. de Jean d'Ibelin*, chap. I, p. 21, 22. *Clef des Ass. de la Haute Cour*, Prologue, p. 575.

moins ce que le texte d'Ibelin établit d'une manière positive. Ce code, scellé du sceau du roi, du patriarche et du vicomte de Jérusalem, fut déposé dans l'église du Saint-Sépulcre — d'où son nom de *Lettres du Sépulcre* — et consulté avec respect toutes les fois qu'il s'élevait une question douteuse dans les tribunaux de la Palestine[1]. Toutefois les lois promulguées à l'époque de la fondation des colonies chrétiennes, loin de revêtir un caractère d'immutabilité[2], furent sans cesse modifiées et augmentées : « Après ce, dit Jean d'Ibelin, que les avant dites assises furent faites et les usages establis, le duc Godefroi et les reis et seignors qui après lui furent el dit roiaume les amenderent par pluisors fois[3]. » Philippe de Novare[4] loue les princes latins de n'avoir pas hésité, toutes les fois que l'intérêt de l'Etat le conseilla, à corriger ou compléter la charte primitive : « Car après ce que les premieres assises furent faites au conquest de la terre, avint il par maintes feis que... faiseit om asseis et us et costumes noveilles... selone ce que l'on entendist que profit et amendement estoit[5]. » Entre autres transformations apportées aux vieux usages, le jurisconsulte mentionne celle qui, vers le milieu du xiie siècle, fut inspirée au roi et aux seigneurs de Terre-Sainte par Henri le

---

1. *Ass.*, t. I, *Liv. de Jean d'Ibelin*, chap. iv, p. 25, 26.
2. La Ferrière, *Hist. du droit français*, t. IV, p. 473 : « Les *Assises* n'avaient point le caractère d'immutabilité. Les communications que les Croisades maintenaient entre l'Europe et l'Orient y apportèrent des modifications successives. »
3. *Ass.*, t. I, *Liv. de Jean d'Ibelin*, chap. iii, p. 21.
4. On a longtemps fait naître ce jurisconsulte en France (Beugnot, t. I, p. xxxvii de l'*Introduction aux Assises* — *Hist. Litt. de la Fr.*, t. XXI, p. 552). Mais M. Gaston Paris a démontré, en s'appuyant sur deux passages des *Gestes des Chyprois* dans lesquels Philippe se qualifie expressément de *Lombart*, que cet auteur est originaire de *Novare* en Lombardie (Voir *Romania*, année 1890, p. 99-102).
5. *Ass.*, t. I, *Liv. de Ph. de Nov.*, chap. xlvii, p. 521, 522.

Buffile, gentilhomme champenois[1]. Nous connaissons les auteurs de plusieurs lois rendues après la promulgation des anciennes *Assises* : Baudoin I" qui, par son *Assise du coup apparent*, entreprit de mettre un terme aux violences commises par les hommes de toute classe[2]; Baudoin II qui détermina les douze cas dans lesquels le roi pouvait dépouiller un seigneur de son fief[3]; Amaury I" qui, en imposant à tous les vassaux, par son *Assise sur la Ligéce*, l'obligation de prêter l'hommage lige au roi, opéra dans la constitution du royaume une véritable révolution[4]. Jean d'Ibelin dit formellement qu'une période de quatre-vingt-six ans fut nécessaire à l'élaboration des *Assises* et que les sept premiers rois de Jérusalem, depuis Godefroy (1099) jusqu'à Baudoin V (1186), eurent leur part de ce travail législatif[5]. Il faut donc entendre par *Assises de Jérusalem* non seulement le code établi, au lendemain de la conquête de la Ville Sainte, par Godefroy de Bouillon et ses compagnons d'armes, mais encore les diverses additions ou modifications faites, pendant près d'un siècle, à cette charte primitive.

Or en 1187, à la prise de Jérusalem par Saladin, le recueil des lois latines disparut. C'est là un fait historique que les jurisconsultes d'outre-mer attestent clairement : « Et tout ce fu perdu, écrit Philippe de Novare, quant Saladin prist Jerusalem[6]. » Rien de plus énergique que l'expression d'Ibelin : « Et après la terre perdue, fu tot

---

[1]. *Ass.*, t. I, *Liv. de Ph. de Nor.*, chap. LXXI, p. 542.
[2]. *Ass.*, t. I, *Liv. de Jean d'Ibelin*, chap. CXIII, p. 185. *Liv. de Geoffroy le Tort*, § XXII, p. 440, 441. *Liv. de Jacq. d'Ibelin*, § II, p. 465. *Liv. de Ph. de Nor.*, chap. LXXV, p. 546.
[3]. *Ass.*, t. I, *Liv. au Roi*, chap. XVI, p. 616, 617.
[4]. *Ass.*, t. I, *Liv. de Jean d'Ibelin*, chap. CXCIX, p. 319.
[5]. *Ibid.*, chap. CCLXXVII, p. 429.
[6]. *Ass.*, t. I, *Liv. de Ph. de Nor.*, chap. XLVII, p. 522.

perdu[1]. » Voilà certes deux textes précis; et, si l'on s'en rapporte aveuglément à ces lignes sans les comparer non seulement à d'autres passages tirés des mêmes jurisconsultes, mais encore à certaines expressions des chroniqueurs, on ne doutera pas qu'un code ait été rédigé par Godefroy et ait ensuite disparu dans la catastrophe de 1187. Mais une étude plus approfondie de la question fait entrevoir la possibilité de quelques objections.

Peut-être y aurait-il de notre part une hardiesse dangereuse à révoquer en doute l'existence d'un texte original composé au lendemain de la conquête et déposé à cette époque dans l'église du Saint-Sépulcre. Bien que cette opinion, entrevue par les historiens allemands des Croisades[2], ne puisse s'appuyer sur aucun texte attentivement étudié et soit même en contradiction avec les affirmations des jurisconsultes d'outre-mer, nous ne pouvons dissimuler qu'elle se soit présentée plus d'une fois à notre esprit.

En effet un code n'a pas d'autre raison d'être que celle de pouvoir être consulté par ceux pour lesquels il a été écrit. Or à Jérusalem les hommes n'étaient admis à lire et même simplement à voir le précieux texte qu'en pré-

---

1. *Ass.*, t. I, *Liv. de Jean d'Ibelin*, chap. CCLXXIII, p. 429.
2. Wilken (*Gesch. der Kreuz.*, liv. I, chap. XIII) ne croit pas à l'existence d'une loi écrite à l'époque de la fondation. — Schlosser (*Weltgesch.*, liv. III, chap. I, p. 151) repousse la rédaction comme une légende : « Godefroy introduisit comme lois dans son royaume les usages et les mœurs de sa patrie quoiqu'il ne les ait pas rédigés. » — Sybel (*Gesch. des erst. Kreuz.*, chap. XII, p. 517) dit : « On ne saurait blâmer celui qui croit à la possibilité d'une rédaction ordonnée par Godefroy, mais une semblable opinion ne peut être confirmée. » — Kugler (*Gesch. der Kreuz.*, chap. IV, p. 122) pense également qu'il n'a pu être question, à l'époque de Godefroy, d'une rédaction des *Assises*. — Pautz (*Kulturgesch.*, liv. III, chap. III, p. 214, 215) dit que la tradition relative à l'origine des *Assises* ne tient pas debout et fourmille de contradictions. Malheureusement ces auteurs se sont bornés à formuler leur opinion sans l'appuyer d'aucun argument et sans entrer dans le fond de la discussion.

sence de neuf personnes : le roi ou son représentant, le patriarche ou le prieur du Sépulcre, le vicomte de Jérusalem, deux chanoines, deux hommes liges et deux jurés de la Cour des Bourgeois [1]. Assurément le droit de consultation était incontestable; mais les formalités minutieuses et gênantes qui entouraient l'exercice de ce droit n'avaient-elles pas été imaginées pour rebuter ceux des juges qui auraient eu la curiosité d'examiner le monument lui-même? En tout cas on ne voit pas que les *Lettres du Sépulcre* aient jamais été consultées. Un fait de cette importance n'eût point passé inaperçu; il eût été l'occasion d'une imposante cérémonie dont les historiens ou les jurisconsultes eussent conservé le souvenir. Rien de semblable n'est mentionné dans les ouvrages qui nous sont parvenus. A défaut du témoignage des écrivains, nous aurions au moins les procès-verbaux des cérémonies; aucun ne nous a été transmis. Suivant Guillaume de Tyr les *Assises*, même avant la catastrophe de 1187, n'étaient guère connues que sous une forme orale et comme des usages traditionnels. Traçant le portrait de Baudoin III, le chroniqueur s'exprime en ces termes : « Baudoin avait une connaissance approfondie du droit coutumier qui régissait le royaume d'Orient; dans toutes les questions obscures, les princes les plus âgés recherchaient les lumières de son expérience et admiraient son érudition et sa sagesse [2]. » Ailleurs, parlant d'Amaury Ier, il écrit : « Nul ne lui était supérieur dans l'intelligence du droit

---

1. *Ass.*, t. I, *Liv. de Jean d'Ibelin*, chap. IV, p. 26. *Liv. de Ph. de Nov.*, chap. XLVII, p. 522.
2. GUILL. DE TYR, liv. XVI, chap. II, p. 766 : « Juris etiam consuetudinarii, quo regnum regebatur Orientale, plenam habens experientiam : ita ut in rebus dubiis, etiam seniores regni principes ejus consulerent experientiam, et consulti pectoris eruditionem mirarentur. »

coutumier qui régissait le royaume; le roi se distinguait entre tous les princes par la sagacité de son esprit et la justesse de son discernement ¹. » Ainsi les hommes, dans les affaires embarrassantes, faisaient appel aux lumières des rois; et tous, les rois comme les hommes, semblaient oublier la charte vénérable ensevelie plutôt que déposée dans le Saint-Sépulcre. La conséquence fut que personne n'eut occasion de constater la réalité du dépôt. Aussi n'est-il pas impossible que les hommes aient inventé l'existence d'un code imaginaire afin de sanctifier les coutumes traditionnelles des Français dans la Palestine ². Un jour vint où la croyance en un texte original déposé dans le Saint-Sépulcre s'accrédita partout et prit une consistance telle que personne ne songea à la révoquer en doute. Il n'en est pas moins vrai que les deux constatations suivantes paraissent sans réplique : 1° Les traditions qui attribuent au règne éphémère de Godefroy l'organisation du royaume latin sont postérieures à l'époque où vécut ce prince et ne sont pas confirmées par les historiens des Croisades. Un siècle et demi sépare Ibelin et Novare du premier roi latin de Jérusalem. Il y a là un fait qui ne paraît pas avoir attiré, autant qu'il le mérite, l'attention des savants et qu'on aurait tort de considérer avec trop

---

1. GUILL. DE TYR, liv. XIX, chap. II, p. 884 : « In jure consuetudinario, quo regebatur regn. m, subtilis plurimum, et nulli secundus; imo qui regni principes et mentis acumine et discretionis præiret sinceritate universos. » Voir RÖHRICHT, *Amalrich I, König von Jerusalem*, p. 3.

2. Nous sommes heureux, au moment de mettre la dernière main à notre travail, de rencontrer dans l'*Histoire générale* l'expression de l'opinion que nous avons défendue : « On a cru longtemps que ces recueils reproduisaient des lois plus anciennes, qu'on appelait les *Lettres du Saint-Sépulcre*; Godefroy de Bouillon les avait fait rédiger, disait-on, aussitôt la prise de Jérusalem, mais elles avaient été détruites en 1187 quand la ville fut prise. Cette tradition a été imaginée très tard pour faire paraître les *Assises* plus respectables » (*Hist. Génér.*, t. II, *Les Croisades*, chap. VI, p. 318, art. de M. SEIGNOBOS).

de légèreté. 2° Si on admet qu'un code a été rédigé on n'explique pas aisément le défaut absolu de publicité qui suivit la rédaction. On aperçoit une contradiction entre l'idée première du législateur qui écrivit des lois et la résolution qu'il prit, une fois l'œuvre accomplie, de les dissimuler le plus possible. On est ainsi amené à croire que les *assises* n'étaient pas autre chose que les *usages*. Ibelin, Novare, et, avec eux, les autres jurisconsultes ne confondent-ils pas partout, sauf dans le passage cité plus haut, l'autorité des *assises* avec celle des *us et coutumes*[1] ?

Mais trouvons-nous dans les récits que nous possédons de la prise de la Ville Sainte en 1187 un indice de l'enlèvement des *Lettres du Sépulcre*? Le Continuateur de l'évêque de Tyr, celui des chroniqueurs qui nous a laissé sur cet épisode les détails les plus circonstanciés, n'y fait pas la moindre allusion[2]. De ce fait pourtant nous ne saurions tirer aucune déduction; car au silence du Continuateur il serait facile d'opposer les affirmations si précises d'Ibelin ou de Novare. Nous voulons seulement retenir les circonstances mêmes de la prise de Jérusalem. Telles qu'elles sont racontées elles permettent difficilement de croire à l'enlèvement supposé.

En effet la capitale des Latins ne fut pas emportée d'assaut. Ni les Chrétiens ni les Sarrasins ne s'abandonnèrent aux excès que permettent les lois de la guerre : les premiers demandèrent une capitulation; les seconds exécutèrent les conditions de la capitulation demandée et consentie. Il ne se livra aucune bataille dans les rues de

---

1. *Revue de législation et de jurisprudence*, 1843, t. XVII, art. de Ch. Giraud, p. 31 : « C'est la noblesse militaire d'outre-mer qui a commenté l'*assise*, c'est-à-dire la *coutume*; car *assise* et *coutume* sont la même chose. »
2. Ernoul, chap. xviii, p. 211 et suiv.; chap. xix, p. 221 et suiv.

la ville; par suite point de troubles, point de bagarres où, dans l'enivrement du combat, chacun détruit, dépouille et vole à sa convenance. Au contraire, Saladin promit aux Chrétiens, une fois leur rançon payée, de respecter « lor meuble et lor avoirs ». Les *Lettres du Sépulcre* ne faisaient-elles pas partie de l'avoir des Chrétiens? A deux reprises le Continuateur rappelle cette promesse d'un vainqueur évidemment courtois qui, loin de violer la parole donnée, l'observa scrupuleusement [1].

Bien plus Saladin, avant d'entrer dans Jérusalem, accorda aux habitants un délai de quarante jours pour leur permettre de faire un choix entre les biens qu'ils voulaient vendre et ceux qu'ils préféraient conserver [2]. Il est de toute évidence que les Chrétiens ne purent songer à se défaire d'un objet aussi précieux pour eux et d'ailleurs aussi portatif que leur code. Il est difficile d'admettre qu'ils l'auraient abandonné, puisqu'ils étaient libres d'emporter leurs biens avec eux. En ce qui concerne cette liberté, les auteurs arabes ne sont pas moins catégoriques que les écrivains chrétiens. Il est une phrase d'Ibn-al-Athir précieuse à retenir; c'est celle où l'historien montre Saladin assistant du haut de son trône au départ des Croisés de la Ville Sainte. « Le grand patriarche des Francs, dit-il, sortit de la ville emportant avec lui les trésors des églises en telle quantité que Dieu seul

---

1. Ernoul prête à Saladin ces paroles (chap. xviii, p. 217) : « Il se renderont à moi comme pris à force, et je lor lairai lor meuble et lor avoirs, si en feront lor volentés comme del lor. » Et quelques lignes plus loin, chap. xix, p. 222, le chroniqueur s'exprime ainsi : « Et de quanques il averoient de meuble, et de che que il poroient ne vendre, ne aloer, si l'emportaissent salvement, qu'il ne trouveroient qui tort lor fesist. »

2. Ernoul, chap. xix, p. 223 : « Et si commanda que dedens xl jours eussent vuidié le cité, et lor raençon paié, et qui puis xl jors, seroit trovés, cors et avoirs demorroit en le main Salehadin. »

en connaît la valeur [1]. » Non moins typique est l'apostrophe adressée par Emad-eddin à son maître Saladin. Voyant que le patriarche emportait tous les ornements d'or et d'argent qui couvraient le tombeau du Christ, le secrétaire historien se précipite vers Saladin : « Voilà, s'écrie-t-il, des objets pour plus de deux cent mille pièces d'or; vous avez accordé sûreté aux Chrétiens pour leurs effets, mais non pour les ornements des églises! — Laissons-les faire, répond le sultan, autrement ils nous accuseraient de mauvaise foi; ils ne connaissent pas le véritable sens du traité; donnons-leur lieu de se louer de la bonté de notre religion [2]. »

Je suppose enfin que les habitants, consternés par la grandeur du désastre et préoccupés surtout d'échapper à la servitude moyennant rançon, aient oublié dans le Saint-Sépulcre la fameuse charte rédigée par leurs pères. Dans ce cas, il faudrait admettre que celle-ci s'y trouvait encore quand Saladin y entra et que lui-même en ordonna la destruction. Une profanation semblable aurait laissé après elle des douleurs et des rancunes qui seraient restées longtemps dans les cœurs. Il est vrai que le récit de la prise de Jérusalem par Raoul de Coggeshal, témoin oculaire et qui fut même blessé d'une flèche au visage, respire une haine débordante et passionnée. Au contraire du Continuateur qui loue l'humanité de Saladin, Raoul n'a pas assez d'imprécations pour

---

1. Ibn-alAthir, *Le Kamel* (Hist. ar., t. I, p. 704).
2. Emad-eddin (Michaud, *Bibl. des Crois.*, t. IV, p. 211). Les autres historiens arabes qui ont parlé de la prise de Jérusalem par Saladin ne disent rien qui puisse infirmer ni confirmer les récits du Continuateur, d'Ibn-al-Athir et d'Emad-eddin. Voir Beha-eddin, *Anecdotes et Beaux Traits de la vie du sultan Youssof* (Hist. ar., t. III, p. 99-102); Aboulféda, *Annales* (Hist. ar., t. I, p. 57); Amari, p. 66-73. — Récit de la prise de Jérusalem dans Michaud, *Hist. des Crois.*, t. II, p. 336-347.

le vainqueur impur entre les mains duquel les Chrétiens s'apprêtent à livrer le tombeau de leur Dieu. Mais là est précisément le secret de sa haine. Raoul de Coggeshal partage le touchant et sublime dévouement d'un petit nombre de Croisés qui, préférant à la capitulation la gloire de mourir en héros sur la dépouille du Sauveur, parlaient de combattre jusqu'à la dernière goutte de leur sang [1]. La narration de Raoul, écrite dans un esprit différent du récit du Continuateur, n'est pas un argument en faveur de la profanation dont Saladin se serait rendu coupable. Si le sultan l'eût commise, l'historien aurait aujourd'hui pour s'éclairer autre chose que le témoignage assurément net mais aussi d'une extraordinaire concision d'Ibelin ou de Novare.

Tout fut perdu quand Saladin prit Jérusalem; voilà tout ce que savent les jurisconsultes, et voilà ce que les historiens ont répété après eux. Mais quand, examinant les choses de près, on recherche les circonstances de cette perte; quand on se demande sur qui, des Croisés ou de Saladin, il convient d'en rejeter la responsabilité, l'incertitude commence. Alors le doute se glisse dans l'esprit, non seulement sur la destruction en 1187, mais encore sur l'existence même du code attribué à Godefroy de Bouillon. Nous ne voulons pas accorder à cette conclusion une autorité absolue; reconnaissons au moins qu'elle est fondée sur une très grande vraisemblance.

Sybel admettrait volontiers que Godefroy ait déposé dans le coffre du Sépulcre plusieurs ordonnances diverses, sans lien entre elles, expression des besoins du moment, mais non une constitution de toutes pièces : « Il serait

---

1. RAOUL DE COGGESHAL, *Hist. de Fr.*, t. XVIII, p. 61, *Chronicon Terræ Sanctæ*.

insensé, dit-il, de considérer Godefroy comme un législateur et de le vanter comme tel. Ce fut déjà pour lui une assez grande gloire d'avoir pu, avec les moyens dont il disposait, se maintenir dans son nouvel État et préparer l'avenir[1]. » Dans le même ordre d'idées sont MM. P. Paris[2] et Sathas[3]. Ces savants ont pensé que les *Lettres du Sépulcre* n'étaient pas les *Assises*, mais simplement le *Livre des fiefs de la principauté de Jérusalem*. Selon eux le coffre du Saint-Sépulcre aurait renfermé, non pas le code des lois du royaume, mais un simple cartulaire où étaient enregistrés les titres de possession féodale, la liste des fiefs, les noms des vassaux et des arrière-vassaux, les conditions du service, les règles qui présidaient à la prestation des hommages. Les *Lettres du Sépulcre*, dit encore Prutz, ne peuvent avoir été qu'un registre des fiefs du royaume[4]. Si on admet ce système on s'explique que les Croisés aient en 1187 négligé d'emporter les *Lettres du Sépulcre*; car de quel intérêt devenait pour eux un Livre sous la sauvegarde duquel était placé un territoire qu'ils perdaient? Mais alors, si les *Lettres du Saint-Sépulcre* n'étaient qu'un simple *Livre des fiefs*, il faudrait conclure qu'elles ne contenaient aucune disposition relative à la classe bourgeoise; ce qui serait se mettre en contradiction absolue avec Jean d'Ibelin[5].

---

1. Sybel, *Gesch. des erst. Kreuz.*, chap. XII, p. 526.
2. *Journ. des Sav.*, 1841, Art. de M. P. Paris, p. 291.
3. Sathas (*Bibl. gr. med. œvi*, t. VI) pense que les *Assises* ne sont pas l'œuvre de Godefroy, mais celle des successeurs de ce prince. Les *Lettres du Sépulcre* ne seraient pas les *Assises* (Ἀσιστατικὰ γράμματα), mais le *Livre des fiefs de la principauté de Jérusalem* (Τιμαριωτικὰ κτηματολόγια).
4. Prutz, *Kulturgesch. der Kreuz.*, liv. III, chap. III, p. 218, 219.
5. Jean d'Ibelin affirme que Godefroy promulgua un code d'*Assises bourgeoises* (chap. II, p. 23) et, lorsqu'il donne la description des volumes où étaient enfermées les lois de Godefroy, il a soin de dire que les *Assises* de chaque cour se trouvaient dans un volume séparé (chap. IV, p. 25).

Ainsi on ne saurait, sans témérité, se prononcer sur le caractère véritable du Livre attribué à Godefroy de Bouillon. D'une part on ne peut guère affirmer qu'il ait été la charte constitutionnelle de l'État; on a vu que les exigences de la raison ne s'accommodaient pas de cette opinion et qu'à s'obstiner dans cette manière de voir on risquait d'être conduit à contester l'existence d'un texte original. D'autre part l'hypothèse selon laquelle les *Lettres du Sépulcre* auraient été le *Livre des fiefs de la principauté de Jérusalem* n'est pas davantage à l'abri de toute critique. Une seule chose est incontestable, c'est que le Livre du Sépulcre, en supposant qu'il ait réellement existé avant 1187, n'existait plus après cette date.

Il résulte des considérations précédentes que les écrivains comme Philippe de Novare, Ibelin, Geoffroy le Tort et autres qui s'appliquèrent vers le milieu du XIIIe siècle à recueillir les vieilles *Assises* ne purent s'aider, dans la rédaction de leurs traités, d'aucun document écrit. Les *Assises* ne s'étaient conservées que sous une forme orale. Il est vrai qu'au XIIe siècle, entre 1197 et 1205, le roi Amaury II, ne voulant point laisser la législation dans un état incertain qui exposait le royaume à des commotions violentes, avait eu la pensée de procéder à une nouvelle rédaction des *Assises*[1]. Mais Raoul de Tibériade sur

---

[1] *Ass.*, t. I, *Liv. de Ph. de Nov.*, chap. XLVII, p. 523 : « Ce ai je oï conter et retraire meintes feis que le rei Aymeri pria messire Rau de Tabarie, ainsi qu'il fust mal de lui, que il vausist que entre eaus deus et autres dis vavassors feissent escrire et renoveler les us et les costumes et assises. Et le rei disoit que il entendeit que il recorderoient bien tout et moult poi en faudreit. Et messire Rau respondi que de ce que il savoit ne i feroit il ja son pareil Remont Anciaume ne autre soutil borgeis ou bas home letré; et sans faille l'on dizoit que le rei Ameri savet et avoit plus en memoire les us et les assises que nul home, mais messire Rau estoit plus soutil de lui; et por ce ne se vost entremetre le rei sans lui. » — *Liv. de Jean d'Ibelin*, chap. CCLXXIII, p. 430. — BEUGNOT, *Introd.*, t. I, p. XXVI, XXX; t. II, p. X, XV, LVIII.

lequel le roi avait compté pour l'accomplissement d'une aussi grande tâche s'était dérobé; et l'entreprise était restée à l'état de projet. Pardessus a pensé que le travail du roi Amaury s'était perdu ou avait été oublié [1]. C'est là une supposition gratuite; il n'est pas vrai que le chapitre CCLXXIII des *Assises de la Haute Cour* contienne l'histoire d'une rédaction faite par les ordres et sous les auspices d'Amaury; on n'y trouve pas un mot qui fasse croire à l'exécution du projet royal. Au reste, pour affirmer que ce prince introduisit en Chypre un recueil de lois, il faudrait méconnaître l'autorité de Philippe de Novare, qui paraît très bien renseigné et sur les démarches faites par Amaury auprès de Raoul de Tibériade et sur le refus catégorique opposé par ce seigneur au roi. On ne fit donc jamais une seconde copie des *Lettres du Sépulcre* : « Ne onques puis, dit Philippe de Novare, n'i ot escrite assise ne us ne costume [2]. » Les jurisconsultes ne connurent les *Assises* que « par ouï-dire et par usage ». Telles sont leurs propres expressions; car eux-mêmes, loin de cacher leur ignorance, déplorent la pénurie des renseignements auxquels ils ont puisé : « Nous les savons assés povrement, s'écrie Novare, car les assises ne seit om mais que par oïr dire et par usage; et tenons pour assise ce que nous avons veu user com assise [3]. » Jean d'Ibelin ne s'exprime pas différemment : « Oui, répète-t-il, nous savons les assises assez pauvrement [4]. » La préface mise par Geoffroy le Tort en tête de son Livre révèle les

---

1. Pardessus, *Collection des lois maritis*, t. I, chap. vii, p. 265.
2. *Ass.*, t. I, *Liv. de Ph. de Nov.*, chap. xlvii, p. 522.
3. *Ibid.*, p. 521.
4. *Ass.*, t. I, *Liv. de Jean d'Ibelin*, chap. cclxxiii, p. 429 : « Noz les savons assés povrement; et ce que noz en savons, noz ne le savons que par oyr dire et par usage. Et nos tenonz por assise ce que noz avons veu user come assise. »

mêmes scrupules, les mêmes appréhensions qui frappent le lecteur chez Philippe de Novare et Jean d'Ibelin : « Se ge ne puis metre, dit-il, en cestui livre toutes les assises et les bons usages et les bones costumes dou reaume de Jerusalem, il n'est mie merveille, quar mout a lonc tens que eles furent faites, et que l'om les comença à user [1]. » Il n'est pas un seul des légistes du royaume latin qui ait la prétention de fixer par ses travaux les principes de la législation d'outre-mer. Pour s'en convaincre il suffit de prêter attention à la méfiance qu'ils témoignent à l'égard d'eux-mêmes et de voir à qui ils adressent leurs ouvrages. Chez tous, en effet, l'incertitude se trahit; chacun se garde de donner à sa parole la valeur d'un article de foi. Jean d'Ibelin appréhende sans cesse d'avoir commis quelque erreur. Soit qu'il invoque le secours des lumières divines [2], soit qu'il se recommande à la bienveillante indulgence du lecteur [3], il laisse apercevoir les doutes qui l'assaillent et les difficultés qui, presque à chaque pas, l'entravent dans la rédaction de son ouvrage. D'autre part il ne faut pas croire que Jean d'Ibelin et Philippe de Novare écrivirent pour tous les barons d'outre-mer. Le premier recueillait pour ses enfants les

---

1. *Ass.*, t. I, *Liv. de Geoffroy le Tort*, préface, p. 411.
2. *Ass.*, t. I, *Liv. de Jean d'Ibelin*, chap. v, p. 27 : « Et por ce que les homes qui doivent estre juges de leur cours sachent bien droiturierement jugier les jugemenz qu'il doivent faire, selonc celles assises et ciaus usages, ai ge cest livre comensé à faire, tot soit ce que je convisse bien que en moi n'a sens ni conoissance par quoi je le deusse enprendre à faire; mès par la fiance et l'espérance que je ai en la puissance de Dieu le pere, et en la sapience de Dieu le fiz, et en la beneurté dou saint Esperit, qui me doignent sens et grace de bien parfaire le. »
3. *Ass.*, t. I, *Liv. de Jean d'Ibelin*, chap. ccxxxiii, p. 430 : « Et tot ce que je en ais dit et fait, se je en aucune chose ais failli ou mespris, je pri à toz ciaus qui le liront que il prient nostre Seignor que il, par sa douce mesericorde, conduie les devans dis et mei meïsmes et toz Crestiens à veraie repentance et à droite confession et à parfaite peneance et à honorable fin. »

souvenirs de son oncle le vieux comte de Baruth ; le second cédait à la prière souvent répétée d'un ami en lui recommandant instamment de ne communiquer à personne la confidence qu'il allait faire de sa manière d'interpréter les *Assises*[1].

En résumé Ibelin et les autres jurisconsultes, n'ayant pu consulter au XIIIe siècle le texte d'un code qui, en admettant qu'il ait été rédigé au XIe, avait disparu depuis l'année 1187, n'ont pas reconstitué la lettre même des *Assises* primitives. Le livre d'Ibelin, écrit vers 1255, n'est pas le recueil des *Assises* rédigé par Godefroy en 1099, à la naissance de la colonie chrétienne.

Cela posé, le livre d'Ibelin nous est-il parvenu sans avoir subi ni modification, ni transformation ? Nous sommes fondés à affirmer le contraire. Depuis l'année 1255 deux remaniements des *Assises* ont été opérés : l'un à Nicosie en 1368 par l'assemblée des seigneurs chypriotes ; l'autre en 1531, dans la même ville, par une commission agissant au nom du gouvernement vénitien. Aussi convient-il maintenant de se demander si on a l'assurance d'avoir retrouvé dans les divers manuscrits connus la rédaction la plus fidèle.

Malgré les ouvrages d'Ibelin, de Novare et des autres jurisconsultes, les *Assises* avaient continué à changer et à s'altérer non seulement dans leur expression mais encore

---

1. *Ass.*, t. I, *Liv. de Ph. de Nov.*, prologue, p. 475 : « Et por ce que c'est folie et grant outrage d'enseigner come maistre ce de quoi l'on n'est mie moyen desciple, je vous pri que vous m'en celés, pour ce que je vous fais ce que je ne vos onques faire à seignor ni à ami, dont je vous pri que vous ne mostrés ni enseignés cest escrit à nului : car je ne trovai onques seignor ni ami, qui ce me vozist faire ; et tel porroit aprendre de moi que en aucun point me porroit abatre de mon tort meismes ou soi deffendre. »

dans leur esprit. Le procès-verbal de la réunion de 1368 renferme à cet égard une déclaration formelle[1]. On y voit que les notables du royaume de Chypre, après avoir assassiné le roi Pierre de Lusignan et placé son fils sur le trône, prirent le parti de remettre en vigueur l'*Assise de la Cour des Barons* tombée en désuétude. Ils se plaignirent « des novelletés ... lesquels estoient encontre les assises et usages », et pour mettre fin aux discordes violentes dont le royaume avait été le théâtre pendant le xive siècle, tombèrent d'accord sur la nécessité d'adopter une rédaction écrite. Le Livre d'Ibelin devait servir de base à ce travail. Mais l'autorité de ce Livre avait inspiré un grand nombre d'ouvrages où les idées du maître étaient reproduites, commentées et développées. L'ouvrage du comte de Jaffa s'était ainsi transformé dans les diverses copies que chacun en avait fait pour son propre usage[2]. Dès lors on comprend combien il fut difficile à l'assemblée de reconnaître, entre plusieurs rédactions entièrement différentes et également attribuées à Ibelin, quelle était celle qui lui appartenait réellement. Il est possible que les seize commisssaires chargés de rechercher la rédaction d'Ibelin et de la corriger en la présence de la Cour aient eu, selon l'expression de M. Monnier, la main heureuse; mais il n'est pas impossible non plus qu'ils aient été trompés par les apparences. Une seule chose est

---

[1]. Ce procès-verbal forme la préface des éditions de La Thaumassière et de Beugnot. Voir sur l'assemblée de 1368 : Beugnot, *Introd.*, t. I, p. lxxi; Fr. Monnier, chap. i, § iv, p. 5 et 6; Pardessus, *Collection des lois maritimes*, t. I, chap. vii, p. 265 et suiv.

[2]. Procès-verbal de l'assemblée, éd. Beugnot, p. 4 : « Por ce que plusiors s'entremistrent et firent livres des assises, et les uns les entendirent en une manière et les autres en une autre, ordenerent de faire porter tous les enciens livres des assises, que le vieil conte de Jaffe l'a fait et coreger en la présence de la court, et trover le plus vray de tous et faire le escrire. »

certaine, c'est que le Livre dont ils firent choix, œuvre d'Ibelin ou d'un de ses commentateurs inconnus, a été remanié par eux en même temps qu'adopté : « Et sur ce monseignor le baill, lisons-nous au procès-verbal, fit recouvrer la plus grant partie des livres des assises les plus vrais que le conte ot fait, et en la présence des avant només furent corregé [1]. » Il est donc établi qu'en 1368 les *Assises* subirent une transformation nouvelle.

Quant à l'*Assise des Bourgeois* on peut croire qu'il en avait toujours été conservé des exemplaires exacts et complets dans l'île de Chypre. On ne voit pas, en effet, que la commission de 1368 ait été appelée à en opérer la revision; preuve évidente que l'ouvrage primitif n'avait pas été altéré. Le procès-verbal parle des hommes liges, non des jurés de la Cour des Bourgeois. On ne voit pas même que cet ouvrage ait été antérieurement l'objet des travaux du comte d'Ibelin [2]. Beugnot a cru devoir fixer entre les années 1173 et 1187 l'époque de la composition du *Livre des Assises Bourgeoises* [3]. Kugler ne pense pas que ce travail ait pu être effectué avant le règne de Baudoin III [4]. Peut-être même conviendrait-il de reculer la date de sa rédaction jusqu'à l'époque de Baudoin IV qui, réunissant toutes les lois et décisions des rois antérieurs, aurait fait écrire, à l'usage de la bourgeoisie de son royaume, ce recueil anonyme et sans date [5]. Mais nous ne saurions découvrir d'une façon positive les sources auxquelles l'auteur, sans doute quelque bourgeois lettré, juge à la Cour des Bourgeois, a dû puiser pour rédiger

---

1. Procès-verbal, éd. *Beugnot*, p. 6.
2. Mossus, chap. I, § 3, p. 4 et 5.
3. Beugnot, *Introd.*, t. II, p. xxxviii.
4. Kugler, *Gesch. der Kreuz.*, chap. iv, p. 122, 123.
5. *Hist. Litt. de la Fr.*, t. XXI, p. 463, art. de Lajard.

son Livre. Croire qu'il a consulté les *Lettres du Sépulcre*[1], c'est croire une chose que lui-même n'indique pas et c'est présumer de l'existence de ces *Lettres*, qui est au moins problématique. En tous cas l'*Assise de la Cour des Bourgeois* ne périt pas comme l'*Assise de la Haute Cour*. Après 1187, Jean d'Ibelin n'a pas songé à la reconstituer. En 1368, les seigneurs de Nicosie n'en ordonnèrent ni la recherche ni la revision. Évidemment les commentaires des jurisconsultes, ayant porté uniquement sur l'ouvrage d'Ibelin dont la réputation toujours grandissante les avait éblouis, n'avaient obscurci et altéré que l'*Assise de la Haute Cour*. Au contraire le texte de l'*Assise Bourgeoise*, objet de moindre curiosité, s'était maintenu plus intact; et lorsque, vers le milieu du xive siècle, sous le règne de Hugue IV, un jurisconsulte de la Cour des Bourgeois de Nicosie entreprit d'écrire un autre *Livre des Assises* de cette cour mieux approprié aux besoins de son temps[2], il avait sous les yeux le Livre dû à la plume du bourgeois du xiie siècle. Bref la commission nommée par les seigneurs de Nicosie s'appliqua à reconstituer l'*Assise des Barons*, et nullement l'*Assise des Bourgeois*.

Cependant la rédaction de 1368 se perdit à son tour. Quand en 1531 les Vénitiens, devenus possesseurs de l'île de Chypre, songèrent à faire traduire les *Assises* en langue italienne, ils chargèrent trois commissaires, Jean de Norès comte de Tripoli, François Altor et Aloys Cornet de rassembler les diverses copies manuscrites qu'on pourrait se procurer des *Assises de la Haute Cour* et de la *Cour des*

---

1. L'opinion suivant laquelle l'auteur du *Livre des Assises Bourgeoises* aurait consulté les *Lettres du Sépulcre* est celle de M. Beugnot (*Introd.*, t. II, p. xxxviii).
2. Cet ouvrage est l'*Abrégé du Livre des Assises de la Cour des Bourgeois*. (*Ass.*, t. II, p. 236; Beugnot, *Introd.*, t. II, p. lix.)

Bourgeois, en quelque lieu et en quelques mains qu'on les trouvât, puis de choisir celles qui leur paraîtraient le plus exactes [1]. Un savant que la commission s'adjoignit, Florio Bustron, notaire et historien de l'île de Chypre, donna tous ses soins à ce travail. Les commissaires, après avoir comparé les manuscrits, adoptèrent pour la Cour des Barons un exemplaire écrit au xiv⁰ siècle et pour la Cour des Bourgeois un autre rédigé en 1436. Tous les deux furent déposés à Venise dans la Bibliothèque de Saint-Marc. Fait surprenant, les jurisconsultes et les savants français, jusqu'au règne de Louis XVI, n'ont jamais cité cette traduction, ni paru se douter qu'elle contînt, outre l'*Assise de la Haute Cour*, l'*Assise des Bourgeois*. Après René Chopin (1611) [2], le P. Labbe (1651) [3] et Du Cange (1668) [4] qui se servirent les deux premiers du manuscrit Dupuy chargé d'interpolations, Du Cange d'un manuscrit copié sur celui du Vatican [5], La Thaumassière publia en 1690 *les Assises et bons usages du royaume de Jérusalem* d'après une des copies du manuscrit du Vatican [6]. Ce fut en 1789 seulement, à la prière

---

1. Canciani, *Barbarorum leges antiquæ*, t. II, p. 479-565; t. V. p. 107-309. — Beugnot, *Introd.*, t. I, p. lxxii-lxxv. — Fr. Monnier, chap. i, § 5, p. 7-9. — Pardessus, *Collection des lois maritimes*, t. I, chap. VII, p. 261, 263. — *Hist. Litt. de la Fr.*, t. XXI, art. de F. Lajard, p. 433. — La Ferrière, *Hist. du droit français*, t. IV, p. 491 et suiv.
2. *De legibus Andium municipalibus*, 1611.
3. *Abrégé royal de l'alliance chronologique de l'histoire sacrée et profane, avec le Lignage d'outre-mer, les Assises de Jérusalem et un recueil historique de pièces anciennes*, Paris, 1651, 2 vol. in-4.
4. *Établissements de saint Louis*, 1668.
5. Du Cange, préface de son édition des *Établissements de saint Louis*: « Les Assises du royaume de Jérusalem qui furent rédigées par écrit par Jean d'Ibelin... n'estant autre chose que les loix et les usages de la France, méritent de trouver place en ce recueil. J'en ai leu le manuscrit dans un des volumes des Mémoires de M. de Peyresc, copié sur celui du Vatican. »
6. *Assises et Bons usages du royaume de Jérusalem, par messire Jean*

de Louis XVI, que le Sénat vénitien ordonna qu'une fidèle copie du manuscrit de Venise fût faite aux frais de la République par les soins de l'abbé Morelli [1] et envoyée à Paris où elle est conservée à la Bibliothèque Nationale. Ainsi que l'a démontré M. Monnier, la rédaction de 1531 est la seule qui puisse faire autorité ; les deux manuscrits dont ses auteurs se sont inspirés « sont les seuls qui aient été vus et acceptés par une commission de législation, les seuls qui soient revêtus de la sanction officielle d'un gouvernement ». Si aucun texte des *Assises* n'est parfaitement authentique [2], il faut reconnaître que le manuscrit de Venise paraît être le plus fidèle et offrir les preuves les plus certaines d'authenticité. Aussi, en même temps qu'un érudit allemand M. Kausler faisait imprimer à Stuttgard une édition des *Assises* d'après le manuscrit de Munich (1839) [3], en France M. Victor Foucher commençait la publication des *Assises de Jérusalem* d'après le manuscrit de Venise [4]. C'est ce même manuscrit que M. Beugnot a pris pour base de son travail; et, après l'avoir soi-

---

d'Ibelin, comte de Japha et d'Ascalon, seigneur de Rames et de Baruth. Imprimé à Bourges et publié à Paris in-folio.

1. Canciani, t. V, l'appelle « ducalis bibliothecæ custodem ».
2. Dalloz, *Essai sur l'histoire générale du droit français*, liv. IV, chap. I, p. 90.
3. *Les livres des Assises et des usages dou reaume de Jerusalem, sive leges et instituta regni Hierosolymitani primum integra ex genuinis d'prompta codicibus, adjuncta lectionum varietate, cum Glossario et codicibus*, edidit E. H. Kausler, vol. I, Studgardiæ, 1839. — Ne renferme que les *Assises des Bourgeois*.
4. *Assises du royaume de Jérusalem conférées entre elles ainsi qu'avec les lois de la France, les Capitulaires, les Établissements de saint Louis et le droit romain, suivies d'un précis historique et d'un glossaire*, publiées sur un manuscrit tiré de la Biblioth. de Saint-Marc de Venise. — Il n'a paru de cette édition que la première et la seconde partie du t. I; l'une datée de 1839 contient les *Assises des Bourgeois*; l'autre imprimée en 1841 renferme le *Plédéant*, le *Livre de playdoier*, les *Règles de la bataille pour meurtre devant la Basse Cour*, les *Ordenemens de la court dou resconte de Nicosie*.

gneusement confronté avec les autres (ceux de Saint-Germain-des-Prés, de Séguier, de Dupuy, de Munich et du Vatican), il a fait paraître en 1841-1843, sous les auspices de l'Académie des Inscriptions et Belles-Lettres, les deux volumes de sa grande et belle édition des *Assises*, la plus complète qui ait été faite jusqu'à ce jour [1]. Elle est de beaucoup supérieure à toutes celles qui l'avaient précédée et qui n'avaient encore contenu qu'une partie des *Assises*.

Il est temps de reprendre en quelques mots la suite du raisonnement et de conclure. Nous n'avons pas les *Lettres du Sépulcre* : ni Ibelin, ni Novare, ni aucun autre ne les ont connues. Nous n'avons pas davantage le *Livre de Jean d'Ibelin*, tel que celui-ci l'avait écrit au XIIIe siècle : deux commissions le corrigèrent successivement en 1368 et en 1531. En un mot les *Assises*, transformées depuis Godefroy de Bouillon jusqu'à Jean d'Ibelin, se transformèrent encore au XIVe, puis au XVIe siècle. Il n'en est pas moins vrai que si aujourd'hui nous ne possédons pas un texte d'une authenticité rigoureuse, du moins nous avons par lui des renseignements abondants et inappréciables sur l'esprit des lois promulguées par nos pères en Orient.

---

1. Cette édition forme le premier et le second vol. des *Lois* dans le *Recueil des historiens des Croisades*. Elle comprend dans le t. I tout ce qui a rapport aux Assises de la Haute Cour, savoir : les *Livres de Jean d'Ibelin, de Geoffroy le Tort, de Jacques d'Ibelin, de Philippe de Novare, la Clef des Assises de la Haute Cour du royaume de Jérusalem et de Chypre*, enfin le *Livre au Roi*. Dans le t. II se trouvent : *Le Livre des Assises de la Cour des Bourgeois*, les bans et ordonnances des rois de Chypre, vingt-neuf formules de chancellerie. Un appendice contient : 1° des documents relatifs à la successibilité au trône et à la régence; 2° des documents sur le service militaire; 3° les *lignages d'outre-mer*; 4° cinquante-deux chartes inédites. On n'a pas encore retrouvé les ouvrages de Raoul de Tibériade ni de Gérard de Montréal. Mais il reste acquis que le recueil de Beugnot renferme tout ce qu'on possède aujourd'hui sur la matière. Voir *Hist. Litt. de la Fr.*, t. XXI, art. de F. LAJARD, p. 436.

D'une part, les *Assises de la Haute Cour* sont l'expression la plus ancienne et la plus pure de la féodalité française. Elles nous montrent l'association féodale en sa forme primitive. Philippe de Novare, Jean d'Ibelin, l'auteur du *Livre au Roi* ont écrit un traité des fiefs complet et supérieur à tout ce que le Moyen Age nous a légué en ce genre. Le fief étant la source, non seulement de tous les droits et de tous les devoirs féodaux, mais aussi de toutes les institutions qui découlaient de ces droits et de ces devoirs, les jurisconsultes de la Haute Cour ont en réalité tracé un tableau général du gouvernement et de l'administration. C'est à eux qu'il faut demander les notions les plus précises sur l'organisation judiciaire, le système militaire et le régime financier des colonies chrétiennes. Le lumineux exposé qu'ils font des droits et prérogatives du prince, chef seigneur de tout le royaume, commandant de l'aristocratie, président de la Haute Cour, et l'exposé des droits des vassaux attestent l'existence de deux principes monarchique et aristocratique qui, aux prises partout ailleurs, s'étaient harmonisés en Syrie. Le *Livre au Roi* détermine le caractère essentiel et les limites de l'autorité royale : l'auteur s'applique à définir la place exacte qu'a occupée la monarchie dans cette société féodale décrite avec tant de détails par Novare et Ibelin.

D'autre part, les *Assises de la Cour des Bourgeois* peignent avec fidélité les mœurs et la classe populaire du royaume de Jérusalem. C'est par là que le *Livre des Assises Bourgeoises* acquiert une véritable valeur et supplée au silence des historiens en fournissant sur la société latine des détails qui expliquent les causes de sa décadence.

Enfin la découverte et la publication des *Assises d'Antioche* (1876), en faisant connaître les lois en vigueur dans la principauté, éclairent en même temps d'un jour plus vif les lois du royaume proprement dit. Les *Assises d'Antioche* sont un précieux complément des *Assises de Jérusalem*[1].

A la vérité, tout cela n'est pas un code proprement dit, mais la reproduction et le commentaire d'un code[2]. Il n'en résulte pas que nous soyons moins bien informés. L'intelligence d'un texte de loi eût pu souvent présenter quelques difficultés. Au contrair les explications fournies par les jurisconsultes à l'occasion des *assises* qu'ils rapportent, facilitent notre tâche. La plupart du temps, le jurisconsulte ne se borne pas à faire connaître la loi; il l'examine en même temps; il raconte à quelle occasion et dans quel but s'opérèrent les transformations des *Assises*; il signale les diverses interprétations auxquelles les plus obscures d'entre elles ont donné naissance. Il cite puis commente; et le commentaire historique devient la continuation précieuse du texte législatif[3]. Il faut

---

1. *Assises d'Antioche reproduites en français et publiées au sixième centenaire de la mort de Sempad le connétable, leur ancien traducteur arménien*, dédiées à l'Acad. des Inscr. et Belles-Lettres de France par la Société Mékhithariste de Saint-Lazare, in-4, Venise, 1876. — Voir : art. de Mas Latrie, *Bibl. de l'Ec. des Ch.*, t. XXXVII, 1876, p. 541; art. de E. Miller, *Journ. des Sav.*, 1877, p. 295 et p. 407; Prutz, *Kulturgesch. der Kreuz.*, liv. III, chap. III, p. 231-233.

2. Il paraît établi que Philippe de Novare a écrit avant Jean d'Ibelin (Beugnot, t. I, p. xlix; *Hist. Litt. de la Fr.*, t. XXI, p. 450). Toutefois cette opinion n'est pas certaine; mais, comme l'a fait remarquer M. P. Paris (*Journ. des Sav.*, mai 1841, p. 291), la question difficile à résoudre n'a qu'une importance secondaire, car ces deux auteurs ont exposé des opinions d'une grande conformité sur les mêmes institutions. On rencontre même dans l'un quelques phrases textuellement reproduites dans l'autre. Jean d'Ibelin, qui composa son ouvrage vers 1255, mourut en déc. 1266 (Mas. Sax., liv. III, pars XII, chap. VIII, p. 222).

3. Voir notamment : dans le t. I des *Ass.*, *Liv. de Ph. de Nov.*, chap. lxx, p. 540, 541, chap. lxxi, p. 542, chap. xlvii, p. 521-523; *Liv. de Jean d'Ibelin*, chap. ci, p. 225, chap. cclxxiii, p. 428; et dans le t. II, *Doc. relat. au serv. milit.*, chap. II, p. 427-431; les *Lignages d'outre-mer*, chap. xvi, p. 454.

avouer que le style des *Assises* est embarrassé, souvent obscur. La bizarrerie, ainsi que les continuelles variations de l'orthographe, en rendent la lecture pénible. Il arrive fréquemment que le même mot, dans la même phrase, est écrit de façon différente. De brusques changements de construction arrêtent le lecteur à chaque pas. Il n'en est pas moins vrai que la connaissance des écrits des jurisconsultes était indispensable à l'étude que nous avons entreprise. Si les juristes du XIIIᵉ siècle n'avaient pas conservé l'esprit des vieilles *Assises* il eût fallu renoncer à connaître cette société déjà lointaine. L'idée du travail que nous présentons aujourd'hui ne serait même pas venue à notre esprit.

II. — Les Chartes.

Les chartes sont le commentaire naturel des écrits des jurisconsultes. Tandis que le jurisconsulte, en formulant les principes du droit, s'exprime d'une manière générale et théorique, le notaire, en rédigeant une charte, considère un point plus particulier. Le fait précis, enregistré dans la charte, est comme un exemple de la règle générale établie dans l'ouvrage de jurisprudence. Or la chancellerie des rois de Jérusalem rédigea une foule d'actes d'intérêt public et privé. Le roi avait son sceau[1]; le palais

---

1. Le sceau d'Amaury Iᵉʳ (*Cod. Dipl.*, t. I, p. 49, et pl. III, n° 26). Le sceau de Baudoin IV (*Ibid.*, t. I, p. 50, 71, et pl. II, n° 7). Voir dans le diplôme accordé en 1189 par Guy de Lusignan aux commerçants génois, quels étaient les emblèmes du sceau de ce prince : « Ideoque, écrit le notaire, prout inveni in originali munito sigillo plumbeo pendenti, in quo ab uno latere erat imprexa quedam civitas circumdata his litteris : + civitas Regis Regum omnium, et ab altero erat imprexa quedam imago cujusdem regis coronati sedentis in regali sede et tenentis in manu dextra quamdam crucem et in sinistra quamdam pallam rotundam cum cruce parva, circumdata his litteris : + Guido Dei gra re Jeru-

du roi avait ses archives; et, à l'exemple du roi, les seigneurs, les cours de justice et même les bourgeois de Syrie scellaient des lettres et des diplômes[1]. Le chapitre de l'église du Saint-Sépulcre avait encore son sceau particulier[2]. Les Ordres du Temple et de l'Hôpital possédaient leurs archives[3]. Mais tous les actes ainsi rédigés et scellés sont-ils parvenus jusqu'à nous? Il est hors de doute que beaucoup ont cessé d'exister. La prise de Jérusalem par Saladin en 1187 et des autres sièges épiscopaux à la fin du XIIIᵉ siècle a dû être le signal de représailles terribles de la part des Musulmans. Cependant un grand nombre ont été conservés. Au milieu du XVIIIᵉ siècle le P. Paoli imprimait le *Code Diplomatique de l'Ordre de Saint-Jean de Jérusalem*[4]. En 1841, Beugnot publiait, au second tome de son édition des *Assises*, cinquante-deux chartes inédites[5], et il écrivait dans son *Introduction* : « Si le P. Paoli a rendu un véritable service à la science en imprimant le Code Diplomatique de l'Ordre des Hospitaliers de Saint-

---

salem. » (Muratori, *Antiquitates Italiæ medii ævi*, t. II, col. 913.) — *Ass.*, t. I, *Liv. au Roi*, chap. III, p. 608, 609 : « aaela le prevelige de son seau propre ou de plomp ou de cire. » — M. Schlumberger, *Sceaux et Monnaies de l'époque des Croisades* (*Arch. de l'Or. Lat.*, t. I, p. 663), écrit que: « sur les sceaux des rois de Jérusalem on a pu déterminer très distinctement, à leurs formes parfaitement reconnaissables jusque dans les plus minutieux détails, les principaux monuments de la Ville Sainte, le Temple, la Tour de David et le Saint-Sépulcre ».

1. *Ass.*, t. I, *Liv. de Jean d'Ibelin.*, chap. CCLXX, p. 419. Voir dans Schlumberger, *Trois sceaux et deux monnaies de l'époque des Croisades* (*Arch. de l'Or. Lat.*, t. I, p. 663), la reproduction d'un sceau de plomb de Renaud de Châtillon, seigneur de Crac et de Montréal.

2. *Cod. Dipl.*, t. I, pl. V, nᵒ 53.

3. Comte Riant, *Les Archives des Établissements latins d'Orient* (*Bibl. de l'Éc. des Ch.*, t. XLII, 1881, p. 12-18, et *Arch. de l'Or. Lat.*, t. I, p. 705). — De Mas Latrie, *Lettre à M. Beugnot sur les sceaux de l'Ordre du Temple* (*Bibl. de l'Éc. des Ch.*, 2ᵉ série, t. IV, p. 385).

4. Paoli, *Codice Diplomatico del sacro militare ordine Gerosolimitano oggi di Malta raccolto da vari documenti di quell'archivio, per servire alla storia dello stesso Ordine*. Lucques, 1733-1737, 2 vol. in-fol.

5. Beugnot, *Ass.*, t. II, p. 479-537.

Jean de Jérusalem, il est certain que la publication du Cartulaire du Saint-Sépulcre ne serait pas moins bien accueillie des savants qui s'occupent de l'histoire ou de la jurisprudence du Moyen Age¹. » L'honneur de cette publication appartient à M. E. de Rozière. En 1849, ce savant, en se servant, comme base, d'un manuscrit apporté d'Orient par Philippe de Maizières, chancelier du roi de Chypre, et possédé aujourd'hui par la Bibliothèque du Vatican, a publié le *Cartulaire de l'église du Saint-Sépulcre de Jérusalem*². Dès lors la lumière fut faite sur un grand nombre de points.

En effet, croire que les faits enregistrés dans ce document intéressent exclusivement l'histoire de l'Église est une illusion tout à fait contraire à la réalité. Le *Cartulaire* fournit des notions sur la géographie politique, les conditions des personnes et des terres, l'organisation religieuse, le droit public et privé du royaume de Jérusalem. A côté des chartes relatives aux devoirs des chanoines chargés de célébrer l'office divin dans le temple du Saint-Sépulcre³, à leurs démêlés avec les autres Ordres religieux tels que les Hospitaliers⁴, aux attributions du prieur⁵, il en est d'autres qui, traitant de l'élection et de la confirmation du patriarche⁶, intéressent d'une manière directe les affaires de l'État. Quand le *Cartulaire* énumère les biens-fonds possédés par les gens d'Église⁷, il permet d'apprécier la richesse du clergé et explique la haute

---

1. Beugnot, *Ass.*, t. II, *Introd.*, p. LXXII.
2. *Cartulaire de l'église du Saint-Sépulcre de Jérusalem*, publié d'après les Manuscrits du Vatican par M. Eugène de Rozière, Paris, Imprimerie Nationale, 1849, in-4.
3. *Cart. du S. Sép.*, nos 29, 42, etc.
4. *Ibid.*, nos 158, 159.
5. *Ibid.*, nos 147, 156, 167.
6. *Ibid.*, nos 10, 13, 15, 25, 153.
7. *Ibid.*, nos 29, 185, etc.

influence que ce dernier exerça dans le royaume. On fera bien encore de consulter le *Cartulaire*, si l'on veut connaître les règles de procédure et de jurisprudence suivies dans les affaires. C'est là enfin que l'historien doit puiser des idées générales sur la situation légale faite aux bourgeois[1], notions sur lesquelles les textes législatifs et les œuvres historiques sont extrêmement sobres.

Il est clair qu'il faut user de précautions dans la lecture des chartes. Un grand nombre de pièces contenues dans le *Cartulaire* nous sont parvenues par des copies sensiblement postérieures aux actes. On a même la preuve que leur réunion ne fut pas achevée avant la seconde moitié du xiiie siècle, puisqu'on y trouve le serment de fidélité prêté vers 1240 par l'abbé de Sainte-Marie Latine au patriarche Robert. Sans prétendre que les chanoines du Saint-Sépulcre aient fabriqué de faux actes pour se créer des titres de propriété, on peut craindre du moins que plusieurs erreurs aient été commises par les copistes dans l'œuvre de transcription. Mais ces circonstances défavorables seraient impuissantes à enlever toute valeur à un cartulaire. L'historien peut tirer profit, non seulement des chartes authentiques, mais encore des chartes altérées. Celles-ci ne l'éclairent pas moins que celles-là sur les règles de droit en usage à l'époque où l'acte fut dressé, sur les rapports des hommes entre eux, sur l'organisation de la société au milieu de laquelle ils ont vécu. Le *Cartulaire du Saint-Sépulcre* peut donc être d'une singulière instruction à celui qui, le rapprochant d'autres documents, y cherche moins l'histoire des faits que l'esprit des institutions politiques, judiciaires ou religieuses.

1. *Cart. du S. Sép.*, n°s 56, 57, 59, 60, 82, 86, 107, 108, 129, 133, 143, etc.

Quelques années après l'apparition du *Cartulaire du Saint-Sépulcre*, M. de Mas Latrie publiait (1852-1855) deux volumes de *documents, lettres, diplômes, traités*, comme preuves de son *Histoire de Chypre sous la domination des Lusignans*[1]; et en 1869, M. Strehlke se faisait l'éditeur du *Cartulaire de l'Ordre Teutonique*[2]. Les cent trente premières pages de ce dernier recueil renfermant plusieurs chartes des rois de Jérusalem achevèrent de mettre en lumière les usages et le fonctionnement de la chancellerie latine. Elles complétèrent ainsi les données déjà fournies par le *Code Diplomatique* et le *Cartulaire du Sépulcre*.

Puis il convient de mentionner les *Chartes de Terre-Sainte provenant de l'abbaye de Notre-Dame de Josaphat*. Lorsque au XIIIᵉ siècle les établissements religieux et hospitaliers de Terre-Sainte envoyèrent leurs archives en Occident pour les mettre en lieu sûr et les soustraire aux fureurs des Infidèles, l'abbaye de Notre-Dame de Josaphat fit transporter les siennes à Sainte-Madeleine de Messine (1289). Conservées aujourd'hui aux archives d'État de Palerme, elles ont été publiées par M. François Delaborde dans le XIXᵉ fascicule des *Publications de l'École française de Rome*. Dans ce recueil, où sont contenus cinquante-neuf documents se rapportant à la période qui s'étend de 1117 à 1289, on trouve plusieurs informations précises, non seulement sur la souveraineté territoriale de l'Église, mais encore sur les usages de la chancellerie latine, sur les titres officiels portés par les princes, sur les attributions des grands officiers de la couronne[3].

---

1. De Mas Latrie, *Hist. de l'île de Chypre*, t. II (1852), et t. III (1855).
2. Strehlke, *Tabulæ ordinis Theutonici*, Berlin, in-8, 1ʳᵉ partie, p. 1-129.
3. *Bibl. des Écoles fr. de Rome et d'Athènes*, XIXᵉ fascicule : *Chartes*

Enfin la *Règle du Temple*, publiée pour la *Société de l'Histoire de France* par M. Henri de Curzon [1], peut être rangée dans cette catégorie de documents. Cet ouvrage a sa place indiquée à côté des recueils de chartes. Sans doute la *Règle du Temple*, dans l'état où elle nous est parvenue, est loin de former un tout homogène, de la même époque et du même auteur. Toutefois, à défaut des manuscrits originaux, probablement détruits, elle est connue par trois copies des XIIIe et XIVe siècles, conservées à Rome, à Paris et à Dijon. Un examen attentif permet d'apercevoir dans les textes qui les composent plusieurs parties bien distinctes : 1° la règle latine (72 articles), annexée au procès-verbal du concile de Troyes en 1128 où se présenta le fondateur du Temple, Hugue de Payns, règle attribuée à saint Bernard ou au moins inspirée par lui; 2° un chapitre renfermant les statuts hiérarchiques de l'Ordre (dignitaires et frères du Temple, devoirs de la vie militaire, costume et équipement, élection du grand maître); 3° les chapitres consacrés à la vie journalière des frères (en particulier discipline et marche en campagne) et au code pénal de l'Ordre (punitions entraînées par des fautes de tout genre). L'ensemble de ces documents, pour la rédaction desquels il ne paraît pas possible d'assigner une date, même approximative, fait connaître les statuts de l'Ordre, ceux qui ont été établis dès la fondation du Temple et ceux qui ont été rédigés après coup. Il laisse apercevoir ce qu'a été la vie intime de l'Ordre, décrit son organisation, révèle le secret

de Terre-Sainte provenant de l'abbaye de N. D. de Josaphat (Paris, Thorin, 1880, in-8).

1. La *Règle du Temple*, publiée pour la *Société de l'Histoire de France* par Henri de Curzon (Paris, 1886).

de sa force, en un mot jette une vive clarté sur l'une des plus importantes institutions militaires du royaume latin.

Conclusion.

Les documents divers, histoires, lois, chartes, dont nous venons de donner un aperçu méritent d'être étudiés avec une égale attention. Ne disons pas, comme on l'a fait quelquefois [1], que les historiens des Croisades offrent peu ou point de ressources pour connaître la vérité sur le gouvernement fondé par les Latins en Orient. Que cette catégorie de documents soit, par sa nature, plus favorable à l'histoire des événements qu'à celle des institutions, on ne saurait le contester. Cependant nous avons vu qu'elle fournissait sur la nature de la royauté, sur son système d'administration, sur ses ressources matérielles, sur ses rapports avec l'Église, des renseignements nombreux et qu'on aurait tort de négliger. Certes il faut se défier des jugements portés par les divers chroniqueurs; ils jugent souvent d'après leurs passions ou d'après l'influence du milieu. Il est rare que la réflexion corrige chez eux l'impression première. D'autant plus indiscutable est la sincérité de leurs récits; et si leurs appréciations ne sont pas exemptes de toute critique, le tableau général qu'ils tracent de leur époque est incontestablement vrai. Les textes législatifs et les chartes sont des documents d'un autre genre, intéressant surtout les institutions. Leur connaissance n'est pas seulement nécessaire; elle est indispensable à notre sujet. L'importance de ces deux classes

---

[1] Bibl. de l'Éc. des Ch., 3ᵉ série, t. IV, Mémoire de BEUGNOT sur *le régime des terres dans les principautés fondées en Syrie par les Francs*.

de documents n'a pas besoin d'être démontrée ; elle éclate à tous les yeux.

Mais l'étude des textes n'affranchit pas l'historien du devoir de s'initier aux travaux de l'érudition moderne. Quoique préoccupé surtout de remonter aux sources et aux documents de l'époque, nous avons fait acception de plusieurs ouvrages de seconde main. La liste que nous donnons de ces derniers ne doit pas être considérée comme une nomenclature générale et complète des œuvres qu'inspira l'histoire de l'Orient latin. Elle rappelle seulement les travaux qui, à des titres divers, intéressent les institutions monarchiques du royaume de Jérusalem, et qui nous ont guidé dans nos longues et laborieuses recherches. Au reste une étude comme celle que nous avons entreprise doit reposer principalement sur la connaissance raisonnée des écrits originaux. Aussi avons-nous toujours contrôlé les témoignages modernes par l'examen direct des textes contemporains. Si quelques écrits ou dissertations de date récente nous ont échappé, ne faut-il pas espérer que la fécondité croissante de la production au xixe siècle nous servira d'excuse?

Liste des ouvrages modernes par date de publication.

BOYSSAT, *Histoire des Chevaliers de l'Ordre de l'Hôpital de Saint-Jean de Jérusalem.* Lyon, 1612, in-4.

Histoire des Chevaliers de l'Ordre de Saint-Jean de Jérusalem ci-devant écrite par le feu S. D. B. S. D. L. et augmentée par I Baudoin. Paris, 1629, in-fol.

ABBÉ ROUX, *Histoire des trois Ordres réguliers et militaires des Templiers, Teutons, Hospitaliers ou Chevaliers de Malte.* Paris, 1725, 2 vol. in-12.

VERTOT, *Histoire des Chevaliers Hospitaliers de Saint-Jean de Jéru-*

salem appelés depuis les chevaliers de Rhodes et aujourd'hui les chevaliers de Malte. Paris, 1726, 4 vol. in-4.

LAFITAU, *Histoire de Jean de Brienne, roi de Jérusalem et empereur de Constantinople*. Paris, 1727, in-12.

DOM. JAUNA, *Histoire des royaumes de Chypre, Jérusalem, Arménie, Égypte*. Leyde, 1747, 2 vol. in-4.

DUPUY, *Histoire de l'Ordre militaire des Templiers ou chevaliers du Temple de Jérusalem, depuis son établissement jusqu'à sa décadence et sa suppression*. Bruxelles, 1751, in-4.

MÜNTER, *Statutenbuch des Ordens der Tempelherrn*. Berlin, 1794, 1 vol. in-8.

WILKEN, *Geschichte der Kreuzzüge nach morgenländischen und abendländischen Berichten*. Leipzig, 1807-1832, 7 vol. in-8.

MICHAUD, *Histoire des Croisades*, 1re édition, Paris, 1812-1817, 3 vol. in-8, réédité plusieurs fois jusqu'en 1853. — *Bibliothèque des Croisades*. Paris, 1829, 4 vol. in-8.

HEEREN, *Essai sur l'influence des Croisades* (trad. de l'allem. par Ch. Villers). Paris, 1821, in-8.

CH. MILLS, *History of the Crusades*. Londres, 1820, 2 vol. in-8.

PAUL TIBY, *Traduction de l'ouvrage de Ch. Mills : Histoire des Croisades entreprises pour la délivrance de la Terre-Sainte, avec préface comprenant nombreux textes et éclaircissements*. Paris, 1835, 3 vol. in-8.

H. VON SYBEL, *Geschichte des ersten Kreuzzuges* (1re édit. 1841, 2e 1881).

EXAUVILLEZ (PHILIPPE-IRÉNÉE, BOISTEL d'), *Histoire de Godefroy de Bouillon*. Paris, Debécourt, 1842, in-12.

MAX DE MONT-ROND, *Les Guerres Saintes d'outre-mer ou tableau des Croisades retracé d'après les chroniques contemporaines*. Paris, 1845, 2 vol. in-12.

BUCHON, *Recherches historiques sur la principauté française de Morée et ses hautes baronnies*. Paris, 1845, 4 vol. in-8. — *Histoire des conquêtes et de l'établissement des Français dans les provinces de l'ancienne Grèce au Moyen Age*. Paris, 1846, in-8.

PRÉVAULT (H.), *Histoire de Godefroi de Bouillon suivie de l'histoire des Croisades jusqu'à la mort de saint Louis*. 3e édit. Lille, Lefort, 1849, in-12.

DE MAS LATRIE, *Histoire de l'île de Chypre sous le règne des princes de la maison de Lusignan*. Paris, 1852-1861, 3 vol. in-8.

PASTORET, *Instructions à l'usage des voyageurs en Orient; Les Croisades*. Paris, 1856, in-8.

PAULIN PARIS, *Les Historiens des Croisades* (Discours d'ouverture. Paris, 1858).

Baron de Hody, *Godefroy de Bouillon et les rois latins de Jérusalem* (étude historique sur leurs tombeaux jadis existant dans l'église de la Résurrection, précédée de considérations sur la première Croisade). Tournai, 1858, in-8.

Wilcke, *Geschichte der Tempelherrn*. Halle, 1860, 2e édit. 2 vol. in-8.

Fourmont, *L'Ouest aux Croisades*. Nantes, 1865, 3 vol. in-8.

Couret, *La Palestine sous les empereurs grecs*. Paris, 1869.

Rey, *Essai sur la domination française en Syrie durant le Moyen Age*. Paris, 1866, in-4. — *Études sur les monuments de l'architecture militaire des Croisés en Syrie et dans l'île de Chypre*. Paris, 1871, in-4. — *Les familles d'outre-mer de Du Cange*, écrit au XVIIe siècle et publié à Paris en 1876 sous le patronage de la Soc. de l'Orient Latin, in-4. — *Recherches géographiques et historiques sur la domination des Latins en Orient*, accompagnées de textes inédits ou peu connus du XIIe au XIVe siècle. Paris, 1877, in-8. — *Les Colonies franques de Syrie aux XIIe et XIIIe siècles*. Paris, 1883, in-8.

Vetault (Alph.). *Godefroi de Bouillon*. Tours, Mame, 1874, in-8.

Fr. Monnier, *Godefroi de Bouillon et les Assises de Jérusalem*. Paris, 1874, in-8.

F. de Saulcy, *Dictionnaire topographique de Terre-Sainte*. Paris, 1877, in-8.

Schlumberger, *Numismatique de l'Orient Latin*, monographies sur les princes chrétiens de Syrie et de Grèce, suivies de planches qui reproduisent les monnaies. Paris, 1878, in-4.

Muller, *Documenti sulle relazioni delle citta Toscane coll' Oriente nel Medio Evo*. Firenze, 1879, in-4. (Recueil de documents qui peuvent intéresser l'histoire du commerce des villes toscanes et surtout de Pise avec l'Orient et en particulier avec la Terre-Sainte).

Martinow, *Dernières publications relatives aux Croisades et à l'Orient Latin*. Paris, 1880, in-8. (Extr. du *Polybiblion*, déc. 1880.)

Röhricht, *Beiträge zur Geschichte der Kreuzzüge*, 1874-78, 2 vol. in-8. — *Amalrich I, König von Jerusalem*. (Extrait des *Mittheilungen des Instituts für œsterreichische Geschichtsforschung*, 1891, t. XII, 3e fascicule. — Tirage à part, 62 pp. in-8.)

Heyd, *Geschichte des Levantehandels in Mittelalter*. Leipzig, 1879, 2 vol. (trad. fr. de Furcy Raynaud, 1885-1886).

Kugler, *Geschichte der Kreuzzüge* (collection Oncken). Berlin, in-8, 1re édition, 1880, 2e édit. 1891.

H. Prutz, *Kaiser Friedrich I*, 1871-74, 3 vol. (croisade de Frédéric-Barberousse). — *Kulturgeschichte der Kreuzzüge*. Berlin, 1883, in-8. — *Entwickelung und Untergang des Tempelherrenordens*, 1888.

Wolff Alfred, *König Balduin I von Jerusalem* (Inaugural Dissertation der Univers-Königsberg. Königsberg, 1884, in-8, 79 pages).

Hermann Westzel, *Das Patriarcat von Jerusalem im Jahre 1099*. Sagan, 1883.

Kühn, *Geschichte der ersten Patriarchen von Jerusalem*. Leipsig, 1886, in-8.

Delaville Le Roulx, *De prima origine Hospitalariorum Hierosolymitanorum*. Paris, 1885. — *La France en Orient au XIVe siècle*. Paris, Thorin, 1885.

H. Castonnet des Fosses, *Le royaume de Jérusalem sous la maison d'Anjou*. Angers, 1889, in-8.

Hartwig Derembourg, *Ousama Ibn Mounkidh, un émir syrien au premier siècle des Croisades* (Publications de l'École des Langues Orientales, 1889).

Forschungen zur deutschen Geschichte, recueil contenant plusieurs études sur les Croisades : Crois. de Préd. I (1870). — Crois. de 1217 (1876). — Perte de Saint-Jean d'Acre en 1291 (1879). — Crois. de Thibaut de Champagne (1886).

Histoire Générale, t. II. Les Croisades, art. de M. Seignobos. Paris, A. Col., 1893.

Dans les Revues :

Mémoires de l'Académie des Inscriptions et Belles-Lettres : Pouqueville. *Mémoire historique et diplomatique sur les établissements français au Levant, depuis l'an 500 jusqu'à la fin du XVIIe siècle* (2e série, t. X). — Riant, *La donation de Hugues, marquis de Toscane, au Saint-Sépulcre et les établissements latins de Jérusalem au Xe siècle* (1884, t. XXXI, 2e partie, p. 151).

Archives des missions scientifiques : Rapport de M. de Mas Latrie sur le recueil des Archives de Venise intitulé Libri pactorum ou Patti (t. II, p. 344).

Revue des Deux Mondes : Schlumberger, *Les principautés franques d'Orient d'après les plus récentes découvertes numismatiques* (juin 1876). — E. Delaurier, *Les Sciences arabes au Moyen Age* (févr. 1851).

Bibliothèque de l'École des Chartes : Delaville Le Roulx, *Les statuts de l'Ordre de l'Hôpital de Saint-Jean de Jérusalem* (t. XLVIII, année 1887, p. 341). — Riant, *Les Archives des établissements latins d'Orient* (t. XLII, année 1881, p. 13). — Gustave Saige, *De l'ancienneté de l'Hôpital de Saint-Jean de Jérusalem* (t. XXV, année 1864, p. 552). — Louis Blancard, *Du consul de mer et du consul sur mer* (t. III, 5e série). — Beugnot, *Mémoire sur le régime des terres dans les principautés fondées en Syrie par les Francs* (3e série, t. IV, p. 529, t. V, p. 31, 236, 409). — Tardif, *Cartulaire de l'église du Saint-Sépulcre de Jéru-*

salem (3ᵉ série, t. III, p. 513). — DE MAS LATRIE, *Observations sur les Assises d'Antioche* (t. XXXVII, année 1876, p. 541, et t. XXXVIII, année 1877, p. 188). *Notice sur les monnaies et les sceaux des rois de Chypre de la maison de Lusignan* (1ʳᵉ série, t. V, p. 118). *Lettre à M. Beugnot sur les sceaux de l'Ordre du Temple* (2ᵉ série, t. IV, p. 385). *Relations politiques et commerciales de l'île de Chypre avec l'Asie Mineure sous le règne des princes de la maison de Lusignan* (2ᵉ série, t. I, 1844, et t. II, 1845-46). *Notes d'un voyage archéologique en Orient* (2ᵉ série, t. II, 1845-46).

Archives de l'Orient Latin. Ont paru les tomes I et II, 1881-1884, Paris, E. Leroux, in-8. Les chartes et lettres relatives au royaume de Jérusalem sont analysées sous forme de regestes en latin par M. RÖHRICHT, *Regesta Regni Hierosolymitani* (MXCVII-MCCXCI). Innsbruck, 1893.

Revue de l'Orient Latin, 1ᵉʳ numéro en 1893.

Zeitschrift des Deutschen Palaestina-Vereins, fondée en Allemagne, publiant sur la Palestine des documents et études de toute sorte. Dans le nombre citons : *Syria sacra* par RÖHRICHT, t. X, livraison 1. Leipsig, 1887.

CHAPITRE I

ÉTAT DU ROYAUME LATIN

Un coup d'œil jeté sur l'état géographique et l'état politique du royaume de Jérusalem est indispensable à celui qui veut pénétrer dans la vie intérieure de la royauté latine. Pour se faire une idée exacte du rôle joué par cette royauté, il faut rechercher les limites du pays où s'exerça son autorité et la situation du roi par rapport aux grands feudataires ses voisins.

I. — État géographique.

Le royaume de Jérusalem était compris entre d'étroites limites. Lorsque en 1099 la Ville Sainte fut arrachée à la domination des Infidèles, il ne se composait que du comté d'Édesse fondé en 1097 par Baudoin de Boulogne, frère de Godefroy de Bouillon; de la principauté d'Antioche donnée en 1098 à Boémond; et de la seigneurie de Jérusalem ou royaume proprement dit, dont Godefroy fut proclamé le chef seigneur. Or en 1099 la domination du roi était bornée aux remparts de sa capitale et à une vingtaine de villes ou bourgs du voisinage [1]. Les mots *regio* et *provincia*, dont se sert Guillaume de Tyr pour désigner le royaume naissant de Jérusalem, ne doivent pas faire illusion [2]. Les quelques villes soumises à Godefroy se trouvaient séparées les unes des autres par des places qu'occupaient encore les Infidèles. Une forteresse au pouvoir des Chrétiens était voisine d'une forteresse où flottaient les étendards de Mahomet. Quand Jacques de Vitry écrit que « Godefroy fut élu seigneur de la Cité Sainte [3] » il indique clairement que le roi était alors chargé moins du gouvernement d'une province que du gouvernement d'une ville. Aussi les princes latins, à peine portés au trône, ne sentirent pas de besoin plus impérieux que celui de s'appuyer sur une domination terrienne plus compacte. Les chroniqueurs représentent les premiers rois de Jérusalem comme d'infatigables guerriers; ils n'adressent pas de moindres louanges à la valeur militaire des Godefroy, des Baudoin, des Foulque qu'à leurs vertus religieuses. Godefroy « excelle, parmi les hommes de son temps, dans le maniement des armes et les exercices de la chevalerie [4] ». Son souci le plus pressant est d'étendre la domination des Chrétiens [5]. Bau-

---

1. SYBEL, *Gesch. des erst. Kreuzz.*, chap. XII, p. 313 et suiv.
2. GUILL. DE TYR, liv. IX, chap. I, p. 364.
3. JACQ. DE VIT., chap. XX, p. 1066 : « Godefridum... dominum civitatis unanimiter elegerunt. »
4. GUILL. DE TYR, liv. IX, chap. V, p. 371 : « in usu armorum et exercitio militari, omnium judicio, quasi singularis. » Cf. liv. IX, chap. XXII, p. 398, où Godefroy fait des incursions sur les terres des Arabes, « unde ingentia possent lucra reportari ». — ALB. D'AIX, liv. III, chap. IV, p. 341.
5. ORDERIC VITAL (éd. Aug. Le Prévost, Soc. de l'Hist. de Fr., t. IV, liv. X, chap. XX, p. 130) : « Godefredus rex Ierusalem, duobus annis regnavit, et in procinctu bellico pene assiduus contra Philistaeos constitit, ingentique probitate fretus, regni fines dilatavit. »

doin Ier est regardé par les chroniqueurs comme un prince animé de la préoccupation constante d'accroître la monarchie territoriale [1]. Baudoin II, malgré son âge avancé, est un excellent chevalier, toujours en campagne, remarquable par une activité extrême [2]. « Il serait trop long, s'écrie Jacques de Vitry, et trop au-dessus de ma faible capacité de raconter en détail la puissance et la splendeur, l'élégance et la bravoure que déployèrent le susdit roi et les autres chevaliers du Christ, qui, nouveaux Macchabées, consacrèrent leurs bras au Seigneur, travaillèrent à agrandir leur royaume et à reculer les frontières des pays chrétiens, en combattant contre les ennemis et en s'emparant des villes et autres points fortifiés [3]. » Comme ses prédécesseurs, Foulque d'Anjou est passionné pour la guerre [4]. Comme eux, Baudoin III n'a qu'un but, l'accroissement du royaume [5]. Là est la première condition d'existence de la royauté nouvelle. Foucher de Chartres remarque en effet que dans les premières années de son règne Baudoin Ier, encore très faible au point de vue territorial, commande à un peuple peu nombreux tandis que des ennemis innombrables l'environnent de toutes parts; et l'historien n'explique

---

1. Jacq. de Vit., chap. xxiii, p. 1067 : « cum summo studio fines suos et regni angustias cupiens dilatare. » — Guill. de Tyr, liv. X, chap. xiv, p. 419 : « nolens otio torpescere regni fines ampliare sollicitus. »
2. Guill. de Tyr, liv. XII, chap. iv, p. 516 : « Rei militaris multam habens experientiam…. Impiger, licet senior, quoties eum vocabant regni negotia. »
3. Jacq. de Vit., chap. xxx, p. 1068 : « Longum et super ingenii mei parvitatem esset singulariter enumerare quam potenter et magnifice, quam eleganter et strenue prædictus vir, et alii Christi milites, tanquam alteri Machabæi, in regno ampliando et finibus Christianorum dilatandis, in hostibus impugnandis, et in civitatibus et aliis munitionibus expugnandis, manus suas Domino consecrantes, se gesserunt. »
4. Guill. de Tyr, liv. XIV, chap. i, p. 605 : « Rei militaris experientissimus, et in bellicis sudoribus patiens et providus plurimum. »
5. Guill. de Tyr, liv. XVI, chap. ii, p. 706 : « Regni incremento. »

pas autrement que par une grâce divine les triomphes des Latins sur tant de forces supérieures [1]. Rien de moins sûr que les routes de la Palestine à l'époque de Baudoin : ici des habitations ravagées, là des cadavres qui jonchent le sol, plus loin des marchands détroussés par les Musulmans. Les Infidèles, méditant une revanche terrible, dressent leurs camps aux portes du domaine royal [2]. Il faut les éloigner et mettre le royaume à l'abri de leurs incursions aussi fréquentes que subites. Les textes constatent donc avec l'ardeur guerrière des rois la nécessité où furent ces derniers de se fortifier comme princes terriens. Reculer les limites du royaume afin de posséder une base solide d'opérations contre l'ennemi, telle fut l'ambition des premiers rois de Jérusalem [3].

De là leurs rapides progrès. Jaffa, Ramla, Caïphe, Tibériade sont conquises par Godefroy (1099-1100) [4]. Baudoin Ier, aidé par les Génois, soumet Arsur, Césarée, Acre qui assure les communications avec l'Occident [5],

---

1. Foucн. de Cн., liv. II, chap. vi, p. 382 : « In modernitate autem regiminis sui adhuc paucarum urbium possessor atque gentis. » P. 383, 384 : « Vere liquet omnibus, hoc esse miraculum valde mirabile, quod inter tot millia millium vivebamus, etiamque dominantes eorum alios tributarios faciebamus, alios vero depredando vel captivando confundebamus. »
2. Sæwulf, p. 258 et suiv. Relation du voyage d'un pèlerin anglais qui traversa la Terre-Sainte dans les années 1102 et 1103 (Fr. Michel et Th. Wryght, Paris, 1839). Cité par Sybel, Gesch. des erst. Kreuz., chap. xii, p. 527, 528.
3. Mar. Sas., liv. III, pars. VI, p. 148-172 : « Regni Ierosolymitani sob Latinis regibus dilatationem. »
4. Jacq. de Vir., chap. xxii, p. 1067. — Alb. d'Aix (liv. VII, chap. xii, p. 515) dit que Godefroy fit fortifier Jaffa : « reædificari murisque constituit muniri. »
5. Kühx, Gesch. der ersten patriarchen von Jerusalem, p. 27 : « Acre était pour l'extension de la puissance chrétienne en Palestine de beaucoup plus importante que Jérusalem. La possession d'Acre assurait les communications entre la Palestine et l'Occident, seule condition de maintien de la Terre-Sainte. » — Foucн. de Cн., liv. II, chap. xxv, p. 408 :

Béryte, Sidon¹; vers l'orient et au delà du Jourdain il construit dans la troisième Arabie ou Syrie de Sobal une forteresse très forte, Montréal², puis entre Saint-Jean-d'Acre et Tyr le château de Scandélion³. Celui de Toron s'élève aussi sous son règne⁴. Enfin en 1109 il prend possession de Tripoli qu'il érige en principauté pour Bertrand, fils de Raymond de Toulouse⁵. Sous Baudoin II, Tyr, vainement attaquée par le premier Baudoin, ouvre ses portes aux Latins (1124)⁶. Foulque d'Anjou conclut un traité d'alliance avec le sultan de Damas contre les Turcs de Mossoul et d'Alep, et, en s'emparant de la place forte de Panéas, garantit ses frontières du côté du Liban (1139)⁷. Grâce à ces conquêtes, le royaume latin de Jérusalem s'était accru en tous sens, si bien qu'en 1144, à l'avènement de Baudoin III, il avait atteint ses limites extrêmes⁸. Dans les années qui suivirent, il ne combattit plus que pour se défendre. Il est vrai qu'en 1153 les Latins, sous le règne de Baudoin III, prirent possession

---

« Erat enim nobis valde necessaria, quoniam inest ei portus adeo utilis, ut inter mœnia secura naves quamplurimas sane concipiat. »

1. Voir le récit des expéditions de Baudoin Iᵉʳ dans Alb. d'Aix, liv. IX, p. 591-626, et liv. XII, p. 689-713. — Jacq. de Vit., chap. xxiii et suiv., p. 1067. — Fouch. de Ch., liv. II et III, p. 373-483. — Guill. de Tyr, liv. X et XI, p. 401-502. — Kugler, Gesch. der Kreuz., chap. iv, p. 96 et suiv. — Wolff Al., König Balduin I von Jerusalem.
2. Jacq. de Vit., chap. xxviii, p. 1068. — Guill. de Tyr, liv. XI, chap. xxvi, p. 500 : « totam adjacentem regionem suæ vindicans ditioni. » — Amdr, p. 23 : « Fu edificato et lavorato de boni muri et forte il castello de Monréal, che fu molto forte et gran castello et deffensibile. »
3. Jacq. de Vit., chap. xxix, p. 1068. — Guill. de Tyr, liv. XI, chap. xxx, p. 507.
4. Jacq. de Vit., chap. xliii, p. 1072.
5. Guill. de Tyr, liv. XI, chap. x, p. 467.
6. Jacq. de Vit., chap. xliii, p. 1072. — Guill. de Tyr, liv. XIII, chap. xiii, p. 573. — Kugler, Gesch. der Kreuz., chap. iv, p. 106 et suiv.
7. Guill. de Tyr, liv. XV, chap. vii, viii, ix, x, xi, p. 668-675. — Ibn-al-Atmir, Le Kamel (Hist. ar., t. I, p. 436).
8. Kugler, Gesch. der Kreuz., chap. vi, p. 157.

d'Ascalon¹; mais déjà, en 1152, ils avaient cédé le comté d'Édesse à l'empereur Manuel Comnène². Leur capitale, Jérusalem, fut perdue en 1187³. En 1247 Ascalon⁴ et en 1266 Azot, Césarée, Saphet⁵ eurent le même sort. Antioche succomba en 1268 sous les coups de Bendocbar, sultan d'Égypte⁶; et en 1288 Tripoli ouvrit ses portes à Malek-el-Mansour⁷. Le royaume se démembra de plus en plus jusqu'au jour où la chute de Saint-Jean-d'Acre (18 mai 1291)⁸, sous les efforts de Khalil-Aschraf, sultan d'Égypte, emporta les derniers restes d'une domination que, depuis un siècle, les Infidèles

1. Guill. de Tyr, liv. XVII, chap. xxv, p. 811. — Ernoul, chap. III, p. 11.
2. Guill. de Tyr, liv. XVII, chap. xvi, p. 784 et suiv.
3. Ernoul, chap. xviii, p. 211 et suiv., chap. xix, p. 221 et suiv. — Raoul de Coggeshal, Chronicon Terræ Sanctæ (Hist. de Fr., t. XVIII, p. 61). — Ibn-al-Athir, Le Kamel (Hist. ar., t. I, p. 705). — Emad-Eddin (Bibl. des Crois., t. IV, p. 211). — Beha-Eddin, Anecdotes et Beaux Traits de la vie du sultan Youssof (Hist. ar., t. III, p. 99-102). — Aboulféda, Annales (Hist. ar., t. I, p. 57). — Amadi, p. 69-73. — Michaud, Hist. des Crois., t. II, p. 336-347. — L'empereur d'Allemagne Frédéric II, devenu roi de Jérusalem, obtint en 1229 du sultan d'Égypte Malek-Kamel la restitution de Jérusalem à la condition que les Musulmans y conserveraient la mosquée d'Omar (Ernoul, chap. xl, p. 466). Mais dès l'année 1244 les Kharismiens, conseillés par Malek-Saleh, fils de Malek-Kamel, prirent possession de la Ville Sainte après un terrible massacre des habitants (Cont. de Guill. de Tyr, éd. de l'Acad., liv. XXXIII, chap. lvii. — Math. Paris, ann. 1244. — Cod. Dipl., t. I, n° 14, p. 324, 325).
4. Cont. de Guill. de Tyr, éd. de l'Acad., liv. XXXIII, chap. lxi, p. 435.
5. Ibid., liv. XXXIV, chap. ix, p. 435. Voir dans Paoli, Cod. Dipl., t. I, n° 46, p. 326, sur l'état des affaires à cette époque, une lettre du patriarche de Jérusalem, des grands maîtres de l'Hôpital et du Temple à Thibaut V, comte de Champagne.
6. Cont. de Guill. de Tyr, éd. de l'Acad., liv. XXXIV, chap. xl. — Mar. San., liv. III, pars XII, chap. ix, p. 223. — Du Cange, les Fam. d'outre-mer, p. 208.
7. Mar. San., liv. III, pars XII, chap. xv, p. 229. — Du Cange, p. 487, 488.
8. Aboulféda, Annales, (Hist. ar., t. I, p. 163, 164). — Mar. San., liv. III, pars XII, chap. xi-xxii. — Excidium Acconis ou Gest. Collectio (chronique anonyme ap. Martène, Amplis. coll., t. V, c. 757-784). — Lettres de Ricoldo de Monte-Croce (de l'ordre des frères prêcheurs) sur la prise d'Acre, publiées par M. Röhricht dans Arch. de l'Or. Lat., t. II, p. 264 et suiv. — Amadi, p. 223. — De Mas Latrie, Histoire de Chypre, t. I, chap. xviii, p. 494 et suiv. — Vertot, t. I, liv. III, p. 407-428. — Forschungen zur deutschen Geschichte: Perte de Saint-Jean-d'Acre en 1291.

n'avaient cessé d'ébranler et de restreindre[1]. Si donc l'historien veut se faire une idée de l'étendue du territoire sur lequel les rois de Jérusalem ont exercé leur autorité, il doit considérer l'état des principautés latines vers l'année 1144, c'est-à-dire à l'avènement de Baudoin III. Guillaume de Tyr, Jacques de Vitry, Marino Sanuto et Ibn-al-Athir dans son *Histoire des Atabecs de Mossoul* paraissent à cet égard les guides les plus sûrs[2].

La contrée occupée par les Latins, s'étendant sur une longueur d'environ 1 200 kilomètres depuis la Judée jusqu'au golfe d'Alexandrette et sur une largeur de quelques lieues seulement, était divisée en quatre principautés ou grandes baronnies : le comté d'Édesse, la principauté d'Antioche, le comté de Tripoli et le royaume de Jérusalem. Les limites générales étaient : au nord, l'Arménie Mineure bornant la principauté d'Antioche, la Grande Arménie touchant au comté d'Édesse; au sud, l'Arabie Pétrée et la mer Rouge; à l'ouest, la Méditerranée; à l'est, les principautés de Mossoul, d'Alep, de Damas, confinant la première au comté d'Édesse, la seconde à la principauté d'Antioche et au comté de Tripoli, la troisième au royaume de Jérusalem[3].

---

1. Rohricht, *Études sur les derniers temps du royaume de Jérusalem* (Arch. de l'Or. Lat., t. I, p. 633, et t. II, p. 315).

2. Guill. de Tyr, liv. XVI, chap. xxix, p. 754, 755. — Jacq. de Vit., chap. xxx, p. 1068 et suiv. — Mar. San., liv. III, pars VII, chap. I, p. 173, 174. — Ibn-al-Athir, *Hist. des Atabecs* (Hist. ar., t. II, 2ᵉ partie, p. 59, 60). Voir aussi Du Cange, *les Fam. d'outre-mer*, p. 1-5 ; Rey, *Col. franques aux XIIᵉ et XIIIᵉ siècles*, p. 295 et suiv. ; *Art de vérifier les dates*, IIᵉ partie, t. V, p. 52, 53 ; Abbé Guénée, *Lettres sur la Palestine*.

3. Ibn-al-Athir (*Hist. ar.*, t. II, 2ᵉ partie, p. 60, *Hist. des Atabecs*) nous apprend en effet que, vers l'an 1128, les provinces d'Alep, Émesse, Hamah et Damas étaient les seules provinces de Syrie qui avaient pu se soustraire au joug des Chrétiens. Or ces provinces formaient précisément à l'orient une longue ligne allant du nord au sud et limitant les principautés latines.

Le comté d'Édesse, d'après Guillaume de Tyr et Jacques de Vitry, commençait du côté de l'occident à la forêt appelée *Marris* et se prolongeait vers l'orient au delà de l'Euphrate. Les historiens arabes indiquent les villes d'Amida, de Nisibe, de Resaina comme le point extrême auquel les Francs avaient porté la terreur de leur nom. Correspondant aux régions qui forment aujourd'hui les pachaliks de Malatia, de Séverek, d'Orfa, de Marasch et d'Aïntab, le comté renfermait, au nombre de ses principales villes, Édesse, Hiérapolis, Coricé, Tulupa, Turbessel, Hatab et Ravendel[1].

La principauté d'Antioche s'étendait depuis Tarse en Cilicie jusqu'au ruisseau désigné aujourd'hui sous le nom de *Ouady Méhica* et qui se jetait à la mer entre les deux ports de Valénie et Maraclée. Le château de Margat situé entre ces deux villes formait à peu près frontière, laissant la première à la principauté d'Antioche et la seconde au comté de Tripoli. Antioche, Apamée, Laodicée,

---

1. Guill. de Tyr, liv. XVI, chap. XXIV, p. 755 : « Comitatus Edessanus qui ab ea sylva quæ dicitur *Marrim*, in orientem ultra Euphratem protendebatur. » — Jacq. de Vit., chap. XXXI, p. 1068 : « Quorum primus est Edessanus comitatus, in regione Medorum, a silva quadam quæ dicitur *Marith* habens initium; protenditur autem trans fluvium Euphraten versus partes orientales. » — Ibn-al-Athir, *Hist. des Atabecs* (*Hist. or.*, t. II, 2ᵉ partie, p. 60). « Les incursions des Francs étaient poussées jusqu'au Diar-Becr et aux pays qui s'étendent jusqu'à Amid.... Depuis la Haute-Mésopotamie jusqu'à Nisibe et Ras-Aïn ils enlevaient aux populations tout ce qu'elles possédaient en fait de mobilier et d'argent. » L'historien arabe constate les progrès accomplis par la domination latine : « A cette époque (vers 1128), le territoire des Francs avait pris une grande étendue; leurs troupes étaient nombreuses; la crainte qu'ils inspiraient était générale; leur violence augmentait de plus en plus; leurs attaques redoublaient; le mal qu'ils faisaient s'était accru; leurs agressions étaient devenues plus violentes et leurs mains s'étendaient en avant pour saisir les contrées de l'islamisme! » — On a désigné les villes d'Édesse, Hiérapolis, Coricé, etc., comme faisant partie du comté d'Édesse sur la foi de Jacq. de Vit., chap. XXXI, et de Guill. de Tyr, liv. X, chap. XXIV, p. 437.

Artésie, Césarée, Capharda étaient parmi les cités les plus notables de la principauté¹.

Le comté de Tripoli se prolongeait au sud jusqu'à un ruisseau se mêlant à la mer entre Biblios ou Giblet et Béryte². C'est le seul renseignement que Guillaume de Tyr et Jacques de Vitry donnent sur la ligne de démarcation séparant le comté du royaume proprement dit. Or trois cours d'eau, l'Adonis, le Lycus, le Nahr-el-Mameltein coulent dans l'espace compris entre Biblios et Béryte. Selon toute apparence, le ruisseau dont parlent nos deux historiens paraît avoir été le Nahr-el-Mameltein qui aboutit à la mer près de Ghazir. D'abord son nom signifie *rivière des deux provinces*, ce qui semble indiquer qu'il a servi de frontière à une certaine époque. Puis, s'il s'était agi du Lycus ou de l'Adonis, on ne voit pas pourquoi les chroniqueurs, qui connaissaient ces deux cours d'eau, ne les auraient pas, dans ce passage, désignés par leur nom. On ne s'expliquerait pas surtout l'emploi du mot *rivus* s'appliquant très bien à un ruisseau comme le Nahr-el-Mameltein, mais qui ne conviendrait pas à un fleuve véritable comme l'Adonis ou le Lycus. Au

---

1. Jacq. de Vit., chap. xxxii, p. 1068, et Guill. de Tyr s'accordent à donner ces limites à la principauté d'Antioche. Jacq. de Vit. : « Habet autem initium versus occidentem a Tharso civitate Ciliciæ... finem vero a parte orientali in rivo qui est inter Valeniam sub castro Margath, et Maracleam urbes maritimas. » — Guill. de Tyr : « Principatus Antiochenus qui ab eodem rivo habens initium (id est rivus qui est inter Maracleam et Valeniam) usque in Tarsum Ciliciæ. » — Apamée et Laodicée (Guill. de Tyr, liv. X, chap. xxiii, p. 435); Artésie (Michaud, *Bibl. des Crois.*, t. IV, p. 21); Césarée (Michaud, t. IV, p. 36, et Guill. de Tyr, liv. XVIII, chap. xviii, p. 849); Capharda (Guill. de Tyr, liv. XIII, chap. xxi, p. 589).

2. Guill. de Tyr : « Comitatus Tripolitanus a rivo supradicto (id est rivus qui est inter Byblium et Berythum) habens initium, finem vero in rivo qui est inter Maracleam et Valenia », urbes similiter maritimas. » — Jacq. de Vit., chap. xxxii, p. 1069 : « Initium habens a prædicto rivo, qui est sub castro Margath, finem vero ad rivum, qui fluit inter Biblium et Berythum urbes maritimas. »

reste, Guillaume de Tyr, chaque fois qu'il mentionne le Lycus, l'appelle le *Fleuve du Chien* [1]. En fixant les limites du royaume de Jérusalem il avait le devoir d'être plus précis que jamais; puisqu'il ne donne pas au ruisseau en question le nom usité de *Fluvius Canis*, c'est évidemment qu'il a voulu parler d'un cours d'eau autre que le Lycus [2]. Le comté de Tripoli, le moins étendu des fiefs fondés par les Chrétiens en Orient, était cependant hérissé d'un grand nombre de forteresses; le château des Pèlerins, voisin de Tripoli [3], celui de Mont-Ferrand [4] et celui des Curdes ou de Crac [5] étaient les plus redoutables.

Le royaume de Jérusalem était borné au nord par le Nahr-el-Mamelltein. S'étendant au sud jusqu'au delà de Darum, c'est-à-dire jusqu'aux environs de Laris, il touchait à l'Arabie Pétrée [6]. Il avait jour sur la mer Rouge où il possédait le port d'Ela [7]. A l'ouest il était baigné

---

1. Guill. de Tyr, liv. X, chap. v, p. 407 : « Et procedens inde, et Biblum pertransiens, ad fluvium pervenerat qui cognominatur *Canis*. » Chap. xix, p. 428 : « ne forte ad *fluvium Canis* eorum iter præpediretur. »
2. Nous croyons pouvoir par ces motifs repousser l'opinion de M. Rey qui s'est prononcé pour le Nahar-Ibrahim ou Adonis des Anciens (*Colonies franques aux XII° et XIII° siècles*, p. 357).
3. Jacq. de Vit., chap. xxxiii, p. 1069 : « Quod castrum Peregrinum, seu Peregrinorum usque hodie nominatur, eo quod a Peregrinis sit constructum. »
4. Guill. de Tyr, liv. XIV, chap. vi, p. 611.
5. Guill. de Tyr, liv. XXII, chap. ii, p. 1064. — Essoui, p. 31, 35, 61, 68, 417. — Aboulfeda (*Hist. ar.*, t. I, p. 153).
6. Guill. de Tyr : « Regnum Hierosolymorum initium habens a rivo qui est inter Byblium et Berythum... et finem in solitudine quæ est ultra Darum, quæ respicit Ægyptum. » — Jacq. de Vit., chap. xxxiv, p. 1069 : « Habens principium a prædicto rivo qui inter Biblium et Berithum fluit; finem vero in solitudine, quæ ultra castrum, quod dicitur Darum, respicit Ægyptum. »
7. Ibn-al-Athir, *Le Kamel* (*Hist. ar.*, t. I, p. 578), écrit que en 1171 « Saladin fit construire des vaisseaux susceptibles de se démonter, et en ayant chargé les pièces sur des chameaux, se rendit à Ailah. Alors il fit assembler les divers morceaux des navires, lança ceux-ci sur mer, et assiégea Ailah par terre et par eau. Il prit cette place... la livra au pillage

par la Méditerranée, tandis qu'il touchait vers l'orient à la principauté de Damas et au désert¹. Les provinces renfermées dans cet espace constituaient le domaine royal, c'est-à-dire le royaume proprement dit. Les historiens désignent volontiers la baronnie de Jérusalem sous le nom de *regnum*². De même les jurisconsultes entendent par le mot *reiaume* la principauté de Jérusalem : « Il y a ou reiaume de Jerusalem, écrit Jean d'Ibelin, quatre baronies et pluisors autres seignories qui ont cort et coins et justise ³. » En effet, outre les villes de Jérusalem, de Naplouse, d'Acre, de Tyr et quelques autres places, bourgs ou villages qui appartenaient immédiatement au roi; le royaume se divisait en quatre grandes baronnies, le comté de Jaffa et d'Ascalon, la principauté de Galilée, celle de Sajete ou Sidon, la seigneurie de Crac et de Montréal et en douze fiefs secondaires ⁴.

et réduisit ses habitants en captivité ». Ce passage de l'historien arabe atteste qu'Ela était une place chrétienne. Dix ans plus tard (1181), Renaud, seigneur de Crac, tenta inutilement de la reprendre.

1. Amiot (p. 49, 50) établit les divisions géographiques du royaume de Jérusalem de la même façon que Guill. de Tyr et Jacq. de Vit. dont il paraît avoir traduit le passage. Il désigne Byblios sous le nom de *Gibelet*.

2. Alb. d'Aix, liv. XII, chap. xxv, p. 709. — Guill. de Tyr, liv. XIV, chap. viii, p. 617.

3. *Ass.*, t. I, *Liv. de Jean d'Ibelin*, chap. cclxix, p. 417.

4. Prutz, *Kulturgesch. der Kreuz.*, liv. III, chap. i, p. 162. — Le comté de Tripoli est rangé par Ibelin (chap. cclxix, p. 417) et par Sanuto (liv. III, pars VII, chap. i, p. 173) au nombre des baronnies de la principauté de Jérusalem. Mais il est hors de doute que ce comté fut un grand fief du royaume et non une baronnie de la principauté de Jérusalem. Telle est l'opinion soutenue par : Du Cange (*Fam. d'outremer*, p. 4); Beugnot (*Ass.*, t. I, p. 418, note *b*); Rey (*Col. fr.*, p. 356); Prutz (*Kulturgesch. der Kreuz.*, liv. III, chap. i, p. 160). Au reste Ibelin (chap. cclxxi, p. 422) et Sanuto (liv. III, pars VII, chap. i, p. 174) constatent eux-mêmes leur erreur; car lorsqu'ils donnent un état des services dus par les vassaux de la principauté de Jérusalem ils ne mentionnent plus le nom du comté de Tripoli.

Ainsi le nouvel État chrétien, à l'époque où il avait atteint sa plus grande étendue, allait du Taurus à une ligne idéale tirée entre Laris, port de la Méditerranée situé sur les confins de l'Égypte, et Ela, port de la mer Rouge.

II. — État politique.

RAPPORTS DE LA ROYAUTÉ AVEC LA HAUTE FÉODALITÉ. — ACTION DU POUVOIR CENTRAL SUR LES GRANDS FEUDATAIRES. DROITS DE LA ROYAUTÉ. SES DEVOIRS. — MESURE DANS LAQUELLE LES FEUDATAIRES ÉCHAPPENT A L'ACTION DU POUVOIR CENTRAL.

Mais la puissance royale ne s'exerçait pas d'une égale façon sur toute cette étendue de territoire. Les limites de l'autorité immédiate du roi ne dépassaient pas la région constituée par le domaine. En dehors du pays compris entre le Nahr-el-Mameltein au nord, Laris et Ela au sud, le roi de Jérusalem prétendait à l'exercice d'un pouvoir beaucoup plus théorique que réel. Le comte de Tripoli, le prince d'Antioche, le comte d'Édesse, avaient chacun dans sa principauté, une puissance égale à celle dont le roi disposait dans la sienne propre. Cependant il est incontestable que le prince de Jérusalem était quelque chose de plus que ces grands feudataires. Il était le *pair* mais aussi le *suzerain* de chacun d'eux. La double situation du roi, à la fois *prince dans sa principauté* et *roi dans le royaume*, tel est le fait qui domine toute la question des rapports du gouvernement monarchique avec la haute féodalité. Il est à regretter que les documents parvenus jusqu'à nous ne permettent pas d'établir au grand jour la nature de ces rapports : les *Assises* ne considèrent la royauté qu'à l'intérieur du domaine; les chroniques font de rares allusions à l'histoire particulière des principautés, et les chartes sont des textes peu propres à éclairer un sujet de cette nature. Aussi croyons-nous devoir aller au-devant d'une critique que soulèveront certainement les pages qui vont suivre. La question des relations de la royauté avec les possesseurs des grands fiefs n'est pas traitée avec tous les développements qu'elle comporte; plusieurs points sont restés dans l'ombre; quelques autres ne sont qu'effleurés. Mais au moins nous rendra-t-on cette justice d'avoir tiré des documents ce qu'ils peuvent donner et d'avoir établi le peu qui pouvait être établi.

Une première idée se dégage : la royauté avait un droit incontestable d'intervention dans les affaires des principautés, et elle usa de son droit. Une seconde s'impose à l'esprit de quiconque observe plus attentivement les faits : l'intervention royale était circonscrite dans un cercle extrêmement étroit; soumis en théorie à la suzeraineté du roi de Jérusalem, les princes d'Antioche, les comtes d'Édesse et de Tripoli étaient dans la pratique à peu près indépendants de la couronne; en un mot, les prétentions de la royauté à la haute direction de tout le royaume furent parfois méconnues par les grands feudataires, et d'ailleurs exercées par la royauté elle-même avec les plus extrêmes ménagements.

Le lien entre la royauté et la haute féodalité était la conséquence de l'hommage et du serment de fidélité prêtés par les possesseurs des grands fiefs au roi. Ces deux termes *hominium* et *fidelitas* qui, ainsi que l'a montré M. Luchaire, n'étaient point synonymes dans la France féodale des xe et xie siècles [1], ne l'étaient pas

---

[1] A. LUCHAIRE, *Hist. des Inst. mon. de la Fr.*, t. II, chap. I, p. 35 et suiv.

davantage dans la société latine d'Orient. La preuve est que nous les rencontrons parfois ensemble dans les textes où il est question des hommages rendus au roi pour les grands fiefs : « Bertrand de Tripoli, dit Albert d'Aix, fut comblé de joie en voyant arriver le roi avec son escorte; il lui rendit *hommage* et engagea sa *fidélité* par serment[1]. » Guillaume de Tyr écrit de même : « Pons, second comte de Tripoli, excité par je ne sais quelle mauvaise pensée, refusa de rendre *hommage* au roi de Jérusalem et poussa l'impudence jusqu'à contester le service qu'il lui devait en vertu de son *serment de fidélité*[2]. » D'autres fois, la *fidélité* seule est mentionnée[3]. L'hommage différait donc de la *fidélité*. Le premier était l'acte par lequel le vassal se déclarait l'homme du seigneur en lui donnant fictivement la terre ou le domaine qu'il reprenait ensuite de ses propres mains. La seconde était le serment par lequel un seigneur s'engageait envers celui dont il voulait être le fidèle à remplir le service de cour et le service militaire[4].

Les obligations des grands vassaux étaient les mêmes que celles qui, à l'intérieur de la principauté de Jérusalem, mettaient le vassal dans la dépendance de son seigneur. Si l'un d'eux violait la fidélité en refusant tout service au roi, celui-ci s'empressait de rappeler le rebelle à son devoir. En 1122, Pons, comte de Tripoli, oublieux

---

1. Alb. d'Aix, liv. XI, chap. XI, p. 667 : « Bertrannus, viso rege et ejus apparatu, gavisus est, et homo ejus ibidem jurejurando factus est. » Cf. Jacq. de Vit., chap. XXXIII, p. 1069.
2. Guill. de Tyr, liv. XII, chap. XVII. p. 536 : « Pontius Tripolitanorum comes secundus, nescimus cujus instinctu, regi Hierosolymorum suum denegabat hominium; et servitium, quod de jure fidelitatis tenebatur impendere, impudenter negabat. »
3. Guill. de Tyr, liv. XII, chap. IV, p. 517 « sumpta fidelitate ». Cession du comté d'Édesse par Baudoin II à Josselin.
4. *Hist. de Fr.*, t. X, p. 463. Définition de la fidélité par Fulbert de Chartres, XXXVIII, *Mutuæ obligationes clientis et domini*.

de son serment, s'exposa à des représailles de la part de
Baudoin II¹. En 1131, tandis que Foulque, appelé par
les habitants d'Antioche, se dirigeait vers cette principauté, Pons fit interdire au roi le passage sur son territoire; le roi, pour parvenir au but de son voyage, dut
prendre la route de mer; aussi n'eut-il rien de plus
pressé, une fois les affaires d'Antioche terminées, que de
courir au comte et de réprimer ses insolentes agressions¹.
Le roi en effet ne pouvait pas supporter chez ses vassaux
pareille indiscipline. Celle-ci exposait le royaume aux plus
grands dangers. « Les expéditions les plus simples, dit
Prutz, pouvaient ainsi être empêchées. Quelque bien
préparée que fût une attaque contre l'ennemi commun,
le succès final n'était jamais assuré et la sécurité des
frontières dépendait constamment du caprice des seigneurs³. »

Le roi ne souffrait pas davantage les actes de violence
de la part de ses vassaux. L'un d'eux, Renaud de Châtillon, prince d'Antioche, dans sa haine pour Amaury,
patriarche de cette ville, lui imposait vers 1154 un supplice ignominieux. Mais à peine le roi Baudoin III en
était-il informé qu'il dépêchait vers Renaud deux députés,
l'évêque d'Acre et son chancelier Raoul, pour le réprimander « en vertu de son autorité royale » et l'inviter à
réparer son acte de frénésie⁴. Les mots *auctoritate regia*

---

1. Foucu. de Ch., liv. III, chap. xi, p. 447 : « Profectus est Tripolim, injuriam ulturus et contemptum, quem regionis illius comes, Pontius nomine, inculiebat, recusans ei obsequi. » — Guill. de Tyr, liv. XII, chap. xvii, p. 536.
2. Guill. de Tyr, liv. XIV, chap. v, p. 612, 613. — Michaud, *Hist. des Crois.*, t. II, p. 110.
3. Prutz, *Kulturgesch. der Kreuz.*, liv. III, chap. i, p. 165.
4. Guill. de Tyr, liv. XVIII, chap. i, p. 816 : « Auctoritate regia prædictum dementem corripit; et a perpetrata redire monet insania. »

employés par le chroniqueur attestent que le roi n'était pas moins prompt à blâmer la conduite répréhensible qu'à punir la forfaiture des feudataires. Il ne semble pas d'ailleurs que Renaud ait contesté ce droit du prince puisque, aussitôt après la réception des députés royaux, nous le voyons remettre le patriarche en liberté et lui restituer tous ses biens.

C'était aussi à titre de suzerain que le roi pouvait présider à la cérémonie de l'hommage prêté par les hommes des principautés à leur chef seigneur. Les textes ne disent nulle part que la présence du roi fût nécessaire à la validation de l'acte. Il est même hors de doute que cette présence était l'exception. Quand il n'y avait pour la principauté aucun intérêt à ce que le roi fût là, celui-ci s'abstenait de paraître. Dans le cas contraire, il servait d'intermédiaire entre ceux qui prêtaient l'hommage et celui auquel on le prêtait. C'est ainsi qu'en 1127, lorsque Boémond le Jeune arriva en Terre-Sainte pour prendre possession de l'héritage de son père, les seigneurs d'Antioche se rendent au palais de cette ville; là, en présence et sur l'invitation du roi Baudoin II[2], ils s'engagent envers Boémond par le serment de fidélité. De même quand meurt assassiné en 1152 Raymond II, comte de Tripoli, Baudoin III, après la célébration des obsèques du comte, invite les grands du pays à prêter serment à la comtesse

---

1. Cinname (liv. IV, p. 197, 201, 202) dit que Renaud avait emprisonné Amaury pour avoir ses trésors. Guill. de Tyr prétend que ce fut pour se venger de l'opposition qu'avait faite Amaury à son mariage avec l'héritière d'Antioche. Mais, dans un cas comme dans l'autre, le roi estimait qu'il y avait abus et qu'à ce titre son intervention se légitimait. Voir De Cangy, Fam. d'outre-mer, p. 762.
2. Foucu. de Ch., liv. III, chap. LXI, p. 485 : « Præsente rege et co favente. » — Guill. de Tyr, liv. XIII, chap. xxi, p. 589 : « Præsente domino rege et monente. »

et à ses enfants[1]. Les expressions *præsente rege et co favente*, *præsente domino rege et monente*, *præcipiente domino rege*, ne laissent aucun doute sur le rôle joué en cette circonstance par les rois de Jérusalem.

Le roi faisait encore acte de suzerain en mariant les héritières des grands fiefs avec des hommes capables de les défendre. Foulque engage les barons d'Antioche à demander Raymond, fils de Guillaume comte de Poitiers, comme époux de la princesse d'Antioche, Constance[2]. Une autre fois, Baudoin III convoque à Tripoli une assemblée générale de tous les princes du royaume pour décider Constance, veuve de Raymond, à faire choix d'un nouvel époux. Le roi, il est vrai, échoue dans cette tentative[3]. Mais, du moins, lorsque la princesse choisit elle-même Renaud de Châtillon, elle se garde de faire connaître sa détermination avant d'avoir consulté le roi; et c'est le comte lui-même qui, se rendant à Jérusalem auprès du souverain, rapporte à Antioche le consentement royal[4].

Mais tout suzerain doit à son vassal aide et protection. Les rois de Jérusalem donnèrent l'un et l'autre à leurs vassaux des grands fiefs. L'aide se traduisit sous la forme de secours militaires portés par les rois aux seigneurs en détresse : aux princes d'Antioche comme en 1111[5] et

---

1. Guill. de Tyr, liv. XVII, chap. xix, p. 792 : « Præcipiente domino rege. »
2. Ibid., liv. XIV, chap. ix, p. 618.
3. Ibid., liv. XVII, chap. xviii, p. 789.
4. Ibid., liv. XVII, chap. xxvi, p. 802 : « Quoadusque domini regis... interveniret auctoritas et consensus. » — « sumpta ejus conniventia. »
5. Foucu. de Ch., liv. II, chap. xlv, p. 423 : « Tancredus misit legatos suos regi Balduino, per eos humillime deposcens, ut Christianismo succurrere festinaret. » — Exemple de secours fourni par le roi Baudoin Iᵉʳ à Tancrède contre les Turcs.

1119 ¹; aux comtes de Tripoli comme en 1126 ² et 1137 ³; aux comtes d'Édesse comme en 1110 ⁴ et 1144 ⁵.

D'autre part, le roi nous apparaît comme le protecteur naturel et l'administrateur désigné des grandes baronnies momentanément privées de chef. Dans ce cas c'est au suzerain des suzerains que les habitants des principautés remettent l'administration de leurs affaires. Ils ne confient pas les fonctions de *baile* à l'un d'entre eux; ils ne songent pas davantage à organiser un conseil de gouvernement;

---

1. Guill. de Tyr, liv. XII, chap. IV, p. 523 : « Dominus Rogerus Antiochenus princeps... circumpositis mandat principibus... domino nihilominus etiam regi... postulans, ut cum omni celeritate contra instantia pericula opem laturi venire non morentur. Rex ergo assumptis sibi quas tam subito de regno colligere potuit militaribus copiis, etc. » — Exemple de secours fourni par Baudoin II à Roger contre Al-Ghazi, sultan d'Alep.

2. Foucn. de Ch., liv. III, chap. II, p. 379 : « Rex motus prece comitis Tripolitani, proficiscitur in auxilium ejus. » — Guill. de Tyr, liv. XIII, chap. XIX, p. 585 : « Pontius Tripolitanus comes... dominum regem Hierosolymorum, ut et præsentiam suam exhibeat, et opem conferat, et litteris sollicitat, et frequentibus nuntiis hortatur. Rex autem ut impiger erat... assumpto sibi honesto comitatu, illuc sine dilatione properat. » — Exemple de secours fourni par Baudoin II à Pons de Tripoli qui assiège la ville de Raphanie.

3. Guill. de Tyr, liv. XIV, chap. XXV, p. 643 : « Comes Tripolitanus Raimundus regem... rogat, ut... opem laturus acceleret. Dominus itaque rex... impiger advolat. » — Exemple de secours fourni par Foulque à Raymond, fils de Pons, contre Sanguin.

4. Alb. d'Aix, liv. XI, chap. XV, p. 679 : « Legati Baldewini de Burg a civitate Rohas venientes affuerunt, nunciantes Regi quod... principes Turcorum... civitatem Edissam obsidessent... Asserebant etiam idem nuncii ultima necessitate famis ac defensionis Baldewinum et universos cives compulsos; et ideo in brevi eos regis ope indigere adversus tot millia Turcorum. » — Foucn. de Ch., liv. II, chap. XLIII, p. 421 : « Deinde paravit se ituram contra Turcos, qui Edessam, Mesopotamiæ urbem, obsidebant. » — Exemple de secours fourni par le roi Baudoin I ͬ au comte Baudoin du Bourg contre les Turcs.

5. Guill. de Tyr, liv. XVI, chap. IV, p. 710 : « Pervenerunt etiam hujus tam sinistri casus nuntii ad regem Hierosolymorum... Domina autem regina... Manassem regium constabularium, una cum militari multitudine, illuc sub omni celeritate dirigit, ut optatum domino comiti, et afflictis civibus ministrent solatium. » — Exemple de secours fourni par la reine Mélisende qui gouverne au nom de son fils Baudoin III à Josselin II contre Sanguin.

mais ils implorent l'assistance du roi de Jérusalem astreint par les devoirs de sa charge à secourir les grands fiefs du royaume. En 1119, Roger, prince d'Antioche, est tué à Arcas dans une rencontre avec les Sarrasins[1]; aussitôt Baudoin II accourt à Antioche[2], convoque une assemblée et s'entend proclamer seigneur de la principauté à condition qu'il donnera sa fille en mariage au jeune Boémond, légitime héritier d'Antioche[3]. « Le roi, dit Guillaume de Tyr[4], reçut le soin de gouverner la principauté et le pouvoir d'agir en toute liberté comme dans son royaume, d'instituer, de destituer et de décider de toutes choses selon sa volonté. » Et, en effet, nous voyons le roi non seulement régler les choses d'ordre civil[5], mais encore agir comme chef militaire et réunir sous ses étendards les guerriers du pays[6]. En 1122, tandis que Josselin Ier, comte d'Edesse, est retenu en

---

1. Foucher de Ch., liv. III, chap. iii, p. 442. — Guill. de Tyr, liv. XII, chap. ix, x, p. 525-527.
2. Galterii de cnyssaciu, Bella Antiochena, II Bellum, Art. IX, § IV, p. 117 : « Balduinus... urbem intrare festinavit. »
3. Galterii, art. X, § I, p. 117, 118 : « Decretum est, ut rex, cui æquus et summus Arbiter fere omnem regnum orientalium christicolarum subdiderat pro affectu justitiæ et pro communi utilitate, filio Boamundi cujus juris erat, principatum Antiochiæ cum filia sua traderet, si eam ducturus et terram principatus ipsius consilio et auxilio protecturus adveniret. »
4. Guill. de Tyr, liv. XII, chap. xii, p. 530 : « Principatus Antiocheni curam, et omnimodam potestatem regi tradunt, ut ita liberam, sicut in regno habebat, in principatu habeat instituendi, destituendi, et omnia pro arbitrio tractandi facultatem. »
5. *Documenta Lipsanographica. Tractatus de reliquiis S. Stephani Cluniacum delatis* (Hist. des Crois., t. V, p. 320, chap. v) : « Rex pro disponendis rei publicæ negotiis... convocavit Antiochiam, non solum pontifices, verum etiam totius pæne illius provinciæ principes. » — Guill. de Tyr, liv. XII, chap. xi, p. 531 : « Collatis igitur eorum liberis, vel aliorum graduum consanguineis, eorum qui in acie ceciderant possessionibus, prout ratio vel regionis consuetudo deposcebat; viduis quoque apud compares et competentis meriti viros, nuptui collocatis. »
6. Galterii, art. X, § II, p. 118 : « His peractis, rex, Antiochiæ existens, de remotis partibus et proximis et undecumque potest, nomine belli, gentem citissime congregat. »

captivité, le roi accompagné de ses chevaliers se rend dans le comté « afin, dit le chroniqueur, d'apporter quelque consolation à ce peuple privé de chef ». Les forteresses de Turbessel et d'Édesse sont soumises à une véritable inspection et remises, par les soins du roi, en bon état de défense[1]. En 1131, nouvel appel au roi de Jérusalem : Boémond II le Jeune est mort, et Baudoin II prend derechef le gouvernement de la principauté d'Antioche[2]. Ce soin d'administrer les baronnies vacantes est si bien inhérent à la dignité royale que Foulque, en succédant à Baudoin II sur le trône de Jérusalem, le remplace aussi dans la baillie de la principauté d'Antioche[3]. Renaud Mansuer, seigneur de Margat, est délégué par le roi dans le gouvernement du pays; mais en dépit de cette délégation Foulque demeure l'administrateur réel. Il existe de lui un acte de 1134 daté de son palais d'Antioche par lequel il confirme, en sa qualité de roi de Jérusalem et de baile de la principauté, une donation au Saint-Sépulcre de Jérusalem[4]. Quelques années plus tard, il suffit que le prince d'Antioche, Renaud de Châtillon, soit fait prisonnier pour que le peuple du pays informe sans

---

1. Guill. de Tyr, liv. XII, chap. xvii, p. 537 : « Rex igitur cum sua, quam secum deduxerat militia, in terram comitis Edessani descendit, ut populo rectore carenti, aliquod impertiret solatium. »
2. Ibid., liv. XIII, chap. xxvii, p. 599 : « In recidivas iterum incidentes querimonias, ut sine principis officio iter a hostibus præda fierent, communicato consilio dominum Hierosolymorum regem evocant. »
3. Ibid., liv. XIV, chap. iv, p. 611 : « Timentes magnates illius regionis, ne protectoris defectu provincia illa hostium pateret insidiis, dominum regem ad se vocant, ut partium illarum curam gereret, et omnia ad suam revocaret sollicitudinem. »
4. Cart. du S. Sép., n° 85, p. 165, 166 : « Ego Fulco, Dei gratia tercius rex Latinorum Iherusalem necnon et rector ac baiulus Antiocheni principatus, etc.... Data in palatio Antiocheno. » — N° 86, p. 166 : « Ego Fulco, Dei gratia rex Iherusalem tercius Latinus necnon baiulus et tutor Antiocheni principatus, etc.... Data Antiochie. »

retard le roi Baudoin III de la situation désespérée où l'a placé la disparition de son chef. Les expressions par lesquelles Guillaume de Tyr rapporte ces événements sont des plus significatives : « Les Antiochiens, dit-il, crurent devoir recourir à leur protecteur ordinaire et s'adresser, pour obtenir les moyens de se défendre des maux qu'ils prévoyaient, à ceux qui avaient souvent accueilli leurs demandes sans jamais les repousser. A cet effet ils envoyèrent une députation chargée de faire connaître au seigneur roi de Jérusalem les prières et les lamentations des habitants du pays et de le supplier instamment de venir, sans le moindre retard, au secours d'une nation affolée et d'un peuple voisin de sa perte [1]. » Arrivé à Antioche, Baudoin III y demeure autant que les circonstances exigent sa présence, remet le gouvernement du pays au patriarche, rétablit l'ordre dans les finances, en un mot exerce, comme précédemment Foulque et Baudoin II, tous les attributs de la souveraineté.

On le voit; le roi répond à l'appel parti de tous les points du royaume, Édesse, Antioche ou Tripoli. Si absorbé qu'il soit par les affaires de son propre domaine, il n'hésite jamais à voler au secours soit des chefs des grandes baronnies menacés par l'ennemi, soit des hommes des baronnies privés de chef. Les conséquences sont faciles à saisir. Défenseur militaire des grands feudataires et administrateur temporaire de leurs principautés en vacance, le roi exerce un droit supérieur de contrôle sur

---

1. GUILL. DE TYR, liv. XVIII, chap. XXX, p. 872 : « Tandemque visum est ad solitum recurrere auxilium, et ab eo contra mala imminentia petere solatium, unde sine repulsa sæpius obtinuerant postulatum. Missa ergo legatione, et adjunctis precibus lachrymosis, dominum Hierosolymorum regem suppliciter invitant, ut ad subveniendum genti desperatæ... venire non moretur. »

les destinées du royaume entier. C'est ainsi qu'aucune parcelle du territoire soumis aux Latins n'en peut être détachée sans l'approbation royale. Observons de près le récit de Guillaume de Tyr dans lequel est racontée la cession du comté d'Édesse à l'empereur Manuel Comnène [1]. On se persuadera que sans un avis favorable du roi la cession n'eût pas été consentie; et on remarquera que la remise de la principauté à l'empereur fut faite solennellement non par les habitants du comté, mais par le roi en personne suivi des hommes d'Édesse, de Tripoli et d'Antioche. Josselin II le Jeune, comte d'Édesse, étant tombé entre les mains des Infidèles, l'empereur de Constantinople avait offert à la comtesse Béatrix et à ses enfants de les protéger et de leur assurer une existence honorable s'ils voulaient faire l'abandon de leur comté à l'empire. Mais, en même temps qu'à la comtesse, les envoyés de l'empereur avaient fait part de leur proposition au roi Baudoin III, « ipsis etiam injunctam sibi legationem aperientibus ». Tandis que les princes s'assemblèrent pour délibérer et que différents avis furent émis le roi prononça en dernier ressort et accueillit les offres impériales. Écoutons les raisons qui inspirèrent cette décision; elles sont des plus instructives. Ce n'est pas, assure l'historien, que le roi se crût assuré que les Grecs pourraient réussir à se maintenir dans cette province avec leurs forces; mais il aima mieux, s'il devait arriver malheur, qu'il survînt pendant que les Grecs seraient en possession du pays; car alors on imputerait aux Grecs et non pas à lui-même la ruine d'un peuple et la perte d'un territoire déjà tant compromis, « ut eis possidentibus

---

[1]. Guill. de Tyr, liv. XVII, chap. xvi, p. 785 et suiv. — Jacq. de Vitr., chap. xcii, p. 1115.

iste casus accideret, quam ei periclitantis populi et terra deficientis imputaretur ruina ». Il est impossible de marquer en termes plus nets la haute responsabilité du roi dans les affaires du royaume. Voilà pourquoi lui-même fit aux hommes de l'empereur la remise de la principauté sacrifiée. « Au jour indiqué, écrit Guillaume de Tyr, le roi suivi du comte de Tripoli et de ses grands, des hommes du pays d'Antioche et des députés grecs, se rendit sur le territoire du comté d'Édesse et arriva à Turbessel. Après avoir pris sous sa protection la comtesse et ses enfants... il résigna le pays entre les mains des Grecs [1]. »

Si le roi est responsable des catastrophes subies par les Latins, il doit s'efforcer de les prévenir. Pour cela il a le devoir d'étouffer les germes de division entre les vassaux. On ne peut nier que les princes de Jérusalem aient usé du prestige que leur conférait leur titre royal pour maintenir une union indispensable au succès de la cause chrétienne. Là encore l'intervention du roi dans les affaires des grands feudataires est manifeste. Baudoin Ier accordant en 1109 le comté de Tripoli à Bertrand réconciliait ce prince avec Tancrède qui appuyait les prétentions de Guillaume Jourdain à ladite principauté [2]. Cela n'empêchait pas Tancrède de faire peu après cause commune avec les Turcs contre le comte d'Édesse Baudoin du Bourg; mais le comte portait plainte au roi Baudoin Ier qui invitait Tancrède à se soumettre et, en cas de refus,

---

1. GUILL. DE TYR, *ibid.* : « Die igitur statuta, rex ex condicto assumens sibi comitem Tripolitanum, et tam suos quam Antiochenarum partium magnates, in terram comitis Edessani, Græcos secum deducens, usque Turbessel pervenit : ubi assumpta sibi domina comitissa cum liberis suis... Græcis regionem assignat. »
2. ALB. D'AIX, liv. XI, chap. XII, p. 667. — FOUCH. DE CH., liv. II, chap. XLII, p. 420.

le menaçait d'une répression à main armée : « Tu dois, disait le roi, bannir de ton âme toute l'humeur que tu peux avoir encore contre Baudoin. Autrement, si tu veux l'associer aux Gentils et tendre des embûches aux nôtres, tu ne pourras demeurer le frère des Chrétiens. Nous cependant, selon nos résolutions, nous prêterons notre secours à notre frère en Christ et nous serons prêts à le défendre en toute occasion [1]. » Vers 1127, de graves inimitiés ayant éclaté entre le prince d'Antioche Boémond II le Jeune et Josselin l'Ancien, ce dernier, fort de l'alliance des Turcs, avait envahi et ravagé le territoire d'Antioche; mais Baudoin II, à peine informé de ces événements, accourait, imposait sa médiation aux deux rivaux et ne rentrait dans sa capitale qu'après avoir apaisé le différend [2]. A la vérité, lorsque dans la première année du règne de Baudoin III, en 1143, Josselin II d'Édesse et Raymond d'Antioche se prirent de querelle au point que celui-ci refusa de porter secours à Édesse qu'assiégeait Sanguin, le roi n'intervint en aucune façon [3]. Mais il faut remarquer qu'à cette époque le trône de Jérusalem appartenait à un prince mineur. La reine Mélisende qui gouvernait en son nom, absorbée par les premières difficultés inséparables d'une régence, avait un peu négligé les intérêts des principautés. Les cas où nous avons vu le roi s'interposer entre les feudataires

---

1. Alb. d'Aix, liv. XI, chap. xxii, p. 673 : « Unde, ex timore Dei et justo judicio omnium qui nunc assunt Christianorum, oportet te in concordiam redire, et ab omni molestia quam habes adversus Baldewinum revocari. Alioquin, si Gentilibus vis sociari et nostris moliri insidias, nequaquam frater Christianorum poteris remanere. Nos quoque confratri Christiano juxta decretum nostrum coadjutores et defensores ad omnia parati erimus. »
2. Guill. de Tyr, liv. XIII, chap. xxii, p. 590.
3. Ibid., liv. XVI, chap. iv et v, p. 708 et suiv.

attestent d'une façon suffisante son droit d'intervention. S'il ne l'a pas toujours exercé, il ne l'a jamais exercé en vain. Pour réconcilier les grands vassaux, il a eu recours à la persuasion plutôt qu'à la menace. Modèle lui-même de toutes les vertus héroïques, il a su faire vibrer dans le cœur de ces vaillants soldats la fibre patriotique; très rarement il a tenu le hautain langage adressé par Baudoin I" à Tancrède; aussi n'est-il jamais rentré dans sa capitale sans avoir mené à bonne fin son œuvre pacificatrice.

En somme, soit qu'elle exigeât le service de cour et le service militaire, soit qu'elle rappelât au devoir quiconque oubliait la fidélité ou violait la justice, soit qu'elle se mêlât aux questions d'hommage ou aux négociations matrimoniales, la royauté avait des droits sur les grands feudataires. D'autre part, elle remplissait un devoir à leur égard lorsqu'elle volait à leur aide, prenait soin des fiefs vacants et usait de son ascendant pour maintenir entre les vassaux une concorde aussi profitable à leurs intérêts qu'aux siens propres. Droits et devoirs, voilà le signe du lien qui unissait la haute féodalité à la royauté.

Il reste à voir si ce lien était vraiment sérieux et solide et dans quelle mesure les propriétaires des grands fiefs échappaient à l'action du pouvoir central.

Les rois de Jérusalem ne trouvèrent que pour une très faible part dans la haute féodalité les appuis politiques et les ressources matérielles nécessaires au maintien comme au développement de leur monarchie. Prutz a pu dire qu'une idée de coordination bien plus que de subordination avait présidé à la fondation des États croisés. L'auteur de la *Civilisation des Croisades* a vu dans le roi

7

de Jérusalem un prince qui, en sa qualité de possesseur de la Ville Sainte, avait exercé sur les chefs des trois autres principautés un droit de préséance honorifique bien plus qu'une suprématie politique et militaire [1]. En droit cela est contestable; mais en fait il en fut ainsi.

En effet les grands vassaux, prompts à remplir le devoir féodal toutes les fois qu'ils avaient besoin de l'assistance de la royauté, oubliaient leurs serments dès que leurs intérêts particuliers se trouvaient en opposition avec ceux du royaume. Les princes d'Antioche et les comtes de Tripoli, voisins des sultans d'Alep et de Damas, traitaient avec les Infidèles lorsqu'ils espéraient trouver dans cette alliance un appui contre la royauté trop active. Après la mort de son gendre Boémond II, prince d'Antioche, le roi Baudoin II était obligé de résister à sa fille Alix, veuve du défunt, qui voulait livrer Antioche à Sanguin, prince d'Alep [2]. A l'avènement de Guy de Lusignan, le comte de Tripoli, Raymond III, qui avait ambitionné pour lui-même la couronne de Jérusalem, s'alliait, sans avoir conscience de la trahison qu'il commettait, avec le plus puissant ennemi de la cause chrétienne, Saladin [3]. Chacun songeait à soi d'abord, au royaume après. Quand en 1148 Louis VII arriva en Terre-Sainte, on vit Raymond d'Antioche et le comte de Tripoli, Raymond II, « de cura domestica et familiari incremento valde solliciti », s'efforcer de retenir le roi de France auprès d'eux. Ici les vassaux travaillèrent à détourner à leur profit et au détriment du roi de Jérusalem, leur suzerain, les secours qu'envoyait l'Occident. Flatteries, menaces, intri-

---

1. Prutz, *Kulturgesch. der Kreuz.*, liv. III, chap. I, p. 161.
2. Guill. de Tyr, liv. XIII, chap. xxvii, p. 598-601.
3. Ernoul, chap. xii, p. 111 et suiv.

gues, tous les moyens parurent bons à Raymond d'Antioche pour faire oublier au roi de France la route de Jérusalem. Il y eut auprès de Louis VII un véritable assaut d'influences entre le prince d'Antioche, le comte de Tripoli et les conseillers du jeune Baudoin III[1]. On eût dit que ni un lien fédéral, ni une autorité supérieure, ni même l'idée nettement conçue d'une cause commune, ne reliât les grands fiefs au royaume. La diversité des intérêts fut encore visible dans les craintes manifestées en 1180 par le roi Baudoin IV dès qu'il reçut la nouvelle de l'arrivée dans son royaume de Boémond III, prince d'Antioche, et de Raymond III, comte de Tripoli[2]. La royauté avait en ses turbulents vassaux une confiance si limitée qu'elle commençait à trembler quand ces derniers s'approchaient de Jérusalem. Preuve évidente qu'elle les savait tout prêts à violer l'hommage et la fidélité. Il s'en faut que l'éloge adressé par Foucher à Bertrand de Tripoli puisse s'appliquer à tous les princes indistinctement. Si le chroniqueur fait un mérite au comte Bertrand « de s'être constamment, par ses actions, montré l'homme fidèle du roi[3] », c'est apparemment que les vassaux n'étaient pas coutumiers du fait. Autrement l'éloge serait banal et le comte de Tripoli n'aurait eu aucun mérite à respecter l'hommage juré à son suzerain.

Les grands vassaux n'étaient pas plus étroitement attachés à la royauté par l'obligation du service militaire que par celle de l'hommage. Assurément, les princes d'Edesse, d'Antioche et de Tripoli étaient tenus, sur la réquisition

---

1. *Gesta Ludovici*, VII, chap. xv. — Guill. de Tyr, liv. XVI, chap. xxvii xxviii, xxix, p. 751-756.
2. Guill. de Tyr, liv. XXII, chap. i, p. 1062.
3. Fouch. de Ch., liv. II, chap. xli, p. 420 : « Remansit Bertrandus regis Balduini homo fidelis effectus. »

du roi, à venir participer aux expéditions de guerre[1]. Mais il dut arriver plus d'une fois ce que Guillaume de Tyr raconte des hésitations qu'apportèrent les feudataires à prêter main-forte au roi Foulque assiégé par Sanguin au château de Mont-Ferrand (1137). Le récit du chroniqueur atteste que les envoyés royaux implorèrent le secours des princes plutôt qu'ils ne l'exigèrent. De leur part il y eut des prières et non une réquisition véritable. Il est à présumer que la royauté recourut souvent à ce moyen pour gagner l'assistance qu'elle n'était pas sûre d'obtenir en vertu de son droit strict. « Les envoyés, dit le chroniqueur, se rendirent en toute hâte au lieu de leur destination. L'un alla solliciter le prince d'Antioche et le pressa vivement de ne mettre aucun retard à secourir le roi. Un autre porta le même avis au comte d'Édesse et chercha à l'animer d'une égale ardeur.... Cependant le prince d'Antioche hésitait; l'empereur[2] était sous les murs de la place et le prince craignait en sortant de la ville de lui faciliter les moyens de s'en emparer. Mais d'un autre côté, le roi se trouvait dans une telle situation qu'il semblait dur et inhumain de ne pas lui venir en aide. A la fin, rempli de compassion pour les souffrances et les maux du roi... le prince résolut de s'associer aux malheurs de ses frères.... Le comte d'Édesse s'engagea aussi par les mêmes vœux et sortit de son territoire avec toutes les forces dont il disposait[3]. » Le roi

---

1. Guill. de Tyr, liv. XV, chap. ix, p. 671; liv. XVIII, chap. xv, p. 845, etc.
2. L'empereur Jean Comnène venait en effet de mettre le siège devant Antioche. Voir sur cette affaire et sur les prétentions de l'empereur grec en Orient notre thèse latine : *De Fulconis Hierosolymitani regno*, chap. iv, Hachette, in-8, Paris, 1821.
3. Guill. de Tyr, liv. XIV, chap. xxvi, p. 645, 646 : « Interea non cessant nuntii, sed sub omni celeritate properant. Hic dominum principem debita

ne pouvait guère recourir utilement qu'aux baronnies de la principauté de Jérusalem. Il n'était pas autant assuré du concours des grandes baronnies du royaume. Les premières, placées sous son obéissance directe, observaient strictement les lois qui régissaient la condition des vassaux. Au contraire les secondes, soumises à un chef qui avait toutes les apparences extérieures de la souveraineté, répugnaient à la centralisation monarchique.

Que les princes d'Antioche, d'Édesse et de Tripoli aient ressemblé à des souverains plus qu'à des vassaux, on s'en aperçoit à considérer leur cour, leur entourage, les titres qu'ils portèrent, les lois qui furent en vigueur chez eux. Les cours des princes feudataires ne furent pas autrement organisées que celle des rois de Jérusalem. Antioche, Tripoli et Édesse eurent, comme Jérusalem, leurs grands officiers[1]. Dans une de ses chartes, Raymond écrit qu'il a obtenu le trône du royaume d'Antioche, « Antiocheni regni solium[2] ». Si, dans leurs diplômes, les princes ajoutent une date à celle de l'ère chrétienne, c'est la date

stimulat instantia; et regis et suorum necessitates edocens, moras arguit, festinare monet attentius; ille, dominum Edessanum comitem continuis incendit hortatibus. Tertius Hierosolymam festinus accelerat, et populum commovet universum. Verum princeps Antiochenus dubius quid faciat, hæret aliquantulum : nam pro foribus habens Imperatorem, urbi timet, si tentet abscedere : iterum domino regi in tanta necessitate posito, durum nimis et inhumanum reputat non subvenire. Tandem domini regis... molestiis... compatiens... invitat omnes ad regis subsidium. Comes quoque Edessanus... ad idem opus festinat. »

1. Du Cange, *Fam. d'outre-mer*, donne à la page 649 la liste des grands officiers de la principauté d'Antioche; à la p. 657 celle des grands officiers du comté de Tripoli. Si Du Cange n'a pas dressé la liste des officiers d'Édesse, c'est apparemment parce que cette principauté compta moins d'un demi-siècle d'existence; mais il est à présumer qu'elle eut, comme les autres, ses connétables, maréchaux, sénéchaux, chanceliers et camériers.

2. *Cart. du S. Sep.*, n° 89, p. 173 : « Ego Raymundus, preclaris siquidem Pictavorum ortus natalibus, cum ex superno munere Antiocheni regni solium optinuissem. »

de leur propre principal et non celle du principal du roi. Dans deux privilèges de l'année 1140 émanés de Raymond d'Antioche, on lit ces mots : « Quarto quoque anno principatus domini Raimundi, Antiocheni principis invictissimi[1] ». Un diplôme de Renaud de Châtillon (1155) en faveur de l'Hôpital de Jérusalem est daté de la troisième année de son principal[2]. Boémond III rappelle dans deux chartes, l'une de 1167 et l'autre de 1172, qu'il est entré dans la quatrième, puis dans la neuvième année de son gouvernement[3].

Plus manifeste encore était l'indépendance en matière de législation. D'après les principes mêmes de la féodalité un grand baron était souverain législateur dans ses domaines. Or si Antioche, Édesse et Tripoli étaient régis par l'esprit général des principes féodaux établis à Jérusalem, la part de souveraineté laissée à chacun des trois grands feudataires l'autorisait à modifier cette législation supérieure suivant les besoins de ses vassaux et les conditions du pays où il s'était établi. Les barons du royaume latin usèrent largement de ce droit. Une charte de l'année 1265 insérée dans le *Code Diplomatique de l'Ordre de Saint-Jean de Jérusalem* mentionne « *les Assises dou princé d'Antioche et dou contée de Triple*[4] ». Elle ne dit rien des *Assises* d'Édesse, car depuis longtemps[5] ce comté n'existait plus.

---

1. *Cart. du S. Sép.*, n° 88, p. 169-171; n° 89, p. 172-177. Un autre diplôme de Raymond est daté de la treizième année de son principal (*Cod. Dipl.*, t. I, n° 25, p. 27).
2. *Cod. Dipl.*, t. I, n° 31, p. 31.
3. *Ibid.*, t. I, n° 43, p. 43; n° 198, p. 242.
4. *Ibid.*, t. I, p. 181. Acte de vente passé en 1265 entre Raoul de Béryte, sire de la Blanchegarde, et Amaury Barlais : « Renuntie dès or en dreit, por mei et por mès heirs, as usages, coustumes et assises dou princé d'Antioche, dou contée de Triple et dou reiaume de Jerusalem. »
5. Voir plus haut, p. 94, 95.

Antioche et Tripoli avaient donc leurs *Assises* à part. En 1876, la société Mékhitariste de Saint-Lazare publiait les premières[1]; les secondes sont encore à découvrir; et de ce qu'aucun texte parvenu jusqu'à nous n'ait parlé des *Assises* du comté d'Édesse, il ne faut pas conclure que cette principauté, soustraite d'ailleurs au bout de cinquante années à la domination des Latins, ait fait exception à la règle générale.

Les rois de Jérusalem avaient un moyen à leur disposition pour frapper l'indépendance seigneuriale et fortifier la monarchie; c'était de réunir à leur propre domaine les principautés vassales. Ils auraient pu au moins tenter cette œuvre d'unification. Une semblable idée ne leur vint pas à l'esprit. Ils eurent à plusieurs reprises, en qualité d'administrateurs temporaires, l'occasion de mettre la main sur Antioche[2]. Ils ne le firent point. Il semble même qu'ils n'aient jamais accepté qu'à contre-cœur la gestion des affaires dans les grands fiefs[3]. Chaque fois ils déplorèrent la nécessité qui les contraignit à déserter le royaume pour accourir sur les terres de l'un des trois vassaux. Ils parurent parfaitement convaincus que le roi ne pouvait être à la fois seigneur de Jérusalem, d'Édesse, de Tripoli et d'Antioche. Aussi bien firent-ils soigneusement la distinction entre leurs propres affaires et celles de leurs vassaux[4]. Quand Baudoin Ier fut élu

---

1. *Assises d'Antioche reproduites en français et publiées au sixième centenaire de la mort de Sempad le connétable, leur ancien traducteur arménien, dédiées à l'Acad. des Inscr. et Belles-Lettres de France par la société Mékhitariste de Saint-Lazare.* Venise, 1876.

2. Voir plus haut, p. 90-93.

3. Remarquer ces expressions : « Rex gemina fatigatus cura, regni videlicet et principatus » (GUILL. DE TYR, liv. XIII, chap. XVI, p. 578), et autres semblables.

4. Cette distinction apparaît nettement dans les récits de GUILL. DE TYR, liv. XIV, chap. v, p. 613, 614 : « Regnum suum », « rebus propriis »,

roi de Jérusalem, comme il ne croyait pas pouvoir conserver en même temps le comté d'Édesse, il s'en dessaisit en faveur de Baudoin du Bourg [1]. Celui-ci, devenu roi à son tour, céda le comté d'Édesse à son cousin Josselin de Courtenay [2]. A l'arrivée de Boémond le Jeune en Syrie, Baudoin II, « heureux d'être débarrassé d'un territoire dont la défense l'avait accablé de sollicitude pendant huit années », s'empressa de remettre Antioche au prince [3]. Et lorsque, quelque temps après, la mort de Boémond obligea le roi Foulque à prendre l'administration de la principauté d'Antioche, celui-ci n'eut rien de plus pressé que de marier l'héritière afin de se soulager d'un fardeau qu'il trouvait insupportable [4].

Il arriva ainsi que le royaume, au lieu d'un chef, en eut quatre. Sans doute l'un d'eux était le chef par excellence, c'est-à-dire le roi; mais les intérêts opposés et les secrètes intrigues des souverains d'Édesse, d'Antioche et de Tripoli entravèrent le développement normal et régulier de l'institution monarchique.

Conclusion.

Une idée se dégage de tout ce qui précède : c'est qu'une communion d'intérêts était difficile et à peu près

« domesticorum cura »; liv. XIV, chap. vi, p. 611 : « finitimorum defectum », « suum periculum »; chap. viii, p. 617 : « dum illius regionis (il s'agit de la principauté d'Antioche) negotia ad suam revocaret sollicitudinem, tanquam propria »; liv. XII, chap. xiv, p. 534 : « tam in regno quàm in principatu »; liv. XVIII, chap. xxx, p. 872 : « rerum domesticarum sollicitudine revocatus, reversus est ad propria ».

1. Alb. d'Aix, liv. VII, chap. xxxi, p. 527. — Fouch. de Ch., liv. II, chap. i, p. 373. — Guill. de Tyr, liv. X, chap. v, p. 407.
2. Guill. de Tyr, liv. XII, chap. iv, p. 516.
3. Ibid., liv. XIII, chap. xxi, p. 589 : « cujus cura pervigil et anxia mentis sollicitudo eum per annos maceraverat octo ».
4. Voir plus haut, p. 89.

impossible dans le royaume de Jérusalem. Cette difficulté était la conséquence de l'état géographique qui fractionnait le territoire en quatre dominations distinctes, et de l'état politique qui ne plaçait pas les grands feudataires dans une dépendance assez étroite de la couronne. De là les obstacles opposés à l'action efficace du pouvoir central. Ce n'étaient point les hauts barons qui constituaient l'État. Nous avons vu que si la suzeraineté royale existait à l'égard des trois grands fiefs, elle n'était la plupart du temps qu'un mot assez insignifiant. La vraie base de la monarchie était dans la clientèle immédiate des baronnies et seigneuries situées à l'intérieur de la principauté de Jérusalem, c'est-à-dire dans le royaume proprement dit. Aussi est-ce là que nous devons la chercher.

CHAPITRE II

NATURE ET CARACTÈRES ESSENTIELS DE LA ROYAUTÉ

I. — De la transmission du pouvoir royal. — Lutte entre le principe d'élection et le principe d'hérédité.

La connaissance des caractères essentiels de la royauté est la première condition requise pour arriver à découvrir le secret de son fonctionnement. On doit d'abord rechercher si elle était élective ou purement héréditaire. Deux classes de documents permettent de répondre à cette question : les textes législatifs et les écrits des historiens.

De l'examen des textes législatifs il semble ressortir que la couronne était héréditaire. Il est impossible d'y rencontrer une seule ligne où il soit dit que le trône s'acquit par voie d'élection. Le législateur paraît au contraire avoir établi des règles fixes de succession et prévenu les compétitions en formulant le droit de chacun. Dans le *Livre au Roi* on trouve une reconnaissance formelle du droit héréditaire. Si la reine veuve et remariée a des enfants de son premier mari, c'est l'aîné de ces derniers qui, à la mort de la reine, devient l'héritier légitime[1]. Mais s'il ne reste pas d'enfants du premier mariage, la couronne revient au fils aîné du second lit[2]. Le *Livre de Jean d'Ibelin* n'indique pas davantage que l'élection ait été le mode de transmission du pouvoir. La liste des sept premiers rois de Jérusalem donnée par le jurisconsulte, et dans laquelle les mots *gendre*, *frère*, *fils* reviennent à chaque instant montre qu'en général la couronne ne sortait pas d'une même famille[3]. Ainsi à Godefroy succède son frère Baudoin Ier; à Baudoin Ier son parent Baudoin II du Bourg[4]; à ce dernier son gendre Foulque; et Foulque transmet son pouvoir à son fils Baudoin III comme Baudoin III à son frère Amaury et celui-ci à son fils Baudoin IV. Aucune idée d'élection ne perce dans ces simples mots : « *Après lui regna.... Après lui fu*

---

1. *Ass.*, t. I, *Liv. au Roi*, chap. v, p. 609 : « S'il avient que la royne qui veve estoit remese et avoit pris autre mary et li estoient remés anfans dou premier mary fis ou filles, la raison juge que après la mort de la roine lor mère, la réauté eschiet au plus ainsnés de ces fis dou premier mari. »

2. *Ass.*, t. I, *Liv. au Roi*, chap. vi, p. 610 : « Encement s'il avient que la royne n'ot nul anfant dou premier mary, ou en ot, mais ne vesquirent mie longuement, et elle ot puis anfans dou segont mari qui vesquirent, la raison juge que après la mort de la rayne leur mère, de par qui muet celuy reiaume, la réauté si vient au plus ainsné de ces anfans. »

3. *Ass.*, t. I, *Liv. de Jean d'Ibelin*, chap. cclxxiii, p. 423. — Voir aussi : *Art de vérifier les dates*, IIe partie, t. V, p. 50 et suiv., Chronologie historique des rois de Jérusalem; Du Cange, *Les Fam. d'outre-mer*, p. 7 et suiv.

4. Il est incontestable que Baudoin II était proche parent de Baudoin Ier. *Cognatus* d'après l'auteur de l'*Histoire des comtes d'Anjou* (*Chroniq. d'Anjou*, Marchegay et Salmon, p. 151) et d'après Fouch. de Ch. (liv. II, chap. i, p. 373). *Germanus* selon Guib. de Nog. (liv. VII, chap. xxxix, p. 254). *Consanguineus* selon Guill. de Tyr (liv. XII, chap. i, p. 511), Jacq. de Vit. (chap. xciii, p. 1116) et Max. Sax. (liv. III, pars VI, chap. iv, p. 152). *Cosin germain* selon Exsort. (chap. i, p. 5). *Cousin* selon les *Lignages d'outre-mer* (*Ass.*, t. II, p. 411). Mais il est impossible d'établir rigoureusement le degré de parenté qui unissait Baudoin II à son prédécesseur.

coronés.... En sa vie fist il corroner. » A la vérité Ibelin ne dit pas dans ce passage que la royauté était en droit héréditaire ; mais il laisse au moins entendre qu'en fait le principe de l'élection disparaissait devant le principe d'hérédité. Enfin la même impression se dégage de la lecture des *Documents relatifs à la successibilité au trône et à la régence* où se trouve l'exposé d'un conflit entre Hugue d'Antioche et Hugue de Brienne (1264). En présence de la Haute Cour les deux prétendants se livrent à un vrai duel judiciaire, chacun produisant et discutant ses droits à la régence qui devaient préjuger des droits à la successibilité définitive, et tous les deux s'appuyant sur les *assises* et coutumes du royaume. Les arguments que font valoir les deux compétiteurs sont significatifs. Ils ne cherchent pas à gagner la Haute Cour par des flatteries ou des promesses. Ils ne se recommandent pas davantage de leur valeur personnelle. Ils n'invoquent qu'une chose : le droit de parenté [1].

Ainsi les documents officiels ne disent nulle part que la royauté ait été conférée par l'élection des barons.

Au contraire, les historiens n'omettent jamais de mentionner l'intervention des grands dans le choix ou la reconnaissance du prince. Guillaume de Tyr raconte comment Baudoin Ier est devenu roi : « Après la mort de Godefroy, le trône de la Cité Sainte demeura trois mois vacant. Puis Baudoin, comte d'Édesse, frère du défunt, fut invité, soit en vertu des dernières instructions de Godefroy, soit à la suite d'un conseil commun que tinrent les princes, à venir prendre possession de ses droits

---

1. *Ass.*, t. II, *Doc. relat. à la succ. au trône et à la régence*, chap. III, p. 401 et suiv. — De Mas Latrie, *Hist. de Chypre*, liv. I, chap. xv, p. 400 et suiv.

héréditaires et succéder à son frère aîné dans le gouvernement¹. » Foucher de Chartres et Guibert rapportent à peu près dans les mêmes termes l'avènement du second roi de Jérusalem. Le premier montre un messager annonçant à Baudoin que « le peuple de la ville l'attend pour le mettre à la tête du royaume comme successeur et héritier de son frère défunt² ». Le second pense que c'est « la crainte de tout perdre en changeant de race » qui conseilla aux habitants de Jérusalem d'appeler le comte d'Édesse au trône³. Il n'est pas un chroniqueur qui ait compris différemment l'avènement de Baudoin : « Avant de mourir, écrit Raoul de Caen, Godefroy fit appeler auprès de lui le patriarche Daimbert et tous les autres princes et leur dit : Tandis que je suis encore vivant, tenez conseil entre vous et décidez à l'avance qui doit régner à ma place dans Jérusalem. — Eux lui répondirent : Nous nous confions encore mieux en ta prévoyance; celui que tu auras toi-même élu nous nous soumettons à lui sans hésitation. — Alors Godefroy répondit : Si l'on s'en tient à ce que je réglerai, je juge que mon frère Baudoin est très propre à remplir cette haute charge. — Eux, ayant entendu le nom de Baudoin, l'acceptèrent à l'unanimité, approuvèrent ce choix et s'engagèrent par serment à lui conserver fidé-

---

1. Guill. de Tyr, liv. X, chap. I, p. 401 : « Recedente ab hac luce... domino duce Godefrido... vacavit regnum mensibus tribus. Tandem vero, sive de supremo domini ducis judicio, sive de communi principum, qui pauci erant, consilio, citatus est dominus Balduinus, Edessanus comes, domini praeducti ducis ex utroque parente frater, ut in regnum accederet jure sibi debitum haereditario, et fratri succederet in eadem cura. »

2. Foucr. de Ch., liv. II, chap. I, p. 373 : « Quum igitur intimatum esset domino Balduino quod omnis populus Iherosolymitanus eum in regni principem substituendum heredem exspectarent, etc. »

3. Guib. de Nog., liv. VII, chap. XXXIX, p. 254 : « Degenerare verentes, ipsius germanum, ducem Edessanum, missis interpretibus, ad regia jura compellant. »

lité[1]. « Deux choses frappent dans ces divers récits. C'est d'abord la présence des grands dans le conseil qui devait porter son choix sur Baudoin; le comte d'Edesse est venu prendre possession du trône parce qu'il y a été appelé par un vote; et si ce vote n'avait pas paru nécessaire, la vacance de trois mois dont parle Guillaume de Tyr ne s'expliquerait pas, car Baudoin, au lendemain même de la mort de son frère, aurait réclamé purement et simplement son droit. C'est ensuite la raison qui recommande le nouveau prince au choix des grands, c'est-à-dire sa parenté avec le roi défunt. Tous les auteurs s'accordent à expliquer ainsi le vote qui fut émis. Mais cette condition n'altère nullement le caractère électif de la royauté de Baudoin[2]. »

---

1. RAOUL DE CAEN, *Hist. de Tancrède*, chap. CXLII, p. 705 : « Qui tamen antequam præsenti luce carnisset, dum corporis infirmitate teneretur, ad se patriarcham Daybertum atque Arnulfum, ceterosque accersiri jubet, quibus ille : Ecce, inquit, viam universæ terræ ingredior. Modo ergo, adhuc me vivente, consilium inter vos habeatur; et quis vice mei in Jerusalem regnare debeat, prævideatur. — At illi respondentes : Nos, inquiunt, magis hoc in tua providentia ponimus, et quem nobis ad hoc ipsum elegeris, ei procul dubio subdemur. — At ille : Si, inquit, in mea dispositione statuitur, Balduinum fratrem meum ad hoc culmen suscipiendum idoneum judico. — At illi Balduinum audientes, continuo unanimiter consentiunt, laudant, eique jurejurando fidelitate firmata subduntur. » — EKKEHARD, chap. XXI, p. 28 : « Rogatus et collaudatus ab omnibus ut princeps esset eorum, consensit. » — Cf. ORD. VIT. (éd. Aug. le Prévost, Soc. de l'Hist. de Fr., t. IV, liv. X, chap. XX, p. 131) : « Quo defuncto... mox de substituendo rege consilium initum est. Nunciis ergo confestim missis in Reges, Regis occasus Balduino, fratri ejus, intimatus est, et ipse ad regnum Ierosolymorum regendum vice fratris accitus est. »

2. Ce caractère est nettement accusé non seulement par les Hist. occidentaux mais aussi par les hist. grecs. Voir ANNE COMNÈNE, *Alexiade*, liv. XI, p. 70 (*Hist. grecs*, t. I) : « Μεταπεμψάμενοι τὸν Βαλδουΐνον περὶ τὴν Ἔδεσσαν τὰς διατριβὰς ἔχοντα, βασιλέα Ἱεροσολύμων κατέστησαν. » — Voir aussi les chroniqueurs arméniens; MATTHIEU D'ÉDESSE (*Doc. arm.*, p. 50) croit à l'élection du successeur de Godefroy, Baudoin Ier : « On envoya (une fois Godefroy mort) chercher son frère Baudoin à Edesse, et on lui donna le trône. » — Quant aux hist. arabes, ils ne fournissent sur ces questions de successibilité aucun renseignement précis. Ils ne semblent même pas les avoir soup-

Baudoin Ier meurt. Une assemblée de seigneurs, d'archevêques, d'évêques et autres prélats des églises se réunit pour procéder à l'élection d'un roi. Deux candidatures sont en présence : celle d'Eustache, comte de Boulogne, frère de Godefroy et de Baudoin Ier; celle de Baudoin II, comte d'Édesse. L'assemblée repousse la première à cause de l'éloignement du candidat et lui préfère celle de Baudoin II, d'ailleurs parent « *consanguineus* », mais présent dans la Ville Sainte et mieux en mesure de pourvoir aux besoins du royaume [1]. Dans ce cas encore on ne peut nier le fait de l'élection. « On mit en délibération, dit expressément Guillaume de Tyr, l'importante affaire de l'élection d'un roi et divers avis furent proposés. » Il est vrai que quelques pages plus loin le chroniqueur s'exprime ainsi : « Le royaume de Jérusalem était la *propriété* légitime de Baudoin puisqu'il pouvait *le transmettre en vertu de ses droits* à ses successeurs [2]. » Au premier examen ces deux passages paraissent contradictoires : dans l'un le chroniqueur raconte les délibérations d'une assemblée électorale; dans l'autre il semble croire à l'hérédité. Cette contradiction est plus apparente que réelle.

---

connées. La plupart du temps ils passent sous silence l'avènement du prince (Ibn-al-Athir, *Kamel, Hist. ar.*, t. I, p. 213, pour avènement de Baudoin Ier), ou s'ils le mentionnent c'est en termes tellement vagues qu'aucune idée d'élection ou d'hérédité ne se dégage de leur lecture (*Kamel*, t. I, p. 314 : « Baudoin Ier en mourant laissa ses États à Baudoin du Bourg... qui accepta la royauté », et, p. 619 : « Amaury à sa mort laissa un fils affligé de la lèpre.... Les Francs le reconnurent pour roi »).

1. Guill. de Tyr, liv. XII, chap. III, p. 513 : « Habitaque deliberatione de instanti negotio, varias promunt sententias. » Le caractère électif de la royauté de Godefroy, de Baudoin Ier et de Baudoin II est encore très bien marqué dans la *Chronique des comtes d'Anjou* où les mots « in regem elegerunt » ou « regem sibi creaverunt » sont significatifs (March. et Salmon, p. 153).

2. Ibid., liv. XII, chap. XIV, p. 531 : « Licet regnum ejus esset proprietas, quam etiam ad successores suos jure posset transmittere. »

Elle n'est pas dans l'esprit du chroniqueur, et apparaît seulement dans les expressions dont il se sert. Elle s'explique si nous réfléchissons qu'à l'époque où Guillaume écrit le principe de l'hérédité l'avait emporté — ainsi que nous allons le voir — sur celui de l'élection. L'archevêque de Tyr, subissant en quelque sorte l'influence de son temps, écrit une phrase qui, prise à la lettre et isolée, ferait croire à l'existence d'un droit héréditaire; mais il n'ignore pas que Baudoin a tenu son pouvoir et son titre de l'élection puisque lui-même a relaté les moindres circonstances de la cérémonie [1].

Cependant, à mesure qu'on s'avance dans le XIIe siècle, on assiste à une transformation successive du droit électif en droit héréditaire. Le principe de l'élection ne disparaît jamais complètement; on reconnaît toutefois une tendance toujours plus marquée vers le système de l'hérédité. Les barons ne cessent pas d'exercer un droit de contrôle sur l'élévation du prince; mais ce droit se réduit le plus souvent à une simple approbation. Déjà en 1129 Foulque, comte d'Anjou, épouse Mélisende, fille du roi Baudoin II, avec l'espoir du trône en qualité de mari de l'héritière [2]; et en effet, deux ans plus tard, Foulque et sa femme, en présence des grands du royaume, reçoivent la couronne des mains du roi mourant (1131) [3]. A

---

1. Remarquer qu'ALBERT D'AIX (liv. XII, chap. XXX, p. 709) ne se figure pas autrement les circonstances qui portèrent Baudoin II au trône. Le chroniqueur montre le peuple et le clergé s'assemblant pour procéder à la nomination d'un nouveau roi, délibérer et voter : « Cumque diversi diversa dicerent, tandem omnibus acceptum fuit ut Baldewinus de Burg, in throno regni Iherusalem locaretur. »
2. GUILL. DE TYR, liv. XIII, chap. XXIV, p. 593 : « Ei primogenita regis filia cum spe regni post regis obitum, traderetur. » — AMARI, p. 31 : « Non passò troppo, che fu fatto re di Hierusalem el marito di sua figlia, Fulco. »
3. GUILL. DE TYR, liv. XIII, chap. XXVIII, p. 601.

la mort de Foulque (1144), le pouvoir passe en vertu du droit héréditaire, *jure hereditario*, à son jeune fils Baudoin III et à sa veuve la reine Mélisende[1]. Il est si vrai qu'à cette époque la couronne est devenue héréditaire, que les évêques et les barons pressent Baudoin III, parvenu à l'âge viril, de rechercher une femme en mariage « afin qu'un fils du roi puisse recueillir sa *succession* en qualité d'*héritier* légitime[2] ». L'espoir des grands est déçu : Baudoin III épouse Théodora, nièce de l'empereur Manuel, mais aucun enfant ne naît de cette union. A la mort de Baudoin III (1162), l'héritier le plus proche est son frère Amaury; le frère ne pourra-t-il pas recueillir l'héritage qu'on réservait au fils? Certes l'aristocratie n'a pas encore renoncé à toute intervention dans le choix du prince puisque en cette occurrence « elle se trouve divisée d'opinion au sujet de sa nomination[3] »; toutefois le clergé et le peuple se prononcent en faveur d'Amaury auquel, dit Guillaume de Tyr, le trône revenait par droit héréditaire, « in regni solium *hereditario* sibi *jure* debitum sublimatus ». En s'exprimant ainsi, l'historien n'avoue-t-il pas que le rôle de l'aristocratie se borna dans ce cas à reconnaître et confirmer les droits de son chef[4]? Les choses ne se passèrent pas autrement à l'avè-

---

1. Guill. de Tyr, liv. XV, chap. xxvii, p. 762.
2. Id., liv. XVIII, chap. xvi, p. 846 : « ut ei filius tanquam heres legitimus in regnum succederet. »
3. Rohricht, *Amalric I König von Jerusalem*, p. 2. — Guill. de Tyr, liv. XIX, chap. i, p. 883 : « Dissonantibus inter se regni principibus. »
4. De la lecture des historiens grecs il ressort également que la royauté était à cette date devenue héréditaire. Jean Cinname dit qu'à la mort de Baudoin III le pouvoir passa à son frère parce que le défunt ne laissait aucun enfant mâle après lui, § 17, p. 291 (*Hist. grecs*, t. I) : « Βαλδουΐνος δὲ ὁ Παλαιστίνης ῥὴξ ἄπαιδος ἐξ ἀνθρώπων γενόμενος. Ἀντ᾿ ἐκείνου Ἀμαλρὶκ τὸν βίον ἐκμετρησαμένου, ἐπὶ τὴν ἀδελφὴν αὐτοῦ ἡ τῆς χώρας μετῆλθεν ἐπικράτησις. » — De même que les historiens grecs,

nement du jeune Baudoin V : en 1183, l'enfant royal fut couronné du vivant de son oncle Baudoin IV; il ne resta plus au peuple et au clergé qu'à approuver le fait accompli. Alors l'élection par les barons n'est plus à proprement parler qu'une approbation. Baudoin V n'est plus roi élu, mais roi accepté[1].

Enfin, au XIIIe siècle, le principe d'hérédité paraît avoir été définitivement établi. Si le roi mourait sans enfants, la couronne revenait à la reine, qui l'apportait, comme un bien patrimonial, à son deuxième mari. Il suffisait qu'un seigneur épousât la fille du roi pour avoir droit à l'héritage. Le mariage de Jean de Brienne avec la reine Marie fait de ce dernier un roi de Jérusalem[2] (1210). Nous voyons en 1223 le pape Honorius III engager Jean de Brienne à donner sa fille Isabelle[3] à Frédéric II, empereur d'Allemagne, pour que celui-ci, devenu l'héritier éventuel du royaume de Jérusalem, puisât dans ce grand intérêt une raison de partir[4]. Rien de plus caractéristique que le débat porté devant la cour de Saint-Jean-d'Acre par Marie d'Antioche et le roi de Chypre Hugues III. Chacun des prétendants, pour obtenir la couronne, fait valoir son degré de parenté avec les rois

les arméniens représentent les rois du XIIe siècle comme héréditaires. (Grégoire le Prêtre, p. 157 : « Foulque transmit le royaume de Jérusalem à son fils Baudoin III »; Michel le Syrien, p. 357 : « Baudoin III mourut et laissa la couronne à Amaury son frère »; Héthoum, comte de Gorigos, *Table chronologique*, p. 476 : « Le roi de Jérusalem Amaury cessa de vivre, laissant pour héritier son fils Baudoin, lequel devint lépreux ».)

1. Guill. de Tyr, liv. XXII, chap. XXIX, p. 1127.
2. Ernoul, chap. XXXV, p. 408, 409. Voir lettre d'Innocent III au roi Philippe (3 avril 1209), liv. XII, p. 27.
3. Appelée encore Yolande.
4. *Honorii papæ litt.* dans le t. II, 1re partie, p. 391 de l'*Hist. diplom. de Fréd. II*, par M. Huillard-Bréholles. — Ernoul, chap. XXXIX, p. 449-451. — F. Amadi, p. 116. — De Mas Latrie, *Hist. de Chypre*, liv. I, chap. IX, p. 216 et suiv.

antérieurs. Marie rappelle que par sa mère Mélisende de Lusignan elle est petite-fille du roi Amaury II et de la reine de Jérusalem, Isabelle Ire; elle soutient être rattachée plus directement que le prince Hugue à la tige des anciens rois de Jérusalem. Hugue répond que, d'après les usages du royaume, celui qui réclame un héritage doit le requérir du chef même du dernier possesseur; cousin et héritier de Hugue II qui fut le dernier saisi du royaume de Jérusalem, il doit seul lui succéder. Les deux prétendants sont donc rattachés par des liens étroits à la famille des rois de Jérusalem; la question se réduit à savoir lequel des deux droits héréditaires est supérieur à l'autre [1].

Ainsi il résulte des considérations précédentes trois faits importants : le premier est que les textes législatifs nous font entendre que la royauté aurait été héréditaire; le second est que les historiens se représentent plutôt le roi comme un élu des barons; le troisième est qu'à mesure qu'on s'avance dans le xiie et le xiiie siècle on remarque une tendance toujours plus marquée vers l'hérédité. Il faut donc admettre que la royauté à Jérusalem oscilla toujours entre l'élection et l'hérédité. Les deux principes ne cessèrent d'être invoqués. Les *Assises*, livrées à la tradition depuis que le monument écrit avait été perdu, laissaient le champ libre aux interprétations. Si nous considérons de quelle façon chacun des rois de Jérusalem parvint au trône, nous voyons que dans quelques cas le principe de l'hérédité l'emporta,

---

1. Voir sur ces faits : *Ass.*, t. II, *Doc. relat. à la succ. au trône et à la régence*, chap. xiii, xiv, xv, xvi, xvii, p. 415-419; Mas. Sax., liv. III, pars XII, chap. xiii, xv; De Mas Latrie, *Hist. de Chypre*, liv. I, chap. xvi et xvii, p. 123-177.

comme dans d'autres la vraie source du pouvoir fut dans le choix des grands [1]. Élective dans les premières années de la domination latine, la royauté s'était bientôt transformée en pouvoir héréditaire. La décision par laquelle la Haute Cour d'Acre écarta Marie d'Antioche et reconnut Hugue III comme roi de Jérusalem ne fut pas une sorte de coup d'État des grands avides de ressaisir un droit électoral depuis longtemps évanoui. La Cour ne fut pas invitée à indiquer ses préférences, mais seulement à déclarer où était le droit. A vrai dire, elle fut juge dans un procès d'héritage; son rôle se borna, après avoir entendu les parties, à adjuger l'objet du litige à celui des compétiteurs qu'elle crut être le vrai héritier. Si à cette époque la royauté avait encore été élective, la décision des chevaliers aurait été sans appel. Mais Marie d'Antioche en poursuivant la revendication de ses droits devant la cour de Rome (1272), puis devant le concile de Lyon (1276), et Hugue III lui-même en députant auprès de ces juridictions des ambassadeurs pour défendre les siens propres [2], attestèrent que la reconnaissance par les grands vassaux ne pouvait jamais prévaloir contre le droit supérieur d'hérédité. Pour Marie, il s'agissait de démontrer que les vassaux, en la déboutant de ses prétentions, n'avaient pas choisi l'héritier le plus proche. Hugue devait faire la preuve du contraire et obtenir la confirmation de la sentence prononcée en justifiant

---

1. Pautz, Kulturgesch. der Kreuz., liv. III, chap. I, p. 171.
2. Mar. San., liv. III, pars XII, chap. XIII, xv, p. 225 et 227. — Rinaldi, 1272, § 29, t. XXII, p. 300. — Amadi, p. 176. — Du Cange, Fam. d'outre-mer, p. 43. — Voir également Comte Riant, Eclaircissements sur quelques points de l'histoire de l'église de Bethléem-Ascalon. (Le pape Grégoire X avait chargé de l'enquête sur l'affaire de succession l'évêque de Bethléem Gaillard d'Ossau avec Guy, archevêque de Nazareth, et l'évêque de Panéas.)

de ses titres à la royauté. Quand enfin vers 1277[1] Marie d'Antioche, d'ailleurs très âgée et fatiguée d'un procès qui menaçait de s'éterniser, céda ses droits à Charles Iᵉʳ d'Anjou, roi de Sicile, elle fit une suprême démonstration en faveur du droit héréditaire.

On peut donc dire qu'au XIIIᵉ siècle le principe de l'hérédité l'avait emporté sur le droit de l'élection. Le seul vestige qui restât alors de l'ancien privilège qu'avaient eu les grands de désigner leur chef se retrouvait dans la formule d'acclamation usitée au jour de la cérémonie du sacre. Après avoir donné au prince le baiser pastoral, le patriarche de Jérusalem s'adressait à la foule en criant : « Prélats, seigneurs, bourgeois et vous tous du peuple qui êtes en ce moment assemblés dans ce lieu, nous vous faisons savoir que nous sommes ici pour couronner roi le seigneur N… et nous voulons que vous nous disiez s'il est le vrai héritier du royaume. » Par trois fois des cris unanimes répondaient : « Oui[2]. » Mais cette brillante cérémonie avait pour objet de reconnaître et non d'élire le roi. On n'aperçoit pas qu'elle ait été jamais une occasion de discorde. Elle était l'acte solennel d'obéissance des hommes et revêtait un caractère moins politique que religieux. En présence du patriarche et sous les auspices du Très-Haut, le roi, prêt à recevoir l'onction sacrée, jurait

---

1. De Mas Latrie (I, p. 456, n. 1) adopte la date approximative de déc. 1276. — P. Durrieu (*Archives angevines*, I, p. 189 et 202) constate que c'est seulement dans la première quinzaine de juillet 1277 que Charles d'Anjou a ajouté le titre de roi de Jérusalem à celui de roi de Sicile; mais qu'alors, par un calcul rétroactif, on fit remonter le point de départ du règne sur Jérusalem six mois en arrière, au 15 janvier 1277. Cette date du 15 janvier correspond peut-être à celle du traité entre Marie et Charles, traité dont le texte est perdu. Voir *Descript. rict. obt. per Carolum I* (*Hist. de Fr.*, t. V, p. 850).

2. Ass., t. I, *Liv. de Jean d'Ibelin*, chap. VII, p. 29, 30, 31. Voir plus loin chap. VI : la Royauté et le Clergé, p. 332 et suiv.

d'observer les lois du royaume; et de leur côté, les hommes donnaient au roi un témoignage public de sujétion et de fidélité.

II. — Droits des femmes en matière de successibilité. Régence.

Si nous ne trouvons aucune règle fixe de succession au trône, encore devons-nous faire attention aux usages établis dans les cas où l'héritier se trouvait être une femme ou un enfant en bas âge. Le droit des femmes en matière de successibilité et les pouvoirs donnés à un régent pendant une minorité sont deux points qui méritent examen.

La législation du royaume de Jérusalem n'excluait pas les femmes du trône. Si l'on considère qu'en France aucune femme n'avait régné on s'étonnera que des Français aient admis en Orient un principe dont l'application était encore à faire dans leur patrie d'origine. Mais d'abord il est faux que la loi salique ait privé les femmes de la couronne; elle avait défendu seulement que la terre patrimoniale passât en héritage aux filles [1]. Puis l'usage avait peu à peu prévalu contre la défense : au XIIe siècle, la succession en ligne féminine était reconnue dans un grand nombre de seigneuries; les femmes héritaient des fiefs, les administraient, les vendaient au gré de leurs intérêts ou de leurs caprices [2]. On s'explique

---

1. *Lex Salica*, LIX, 5 : « De terra vero nulla in muliere hereditas non pertinebit, sed ad virilem sexum tota terra pertineat. » Plusieurs textes portent *terra salica*; dans d'autres on lit *hereditas asialica* (*Lex Ripuaria*, LVI, 4). — Festus de Coulanges pense que ces diverses expressions signifiaient la même chose, c'est-à-dire la terre patrimoniale (*Hist. des Inst. polit. de l'Anc. Fr. La monarchie franque*, p. 40). Voir art. de R. de Kéralain (*Rev. hist.*, t. XXX, p. 138), *De la loi salique considérée comme loi de succession à la couronne de France*.

2. Sous le règne de Henri Ier, le comté de Soissons passe, par les femmes,

ainsi qu'à Jérusalem où la couronne était considérée comme un fief, les femmes, capables d'hériter des fiefs, purent la recevoir au même titre : « S'il avient, lisons-nous dans le *Livre au Roi*, que la royne qui veve estoit remese et avoit pris autre mary et li estoient remés anfans dou premier mary fis ou filles, la raison juge que après la mort de la roine lor mère, la réauté eschiet au plus ainsnés de ces fis dou premier mari, et se elles sont filles, si vient la réauté à la plus ainsnée, et à celuy ou à cele sont tenus les homes liges de faire homage et ligesse, chascun si come il deit[1]. »

Toutefois il semble que les droits d'une femme à Jérusalem n'avaient leur plein effet que dans le cas où, se mariant, la reine gagnait ainsi une assistance masculine pour la direction gouvernementale. Ce fut pour donner à leur reine l'appui nécessaire à sa faiblesse que les barons du royaume négocièrent le mariage de Marie de Jérusalem : « Il avint cose, écrit Ernoul, que li patriarche, li archevesque et li evesque et li baron de le tiere s'asamblèrent et li Temples et li Hospitaus; si parlèrent ensamle, et prisent conseil à cui ils poroient doner la demoisiele et faire roi de le tiere. Dont se leva uns chevaliers de le tiere en piés, si lor dist qu'il savoit[2] un chevalier en France... et s'il voloient, il li estoit bien avis que li roialmes i seroit bien assenés, et que ele i seroit bien emploie.... Ils en parlèrent ensamle. » Alors l'évêque d'Acre et le comte Aymard de Césarée arrivèrent à la cour de Philippe-

---

aux comtes d'Eu. Le comté de Vendôme est vendu par celle qui en est l'héritière au comte d'Anjou, Geoffroy Martel. Voir A. Lecuasir, *Hist. des Inst. mon.*, t. II, p. 15.

1. *Ass.*, t. I, *Liv. au Roi*, chap. v, p. 609, 610. On voit par ce passage qu'aucune différence n'est établie entre les droits des fils et ceux des filles.

2. Ennoul, chap. xxxv, p. 407, 408.

Auguste pour y déposer dans les mains du roi la couronne et l'anneau de fiançailles de la reine Marie. Presque en même temps un messager romain apportait une lettre du pape : « Ce grand honneur de désigner les rois, écrivait Innocent III à Philippe-Auguste, est un égal et juste hommage à votre grandeur et à votre royaume, car votre France est le public trésor des hommes dignes de ce nom [1]. » Le roi monta sur son trône entouré de ses princes et de ses barons. Il fit entrer l'évêque et le comte; le premier présenta l'anneau, le second la couronne : « Je vous donnerai, répondit le roi à l'évêque et au comte, un chevalier habitué aux armes, habile aux affaires, utile à la Syrie, sûr dans les combats, digne de vous, de moi, de la reine et du royaume. » Il prit Jean de Brienne par la main et le leur présenta [2]. Cet exemple prouve deux choses : la reine Marie avait des droits incontestables au trône, et elle avait pris un époux pour devenir apte à les exercer.

Rien n'atteste plus clairement le droit des femmes que l'histoire des deux filles du roi Amaury Ier, Sibylle et Isabelle. A la mort de Baudoin V en 1186, la race masculine des rois de Jérusalem se trouvait éteinte [3]; des héritiers survivants d'Amaury il ne restait que deux filles, l'aînée Sibylle, la cadette Isabelle. Les barons s'empressèrent de reconnaître Guy de Lusignan, mari de l'aînée, légalement appelée au trône par la loi des *Assises*. Humphroy III de Toron, époux de la cadette, patronné par quelques seigneurs, se jeta aux pieds de sa belle-sœur,

---

1. *Lettre d'Innocent III au roi Philippe*, 3 avril 1209, liv. XII, p. 27.
2. Voir Pastoret, *Instr. à l'usage des voyageurs en Orient. Les Croisades*, p. 90, 91.
3. Ernoul, chap. xi, p. 129.

s'excusa, lui fit hommage comme à sa reine et déclara que c'était malgré lui qu'on avait voulu l'élever à la royauté [1]. Isabelle, héritière de Sibylle qui mourut en 1190 [2], épousa successivement quatre seigneurs : Humphroy de Toron; Conrad, marquis de Montferrat; Henri, comte de Champagne; Amaury de Lusignan. Le premier refusa pour lui la couronne et les trois autres se succédèrent sur le trône de Jérusalem. Humphroy, faible, indécis et d'ailleurs peu jaloux du pouvoir, fut écarté par les barons qui lui préférèrent un chef plus vaillant et plus fort, Conrad de Montferrat. Pour ouvrir à ce dernier le chemin du trône, on déclara nulle l'union d'Isabelle et de son premier époux, puis on maria Conrad à la reine devenue libre [3]. Après l'assassinat de Conrad (1192) [4], les chevaliers désignèrent tout d'une voix, pour lui succéder, Henri comte de Champagne; et, pour lui donner des droits, le marièrent à Isabelle, veuve de Conrad [5]. A la mort de Henri en 1197 [6], Isabelle se trouva, à l'âge de vingt-six ans, veuve pour la troisième fois; les seigneurs de Palestine la donnèrent alors en mariage au roi de Chypre, Amaury de Lusignan, qu'ils avaient invité à régner sur la Syrie [7].

[1]. Ernoul, chap. xi, p. 136 : « Dame, je n'en poi mais, car on me retint et vaut faire roi à force, et me voloit on hui coroner. Et je m'en suis afuis, pour ce c'on me voloit faire roi à force. »
[2]. Ibid, chap. xxiv, p. 257.
[3]. Ibid, p. 269.
[4]. Ibid., chap. xxv, p. 290.
[5]. Ibid., p. 291.
[6]. Ibid., chap. xxvii, p. 306.
[7]. Ibid., chap. xxviii, p. 310. — La pensée qui a inspiré ces nombreux mariages d'Isabelle est encore une preuve que la royauté, ainsi qu'on l'a dit plus haut, p. 115, oscilla toujours entre l'élection et l'hérédité. Ce sont les seigneurs eux-mêmes qui ont choisi par un libre vote Conrad de Montferrat, Henri de Champagne, Amaury de Lusignan; mais en même temps, et en quelque sorte pour ne point heurter de front

Mais la reine, en se mariant, n'abdiquait pas ses droits entre les mains de l'homme qu'elle élevait au trône. Sans doute elle lui donnait, avec le titre royal, part à la souveraineté; elle en faisait le chef de la noblesse; elle n'en restait pas moins la « *dame et héritière du royaume* [1] ». Elle était la *reine* de Jérusalem, tandis que son époux n'était roi que par elle. Voilà pourquoi dans les actes où ils font quelque donation soit au Saint-Sépulcre, soit à l'Ordre de l'Hôpital, soit à l'Ordre Teutonique, les princes mariés à des filles de sang royal n'omettent jamais de mentionner l'assentiment de leur femme, à laquelle ils doivent leur pouvoir et leur titre. Foulque, mari de Mélisende, déclare qu'il agit du consentement de sa femme [2] et même de son fils Baudoin [3]. Guy ne signe aucune charte sans la volonté de Sibylle [4]; Amaury II de Lusignan sans celle d'Isabelle [5]; Jean de Brienne sans celle de Marie [6]. Tout

---

le principe de l'hérédité, ils ont successivement marié l'héritière naturelle à chacun de leurs élus.

1. *Ass.*, t. II, Doc. relat. à la succ. au trône et à la régence, chap. XIV, p. 416 : « Isabeau fu dame et droit heir dou royaume. »
2. *Cod. Dipl.*, t. I, n° 17, p. 18. Diplôme du roi Foulque de 1136 : « Ego Fulco Dei gratia rex Hierusalem Latinorum tertius assensu et consilio uxoris meæ Melisendis reginæ. »
3. *Cart. du S. Sep.*, n° 31, p. 57 : « Cum consensu regine Milesensis et Balduini filii mei. » — N° 32, p. 58 : « Una cum assensu Milissendis regine uxoris meæ et Balduini filii mei. » — N° 33, p. 60, 61 : « Tam ego quam prefata uxor mea »; et quelques lignes plus loin : « Ego Fulco rex Ierusalem et ego Milesendis regina, annuente filio nostro Balduino. »
4. Strehlke, *Tabulæ ordinis Theutonici*, p. 18, année 1186 : « Ego Guido de Lusinan rex nobilis Ierosolimis et Sibilla nobilis regina, uxor mea legittima, notum facimus omnibus. » — P. 19, année 1186 : « Ego Guido... assensu et voluntate domine Sibille uxoris meæ, ejusdem regni venerabilis regine, dono, concedo et confirmo. »
5. *Ibid.*, p. 27, année 1198, février : « Notum sit omnibus presentibus et futuris, quod ego Aymericus per Dei graciam rex Ierusalem nonus et rex Cipri assensu et voluntate domine Ysabellis uxoris meæ, illustris quondam regis Amalrici filie, dono et concedo. » — P. 28, année 1198, août : « Voluntate et assensu domine Ysabellis, uxoris meæ. » — P. 29, année 1200, mêmes expressions. — P. 31, année 1200, octobre : « concessione et voluntate domine Ysabellis uxoris meæ. »
6. *Cart. du S. Sep.*, n° 145, p. 263. Diplôme de Jean de Brienne et de

porte à croire que Frédéric II lui-même, malgré son hautain dédain des coutumes d'outre-mer[1], s'est soumis sur ce point à la loi commune. Dans un acte sa femme, Isabelle de Brienne, déclare que c'est de son consentement que l'empereur-roi a concédé et confirmé certains privilèges[2]. L'héritière du royaume, en faisant choix d'un mari, se donnait un protecteur capable de la défendre contre toute tentative de spoliation. En l'associant au trône sans se dépouiller en sa faveur, elle demeurait la souveraine par droit de naissance. Il n'était pas possible d'apporter un plus grand zèle à la sauvegarde du droit des femmes.

Les *Assises* avaient pris d'égales précautions pour mettre celui des enfants mineurs à l'abri des usurpations.

On rencontre quelques difficultés quand on veut fixer l'âge légal de la majorité des rois. On ne peut douter cependant que la loi ait réglé cette importante question. Les jurisconsultes font de fréquentes allusions à « l'aage de justiser et gouverner le reaume [3] » ; mais aucun d'eux ne donne un chiffre précis. Ils s'accordent pour fixer à quinze ans la majorité féodale [4], c'est-à-dire l'âge néces-

---

la reine Marie sa femme en faveur du Saint-Sépulcre (1ᵉʳ juillet 1211) : « Ego Johannes, per Dei gratiam Latinorum Ierusalem rex decimus et comes Brene, et domina Maria, uxor mea, illustris regina, concedimus et confirmamus. »

1. Voir plus loin, p. 168-170.
2. HUILLARD-BRÉHOLLES, *Hist. diplom. de Fréd. II*, t. II, p. 536 : « Isabella Dei gratia Romanorum imperatrix... per presens scriptum notum facimus omnibus... quod dominus vir noster Fridericus... una cum assensu et gratuita voluntate nostra concessit et confirmavit. »
3. *Ass.*, t. I, *Liv. au Roi*, chap. VI, p. 610 ; t. II, *Doc. relat. à la succ. au trône et à la régence*, p. 397-399.
4. *Ass.*, t. I, *Liv. de Jean d'Ibelin*, chap. CLXIX, p. 259. T. II, *Ass. de la Cour des Bourg.*, chap. CCLXXI, p. 203 ; *Abrégé du Liv. des Ass. de la Cour des Bourg.*, 1ʳᵉ part., chap. XXIII, p. 251 : « L'aage de l'ome est quant il a

saire pour tenir un fief, mais ne parlent nulle part de la majorité royale. L'auteur du *Livre au Roi* écrit bien que le prince, dès qu'il a atteint l'âge de douze ans, doit être couronné à Jérusalem ou à Tyr [1]; mais cela ne prouve point qu'à cet âge le roi cessât d'être mineur. On ne peut pas admettre que la cérémonie du sacre ait déterminé le terme de la minorité; car, lorsque les circonstances l'exigèrent, des princes à peine sortis de la première enfance reçurent l'onction royale. Baudoin V, à l'âge de cinq ans, fut solennellement couronné dans l'église de la Résurrection du Seigneur [2]. Est-il possible d'en conclure que Baudoin V fut déclaré majeur à cinq ans? Mais on a vu plus haut que la couronne à Jérusalem fut toujours considérée comme un fief. Puisqu'il fallait avoir quinze ans pour tenir un fief [3] on est fondé à penser que la loi avait fixé au même âge l'époque de la majorité royale [4].

Mieux connues sont les dispositions concernant la régence. Les *Assises* fournissent à cet égard les renseignements les plus précis, et les chroniques servent à corroborer les textes législatifs. Pendant une minorité, une absence ou une maladie du prince, la régence ou bailliage appartient à la mère du roi; puis, à défaut de la reine mère, au plus proche parent; enfin, en cas d'extinction de la famille, au seigneur désigné par les hommes du

---

compli quinze ans. » Chap. xviii, 2ᵉ part., p. 316. — *Assises d'Antioche*, Ass. des Bourgeois, chap. ii, p. 50 : « Quand l'enfant mâle atteint l'âge (de majorité) qui est fixé à quinze ans. »

1. *Ass.*, t. I, *Liv. au Roi*, chap. vi, p. 610.
2. Guill. de Tyr, liv. XXII, chap. xxix, p. 1127.
3. *Ass.*, t. I, *Liv. de Jean d'Ibelin*, chap. lxxi, p. 115; *Clef des Ass. de la Haute Cour*, § CCXXI, p. 595. — Voir *Recherches sur la Minorité et ses effets dans le droit féodal français*, par M. d'Arbois de Jubainville (*Bibl. de l'Éc. des Ch.*, 3ᵉ série, t. II, p. 136-145, t. III, p. 533).
4. De Mas Latrie, *Hist. de Chypre*, liv. I, chap. viii, p. 171.

royaume¹. En 1144 (cas de minorité) la reine Mélisende, veuve du roi Foulque, est régente pour son fils Baudoin III². En février 1123 (cas d'absence) Baudoin II est fait prisonnier; et pendant tout le temps de sa captivité dans une forteresse située au delà de l'Euphrate, à Kortobret, le gouvernement est confié à un régent, Eustache Garnier, seigneur de Césarée³, qui ne tarde pas à mourir et à être remplacé par Guillaume de Bures, seigneur de Tibériade⁴. De même en 1183 (cas de maladie) Baudoin IV souffrant est suppléé dans l'administration des affaires par un régent, Guy de Lusignan, comte de Jaffa et d'Ascalon⁵.

Le choix du régent appartient, disent les *Assises*, aux hommes du royaume. Par ces mots il faut entendre les barons, les prélats des églises et le patriarche. Ainsi Eustache Garnier est élu « par les princes demeurés dans le royaume, le seigneur patriarche et les prélats des églises⁶ ». Guy de Lusignan est désigné par Baudoin IV lui-même, mais seulement après que les princes et le patriarche ont donné leur consentement⁷. En outre, il ressort de l'examen des textes que le candidat à la régence devait être présent et soutenir lui-même sa requête

---

1. *Ass.*, t. II, *Doc. relat. à la succ. au trône et à la régence*, chap. II, p. 397, 398 : « Quant il avient que Dieu fait son comandement dou roi qui a le reiaume par iritage, la royne deit aveir le baillage jusques à l'aage de ces enfans. » — A défaut de la reine, « le plus preuchein, seit home ou feme, deit aveir et tenir le baillage ». — S'il ne se trouve pas de parents, « les hommes du reiaume se deivent assembler... et eslire un d'iaus ».
2. GUILL. DE TYR, liv. XVI, chap. III, p. 707.
3. FOUCH. DE CH., liv. III, chap. XVI. — GUILL. DE TYR, liv. XII, chap. XVII.
4. FOUCH. DE CH., liv. III, chap. XVII. — GUILL. DE TYR, liv. XII, chap. XXI.
5. GUILL. DE TYR, liv. XXII, chap. XXV. — JACQ. DE VIT., chap. XCII.
6. FOUCH. DE CH., liv. III, chap. XVI, p. 459 : « Hoc siquidem patriarcha Hierosolymitanus una cum optimatibus terræ illius dictavit. »
7. GUILL. DE TYR, liv. XXII, chap. XXV, p. 1116 : « Convocatis ad se principibus, præsente matre et domino patriarcha. »

devant l'assemblée des barons. C'est ainsi qu'en 1229 Alix de Champagne, fille et petite-fille d'Isabelle et d'Amaury Ier de Jérusalem, est autorisée à demander personnellement le pouvoir, en raison de l'absence de Conrad, fils de l'empereur Frédéric II [1]. Élu selon le droit du royaume, le régent a tous les attributs du pouvoir. Après avoir prêté le serment de respecter les lois établies, les droits et privilèges des hommes liges [2], il est substitué à la personne du roi, jouit des honneurs de la royauté et devient, sous le contrôle de la Haute Cour, le véritable chef de l'aristocratie. Les expressions dont se servent les chroniqueurs ne laissent aucun doute à cet égard : « On confia à Eustache Garnier, dit Guillaume de Tyr, le gouvernement du royaume et l'administration générale jusqu'à ce que le roi, ayant recouvré la liberté, pût venir reprendre le soin des affaires publiques [3]. » Aussitôt le régent fit annoncer la guerre au son de la grosse cloche de Jérusalem, marcha contre les Musulmans, les dispersa, rentra dans la capitale chargé de butin et mérita le magnifique éloge que lui adresse le comte de Jaffa : « Il en ouvra moult bien à l'honor de Dieu et au proufit de la Sainte Terre [4] ». — « Baudoin IV, écrit encore Guillaume de Tyr, après s'être réservé pour lui-même la dignité royale et la seule ville de Jérusalem, transmit à Guy de Lusi-

---

1. Cont. de Guill. de Tyr, éd. de l'Acad., liv. XXXIII, chap. xiii p. 380.
2. Ass., t. I, Liv. de Jean d'Ibelin, chap. cxciv, p. 312.
3. Guill. de Tyr, liv. XII, chap. xvii, p. 538 : « Tradunt ergo ei regni curam, et administrationem generalem, quoadusque dominum regem visitet oriens ex alto, et suæ libertati restituens, negotiis regiis possit superesse. »
4. Ass., t. II, Doc. relat. à la succ. au trône et à la régence, chap. ii, p. 398.

gnan la libre et générale administration de toutes les autres parties du royaume, ordonna à tous ses fidèles et à tous les princes de se reconnaître pour ses vassaux et de lui engager leur foi. Ce qui fut aussitôt exécuté[1]. » Il paraît que Guy ne montra ni la même sagesse ni le même désintéressement que Garnier; car nous voyons le roi, mécontent de son administration et, sans doute, craignant aussi son ambition, lui enlever, après avoir consulté les grands, « les soins et l'honneur du gouvernement[2] ». Mais tout le temps que le régent était maintenu dans ses fonctions il avait l'autorité d'un chef seigneur; les hommes du royaume lui devaient obéissance comme au prince lui-même. En 1241, les barons par un acte de soumission à Frédéric II juraient d'obéir au régent Simon de Montfort « comme au cors de l'emperor[3] ».

Quelques restrictions limitaient pourtant les prérogatives du régent. Les faveurs qu'il accordait et les peines qu'il infligeait ne pouvaient se prolonger au delà du terme de son pouvoir, à moins que le roi devenu majeur ne leur conférât une durée nouvelle[4]. Il n'avait pas la garde des forteresses qui était réservée aux hommes liges[5]. Il ne mettait pas son nom sur les pièces de monnaie; et s'il

1. Guill. de Tyr, liv. XXII, chap. xxv, p. 1116 : « Salva sibi regia dignitate, retentaque sibi sola Hierosolyma cum reditu decem millium aureorum, annuatim solvendorum. Reliquarum regni partium generalem et liberam ei contulit administrationem, præcipiens fidelibus suis et generaliter principibus omnibus, ut ejus vassali fierent, et ei manualiter exhiberent fidelitatem. Quod et factum est. »
2. Ibid., liv. XXII, chap. xxix, p. 1127 : « Revocat ad se suam, quam illi commiserat, administrationem. »
3. Arch. de l'Or. Lat., t. I, p. 502 : « Et nos gens de la terre, si come il est desuz motiz, lui jurrons à garder et sauver en son bailie et obéir comme au cors de l'emperor. »
4. Ass., t. II, Doc. relat. à la succ. au trône et à la régence, chap. II, p. 398.
5. Ibid., p. 401.

recevait l'hommage des barons il n'avait pas droit au serment de fidélité dû au roi seul [1].

En résumé, le droit de succession à la couronne avait toujours été assez mal établi à Jérusalem. L'absence d'une règle fixe avait provoqué plus d'une fois de funestes dissensions. Guy de Lusignan, à la mort de sa femme la reine Sibylle, s'était vu contester par les chevaliers son titre royal; et les prétentions contraires des barons avaient divisé en deux camps l'armée des Chrétiens [2]. Les femmes avaient à la possession de la couronne les mêmes droits que les hommes. Enfin la coutume d'outre-mer exigeait que dans le cas de vacance du trône par suite de la mort, de la captivité ou de l'éloignement du souverain, le royaume fût gouverné, en bailliage, par le parent le plus rapproché de la couronne, présent et réclamant la régence dans la Haute Cour. Le régent, pendant l'interrègne, exerçait au nom du roi la souveraineté, nommait aux grands offices, faisait des donations, concédait des fiefs. Son autorité était limitée par les privilèges des hommes liges; elle n'en était pas moins considérable dans les attributions politiques.

III. — Grandeur apparente, mais faiblesse réelle de la royauté.

LES TITRES PORTÉS PAR LES ROIS; LEUR COSTUME. — PORTRAIT DES PRINCES LATINS. — LEUR COUR. — PRÉDOMINANCE DE LA HAUTE COUR ET DROITS DES FEUDATAIRES LIMITANT L'ÉTENDUE DE LA PUISSANCE ROYALE.

Après avoir mis en lumière les règles qui concernaient la transmission de la couronne, la situation faite aux rois

---

1. Ass., t. II, Doc. relat. à la succ. au trône et à la régence, chap. II, p. 398. — Amadi, p. 46, montre les barons prêtant l'hommage à Guy de Lusignan déclaré régent du royaume.
2. Ernoul, chap. XXIV, p. 267 et suiv.

mineurs, les droits reconnus aux régents, il convient de se demander quelle était l'étendue du pouvoir royal et de préciser le caractère essentiel des relations que la royauté entretenait avec le haut baronnage.

L'aspect sous lequel les rois apparurent aux yeux des hommes appelle tout d'abord l'attention. Dès l'origine, Godefroy, refusant la couronne, avait eu le caractère d'un chef d'armée beaucoup plus que celui d'un monarque [1]. On ne doit accorder aucune créance à l'affirmation d'Orderic Vital suivant laquelle Godefroy aurait été couronné [2]. L'opinion de ce chroniqueur qui ne quitta point sa retraite de Saint-Evroul en Normandie ne peut balancer un seul instant l'autorité du témoignage unanime des historiens de la Croisade. Il est certain que le vainqueur de Jérusalem refusa la couronne, moins sans doute par des motifs de pieuse modestie [3] que pour ne pas heurter de front l'opposition du clergé aux yeux duquel une seule souveraineté existait en Terre-Sainte, celle du pape [4]. Il n'est pas moins certain que le titre royal ne lui fut jamais

---

1. *Ass.*, t. I, *Liv. de Jean d'Ibelin*, chap. I, p. 21, et chap. CCLXXIII, p. 428. Voir le petit poëme grec, *le Livre de la Conquête*, vers 109 à 111 (*Hist. grecs*, t. I, p. 585).

2. ORDERIC VITAL (éd. Aug. Le Prévost, Soc. de l'Hist. de Fr., t. IV, liv. X, chap. XX, p. 139) : « Hic (Godefredus) primus Christianorum, ex quo Salvator in Ierusalem pro nobis passus est, ibi ad laudem ejus qui spinea gestare serta pro salute hominum dignatus est, diadema ferre, et Rex Ierusalem pro terrore Gentilium cognominari ecclesiastica electione compulsus est. »

3. *Gesta. Dei Noc.*, liv. VII, chap. XXV, p. 245 : « Ea consideratione videlicet quia generalis universorum salutis auctor, Dominus noster Jhesus Christus, spineum ibidem sertum humana irrisione gestaverit. » — GUIL. DE TYR, liv. IX, chap. IX, p. 376 : « Promotus autem, humilitatis causa, corona aurea, regum more, in sancta civitate noluit insigniri. » — PRUTZ (*Kulturgesch. der Kreuz.*, liv. III, chap. I, p. 175) explique l'abstention de Godefroy par une raison qui ne paraît guère plus valable; selon lui, Godefroy refusa la couronne parce qu'il vit une contradiction entre le titre de roi et son impuissance réelle.

4. Voir chap. VI : La Royauté et le Clergé, p. 331, 332.

donné de son vivant. Dans le *Cartulaire du Saint-Sépulcre* Godefroy s'attribue la qualité de *Duc*[1]. Dans les *Annales Baronii* on lit ces mots : « Godefredus *Dux*, gratia Dei ecclesiæ Sancti Sepulcri nunc *advocatus*[2]. » Ekkehard, dans sa chronique[3], et Ibelin, au second chapitre de son ouvrage[4], ne voient dans l'illustre chef des Croisés que le *duc* Godefroy. Baudoin Ier lui-même — ceci est plus significatif — n'appelle jamais son frère que le *duc* Godefroy « piissimus et misericordissimus *dux* Godefridus, carissimus frater meus ». Aussi peut-il, en parlant de lui-même, se dire le *premier roi des Latins* : « Ego Balduinus, Dei gratia rex Hierusalem, Latinorum primus[5]. » On ne saurait induire du passage où Jean d'Ibelin, dressant la liste des rois qui se succédèrent au trône de Jérusalem, regarde Godefroy comme le premier d'entre eux, que celui-ci ait réellement porté le titre royal[6]. On forcerait également le sens des textes en tirant cette conclusion de la phrase de Guillaume de Tyr où l'auteur admirant l'humilité et la valeur de Godefroy s'écrie : « Pour nous ce dernier fut non seulement un roi, mais le meilleur des rois, l'honneur et la lumière des princes de la terre[7] ». En un mot, Godefroy auquel les vassaux étaient liés par l'hommage n'avait été que le *chef*, c'est-à-dire le *défenseur* de sa noblesse. Sans cortège royal, sans cour fastueuse et brillante, il avait vécu au

---

1. *Cart. du S. Sép.*, n° 22, p. 31; n° 26, p. 49; n° 144, p. 242, etc.
2. *Annales Baronii*, t. XII, p. 5, col. 1.
3. Ekkehard, chap. xx, p. 26 : « anno M. C. sub Godefrido *duce* Jerosolymitanam ecclesiam defensante. »
4. *Ass.*, t. I, Liv. de Jean d'Ibelin, chap. II, p. 23.
5. *Cart. du S. Sép.*, p. 31. — Guill. de Tyr, liv. XI, chap. XII, p. 172 (Charte de Baudoin Ier en faveur de l'église de Bethléem).
6. *Ass.*, t. I, Liv. de Jean d'Ibelin, chap. CCLXXIII, p. 428.
7. Guill. de Tyr, liv. IX, chap. IX, p. 377 : « Nobis autem non solum rex, sed regum optimus, lumen et speculum videtur aliorum. »

milieu de ses barons et de ses bourgeois. Plus illustré par la dignité parfaite de sa vie que par l'éclat de sa fonction[1], il avait été le *chef seigneur*, c'est-à-dire le premier des seigneurs de Jérusalem.

Cette simplicité toute militaire des premiers temps fut de courte durée. Les Français, en portant leur gouvernement en Orient, prirent les mœurs des contrées nouvelles. Quelques seigneurs, leurs fils surtout, quittèrent l'armure française pour revêtir la longue robe et les vêtements flottants des Orientaux. Que faire pendant le loisir forcé qui séparait les combats sinon s'empresser autour du chef et contribuer, pour sa part, à rehausser le prestige de la maison royale? Autrement les châtelains auraient péri d'ennui dans leurs manoirs, à Montréal sur la limite du désert, à Saint-Abraham sur le versant des montagnes qui conduisaient à la mer Morte, à Crac sur les confins de la Seconde Arabie. De la sorte les Français, rois de Jérusalem, devinrent de bonne heure, à l'imitation des Français d'Occident, de véritables monarques. Baudoin Ier est un prince magnifique, entouré d'un imposant cortège de chevaliers et de serviteurs, faisant son entrée dans les villes de Palestine « gravis in incessu, chlamydem semper deportans ab humeris, ita ut episcopus magis quam sæcularis persona videretur[2] ». Dès lors le roi s'appelle dans les actes : *Dei gratia rex Hierusalem Latinorum*[3]; plus rarement, *rex Ierosolymorum*[4]; ou encore,

---

[1]. ROBERT LE MOINE, liv. IX, chap. x, p. 870 : « Non honor illustrem faciebat eum; sed honori multiplicabatur gloria propter eum. »
[2]. GUILL. DE TYR, liv. X, chap. II, p. 402.
[3]. DELABORDE, *Chartes de Terre-Sainte provenant de l'abb. de N.-D. de Jos.* (Bibl. des Ec. de R. et d'A., t. XIX). — *Cod. Dipl.*, t. I, n° 17, p. 18 : « Ego Fulco Dei gratia rex Hierusalem Latinorum. » — *Cart. du S. Sép.*, n° 30, p. 56 : « Ego Balduinus per Dei gratiam rex Ierusalem Latinorum secundus. » Etc.
[4]. *Cart. du S. Sép.*, n° 31, p. 57 : « Ego Fulco... tercius rex Ierosolimo-

rex Hierosolimitanus [1], *dominus regni Hierosolymitani* [2]; parfois même, *rex Babilonie atque Asie* [3]. Dans un diplôme de l'an 1189 accordé par Guy de Lusignan aux commerçants génois on lit ces mots : *Guido Dei gra re Jerusalem* [4]. Amaury Ier s'intitule dans un diplôme de l'an 1201 : *Aimericus Dei gratia Latinorum Hierusalem rex nonus et rex Cypri* [5]. Dans une charte du *Cartulaire du Sépulcre* Foulque prend le titre de *rex Francorum* [6]. Tous adoptent la couronne royale [7], et si les médailles ne font pas connaître la forme de cette dernière, les textes disent du moins qu'il y avait deux couronnes,

rum. » — *Cod. Dipl.*, t. I, p. 29. En parlant de son fils Baudoin III, la reine Mélisende dit : « Regnante filio meo domino Balduino, rege Ierosolymorum. »

1. *Cod. Dipl.*, t. I, n° 2, p. 2. Baudoin Ier s'intitule « rex Hierosolimitanus ».
2. *Ibid.*, t. I, n° III, p. 118. Conrad élu roi des Romains du vivant de son père prend ce titre : « Conradus dom. Augusti Imp. Frederici filius, Dei gratia rex electus, semper Augustus, hæres et dominus regni Hierosolymitani. »
3. *Ibid.*, t. I, n° 136, p. 201 : « Firmata autem sunt hæc laude et consensu gloriosissimi et christianissimi regis Balduini qui fratri suo prefato Duci G. in regnum Asiæ successit. » On remarquera toutefois que ce n'est pas le roi lui-même qui se donne ce titre: la charte dans laquelle nous le trouvons est de Tancrède, prince de Galilée. — *Cart. du S. Sép.*, n° 36, p. 71 : « Balduino vero rege inclito et christianissimo regnum Babilonie atque Asie disponente. »
4. Muratori, *Antiq. Med. Ævi*, t. II, col. 913.
5. De Mas Latrie, *Notice sur les monnaies et les sceaux des rois de Chypre de la maison de Lusignan* (*Bibl. de l'Éc. des Ch.*, 1re série, t. V, p. 129).
6. *Cart. du S. Sép.*, n° 82, p. 161 : « Regnante Iherosolimis Fulcone, rege Francorum tercio. »
7. *Ass.*, t. I, *Liv. de Jean d'Ibelin*, chap. CLXXXII, p. 428, où il est dit que Baudoin fut le premier qui porta la couronne. Ses successeurs ne l'abandonnèrent plus. — Jean Cinname, IV, § 21 (*Hist. grecs*, t. I, p. 275), où est décrite l'entrée solennelle à Antioche de l'empereur Manuel et du roi Baudoin III : « Βαλδουῖνος δὲ ἄρχων στεφανηφορῶντα. » — Foucн. de Ch., liv. II, chap. VI, p. 382 : « In regem honorifice sub sacra unctione sublimatus et coronatus est rex Balduinus. » A cette occasion le chapelain de Baudoin cherche à laver son seigneur de tout blâme pour cette innovation. Il atteste qu'un parti à Jérusalem blâma la résolution prise par Baudoin de porter la couronne. Cependant il ne semble pas que la question tranchée en faveur du roi ait été soulevée à nouveau dans la suite: du moins les chroniqueurs n'en parlent jamais.

qu'elles étaient conservées dans la chambre du Trésor du Sépulcre et que le roi et la reine dans les occasions solennelles en ornaient leur tête avant de se montrer à leurs hommes [1].

Ceux-ci n'abordent le prince qu'avec des marques de profond respect. L'usage s'introduit de mettre un genou en terre quand on se présente devant lui. « Le seignor de Barut, lisons-nous aux *Assises*, li requist à *genoills* que il en sa persone li aidast à rescorre son chastian [2]. » Il est curieux d'observer les termes que les hommes emploient en s'adressant au roi. Ils lui disent *Sire*, *Monseigneur*, *Votre Seigneurie* [3]. On ne voit pas cependant que le titre de *Majesté* ait été en usage et nous savons qu'à la cour de Chypre il ne le fut guère qu'au xive siècle [4]. De même que les rois mérovingiens avaient laissé ce titre aux souverains de Byzance [5], les rois de Jérusalem ne le revendiquèrent point pour eux-mêmes. Ce n'est pas à dire qu'ils se soient soumis à une sorte de dépendance vis-à-vis de l'empire grec. Si dans les dates de leurs inscriptions ils plaçaient respectueusement avant leur

---

1. Prutz, *Kulturgesch. der Kreuz.*, liv. III, chap. I, p. 175.
2. *Ass.*, t. II, *Doc. relat. au serv. milit.*, chap. II, p. 431, et t. I, *Liv. de Ph. de Nav.*, chap. xxxiii, p. 513.
3. *Ass.*, t. I, *Liv. de Jean d'Ibelin*, chap. xiii, p. 34. L'auteur donne la formule employée quand on demande conseil au roi : « Sire, donés moi tel à mon conseill, etc. » — *Ass.*, t. II, *Doc. relat. au serv. milit.*, chap. II, p. 430 : « Nos avons entendu ce que Monseignor le rei a dit et retrait devant voz. » Plus loin : « Sauve l'onor et la grâce de Monseignor le rei »; et encore : « C'il plaist à Monseignor le rei d'avoir nos cuers et noz servises, etc. », p. 434.
4. De Mas Latrie, *Hist. de Chypre*, liv. I, chap. vi, p. 132; liv. II, p. 166 et suiv; liv. III, p. 24, 49, 712, 744. — Dans une charte du *Cartul. du Sépulcre* (n° 34, p. 60), Foulque parle de la « regiæ majestatis eo..... » mais cela ne prouve pas que le titre de *Majesté* ait jamais été ... les rois.
5. Fustel de Coulanges, *Hist. des Inst. polit. de l'Anc. Fr. La monarchie franque*, p. 129.

propre nom celui de l'empereur régnant[1], ils n'en étaient pas moins libres de toute suprématie étrangère. Semblables en cela aux rois germains qui, malgré leurs vagues expressions de soumission, avaient été maîtres absolus chez eux, les princes latins ne relevaient d'aucune autorité extérieure. Bien plus, à l'exemple des sujets du royaume, les souverains étrangers et celui de Byzance tout le premier rendaient aux rois de Jérusalem les honneurs royaux. Les historiens grecs, attentifs aux moindres détails du cérémonial, montrent l'empereur Manuel envoyant des messagers à la rencontre de Baudoin III pour « le recevoir, le saluer et lui rendre les honneurs d'usage[2] ». Observons encore dans Guillaume de Tyr les phrases par lesquelles l'historien décrit le voyage qu'entreprit en 1171 à Constantinople le roi Amaury Ier. Nous y reconnaîtrons toutes les marques d'un voyage royal. La réception réservée par Manuel à Amaury ne ressembla en rien à celle qu'un suzerain aurait pu faire à un prince vassal. Il semble même que, pour honorer tout particulièrement le roi de la Ville Sainte, la cour impériale ait violé sur quelques points l'étiquette officielle[3].

Le caractère des princes latins ne les désignait pas moins à la vénération des peuples que les vains honneurs dont ils s'entouraient. C'est aux chroniqueurs qui pour la plupart ont connu les rois, combattu à leurs côtés, vécu dans leur intimité, qu'il faut demander des traits précis

---

1. Gibbon, *Décadence de l'Empire romain*, t. II, chap. LIX, p. 676. — *Dissertation sur Joinville*, XXVII, p. 319.
2. Jean Cinname, IV, § 20 (*Hist. grecs*, t. I, p. 275), Voyage de Baudoin III en Cilicie « προπέμποντας αὐτὸν καὶ τὰ εἰκότα τιμῶντας. »
3. Guill. de Tyr, liv. XX, chap. XXII, XXIII, XXIV, p. 980 et suiv. — Röhricht, *Amalric I König von Jerusalem*, p. 44, 45.

sur la personnalité de chacun d'eux. Le héros renaît sous la plume de l'historien; il parle, agit, révèle ses passions, fait éclater ses vertus; on dirait un être vivant dont la physionomie donne l'illusion de la vérité et de l'actualité. Or il n'est pas d'exemple, dans l'histoire, d'une plus généreuse lignée de rois que celle qui commence à Godefroy pour finir à Jean de Brienne ou Hugue III. Quelques-uns sans doute n'ont pas été exempts de tout reproche; mais presque tous ont donné au nom de la France ce prestige de force et de vaillance que nos temps ont si noblement maintenu et augmenté.

Godefroy, le premier en date, fut aussi le premier par ses qualités d'homme et de roi. Jamais peut-être un soldat n'a poussé plus loin le mépris des grandeurs humaines [1] ni présenté un modèle plus achevé de ferveur religieuse [2]. Une taille élevée [3], la poitrine large et forte [4], des membres vigoureux [5] attachés à un corps mince et élancé [6], les traits fins [7], la barbe et les cheveux d'un blond vif [8], tel était le portrait de Godefroy. Son affabilité était pleine

---

1. Guill. de Tyr, liv. IX, chap. v, p. 371 : « Sæculi vanitates contemnens, quod in illa ætate et militari præsertim professione rarum est. » — Chap. xx, p. 395 : « Vir humilis erat et sæculi pompam omnino declinans. »

2. Guill. de Tyr, liv. IX, chap. v, p. 371 : « In orationibus jugis, in operibus pietatis assiduus. » — Raoul de Caen, chap. xiv, p. 615 : « Humilitate, mansuetudine, sobrietate, justitia, castitate insignis, potius monachorum lux quam militum dux emicabat. »

3. Guib. de Nog., liv. VII, chap. xi, p. 229 : « Nimium proceritatis idoneæ. » — Guill. de Tyr, liv. IX, chap. v, p. 371 : « Fuit autem et corpore procerus, ita ut et maximis minor et mediocribus major haberetur. »

4. Ibid. : « Thorace virili. »

5. Ibid. : « Membris solidioribus. »

6. Guib. de Nog., liv. VII, chap. xi, p. 229 : « Quum membris exilibus esset. »

7. Guill. de Tyr, liv. IX, chap. v, p. 371 : « Facie venusta. »

8. Ibid. : « Capillo et barba flavus mediocriter. »

de grâce; sa nature aussi douce que charitable [1]. Mais il semblait se transformer tout à coup à la vue ou même à l'approche de l'ennemi. Aussi terrible sur les champs de bataille qu'il était humble lorsqu'il s'agenouillait dans l'église du Sépulcre, il remplissait les contrées de l'Asie du bruit de ses exploits [2]. Toutefois sa valeur n'excluait ni la prudence ni la modération : ses frères d'armes n'étaient pas moins prompts à vanter l'excellence de ses conseils [3] que sa supériorité dans les exercices de la chevalerie [4]. Comment la mort d'un tel homme, après un an de règne, n'aurait-elle pas provoqué une explosion de douleur parmi le peuple chrétien [5] ?

L'héritier de Godefroy ne ressemblait que d'assez loin à son frère. Au physique, Baudoin Ier était plus grand que son prédécesseur [6]. Sa barbe et ses cheveux noirs faisaient ressortir la blancheur de son visage [7]. La majesté de son

---

1. Guib. de Nog., liv. VII, chap. xi, p. 229 : « Serenitatis immodicæ. » — Baudry, liv. IV, chap. xv, p. 104 : « Serenitas in eo specialiter præfulget. » — Raoul de Caen, chap. xiv, p. 615 : « Largitate erga pauperes, erga delinquentes misericordia. » — Guill. de Tyr, liv. IX, chap. v, p. 371 : « Affabilitate gratiosus, mansuetus et misericors. »
2. Alb. d'Aix, liv. III, chap. viii, p. 345 : « Godefridi ducis nunc primum nomen scintillabat. » — Guill. de Tyr, liv. IX, chap. xx, p. 396 : « Mirabantur et timebant pariter finitimarum habitatores regionum peregrini virtutem et successum populi. »
3. Alb. d'Aix, liv. VI, chap. xxxii, p. 486 : « Præ omnibus primatibus actu, victoria, consiliis beatiorem. » — Guib. de Nog., liv. II, chap. xii, p. 143 : « Ceteris fratribus prudentior. »
4. Guib. de Nog., liv. VII, chap. xi, p. 229 : « Strenuitate spectabilem. » — Guill. de Tyr, liv. IX, chap. v, p. 371 : « In usu armorum et exercitio militari, omnium judicio, quasi singularis. »
5. Alb. d'Aix, liv. VII, chap. xxi, p. 520, 521 : « Mortuo igitur tam egregio duce, et nobilissimo Christi athleta, maxima lamenta et nimius ploratus omnibus illic Christianis, Gallis, Italicis, Syris, Armenicis, Græcis et Gentilibus plerisque, Sarracenis, Arabitis, Turcis, fuere per quinque dies. »
6. Guill. de Tyr, liv. X, chap. ii, p. 402 : « Dicitur autem fuisse corpore valde procerus et fratre multo major, ita ut, sicut de Saul dicitur, altior esset universo populo ab humero supra. »
7. Ibid. : « Capillo et barba fuscus, carne tamen mediocriter niveus. »

maintien, le ton sévère de son langage, la gravité de sa démarche¹ qui laissait deviner l'ancien clerc sous le costume du chevalier², en imposaient aux mêmes hommes qu'avaient captivés la douceur et le charme de Godefroy. Au moral, Baudoin n'était ni humble, ni modeste. Plus cultivé que la plupart des seigneurs de son temps³, non moins apte aux travaux de l'intelligence qu'à ceux de la politique et de la guerre, il avait des goûts raffinés, recherchait le bien-être, aimait la splendeur et le luxe⁴. Il donnait prise à la critique par certains côtés de sa nature. Les chroniqueurs, unanimes à rendre témoignage de son activité et de sa bravoure⁵, ne dissimulent ni les erreurs ni les fautes dans lesquelles l'entraînèrent l'ardeur de son tempérament, l'excès de son bouillant courage, la cupidité de son caractère. Cet homme dont l'extérieur rappelait l'austérité ecclésiastique mérita les blâmes du

---

1. Guill. de Tyr : « Gravis in incessu, habitu et verbo serius. »
2. Guill. de Tyr (liv. X, chap. i, p. 401) nous apprend que Baudoin, avant d'embrasser la carrière des armes, avait porté l'habit de clerc et obtenu des prébendes dans les églises de Reims, Cambrai et Liège : « Clericus factus est, et in Remensi, Cameracensi, Lodiensi ecclesiis beneficia, quæ vulgo præbendæ dicuntur. »
3. Alb. d'Aix (liv. VII, chap. lxi, p. 517) appelle Baudoin « vir litteris eruditus ». — Guill. de Tyr (liv. X, chap. i, p. 401) ajoute que le roi avait reçu dans sa jeunesse une instruction libérale dont son esprit s'était pénétré : « Hic in adolescentia sua liberalibus disciplinis convenienter imbutus. »
4. Guibert (liv. VII, chap. xxxix, p. 255) écrit que Baudoin vivait avec le plus grand éclat, faisait porter devant lui un bouclier d'or et se reposait à terre sur de riches tapis qu'on étendait à son intention. Ce luxe présentait un contraste frappant avec les mœurs plus simples et plus patriarcales de Godefroy auquel Guill. de Tyr (liv. IX, chap. xx, p. 395) prête ce mot : « La terre est bien suffisante pour fournir un siège momentané à l'homme mortel puisque, après sa mort, elle deviendra sa résidence perpétuelle. »
5. Alb. d'Aix, liv. II, chap. xxii, p. 315 : « Vir clarissimus et bellis invictissimus. »; liv. III, chap. xx, p. 353 : « Propugnator fortissimus »; liv. XII, chap. xxi, p. 702 : « Novarum rerum semper avidus. » — Raoul de Caen, chap. xxxvii, p. 633 : « Studiosus militiæ. » — Guill. de Tyr, liv. X, chap. ii, p. 403 : « Promptus ad arma, ad equum agilis, impiger et sollicitus, quotiens eum regni vocabant negotia. »

clergé par son amour immodéré des plaisirs¹. Ce soldat qui vécut et mourut au milieu des camps encourut les reproches de ses fidèles par la témérité avec laquelle il exposa trop souvent le royaume aux coups de l'ennemi² : en 1102 les Ascalonites³, en 1113 Malduk, sultan de Mossoul⁴, ne durent leur victoire qu'à la fougue imprudente du roi des Latins. Ce vaillant serviteur de Dieu⁵ était un homme positif qui, pour se procurer de l'argent, ne craignit point de violer à la fois les lois de l'Église et la sainteté du mariage. Ce fut en effet dans un moment de détresse qu'il força le patriarche de Jérusalem à lui abandonner les offrandes des fidèles⁶. L'union sacrilège qu'il contracta, du vivant de sa femme, avec la comtesse de Sicile, fut inspirée par le désir d'acquérir de nouvelles

---

1. Guill. de Tyr, liv. X, chap. II, p. 402 : « Carnis dicitur lubrico impatienter laborasse. »

2. Foucii. de Ch., liv. II, chap. XLIV, p. 425 : « Unde omnes isti contristati sunt valde et immodestiam regis vituperaverunt, eo quod sine consilio eorum et auxilio inordinate et inconsulte adversus hostes illos sic cucurrisset. » — Guill. de Tyr, liv. XI, chap. XIX, p. 483 : « Regem arguunt tanquam nimis præcipitem. »

3. Guill. de Tyr, liv. X, chap. XX, p. 429, 430 : « De sua virtute præsumens, non exspectatis etiam his qui secum erant in urbe, properus nimis, imo præceps, vix secum ducentos habens equites, urbem egressus est…. Rex vero, qui alios incaute nimis processerat, ubi hostium contemplatus est legiones, admirans multitudinem, facti cœpit pœnitere, reputans apud se vere dictum, male cuncta ministrat impetus : optaret non venisse se; verum adeo hostium cohortibus se immerserat, ut jam nec pudor, nec mortis periculum reditum suaderent. »

4. Alb. d'Aix, liv. XII, chap. XI, p. 695. — Guill. de Tyr, liv. XI, chap. XIX, p. 485 : « Idque totum domino regi ascribebatur, quod impetuose nimis, et de sua virtute plusæquo confidens, convocata noluit auxilia præstolari. » Baudoin s'était précipité sur les Infidèles sans attendre l'arrivée des secours qu'il avait demandés au prince d'Antioche et au comte de Tripoli. Comme le remarque très bien Guib. de Nog. (liv. VII, chap. XXV, p. 263), le courage emportait Baudoin plus loin qu'il ne convenait à la majesté royale : « Irremissam, et plusquam regiæ competeret majestati, sine ulla pene formidine mortis audaciam. »

5. Alb. d'Aix, liv. XII, chap. XXVIII, p. 705 : « Dei athleta fortissimus. »

6. Alb. d'Aix, liv. VII, chap. LVIII, p. 515 : « Pro pecunia angustiatus. »

richesses[1]. Tant que l'opulence régna dans le palais, l'idée du péché qu'il avait commis ne vint point troubler sa quiétude. Baudoin attendit que la dot fût dévorée pour connaître le remords; alors sans doute il lui parut bon de rappeler l'épouse légitime et de répudier la comtesse[2]. Étrange moyen d'accorder les calculs de l'intérêt avec les scrupules de la conscience! Mais les torts de ce prince ne doivent pas effacer ses mérites. S'il céda à l'emportement des passions, il sut du moins cacher ses faiblesses et conserver intact le prestige de la royauté[3]. Il est vrai qu'il perdit plusieurs batailles; cependant il sortit toujours à son honneur des situations les plus difficiles. Enfin il ne viola jamais les préceptes de la religion que pour consolider le trône ou enrichir l'État. Godefroy et Baudoin sont donc arrivés au même but, l'affermissement de la domination latine, par des moyens différents. Godefroy, détaché des vanités du monde, avait été un sage, presque un saint.

1. C'est ce que dit formellement GUILL. DE TYR, liv. XI, chap. XXI, p. 488 : « Unde et de illius redundantia, suæ sitiebat inopiæ subveniri. » En effet les espérances de Baudoin ne furent point déçues; ALBERT (liv. XII, chap. XIV, p. 697) écrit que les trésors apportés par la princesse de Sicile furent transférés dans les caisses royales et servirent à indemniser le roi et ses compagnons des pertes essuyées dans la guerre contre les Turcs : « Thesauri plurimi ab ea militibus divisi sunt, plurimi in ærariurn regis translati, quibus multum rex et universi qui bellis Turcorum arma amiserant, nunc inæstimabiliter relevati et ditati sunt. »

2. FOUCH. DE CH., liv. II, chap. LIX, p. 433. — GUILL. DE TYR, liv. XI, chap. XXIX, p. 505, 506. Que la dot, au moment de la répudiation, fût déjà dévorée, cela est attesté par cette phrase de Guillaume de Tyr où, parlant de la comtesse, l'évêque s'exprime en ces termes : « Dolens igitur et tristis tam de illata contumelia quam de opibus inutiliter consumptis, ad reditum se præparat. » — L'épouse légitime qui fut alors rappelée était fille d'un prince arménien, Taphnuz. Baudoin l'avait répudiée vers l'an 1105 et l'avait contrainte de s'enfermer au monastère de Sainte-Anne de Jérusalem (GUILL. DE TYR, liv. XI, chap. I, p. 451).

3. GUILL. DE TYR, liv. X, chap. II, p. 402 : « Ita tamen caute quæ ad illum defectum respiciunt negotia procurare satagebat, ut nemini scandalum, nulli vis major, nulli enormis infligeretur injuria; quodque rarum est in hujusmodi, vix et paucos ex cubiculariis ejus hujus rei poterat pervenire notitia. »

Baudoin, sans dépouiller la monarchie de ce caractère ecclésiastique qui était pour elle une véritable marque d'origine, parut moins épris d'idéal et plus soucieux des biens terrestres. Or il s'est trouvé par un heureux concours de circonstances que ces dispositions d'esprit ont successivement bien convenu aux nécessités de la défense du royaume. Il était bon, au lendemain de la prise de la Ville Sainte, que les vertus du conquérant, en frappant d'étonnement les vaincus, fissent oublier à ceux-ci les violences et les brutalités de la conquête [1]. Il était bon, après le sacerdoce de Godefroy, que les émirs musulmans apprissent à redouter un pouvoir dont la force résidait non seulement dans la piété, mais aussi dans la volonté ferme et l'industrieuse activité de l'homme qui l'exerçait.

Les deux princes qui, après Baudoin Ier, occupèrent successivement le trône de Jérusalem, Baudoin II du Bourg et Foulque d'Anjou, rappelèrent à certains égards les deux monarques qui les avaient précédés. Baudoin II avec sa piété monacale [2] jointe à une profonde connaissance des choses de la guerre [3] fit voir de nouveau la

---

1. L'odieux massacre dont les Chrétiens donnèrent le signal lorsqu'ils furent maîtres de Jérusalem et pénétrèrent dans l'église du Saint-Sépulcre est chose bien connue. Au rapport de Raymond d'Agiles (chap. xx, p. 300), le sang monta jusqu'au poitrail des chevaux, « usque ad genua et usque ad frenos equorum ». — Guill. de Tyr (liv. VIII, chap. xix, p. 354) avoue que la manière dont les Croisés avaient triomphé pouvait leur inspirer de l'horreur et de la honte, « victoribus tædium et horrorem ingerere ».

2. Guill. de Tyr, liv. XII, chap. i, p. 511 : « Fide conspicuus »; chap. iv, p. 516 : « Religiosus et timens Deum »; liv. XIII, chap. xxviii, p. 601 : « Supplex et humilis in conspectu Domini. »

3. Alb. d'Aix, liv. II, chap. i, p. 239 : « Fortissimus miles »; liv. XII, chap. xxx, p. 709 : « Miles imperterritus. » — Guill. de Tyr, liv. XII, chap. i, p. 511 : « In re militari exercitatus plurimum »; chap. iii, p. 514 : « Armis strenuus »; chap. iv, p. 516 : « Habilis ad usum armorum et equis regendis aptissimus, rei militaris multam habens experientiam. » — Mar. Sax., liv. III, pars VI, chap. IX, p. 157 : « In bellis probatissimus. »

royauté sous le caractère semi-religieux, semi-militaire, que lui avait imprimé Godefroy. Observateur zélé des lois de l'Église, il pratiqua la charité[1], se montra infatigable à la prière « au point, écrit le chroniqueur, que ses genoux et ses mains se couvrirent de callosités par suite de ses fréquentes génuflexions et des pénitences qu'il s'imposait[2] ». Quand il sentit venir la mort, il eut l'ambition, après avoir déposé le costume royal, d'entrer en paradis revêtu de la robe d'un cordelier[3]. Mais ses habitudes de dévotion outrée ne contrarièrent jamais l'action du pouvoir monarchique. L'activité déployée par Baudoin II contre les Infidèles[4], les mesures par lesquelles il favorisa le développement du commerce[5], les restrictions apportées au libertinage qui risquait en compromettant l'ordre public d'attiédir l'humeur belliqueuse des conquérants[6], le maintien des prérogatives de la couronne contre les prétentions de l'autorité ecclésiastique[7] attestent que la valeur militaire et l'intelligence administrative[8] du roi étaient à la hauteur de sa ferveur évan-

1. Guill. de Tyr, liv. XII, chap. iv, p. 516 : « In operibus pius, clemens et misericors. »
2. Ibid. : « In orationibus jugis, ita ut callos in manibus haberet et genibus, pro afflictionis et genuflexionis frequentia. »
3. Guill. de Tyr, liv. XIII, chap. xxviii, p. 601 : « Regio statu deposito... habitum religionis assumens. »
4. Jacq. de Vitr., chap. xciii (Bong., t. I, p. 1116), rappelle en quelques lignes les victoires de Baudoin II. — Cf. Guill. de Tyr, liv. XII, chap. iv, p. 516 : « Impiger... quotiens eum vocabant regni negotia. »
5. Voir chap. iv : Organisation financière, p. 253, 254.
6. Le concile tenu à Naplouse en 1120, sur l'ordre de Baudoin II, eut sans doute pour objet, ainsi qu'on le verra plus loin (chap. vi : Royauté et Clergé, p. 316, 317), de contraindre moralement le roi et les seigneurs à la restitution des dîmes; mais on ne peut nier qu'il n'ait eu aussi l'ambition d'arrêter la corruption des mœurs (Guill. de Tyr, liv. XII, chap. xiii, p. 531).
7. Voir chap. vi : La Royauté et le Clergé, où est racontée la lutte soutenue par Baudoin II contre le patriarche Étienne.
8. En parlant de Baudoin II, Guill. de Tyr (liv. XII, chap. ii, p. 513) emploie cette expression : « Vir providus et plene circumspectus », ou

gélique[1]. D'autre part, Foulque a plus d'analogie avec le premier Baudoin. Comme lui il se montra, bien qu'attaché à la foi de ses pères, un souverain plus laïque que religieux. Nul doute que la résolution qui, au gouvernement d'un comté soumis et dévoué, lui fit préférer les soins plus laborieux de régner sur la Palestine, n'ait été inspirée par le désir de témoigner son amour à son Dieu. Mais bientôt la lutte et le sentiment des difficultés à vaincre l'emportèrent et ternirent, pour ainsi dire, la délicatesse première de son inspiration. Son règne ne fut qu'une série continue d'expéditions et de combats où l'on vit l'infatigable Angevin se défendre contre les Sarrasins ennemis irréconciliables, contre l'empereur grec ami trop exigeant, contre les grands feudataires hostiles à tout essai de centralisation

encore celle-ci (chap. IV, p. 516) : « In agendis suis providus. » — D'autre part, Galbert prétend que, pendant la captivité de Baudoin II en 1123-24, les barons, mécontents du gouvernement d'un prince que son avarice rendait insupportable, offrirent la couronne à Charles de Danemark, comte de Flandre, qui la refusa (*Vita Caroli comit. Flandr.*, n° 9, *Bolland.*, 2 mars, p. 181. — *Hist. de Fr.*, t. XIII, p. 359). Mais cette assertion, propre à faire douter de l'intelligence administrative de Baudoin, ne se trouve que dans cet auteur. Aucune idée semblable n'apparaît dans les récits de Foucher de Chartres ou de Guillaume de Tyr. Ces chroniqueurs montrent au contraire les princes remettant à Eustache Garnier, seigneur de Césarée, l'administration du royaume, en attendant la délivrance du roi (FOUCH. DE CH., liv. III, chap. XVI, p. 459. — GUILL. DE TYR, liv. XII, chap. XVII, p. 537). L'évêque de Tyr (liv. XIII, chap. XV, p. 577) représente même le clergé et le peuple désirant impatiemment le retour du captif qui rentre dans sa capitale au milieu des acclamations de son peuple : « Ubi ab universo clero et populo, tanquam diu desideratus, cum multa susceptus honorificentia, plebi et patribus, quasi post actum biennium, acceptabilem suam intulit praesentiam. » Enfin le décret par lequel Baudoin II, pour favoriser le commerce dans ses États et faciliter l'approvisionnement des grandes villes, supprime en partie les droits perçus aux portes de Jérusalem et d'Acre, n'est pas le fait d'un administrateur avaricieux. Voir sur ces exemptions accordées par Baudoin II le chapitre IV : Organisation financière, p. 253, 254.

1. C'est ce que dit GUILL. DE TYR (liv. XIII, chap. XXVIII, p. 602), lorsque, résumant le règne de Baudoin II, il écrit ces mots : « Cujus usque in praesentem diem ob egregiam fidem et opera insignia, memoria est in benedictione apud omnes. » Est-il besoin d'ajouter que cette phrase de l'évêque de Tyr est encore en contradiction absolue avec l'affirmation de Galbert?

monarchique, contre les vassaux immédiats eux-mêmes qui soufflèrent le vent de la discorde dans le domaine et jusque dans la maison du prince [1].

L'obligation où se trouvèrent les rois de faire face à ces dangers multiples prouvait que l'esprit public s'était modifié. Au début le prince n'avait eu qu'un ennemi à combattre, l'ennemi de sa foi. Mais peu à peu les soldats du Christ eux-mêmes, gâtés par le succès et sans doute amollis par l'énervant climat de l'Asie, éprouvèrent des besoins nouveaux. Après n'avoir connu que les travaux des camps, ils prirent goût aux plaisirs des cours. Dès lors, l'esprit de faction remplaça l'étroite union des premiers jours; le chef de l'État, en même temps qu'il défendait ses frontières contre l'ennemi du dehors, dut rappeler au sentiment du devoir les factieux du dedans. Pour venir à bout d'une telle tâche, la bravoure et la piété n'étaient pas les qualités les plus nécessaires. Combien plus indispensables la culture de l'intelligence, la perspicacité du jugement, l'esprit de ruse et au besoin d'artifice! Les fils de Foulque, Baudoin III et Amaury Ier, qui succédèrent à leur père l'un après l'autre, avaient reçu de la nature ces précieux dons. Dans le portrait qu'il esquisse des deux frères, Guillaume de Tyr prend plaisir à l'annoncer au lecteur. Aux rois batailleurs et dévots succèdent des princes instruits [2], studieux [3], versés dans la

---

1. Voir, pour ces faits ainsi que pour le caractère de Foulque, notre Essai sur le règne de ce prince, *De Fulconis Hierosolymitani regno*, Hachette, in-8, Paris, 1895.

2. Baudoin III « commode litteratus » (Guill. de Tyr, liv. XVI, chap. ii, p. 705). — Amaury « modice litteratus... sed satis commode erat instructus » (Ibid., liv. XIX, chap. ii, p. 888).

3. L'un et l'autre aimaient la lecture. Baudoin III « libenter incumbebat lectioni » (Guill. de Tyr, liv. XVI, chap. ii, p. 705). — Amaury « legendi studio » (Ibid., liv. XIX, chap. ii, p. 888).

science du droit [1], passionnés pour l'histoire [2], capables de discuter les points de dogme et de discipline avec les évêques [3]. Sans doute ces hommes sont toujours prêts à combattre pour l'accroissement du royaume [4]; à l'exemple de leurs prédécesseurs ils ont le respect des choses saintes [5]; mais ils s'appliquent en même temps à des travaux qui n'auraient eu aucun charme pour leurs devanciers. De l'instruction libérale qu'il avait reçue, Baudoin Ier n'avait guère conservé qu'un goût marqué pour la distinction des manières. Au contraire, Baudoin III et Amaury aiment l'étude pour elle-même; avec eux on vit à Jérusalem cette nouveauté d'un prince déposant de temps à autre l'armure et l'épée pour s'enfermer au fond de ses appartements et se divertir dans la conversation des clercs, des savants, des médecins [6]. Peut-être est-ce dans

1. Baudoin III « juris etiam consuetudinarii, quo regnum regebatur Orientale, plenam habens experientiam » (Guill. de Tyr, liv. XVI, chap. II, p. 706). — Amaury « in jure consuetudinario, quo regebatur regnum, subtilis plurimum et nulli secundus » (Ibid., liv. XIX, chap. II, p. 885).
2. Baudoin III « historiarum præcipue auditor, antiquorum regum et optimorum principum gesta moresque diligenter investigabat » (Guill. de Tyr, liv. XVI, chap. II, p. 706). — Amaury « historiarum, præ ceteris lectionibus, erat avidus auditor, memor perpetuo, promptus et fidelissimus recitator » (Ibid., livre XIX, chap. II, p. 885). Ce fut à la prière d'Amaury, « precibus et instantia », que Guillaume entreprit d'écrire son Histoire des Croisades (Guill. de Tyr, liv. XX, chap. XXXI, p. 1001); et les documents fournis à l'évêque par le roi, « ipso Arabica exemplaria ministrante », servirent de point de départ à une Histoire des Arabes (Guill. de Tyr, Prol., p. 5). Voir notre Introduction, p. 1-12.
3. Guill. de Tyr rapporte une dispute théologique engagée entre Amaury et lui-même (liv. XIX, chap. III, p. 886).
4. Baudoin III « in summis necessitatibus quas pro regni incremento pertulit sæpius » (Guill. de Tyr, liv. XVI, chap. II, p. 706). — Amaury « in periculis et summis necessitatibus, quas frequenter incurrit, dum pro regno ampliando viriliter decertat » (Ibid., liv. XIX, chap. II, p. 885).
5. Baudoin III « Deum timens, et ad ecclesiasticas institutiones, et ecclesiarum prælatos omnimodam habens reverentiam » (Guill. de Tyr, liv. XVI, chap. II, p. 705). — Amaury « missam omni die, nisi ægritudo aut ingruens præpediret necessitas, audiebat devotus » (Ibid., liv. XIX, chap. II, p. 885).
6. Baudoin III « litteratorum maxime, sed et prudentum laicorum

la fréquentation des lettrés qu'Amaury puisa cette tendance à la ruse, on pourrait presque dire à la fourberie, qui est un des traits les plus saillants de son caractère[1]. Ce gros homme[2], sensuel[3] et avide d'argent[4], bien qu'il dépensât sans compter ses trésors pour le bien de l'État[5], fut en définitive un homme de valeur, un prince intelligent, et, pour tout dire d'un mot, un politique[6].

Mais alors apparaissent plusieurs chefs à la figure plus effacée, déjà moins heureux dans leurs entreprises et dont quelques-uns ne font que passer sur le trône : Baudoin IV, l'élève de Guillaume[7], jeune homme d'une grande espérance[8], qui en effet déploya quelque vigilance[9], mais succomba aux atteintes d'un mal incurable[10]; Baudoin V, neveu du précédent, mort à l'âge de huit ans[11]; Guy de Lusignan qui ne sut pas conserver sa couronne et

confabulationibus plurimum recreabatur » (Guill. de Tyr, liv. XVI, chap. II, p. 796). — Amaury « prudentibus et discretis viris... libentissime confabulabatur » (Ibid., liv. XIX, chap. III, p. 887).

1. Ibn-al-Atir, dans le *Kamel* (*Hist. ar.*, t. I, p. 553 et 619) et dans l'*Hist. des Atabecs de Mossoul* (t. II, 2ᵉ partie, p. 256), écrit qu'Amaury fut le plus grand des princes francs de Syrie par son intelligence, son esprit de ruse et d'artifice.

2. Guill. de Tyr, liv. XIX, chap. II, p. 885 : « Erat corpulentus et pinguis nimium »; chap. III, p. 888 : « Pinguis erat supra modum, ita ut more femineo mamillas haberet, cingulotenus prominentes. »

3. Ibid., chap. II, p. 885 : « Lubrico etiam carnis, ut dicitur, impatienter laborans. »

4. Ibid., p. 886 : « Pecuniæ cupidus supra quam regiam deceret honestatem. »

5. Ibid. : « In regni necessitatibus nec expensis parcebat. »

6. Lire dans Rönicht, *Amalric I König von Jerusalem*, p. 2-5, l'éloge de ce prince.

7. Guill. de Tyr, liv. XXI, chap. I, p. 1004.

8. Ibid., chap. I, p. 1005 : « Singulisque diebus magis et magis bonæ spei et amplectendæ indolis succrescebat. »

9. Jacq. de Vit., chap. XCIII, p. 1117 : « Regnum nihilominus strenue rexit. »

10. Baudoin IV était atteint de la lèpre (Guill. de Tyr, liv. XXI, chap. I, p. 1005). Les progrès de la maladie lui firent perdre la vue et le condamnèrent à l'inaction (Ibid., liv. XXII, chap. I, p. 1062).

11. Ernoul, chap. XI, p. 129.

prit la route de l'exil à la recherche d'une royauté nouvelle [1]; Conrad, marquis de Montferrat, grand guerrier [2], que les chroniqueurs arabes en souvenir de sa belle conduite de Tyr comparent à un démon [3], mais qui mourut assassiné après quelques mois de règne [4]; Henri de Champagne plus désireux de rentrer en France [5] que d'en venir aux mains avec les Sarrasins [6]. Assurément l'enthousiasme de la génération précédente a disparu au xii° siècle.

A une époque où les revers avaient dissipé les illusions de la première heure, Baudoin IV et ses successeurs, image vivante du peuple qu'ils gouvernaient, ne pouvaient plus avoir l'élan des compagnons de Godefroy, Baudoin I° ou Baudoin II. Les historiens semblent l'avoir compris et avoir porté sur ces princes, à l'exception

---

1. DE MAS LATRIE (*Hist. de Chypre*, liv. I, chap. 1, p. 23 et suiv.) fait le récit des événements qui forcèrent Guy à quitter la Palestine et à se réfugier en Chypre.
2. ERNOUL, chap. XVI, p. 181-187. — MICHEL LE SYRIEN (*Doc. arm.*, t. I, p. 403) : « Homme plein de bravoure et de capacité. » — *Anecdotes et Beaux traits de la vie du sultan Youssof* (*Hist. ar.*, t. III, p. 123 : « Le marquis était un grand personnage distingué par sa prudence, son caractère énergique et décidé. »
3. IBN-AL-ATHIR, *Kamel* (*Hist. ar.*, t. I, p. 694) : « C'était un homme semblable à un démon, plein de prudence, de vigilance et doué d'une grande bravoure. » — Lorsque, après la bataille de Tibériade et la prise de Jérusalem (1187), Saladin vint mettre le siège devant Tyr, la population aurait livré la ville aux Musulmans sans l'arrivée de Conrad qui releva les courages et força Saladin à se retirer (ERNOUL, chap. XXI, p. 215).
4. ERNOUL, chap. XXV, p. 289, 290.
5. JACQ. DE VITR., chap. XCIV, p. 1123 : « Ad reditum aspirabat. »
6. Il semble en effet que Henri n'inspira qu'une médiocre frayeur aux Musulmans. Leurs historiens, ordinairement si durs pour les chefs francs (voir notre *Introduction*, p. 36), traitent plus généreusement celui-ci. Ne pourrait-on pas supposer qu'ils lui furent reconnaissants de son manque de fanatisme et du faible empressement qu'il montra à lever l'étendard de la guerre sainte? Voir en particulier IBN-AL-ATHIR, le *Kamel* (*Hist. ar.*, t. II, 1° partie, p. 66) : « C'était un homme doué d'un excellent caractère, nullement enclin au mal, rempli de bonnes intentions à l'égard des Musulmans et d'affection pour eux. »

toutefois de Guy de Lusignan, un jugement conforme à la vérité historique.

Beaucoup plus attaquable est l'opinion qu'ils se sont faite de ce dernier. La plupart d'entre eux ont traité Guy avec une extrême sévérité. Guillaume de Tyr lui reproche d'avoir accepté une tâche trop lourde pour lui et de « n'avoir point comparé ses forces à la pesanteur du fardeau [1] ». Il ne voit en Lusignan qu'un personnage intrigant [2], sans sagesse ni valeur [3], fatiguant tout le monde par l'excès de sa présomption et de sa fatuité [4]. Mais n'oublions pas que l'évêque de Tyr, fidèle au fils de son bienfaiteur, n'a pu pardonner au régent les manœuvres que Baudoin IV mourant dut déjouer afin de conserver à sa race le trône de la Cité Sainte [5]. Il est vrai que les autres chroniqueurs sont d'accord avec Guillaume pour regarder Guy comme tout à fait incapable de soutenir les rôles que la fortune lui offrit. Il n'en est pas un qui ne le tienne pour un homme simple, malhabile et dépourvu d'expérience [6]. Sans la distinction de ses manières et la

1. Guill. de Tyr, liv. XXII, chap. xxv, p. 1117 : « Inconsiderate autem onus hujusmodi præfatum sibi assumpsisse comitem ea diximus ratione, quod non satis diligenter vires suas cum eo quod injungebatur munere compensavit. »
2. Guill. de Tyr (ibid.) assure que Guy avait promis aux seigneurs de leur céder plusieurs villes du domaine royal dans l'espoir que leurs suffrages le porteraient au trône : « Singulis eorum fere de majoribus regni membris portiones promiserat non modicas, ut, ad id obtinendum quod petebat, eorum suffragiis juvaretur et studio. »
3. Guill. de Tyr (ibid.) : « Impar prudentia » ; chap. xxix, p. 1127 : « Minus strenue minusque prudenter se gesserat » ; ibid. : « Ejus imprudentia et omnimoda insufficientia » ; p. 1128 : « Viro insufficienti. »
4. Il semble en effet, au rapport de Guillaume de Tyr, qu'aucun des barons n'ait plaidé la cause de Guy auprès de Baudoin IV quand le roi résolut d'enlever au régent les soins du gouvernement et l'espoir du trône. Ce fut de l'avis unanime du conseil des princes, « de communi principum consilio », que Baudoin IV fit couronner son neveu, le jeune Baudoin V. (Guill. de Tyr, liv. XXII, chap. xxix, p. 1127.)
5. Guill. de Tyr (ibid.).
6. Vinisauf (Gale, Script. Angl., t. II, p. 392) : « Simplex erat et minus

beauté de sa figure qui, plus que sa valeur, gagnèrent le cœur de Sibylle [1], cet homme ne se fût jamais assis sur un trône. Mais nous devons, dans une large mesure, tenir compte de l'impression à laquelle obéissaient ces auteurs lorsqu'ils traçaient du roi un portrait si peu flatteur. Ils se faisaient l'écho des rancunes qui animaient contre lui la société chrétienne indignée de sa défaite de Tibériade. L'opinion ne pouvait manquer de se déchaîner avec violence contre le prince sous le gouvernement duquel les Chrétiens avaient perdu la Terre-Sainte : « Sa honte et sa confusion, s'écrie Jacques de Vitry, sont sans exemple, car il n'a pas su garder Jérusalem ! [2] » Il ne vint en effet à l'esprit de personne de rechercher si les causes du malheur ne pouvaient pas être imputées aux vices des institutions plutôt qu'à la faiblesse des hommes. On s'en prit au roi seul; on le rendit responsable du deuil public; et l'honneur de Guy succomba

---

astutus. » — ERNOUL, chap. VII, p. 60 : « Il ne fu mie preus ne sages. » — JACQ. DE VIT., chap. XCIV, p. 1118 : « Absque fortitudine. » — CONTINUATEUR (Martène, Ampl. Coll., t. V, col. 591) : « Il est à fol et à musart. » — Au dire d'ERNOUL (chap. VII, p. 60), Geoffroy de Lusignan, en apprenant l'élévation de son frère qui ne se recommandait par aucun mérite, se serait ironiquement écrié : « Si mon frère Guy est devenu roi, certainement il deviendra Dieu ! » — FRANÇOIS PIPINO dans sa compilation (Muratori, Script. Ital., t. VII, col. 783) reproduit le mot de Geoffroy : « De hoc Guidone fertur fratrem ejus Gaufridum, quum audisset eum coronatum in regem, dixisse, quod ejus agnoscebat ignaviam, si Rex est, merito futurus est Deus. »

1. ERNOUL, chap. VII, p. 60 : « Mult biaux chevaliers estoit. » — BENOIT DE PETERBOROUGH (éd. Hearne, p. 443) dit que la beauté de Guy entraîna Sibylle à une faute que le mariage seul pouvait réparer. — GUILL. DE TYR lui-même (liv. XXII, chap. I, p. 1062) laisse supposer l'existence d'un commerce de galanterie entre Guy et la princesse lorsqu'il écrit que le roi Baudouin IV donna sa sœur en mariage avec trop de précipitation, mais non cependant sans quelque motif, « causis quibusdam intervenientibus », au jeune fils d'Hugue le Brun. Le pieux archevêque n'a donc pas gardé sur ces faits un silence aussi absolu que veut bien le dire l'auteur de l'Histoire des Croisades (MICHAUD, t. II, liv. VII, p. 300, note 1).

2. JACQ. DE VIT., chap. XCVIII, p. 1120 : « Indutus reverentia et confusione, præsertim cum Terra Sancta sub ipsius amissa esset regimine. »

sous le poids de cette responsabilité! Certes, l'époux de Sibylle n'avait en lui rien de ce qui fait les capitaines ou les rois éminents. Il ne serait pas juste toutefois de lui refuser la résolution et la bravoure. Les récits qui nous sont parvenus de la journée de Tibériade ne disent pas que le roi s'y montra lâche. Sa capture par l'ennemi suffirait d'ailleurs à le laver de cette accusation si quelqu'un l'eût formulée. L'historien impartial est encore obligé de reconnaître que Guy eut le sentiment de ses devoirs. Rappelons le zèle qu'il déploya, à sa sortie de captivité, pour reconstituer une armée [1]; son arrivée à Tyr dont le marquis Conrad lui ferma les portes [2]; sa marche hardie sur Saint-Jean-d'Acre et le siège de cette ville défendue par des forces trois fois supérieures [3]. L'entreprise ne réussit pas; mais elle était nécessaire et conforme à l'intérêt de l'État. Malheureusement Lusignan, veuf de Sibylle [4], vit son crédit baisser de jour en jour. Contraint de s'éloigner d'une place dont il avait le premier, quand personne n'eût osé l'entreprendre, commencé l'investissement, il se retira à Chypre où il fonda sa dynastie [5]. A tout prendre, Guy se montra moins incapable et beaucoup plus résolu que ne l'admet la tradition.

Son frère, Amaury II de Lusignan, qui lui succéda

---

1. Vinisauf (Gale, Script. Angl., t. II, p. 267) dit que Guy réussit à former une armée d'environ 9000 hommes.
2. Ernoul, chap. xxii, p. 256.
3. Ernoul, chap. xxii, p. 257, et xxiii, p. 258 : « Et si fu grans mervelle qu'il fist, qu'il ala assegier Acre à si poi de gent que il avoit; car à caseun home qu'il avoit, quant il ala assegier Acre, estoient il bien. IIII. Sarrasin dedens. »
4. La reine Sibylle mourut au camp, vers le milieu de l'été de l'année 1190. (Ernoul, chap. xxiv, p. 267.)
5. Voir sur ces faits De Mas Latrie, Hist. de Chypre, liv. I, chap. i, p. 37 et suiv. — Lusignan acheta l'île de Chypre aux Templiers auxquels le roi d'Angleterre, Richard, l'avait vendue ou engagée.

dans le royaume de Chypre et ceignit, après la mort de Henri de Champagne, la couronne de Jérusalem, a laissé au contraire dans le souvenir et les écrits de ses contemporains la réputation méritée d'un homme doué d'aptitudes supérieures. Jean d'Ibelin dans son *Livre des Assises* a rappelé ses humbles débuts et son éclatante fortune : « Amaury de Lusignan, dit-il, fut d'abord un pauvre valet et gentilhomme; il obtint successivement les grands offices du royaume, depuis la charge de chambellan jusqu'à la connétablie. Ensuite il fut roi des deux royaumes, d'abord de celui de Chypre, puis de celui de Syrie; et tous les deux il les gouverna jusqu'à sa mort, parfaitement et avec une extrême habileté [1]. » Ibelin aurait pu ajouter qu'Amaury avait l'esprit aussi ferme que prévoyant et la volonté très nette de restreindre les privilèges de l'aristocratie au profit du pouvoir souverain [2]. Un roi comme lui, s'il eût régné plus longtemps [3], eût peu à peu relevé la fortune des Chrétiens et de nouveau répandu au loin la terreur du nom franc.

Jean de Brienne qui vint ensuite n'eût pas manqué d'assurer le maintien de la situation acquise. La figure de ce personnage est une des plus sympathiques parmi celles des rois de Jérusalem. Le souvenir de ses exploits, à une époque où déjà le royaume chrétien penchait vers la ruine, le place au rang des héros de la Croisade. L'étrangeté de sa destinée, en attirant les regards de l'historien, éveille la sympathie. On ne peut se défendre d'un senti-

---

1. *Ass.*, t. I, *Liv. de Jean d'Ibelin*, chap. CCLXXIII, p. 429, 430.
2. Ce fut l'objet d'une *assise* proposée par Amaury aux termes de laquelle les chevaliers étaient tenus de vendre leurs fiefs afin de racheter le roi si ce dernier venait à tomber aux mains des Sarrasins (*Ass.*, t. I, *Liv. de Jean d'Ibelin*, chap. CCXLIX, p. 397, 398).
3. Amaury, roi de Chypre depuis 1194 et de Jérusalem depuis 1197, mourut en 1205.

ment de pitié admirative pour cet ardent apôtre de la guerre sainte que la fortune soumit aux plus douloureuses épreuves, mais qui sut conserver dans le malheur une dignité parfaite, une incontestable grandeur.

Type accompli du chevalier, Brienne possédait les qualités dominantes qu'exigeaient les circonstances et les intérêts de la royauté latine. A la bravoure [1], héréditaire dans la famille [2], il joignait l'expérience et la prudence de l'âge mûr [3]. Son air martial, sa vigueur, sa haute taille frappent d'étonnement les chroniqueurs [4]. Aussi le portrait que ces derniers tracent du roi de Jérusalem a-t-il toutes les apparences du portrait d'un jeune homme. C'est à peine si le vieillard se laisse entrevoir derrière l'intrépide soldat qui dirige d'incessantes chevauchées sur les terres des Sarrasins [5], conduit cent mille Latins à la conquête de l'Égypte [6], et sauve, par des prodiges de valeur, Constantinople d'une invasion barbare [7].

1. Mat. Sax., liv. III, pars XI, chap. iv. p. 205 : « Hominem Syriæ partibus aptum, in armis probum, in bellis securum, in agendis providum, Johannem comitem Brenensem. » — Ernoul, chap. xxxv, p. 409 : « Estoit haus hom et proedom... li roialmes i seroit bien assenés. » — Math. Paris, p. 159. — Guillelmus Armoricus (Hist. de Fr., t. XVII, p. 116) appelle Brienne : « Illustris rex Hierosolymitanus. » — Voir Laurent, Hist. de Jean de Brienne, p. 178.

2. Jean de Brienne était fils d'Érard II, comte de Brienne en Champagne, et d'Agnès de Montbéliard. Son frère Gautier III était mort dans la Pouille avec la réputation d'un héros.

3. La *Chronique d'Auxerre*, p. 111, dit qu'il était aussi prudent que brave : « Armis strenuus, fide devotus, prudentia clarus. » — On peut donner comme preuve de cette prudence les raisons que Brienne fit valoir contre le légat Pélage à propos de la direction des opérations militaires (Michaud, t. III, p. 487). On verra plus loin (chap. iii, p. 176) que le légat n'ayant pas suivi les sages avis du roi eut lieu de s'en repentir.

4. Acropolite, chap. xxvii.

5. Ernoul, chap. xxxv, p. 409.

6. Ibid., chap. xxxvi, p. 415 et suiv. — Math. Paris (Hist. de Fr., t. XVII, p. 743 et suiv.).

7. Ernoul, chap. xli, p. 470-472. — *Lettre de Grégoire IX à Béla, roi de Hongrie*, auquel le Souverain Pontife demande des secours en faveur de

Cependant il est peu de souverains dont le sort ait autant trahi les courageux efforts. Il frappa Brienne dans son affection d'époux, dans son amour de père, dans son orgueil de roi. Sa première femme, Marie de Montferrat, fut emportée, dans la fleur de l'âge, après deux ans de mariage [1]; sa seconde, Estéfanie, fille de Livon, roi d'Arménie, succomba en quelques jours aux atteintes d'une cruelle maladie [2]; et un troisième mariage unit le roi de Jérusalem à la fille d'Alphonse IX, roi de Léon, Bérengère de Castille [3]. En donnant sa propre fille Isabelle à l'empereur Frédéric II il avait cru trouver un protecteur pour son enfant, un défenseur pour le royaume, un allié pour lui-même. Vains calculs! Frédéric, au lendemain de ses noces, délaissa et outragea la reine [4], opprima le royaume [5], déposséda le roi [6]! Un prince qui, ayant le droit pour lui, se laisse dépouiller de sa couronne, inspire

---

Brienne (Rinaldi, ad ann. 1235, n° 53). — Michaud, t. III, *Eclaircissements*, p. 522 et suiv., et t. IV, p. 62.

1. Ernoul, chap. xxxv, p. 411. — Le mariage de Marie doit être rapporté à l'année 1210, sa mort à l'année 1212. Voir sur la date du mariage le commentaire de M. Rey dans son édition des *Familles d'outremer* de Du Cange, p. 33; et sur la date de la mort deux lettres d'Innocent III, du 9 janvier 1213, adressées au patriarche et au roi de Jérusalem (liv. III, epist., 207, 209).

2. Le mariage de Jean de Brienne avec une princesse d'Arménie est attesté par une lettre de ce prince à Gervais, abbé de Prémontré, et la réponse de ce dernier au roi de Jérusalem (Hugon. Stivag. *Sacræ antiquitatis monumenta*, t. I, p. 36, 37, *Epist. Gervasii Præmonstr.*); par deux diplômes du roi d'Arménie Livon (*Cod. Dipl.*, t. I, n° 99, p. 104, et n° 100, p. 105); enfin par un passage d'Ernoul (chap. xxxv, p. 411). Estéfanie épousa Jean en 1215 et mourut en 1220 pendant l'occupation de Damiette, au moment même où Brienne, apprenant la mort de Livon, s'apprêtait à faire valoir ses droits sur le royaume d'Arménie (Ernoul, chap. xxxvi, p. 423).

3. Ernoul, chap. xxxix, p. 450. — *Chroniques de Saint-Denys* (*Hist. de Fr.*, t. XVII, p. 419). — Le mariage de Bérengère est de 1223.

4. Sur la conduite de Frédéric envers sa femme, voir plus loin chap. vi, p. 321 et note 2.

5. Voir sur ce point p. 168 et suiv.

6. Ernoul, chap. xxxix, p. 451, 452.

ordinairement plus de mépris que d'intérêt. Brienne au contraire paraît grandi par la spoliation dont il fut la victime. Esprit pratique, il comprit l'inégalité de la lutte à laquelle l'empereur l'invitait; il en mesura d'avance les conséquences funestes pour les vrais intérêts de la Terre-Sainte. Il abandonna le sceptre à Frédéric parce qu'il ne se crut point le droit de perdre dans les déchirements d'une guerre civile les derniers restes d'un royaume agonisant. Peut-être aussi sa tendresse pour l'enfant délaissée qu'une querelle de famille risquait de compromettre à jamais dans l'esprit d'un époux lui fit préférer l'abdication à la résistance. Les historiens, bien que favorables à Jean de Brienne, n'ont pas fait ressortir, comme il convenait, toute la noblesse de ce caractère. En cédant à l'empereur, le roi de Jérusalem n'accomplit pas seulement un sacrifice touchant; il fit preuve encore d'un sens politique difficile à contester. Aussi est-ce un hommage que les barons latins de Constantinople rendirent à Brienne fugitif lorsqu'ils l'appelèrent au trône chancelant de Constantin. Le vieux roi, en acceptant le fardeau d'un empire qu'il allait falloir disputer aux Grecs et aux Bulgares, assumait une responsabilité capable de rendre hésitants les plus déterminés. Mais Brienne ignorait les calculs intéressés des consciences égoïstes. A peine avait-il revêtu la pourpre impériale qu'il s'élançait à l'assaut des Barbares et dispersait leur armée, terminant en héros une vie toute de probité, de désintéressement, d'honneur.

A proprement parler, Brienne est le dernier des rois de Jérusalem véritablement dignes de ce nom. Pour l'empereur d'Allemagne Frédéric II et pour les rois de Chypre Hugue III, Jean Ier et Henri II les affaires de Syrie furent chose accessoire.

Issu d'une race maudite par la papauté, Frédéric se montra plus préoccupé de défendre son héritage contre la colère des pontifes que de servir la cause de Dieu en Orient. Si en Allemagne et en Italie il déploya toutes les ressources d'un esprit souple, rusé, perfide même [1], en Palestine il joua la comédie du zèle chrétien.

A la vérité, les Lusignans furent des Croisés plus sincères. L'honneur de ces princes sera d'avoir combattu ou négocié pour obtenir le titre de rois de la Cité Sainte, puis d'avoir défendu le principe de la royauté dans un royaume qui n'était plus qu'un nom et n'apportait au souverain que charges et soucis. Mais ils n'ont pas tenté un projet devenu au XIIIe siècle irréalisable, la restauration de l'ancienne domination chrétienne en Palestine. Attentifs à assurer l'avenir de leur dynastie en Chypre, ils n'ont pas conçu relativement aux destinées de la Terre-Sainte des espérances chimériques. On aurait mauvaise grâce à blâmer Hugue III et ses deux fils d'avoir compris que le royaume de Jérusalem était irrémédiablement condamné, et que la royauté chrétienne d'Orient devait désormais concentrer ses moyens de résistance sur l'île de Chypre [2].

Le mérite des princes latins qui éclatait à tous les yeux eût suffi pour commander le respect. L'institution d'une

---

1. Giesebrecht, *Gesch. des deutschen Kaiserzeit.* — W. Schirrmacher, *Kaiser Friedrich der Zweite.* — Fr. Hurter, *Hist. d'Innocent III*, trad. de l'allemand. — Zeller, *L'empereur Frédéric II et la chute de l'empire germanique.* — De Cherrier, *La lutte des papes et des empereurs de la maison de Souabe.* — Huillard-Bréholles, *Recherches sur les monuments de l'histoire des Normands et de la maison de Souabe dans l'Italie méridionale.* — Gebhart, *l'Italie mystique.*

2. Voir sur la politique des Lusignans en Terre-Sainte De Mas Latrie, *Hist. de Chypre*, liv. I, chap. XVI, XVII, XVIII, XIX, p. 121 et suiv.

cour destinée à rehausser le prestige royal pouvait paraître superflue. Néanmoins les rois, loin de négliger ce moyen d'action sur leurs sujets, organisèrent en Orient une cour sur le modèle de celle de la France[1]. Il est impossible de découvrir dans les documents l'époque précise à laquelle remonte cette organisation. M. Francis Monnier a cru pourtant devoir indiquer le règne du roi Foulque : « Ce fut seulement, dit-il, sous Foulque d'Angers, l'époux de la belle Mélisende, que la cour fut constituée avec ses quatre grands officiers, pareils eux-mêmes à des princes, le *sénéchal*, le *connétable*, le *maréchal*, le *chambellan*[2]. » Il suffit de consulter la liste des grands officiers qui nous est parvenue pour se convaincre que cette opinion n'est pas fondée. Avant l'année 1131, date de l'avènement de Foulque au trône, quelques familles de l'aristocratie avaient donné à l'État plusieurs grands officiers : Hugue de Saint-Omer, sénéchal du royaume sous Baudoin I[er3]; Eustache Garnier, puis Guillaume de Bures, connétables sous Baudoin II[4]; Sadon, maréchal sous les rois Baudoin II, Foulque et Baudoin III[5]. On est moins assuré que les chambellans antérieurs à l'année 1131 aient été des chambellans du royaume. Les données des historiens et des actes sont trop peu explicites pour permettre de dire avec certitude si tel ou tel fut un officier public ou bien un officier privé attaché à la personne du prince, un simple camérier du roi.

---

1. Prutz, *Kulturgesch. der Kreuz.*, liv. III, chap. 1, p. 176 et suiv.
2. Fr. Monnier, *Godefroy de Bouillon et les Ass. de Jér.*, p. 69.
3. Et. de Lusignan, *sénéchaux, etc.*, fol. 66. — Du Cange, *Fam. d'outremer*, p. 615.
4. *Cart. du S. Sép.*, n° 45, p. 51. — *Fontes rerum Austriacarum*, t. XII, n° 40, p. 85, 82.
5. *Cart. du S. Sép.*, n°s 30, 31, 33, 34, 44, p. 56, 58, 61, 69, 83. — *Col. Dipl.*, t. I, n° 17, p. 18.

Strabulon est qualifié par Albert d'Aix *camérier du duc Godefroy* [1]. Girard qui remplit cet office auprès de Baudoin Ier reçoit de Guillaume de Tyr le titre de *camerarius* sans aucun déterminatif [2]. Mais cette remarque ne s'applique pas moins aux chambellans qui suivirent qu'à ceux qui précédèrent l'avènement de Foulque. Parmi ceux-là il en est qui furent *camériers* sans désignation spéciale : par exemple Goscelin qui souscrit un acte du roi Foulque du 4 décembre 1139 [3], Nicolas dont le nom se lit sur un acte de la reine Mélisende de 1152 [4], Gérard de Pugi qui en 1169 signe une charte émanée d'Amaury Ier [5]. On ne saurait donc déduire qu'aucun chambellan n'ait été, antérieurement à l'année 1131, camérier du royaume [6].

Les attributions des grands officiers de la couronne étaient nombreuses et variées. Indépendamment de leur rôle militaire et financier dont il sera parlé plus loin [7], ces hauts dignitaires prenaient part à l'administration générale du royaume, secondaient le roi dans le gouvernement de l'État, étaient ses agents immédiats d'exécution.

Ainsi le sénéchal, *dapifer regis* [8], *dapifer regiæ curiæ* [9], réglait le cérémonial des fêtes. Dans la plupart d'entre elles, dans celle du couronnement par exemple, il jouait

---

1. Alb. d'Aix, liv. VI, chap. xxvii, p. 482 : « Camerarius Ducis »; liv. IX, chap. iv, p. 593.
2. Guill. de Tyr, liv. XI, chap. xii, p. 475.
3. *Cart. du S. Sép.*, n° 31, p. 58.
4. *Ibid.*, n° 48, p. 89.
5. *Cod. Dipl.*, t. I, n° 261, p. 245.
6. Du Cange, *Fam. d'outre-mer*, p. 615 et suiv.
7. Voir plus loin chap. iii : Service militaire, p. 177, 178; et chap. iv : Organisation financière, p. 231.
8. *Cart. du S. Sép.*, n° 331, p. 247.
9. *Cod. Dipl.*, t. I, n° 26, p. 29.

un rôle considérable. Il exerçait la justice royale et était secondé dans ces fonctions par des *baillis* ou *écrivains* du roi [1].

Le connétable, *regni constabularius* [2], dont les fonctions avaient un caractère surtout militaire, portait le jour du couronnement la bannière du roi et aidait ce dernier à mettre le pied dans l'étrier. Si la Haute Cour siégeait en l'absence du souverain ou du régent, il avait le privilège de la présider [3].

Le maréchal, *regius marescalcus* [4], secondait et au besoin suppléait le connétable comme lieutenant dans ses fonctions et ses prérogatives [5].

Le chambellan ou camérier, *chamberlain* ou *camerarius*, était, plus que les précédents, attaché au service personnel du prince. Le jour du couronnement c'était lui qui aidait le roi à s'habiller. Quand le cortège se dirigeait vers l'église, c'était lui encore qui portait l'épée devant le roi. D'autre part il pourvoyait à la dépense particulière du souverain pour sa maison, sa table et sa garde-robe. Il avait dans son service l'acquittement des prestations d'hommage dû par les feudataires. Quand un vassal rendait hommage au roi c'était le camérier qui dictait au vassal la formule du serment [6].

Au-dessous de ces quatre grands dignitaires on trouvait une quantité d'autres employés qui, après avoir formé dans l'origine la domesticité du prince, s'étaient élevés peu à peu à des fonctions publiques. Le *chancelier* mérite d'être

---

1. *Ass.*, t. I, *Liv. de Jean d'Ibelin*, chap. CCLVI, p. 407, 408.
2. Guill. de Tyr, liv. XII, chap. XXI, p. 545.
3. *Ass.*, t. I, *Liv. de Jean d'Ibelin*, chap. CCLVII, p. 409-411.
4. Guill. de Tyr, liv. XVIII, chap. XIV, p. 852.
5. *Ass.*, t. I, *Liv. de Jean d'Ibelin*, chap. CCLVIII, p. 412, 413.
6. *Ibid.*, chap. CCLIX, p. 415.

cité en première ligne. Cet office, confié de préférence à des ecclésiastiques, permit à beaucoup d'arriver aux plus hautes dignités de l'Église latine d'Orient. C'est ainsi que Raoul l'Anglais, chancelier de Baudoin III, devint évêque de Bethléem [1]; que son successeur Guillaume, chancelier de Baudoin IV, devint archevêque de Tyr [2]. Le chancelier apposait sa signature au bas des actes royaux. Les expressions *datum per manum cancellarii* se retrouvent dans presque tous les actes royaux à partir du règne de Baudoin III [3]. Le chancelier absent se faisait suppléer par un intérimaire. Nous connaissons trois actes de 1160, 1161, 1169 qui se terminent par cette formule: *Datum Sydonie, Data Accon, Datum Neapoli, per manum Stephani domini Radulfi Bethlemiticæ episcopi regisque cancellarii in hoc officio vice fungentis* [4]. Nous voyons de même que pendant le temps où Guillaume de Tyr fut chancelier du royaume de Jérusalem quelques diplômes royaux furent donnés par la main de Lambert, chapelain du roi [5]. Il n'était pas nécessaire que le chancelier, pour remplir les devoirs de sa charge, fût présent dans la capitale du royaume. Cet officier suivait le roi dans toutes les villes où celui-ci se transportait. Voilà pourquoi à côté d'actes rédigés à

---

1. *Cart. du S. Sép.*, p. 95, 97, 101, 113, 196, et *Cod. Dipl.*, t. I, n° 25, p. 27; n° 30, p. 32, 33, où se trouvent des diplômes de Baudoin III dressés par Raoul, chancelier. — GUILL. DE TYR, liv. XVI, chap. XVII, p. 735.
2. *Cod. Dipl.*, t. I, n° 65, p. 65; n° 71, p. 71. — GUILL. DE TYR, liv. XXI, chap. VI, p. 1012, et chap. IX, p. 1020.
3. DELABORDE, *Ch. de T. S. proven. de l'abbaye de N. D. de Jos.* (Bibl. des Éc. de R. et d'A., t. XIX). — *Cart. du S. Sép.*, *Cod. Dipl.*, STREHLKE (*Tabulæ*), passim; notamment, *Cart.*, n° 51, p. 95; *Cod. Dipl.*, n° 202, p. 245; STREHLKE, p. 1, 3, 8, 9, 10 où se trouvent des diplômes de 1153, 1161, 1155, 1157, 1179.
4. STREHLKE, *Tabulæ*, p. 2 et 3 (Baudoin III: 1160). — *Cart. du S. Sép.*, n° 99, p. 195, 196 (Baudoin III: 1161). — STREHLKE, *Tabulæ*, p. 6 et 7 (Amaury Ier: 1169).
5. N° XXXVIII. *Ch. prov. de l'abb. de N.-D. de Jos.*

Jérusalem¹ ou à Acre² nous en possédons d'autres datés de Tyr³, Naplouse⁴, Sidon⁵, Nazareth⁶ et autres lieux⁷.

La charge de *bouteiller* est également mentionnée dans les textes⁸.

Mais les *Assises de Jérusalem* ne disent rien de l'amiral qui dans le royaume maritime de Chypre devint un des principaux ministres de la couronne⁹.

Nous savons enfin que le commandement des troupes indigènes ou *turcoples* fut détaché de la charge de maréchal et confié à un *grand turcoplier* du royaume¹⁰.

Il faut donc se représenter les rois de Jérusalem comme des monarques rappelant par leur costume, leurs titres et leur cour les rois de la France capétienne.

On doit se hâter de dire que l'analogie se bornait là. Cette grandeur apparente de la royauté à Jérusalem

---

1. *Cart. du S. Sép.*, n° 51, p. 95 (Baudoin III). — Strehlke, p. 8 (Amaury Iᵉʳ), p. 9 (Amaury Iᵉʳ), p. 15 (Baudoin IV).
2. *Cart. du S. Sép.*, n° 99, p. 195 (Baudoin III). — Strehlke, p. 1 et 2 (Baudoin III), p. 11 (Baudoin IV), p. 13 (Baudoin III), p. 17 (Baudoin V).
3. *Cart. du S. Sép.*, n° 36, p. 57 : « Data est in palatio regis apud Tyrum » (Baudoin II).
4. *Cod. Dipl.*, t. I, n° 17, p. 18 (Foulque). — Strehlke, p. 6 et 7 (Amaury Iᵉʳ).
5. Strehlke, p. 2 et 3 (Baudoin III).
6. Ibid., p. 3, 4 et 5 (Baudoin III).
7. Ibid., p. 10 et 11. Un diplôme de Baudoin IV, de l'année 1179, porte ces mots : « Datum apud Vadum Iacob per manum Willelmi Tyrensis archiepiscopi regisque cancellarii. »
8. Alb. d'Aix (liv. VII, chap. xxiv, p. 522) mentionne Winric comme *bouteiller* de Godefroy. Mais Sybel (*Gesch. des erst. Kreuz.*, chap. xii, p. 523) fait remarquer avec raison que ce personnage exerçait auprès de Godefroy un emploi privé plutôt que public. — Au contraire, Guill. de Tyr (liv. XV, chap. xxi) donne à Payen, bouteiller sous le roi Foulque, le titre de *regis pincerna* et cite Eude de Saint-Amand parmi les bouteillers du roi Amaury Iᵉʳ (liv. XX, chap. i). La préface des *Ass. de la Haute Cour* (t. I, p. 6) parle du sire Mathe de Plessie, bouteiller de Jérusalem.
9. De Mas Latrie, *Hist. de Chypre*, liv. I, chap. vi, p. 133.
10. Ibid., p. 134. Voir plus loin chap. iii : Service militaire, p. 207.

cachait une faiblesse réelle. Au contraire de la monarchie d'Hugue Capet qui, limitée en fait, était absolue en droit, la royauté latine était entravée dans son exercice par les obligations et la hiérarchie compliquée du système féodal. Ainsi que l'a démontré le livre de M. Luchaire, l'idée royale était en France étrangère au système féodal; la royauté était antérieure et supérieure au régime des fiefs. A Jérusalem, au contraire, la royauté fut essentiellement féodale; dans aucun pays de l'Europe la société ne fut établie d'une manière plus conforme aux principes de la féodalité. En France les rois, usant des droits étendus attachés à leur titre, réussirent, malgré leur impuissance matérielle, à s'affranchir de l'oppressive tutelle de la féodalité. Au contraire, les rois de Jérusalem ne sortirent jamais de l'état d'assujettissement auquel ils furent condamnés dès la fondation du royaume. A vrai dire, il n'y eut pas équilibre entre la puissance féodale et l'autorité royale. La première fut seule l'objet de la sollicitude du législateur; on a pu dire « qu'elle avait été développée avec une prédilection éminemment préjudiciable à la sûreté de l'État[1] ». Ce qui, avant tout, fut inattaquable, ce fut le droit des vassaux. Ce qu'on s'appliqua à limiter par des dispositions souvent subtiles, ce fut le droit du souverain.

En effet le royaume de Jérusalem était un État aristocratique dans lequel la véritable souveraineté appartenait non pas au roi mais au corps de la noblesse, c'est-à-dire à l'ensemble des hommes d'armes devant au roi l'hommage et le service militaire à titre féodal. La réunion de ces hommes en assemblée s'appelait la Cour des Liges ou Haute Cour. Établie par Godefroy de Bouillon[2]

---

1. Prutz, *Kulturgesch. der Kreuz.*, liv. III, chap. I, p. 165.
2. *Ass.*, t. I, *Liv. de Jean d'Ibelin*, chap. II, p. 23.

et présidée par le roi ou à son défaut par un des grands officiers [1], siégeant à Jérusalem, plus tard à Acre [2] et aussi suivant les circonstances dans d'autres villes comme Tyr et Bethléem, la Haute Cour, après ne s'être composée dans l'origine que des chevaliers tenant un fief directement de la couronne, comprit encore les arrière-vassaux à partir du règne d'Amaury I*. Ce prince par son *Assise sur la Ligèce* (1162) étendant jusqu'à ces derniers l'obligation du serment de fidélité envers le suzerain rendit les arrière-vassaux de la couronne, au même titre que les vassaux immédiats, hommes liges du roi [3]. Mais à part l'introduction de cet élément nouveau qui, loin d'être opposé aux principes de la féodalité, les fortifiait en rattachant plus étroitement tous les hommes de guerre au chef seigneur, la Haute Cour d'Orient ne s'ouvrit jamais à ces simples légistes qui, en Occident, à la prière des Capétiens, prononçaient sur les matières touchant aux premiers intérêts de la féodalité. Elle ne se composa que des vassaux liges du royaume. Elle acquit ainsi une autorité indépendante et supérieure à celle du roi. Tan-

---

1. *Ass.*, t. I, *Liv. de Jean d'Ibelin*, chap. CCLVII, p. 409-411; chap. CCLVIII, p. 413.
2. La Haute Cour du royaume siégea à Acre depuis la prise de Jérusalem par Saladin en 1187 (LOREDANO, *Hist. du roy. de Chypre*, liv. I, p. 50). Ainsi elle résida quatre-vingt-huit ans à Jérusalem (1099-1187) et cent quatre ans à Acre (1187-1291).
3. *Ass.*, t. I, n° CCXIV de la *Clef des Ass. de la Haute Cour*, p. 595. — Voir aussi le chap. CXI. du *Liv. de Jean d'Ibelin*, t. I, p. 214, 215, et les chap. XL, p. 517, t. I, p. 525, du *Liv. de Ph. de Nav.*, où sont exposées les circonstances qui déterminèrent Amaury à prendre cette mesure. Gérard, seigneur de Sidon et de Beaufort, vassal du roi, avait dépouillé un de ses vassaux sans qu'il y eût sentence de la Cour. Les pairs du vassal dépossédé s'élevèrent contre ce procédé qui mettait en danger leur indépendance à tous. Le roi Amaury prit parti pour eux et, se faisant le protecteur des petits vassaux contre les caprices des grands seigneurs, força Gérard à réparer sa faute. Puis il fit admettre cette *assise* que les vassaux des seigneurs dépendant du roi seraient désormais obligés de prêter hommage au roi pour leurs fiefs comme au maître suprême des fiefs.

dis que le prince n'exerçait à proprement parler que le pouvoir militaire, la Haute Cour eut tous les attributs du pouvoir souverain. Elle était l'assemblée des barons; et le roi n'était que le premier des barons. Sans son concours, sans son approbation, celui-ci ne pouvait rien entreprendre, rien ordonner. Nul principe n'est aussi souvent répété par les jurisconsultes. Nulle idée ne se dégage plus nettement de l'examen des textes et de la constatation des faits.

Et d'abord, le pouvoir législatif de la couronne n'est ni étendu ni indépendant. La royauté ne peut pas en matière législative s'isoler ni s'affranchir de l'aristocratie féodale. Quand le roi prend l'initiative d'une loi, il doit, avant d'en obtenir les effets, la soumettre à l'épreuve d'un débat solennel devant le Conseil des Barons. C'est dans le sein de ce Conseil que les propositions royales reçoivent force de loi ou d'*assise*. Jean d'Ibelin dit expressément : « Ce fut par le conseill dou patriarche de Jerusalem et des barons et des haus homes dou dit roiaume [1] » que Godefroy et ses successeurs modifièrent les *assises* ou lois de l'État. Philippe de Novare ne s'exprime pas sur ce sujet d'une manière moins précise. Parlant des amendements que, sur les avis d'un gentilhomme français, Henri le Buffle, un roi de Jérusalem apporta aux usages et coutumes du royaume, le jurisconsulte se garde d'omettre l'acquiescement donné par les vassaux de la couronne [2]. Recherchons quelques-uns des actes législatifs émanés

---

1. *Ass.*, t. I, *Liv. de Jean d'Ibelin*, chap. III, p. 24.
2. *Ass.*, t. I, *Liv. de Ph. de Nov.*, chap. LXXI, p. 512 : « Après avint que un moult sage home don roiaume de France vint o reiaume de Jerusalem, et y fu moult grant piece, et le rei et les autres preudomes dou païs userent moult de son conseill, et il amenda moult pluisors des us et des assises dou reaume, par le rei et par ses homes, qui moult s'acorderent à son sens et à sa parole. »

des rois de Jérusalem dont les chroniqueurs nous aient conservé le souvenir et observons la procédure suivie. Partout le droit des seigneurs, des prélats et des bourgeois est clairement reconnu. En 1120, Baudoin II dans la loi rendue à la suite de l'assemblée générale tenue à Naplouse déclare que c'est de l'agrément de ses barons qu'il restitue à l'Église de Jérusalem la décime de ses revenus [1]. En 1162, Amaury Ier, préparant sa *loi sur la ligéce*, réunit un parlement où nous voyons figurer tous les vassaux de la couronne immédiats ou médiats, chargés de donner au projet royal la confirmation indispensable [2]. En 1182, la loi de Baudoin IV relative à la levée d'une taille extraordinaire destinée à faire tous les apprêts nécessaires pour repousser les attaques de Saladin n'est rendue que du consentement des seigneurs, prélats et bourgeois [3]. On ne voit pas, il est vrai, dans les écrits des jurisconsultes, que l'*Assise du coup apparent* promulguée par Baudoin Ier ait été le résultat des délibérations d'une assemblée [4]; mais de ce que les auteurs ne disent rien des circonstances au milieu desquelles l'assise fut élaborée on ne doit pas conclure qu'il ait été fait une exception à la règle générale. Bien plus, l'opinion des jurisconsultes regardant comme illégale l'*assise* du même Baudouin

---

[1] « Viris hujus sacri concilii videntibus et faventibus personis, et baronibus meis. » (MANSI, *Coll. Concil.*, t. XXI, p. 263.) — Cf. GUILL. DE TYR, liv. XII, chap. XIII, p. 532 : « De communi sanxerunt arbitrio. »
[2] *Ass.*, t. I, *Liv. de Jean d'Ibelin*, chap. CXL, p. 214 : « Et fu par la cort dou dit rei et dou dit Girart et de toz les barons et les hauts homes dou reiaume et de toz ciaus qui avoient homes qui tenoient fiés d'iaus el dit roiaume, et fu celle assise ensi faite et establie. »
[3] GUILL. DE TYR, liv. XXII, chap. XXIII, p. 1110 : « De communi omnium principum, tam ecclesiasticorum quam secularium, et de assensu universæ plebis regni Hierosolymorum. »
[4] *Ass.*, t. I, *Liv. de Jean d'Ibelin*, chap. CXIII, p. 185; *Liv. de Geoffroy le Tort*, § XXII, p. 440, 441; *Liv. de Jacq. d'Ibelin*, § LI, p. 465; *Liv. de Ph. de Nov.*, chap. LXXV, p. 546.

Baudoin *sur le balayage des rues*, parce que cette assise avait été rendue sans que les barons et les bourgeois fussent consultés[1], est la preuve que les barons ne souffraient aucune atteinte à leur droit. Ainsi le privilège qu'avaient les barons et même les bourgeois de prendre part à la rédaction des lois ne cessa d'être respecté en Orient ; le roi ne put modifier aucune assise sans le consentement des vassaux et des bourgeois du royaume.

Impuissante à légiférer, la royauté ne faisait aucune donation à des particuliers ou des communautés sans l'approbation des prélats et des barons. Il suffit pour s'en convaincre de consulter le *Code Diplomatique de l'Ordre de Saint-Jean de Jérusalem*, la collection des chartes reproduites au second tome des *Assises* et le *Cartulaire du Saint-Sépulcre*. Nous y voyons même que l'assentiment des bourgeois était aussi nécessaire que celui des seigneurs laïques et ecclésiastiques. D'après Beugnot, une charte du roi Foulque datée de 1135 serait la première que les bourgeois eussent été invités à confirmer[2]. Il en est cependant de plus anciennes. Nous trouvons dans le *Code Diplomatique* une charte de 1110 du roi Baudoin Ier dans laquelle, à côté des *nobiles*, sont mentionnés d'autres personnages appelés *boni viri*[3] ; il est vraisemblable que par ces mots le rédacteur de l'acte a entendu désigner les bourgeois. Une autre charte de 1131 contenue dans le *Cartulaire du Saint-Sépulcre* porte également les

---

[1] *Ass.*, t. II, *Liv. des Ass. de la Cour des Bourg.*, chap. ccciii, p. 225 : « Bien sachés que la raison ne prent mie à droit nus de VII. sos et demy d'escouver les rues, por ce que li rois Baudoins y mist ces establissemens sans le conseil de ses homes et de ses borgeis de la cité. »

[2] *Ass.*, t. II, charte n° 11 et note b, p. 491, 492. — *Cart. du S. Sép.*, n° 86 de l'année 1135, p. 166.

[3] *Cod. Dipl.*, t. I, n° 2, p. 2, charte de 1110 : « Et alii quamplures nobiles ac boni viri qui viderunt et audierunt. »

signatures des bourgeois de Jérusalem [1]. Dans tous les cas, si l'intervention de ces derniers avait été l'exception avant 1135 elle était bientôt devenue la règle; car, après cette date, nous voyons fréquemment les bourgeois intervenir conjointement avec les barons et les prélats pour contresigner des actes royaux. Des chartes de 1136 [2], 1151 [3], 1155 [4], 1175 [5], 1177 [6], mentionnent la triple confirmation des prélats, barons, bourgeois. On en conclut que cette triple confirmation était indispensable à la validité de l'acte royal. Sans doute il n'était pas toujours facile de réunir la communauté entière des hommes liges à l'effet de délibérer, puis de valider les actes du pouvoir. Mais le législateur avait prévu la difficulté; en décrétant que deux ou trois hommes liges convoqués par le roi seraient considérés comme représentant la Haute Cour [7], il avait enlevé au roi tout prétexte de se soustraire à l'obligation de la convocation. On le voit; par ces mesures le droit des seigneurs était, comme en matière législative, soigneusement sauvegardé. Le roi ne pouvait, en vertu d'une charte, concéder valablement un fief, sans le concours de ses hommes auxquels il donnait un nouveau pair. La société des chevaliers restait fermée à quiconque n'était point admis non seulement par le roi, premier des chevaliers, mais encore par les simples

---

1. *Cart. du S. Sép.*, n° 49, p. 90, 91.
2. *Cod. Dipl.*, t. I, n° 17, p. 18, charte de Foulque confirmant une donation à l'Ordre de l'Hôpital : « De burgensibus vero : Gaufridus Acus; Rainaldus de Montlohir; Soir de Baruth; Bonetb de Tolosa; Porcel; Willelmus Strabo cum aliis non paucis. »
3. *Cart. du S. Sép.*, n° 49, p. 51.
4. *Ibid.*, n° 56, p. 133.
5. *Ibid.*, n° 111, p. 259.
6. *Ibid.*, n° 168, p. 305-307.
7. *Ass.*, t. I, *Liv. de Jean d'Ibelin*, chap. CLXIII, p. 252, et *Clef des Ass. de la Haute Cour*, n° IX, p. 584.

chevaliers eux-mêmes. L'intérêt de ces derniers exigeait qu'ils connussent l'homme qui, par la concession royale, allait entrer dans leur association, devenir leur égal, acquérir ainsi le droit de faire la guerre et de rendre la justice avec eux.

Mais, dira-t-on, le roi ne peut-il pas briser le cercle étroit des prescriptions minutieuses dans lequel la féodalalité le tient enfermé? Nullement, car un système de privilèges et de droits protecteurs garantit chacun des membres de la communauté des hommes liges et la communauté entière contre l'arbitraire royal.

C'est d'abord l'obligation imposée au roi de prêter serment à ses hommes. Les expressions employées par Ibelin : « si devise quel sairement deit faire le chief seignor dou reiaume, quant il entre premièrement en sa seignorie, *avant que l'on li face homage* [1] », attestent que la prestation du serment par le roi précédait celle de l'hommage par les vassaux. Il s'ensuit que la seconde eût pu être refusée dans le cas où la première n'eût pas été rigoureusement faite dans les règles. Le roi s'engage « sur saintes Evangilles de Dieu » à garder les droits des églises, des veuves, des orphelins; à respecter les coutumes et *assises* du royaume; à tenir et maintenir les dons et privilèges, c'est-à-dire les inféodations accordées par ses prédécesseurs; enfin à rendre à chacun la justice qui lui est due.

---

1. *Ass.*, t. I. JEAN D'IBELIN (chap. CXCIII, p. 310) donne la formule du serment royal prêté aux hommes du royaume. Remarquer qu'indépendamment de ce serment le roi en prêtait un autre au patriarche dont Ibelin reproduit le texte au chap. VII de son livre, p. 25. Remarquer encore que dans le cas d'une régence un serment analogue à celui du roi était prêté par le régent; Ibelin nous en fait connaître le texte dans le chapitre de son Livre intitulé « Si devise quel sairement deit faire bail quant il receit baillage de reiaume, et coment il se deit contenir ». (T. I, chap. CXCIV, p. 312.)

C'est ensuite le droit reconnu aux hommes de refuser tout service militaire au prince qui n'aura pas respecté ses engagements. Les vassaux ne sont tenus au service de guerre que sous certaines réserves. On verra plus loin, au chapitre qui traite des institutions militaires, les cas où, ces réserves étant violées, les hommes se trouvent libres de toute obligation à l'égard de la royauté[1]. L'intérêt du prince exige donc qu'il n'attente point aux privilèges des seigneurs; autrement il est exposé à voir son armée se désagréger et à se trouver seul en face de l'ennemi.

C'est encore la garantie assurée à la liberté individuelle. Le prince, écrit l'auteur du *Livre au Roi*, qui arrête *sans esgart de cort* un homme libre, le frappe ou le mutile, ment sa foi et renie Dieu. « Car l'assise et la lei de Jerusalem juge et dit que autant doit li rois de fei à son home lige et à sa feme lige come l'ome lige doit à luy; et auci est tenus li rois de guarentir et de sauver et de desfendre ses homes liges vers toutes gens qui tort lor vorreent faire, com ses homes liges sont tenus à luy de guarentir et de sauver vers toutes gens[2]. » Dans cette phrase du jurisconsulte la théorie de la réciprocité des obligations entre le roi et les liges est expressément formulée.

Forcé de respecter la personne de l'homme lige, le roi est impuissant à agir contre ses biens sans la connaissance et le jugement de la cour où siègent les pairs du coupable. Les lois du royaume mettent le souverain dans l'impossibilité absolue de déshériter ses hommes sans jugement. Les mots *sans esgart de cort* ou *sans esgart de ces pers* reviennent à chaque instant dans les

---

1. Voir chap. III : Service militaire, p. 191 et suiv.
2. Ass., t. I, *Liv. au Roi*, chap. xxv, p. 623, 624.

écrits des jurisconsultes. Le conflit engagé vers l'an 1230 entre les seigneurs du royaume et Frédéric II, empereur d'Allemagne et roi de Jérusalem, offre un exemple de la résistance hautaine que savaient opposer les feudataires à quiconque osait porter atteinte à leurs droits incontestables. D'un côté, le puissant héritier des Hohenstaufen et des princes de Sicile voulant à tout prix conserver son titre de roi de Jérusalem et la souveraineté qui en découlait; de l'autre, les seigneurs profitant de l'absence de Frédéric engagé dans la guerre d'Italie pour conseiller à la reine Alix de Champagne, petite-fille d'Amaury I*er*, de réclamer la régence. Pour Frédéric une seule loi existait, sa volonté; pour les chevaliers, la tradition du royaume. L'empereur n'admettait pas que les coutumes ou *assises* qu'invoquaient sans cesse les chevaliers pussent prévaloir sur ses propres décisions. Les chevaliers voulaient user de tous les moyens légaux pour se débarrasser du despote et reconstituer, au sein de la Haute Cour, un gouvernement régulier, basé sur le respect et l'exécution des *Assises*. En un mot, d'une part, l'esprit d'indépendance, le désir d'intimider par la force; de l'autre, la justice, le droit, le respect de la légalité. Aussi lorsque Richard Filangier, maréchal de l'empire et chargé par Frédéric d'assurer l'autorité de l'empereur dans le royaume, assiège le château du sire de Béryte, Ibelin, et veut expulser ce dernier de sa terre, les chevaliers adressent au maréchal d'éloquentes et sévères remontrances : « Le royaume de Jérusalem, dit Balian, sire de Sidon, au maréchal, n'a point été comme d'autres États conquis par un chef qui peut se croire le maître absolu de son sort, mais bien par une armée de pèlerins assemblés de tous pays, sous la conduite de Dieu même. Quand la terre fut conquise, les seigneurs d'un commun accord remirent à l'un d'eux la seigneurie du royaume. Puis des *assises* furent adoptées autant dans l'intérêt du seigneur roi que pour la protection de ses hommes. Tous les rois et l'empereur lui-même ont juré de les observer fidèlement. Or une des premières lois des *Assises* c'est que le roi ne peut saisir ou dessaisir un homme de son fief sans le jugement de la Cour. Vous, cependant, ne requérant ni l'esgart [1] ni l'avis des liges, et agissant pourtant au nom de l'empereur, roi de Jérusalem, protecteur du pays et garde de l'héritier royal, vous vous êtes emparé des terres de l'un de nous. Vous avez pris sa ville au sire de Béryte Jean d'Ibelin qui est homme de l'empereur et assiégé son château. Nous tous, ses pairs, nous vous requérons donc ensemble, afin de pouvoir rester fidèles au seigneur empereur, de cesser dès maintenant le siège de Béryte et de rendre ses fiefs à Jean d'Ibelin. Si, ensuite, vous voulez accuser le sire d'Ibelin devant nous, et si nous reconnaissons qu'il ait failli à son devoir vis-à-vis de l'empereur, nous serons tous prêts à faire exécuter avec vous, et contre lui, le jugement de la Cour [2]. » Il est impossible d'être plus éloquent interprète du droit des feudataires ni meilleur théoricien de la souveraineté féodale [3]. Comme le maréchal différa la réponse qu'on attendait de lui, une rupture éclata entre le représentant de l'empereur et les chevaliers : l'un se

---

1. C'est-à-dire *l'arrêt définitif*.
2. L'exposé de ce conflit se trouve dans le Cont. de Guill. de Tyr, éd. de l'Acad., liv. XXXIII, chap. xxiii, p. 388 et suiv. Le texte du discours du sire de Sidon est au chap. xxiv, p. 389. — De Mas Latrie, *Hist. de Chypre*, liv. I, chap. xi, p. 266 et suiv.
3. Prutz (*Kulturgesch. der Kreuz.*, liv. III, chap. i, p. 168) a pu dire que « la nature de la constitution du royaume latin est admirablement caractérisée par les paroles que le Continuateur prête à Balian de Sidon ».

porta avec ses troupes vers Béryte; dès ce moment, les autres reconnurent moins l'autorité du représentant impérial que celle de leurs chefs, le connétable Eude de Montbéliard et le vicomte d'Acre. Frédéric II, roi de Jérusalem, avait méconnu le droit des seigneurs; mais ainsi lui-même s'était privé de leur concours.

Il y a plus. Le droit à l'insurrection légale contre l'autorité royale était formellement reconnu aux vassaux. Nous lisons au *Livre des Assises de la Cour des Bourgeois* : « Et c'il (le roi) avient puis, en aucune manière, que il vaise contre ses sairemens, il renée Dieu, puisqu'il fauce ce que il a juré. Et ne le deivent souffrir ces homes ni le peuple [1]. » Ce mot était terrible : c'était armer le peuple; c'était déchaîner la guerre dans le pays; c'était livrer le prince coupable d'une forfaiture aux vengeances des vassaux devenus des justiciers [2].

Si les seigneurs jouissaient de ces droits protecteurs à condition de servir fidèlement le roi, quelques-uns prétendaient à la même indépendance même lorsqu'ils le desservaient. Les chroniqueurs ont conservé le souvenir de quelques rébellions illégales des vassaux contre le pouvoir. Guibert de Nogent montre des seigneurs discutant sur l'opportunité d'une bataille à laquelle Godefroy les appelle [3]. En 1132, un conflit s'élève entre Foulque et Hugue, comte de Jaffa, qui « emporté par la présomption, écrit Guillaume de Tyr, ne voulait pas se soumettre au

---

[1]. Ass., t. II, Liv. des Ass. de la Cour des Bourg., chap. XXVI, p. 33, 34.
[2]. PAULI (liv. III, chap. I, p. 165) qualifie « révolutionnaire » le droit qui permettait aux vassaux de résister au seigneur soupçonné à tort ou à raison de porter atteinte à leurs privilèges.
[3]. GUIB. DE NOG., liv. VII, chap. XVII, p. 234 (comte de Saint-Gilles et comte de Normandie) : « At Sancti Aegidianus comes, comesque Northmannicus, intulerunt regi se nec dum velle procedere, donec scirent an idem bellum pro certo videretur instare. »

roi et refusait obstinément d'obtempérer à ses ordres ¹ ». En 1276, l'autorité royale est plus profondément humiliée en la personne de Hugue III : l'insubordination des habitants d'Acre et l'hostilité des Templiers obligent le prince à sortir du royaume. Tandis que les premiers entravent par leur mauvais vouloir les ordres de la couronne, les seconds, revendiquant pour les Maisons militaires une indépendance absolue, contestent au roi ses droits de suzeraineté ². Hugue, malgré les instances faites auprès de lui, refuse de rentrer dans la ville d'Acre, nomme un baile en sa place et envoie des messagers aux rois de l'Europe ainsi qu'au pape pour protester contre « les outrages » faits à la dignité royale ³.

Ces actes d'insubordination que rapportent les chroniqueurs sont significatifs : ils attestent l'absence d'un pouvoir central fort et respecté. Si les princes latins avaient été en possession de moyens suffisants pour gouverner les hommes, l'indiscipline des vassaux aurait été sévèrement réprimée. Mais on n'aperçoit dans les documents aucune trace de répression : Hugue III, loin de faire valoir son autorité, céda aux bourgeois d'Acre et aux Templiers.

1. Guill. de Tyr, liv. XIV, chap. xv-xvi, p. 627, 629.
2. Cont. de Guill. de Tyr, éd. de l'Acad., liv. XXXIV, chap. xxviii, p. 474. Les Templiers avaient acheté le casal de la Fauconerie à un feudataire de la couronne Thomas de Saint-Bertin sans demander l'autorisation royale indispensable à la validité de la vente. D'ailleurs de nombreuses difficultés s'étaient déjà élevées entre le roi Hugue d'une part, la Maison du Temple et les confréries des bourgeois d'Acre d'autre part : « Sa départie, ajoute le chroniqueur, ne fu pas seulement por cest achoyson, mais por plusors autres quereles qu'il avait as religions et as fraeries, qu'il ne le pooit seignorer ne mener à sa volonté. »
3. Cont. de Guill. de Tyr, éd. de l'Acad., liv. XXXIV, chap. xxix, p. 475.

Conclusion.

Le tableau que nous venons de tracer des caractères généraux de la royauté à Jérusalem nous donne l'idée d'une monarchie très limitée. Nous avons constaté que les rois tenaient leur pouvoir tantôt de l'élection, tantôt du droit héréditaire; que, dans les dernières années de la domination latine, le principe de l'hérédité l'avait emporté sur le principe de l'élection, mais que le droit des barons à élire leur chef n'avait jamais complètement disparu. La couronne n'était pas la propriété d'une famille : la féodalité n'abdiquait jamais ses droits. Le roi, malgré l'éclat de son costume, le faste de sa cour, la pompe de son entourage, la noblesse de son caractère, n'était qu'un seigneur féodal, suzerain de tous les autres, mais lié, comme les autres, à ses vassaux par des engagements et des obligations réciproques. Il y avait à côté du roi et en face de lui une redoutable puissance qui restreignait la sienne propre, la féodalité. Les Croisés, qui placèrent après la conquête un roi à leur tête, établirent un régime non pas monarchique mais aristocratique. Le roi fut et resta le chef de l'aristocratie; la véritable souveraineté appartint au corps de la noblesse [1].

---

1. Beugnot, *Mémoire sur le régime des terres dans les principautés franques fondées en Syrie par les Francs* (Bibl. de l'Éc. des Ch., 3ᵉ série, t. V, p. 35) : « Les Croisés furent amenés par la conquête lointaine qu'ils avaient entreprise et par l'état continuel de guerre où cette conquête les plaça à mettre en application les principes primitifs et purs du régime féodal, et à fonder, sous le nom de royauté, une véritable aristocratie militaire. »

CHAPITRE III

LE SERVICE MILITAIRE

I. — Autorité militaire du roi.

LE ROI CHEF SUPRÊME DE L'ARMÉE. — LES GRANDS OFFICIERS DE LA COURONNE. — CONVOCATION DES ARMÉES : MODE DE CONVOCATION, LIEU DE RÉUNION, LES BANNIERS.

Cette vérité apparaît nettement à celui qui étudie l'organisation de l'armée. Le roi, comme chef militaire, n'était pas plus absolu que comme chef politique. Il restait à la guerre ce qu'il était pendant la paix, le premier des barons ; et, même en cas de danger public, les pouvoirs n'étaient jamais concentrés dans ses seules mains. Les premiers temps de l'époque mérovingienne avaient donné l'exemple d'une puissance monarchique limitée en temps de paix mais despotique en face de l'ennemi[1]. L'ère des Croisades ne montra rien de semblable. A la tête de ses hommes en campagne, le roi ne disposa d'une autorité ni

---

1. JUNGHANS. *Histoire critique des règnes de Childérich et de Chlodovech*, chap. IX, p. 125, 126, trad. Gabr. Monod (*Bibl. de l'Ec. des Hautes Études*, XXXVII° fascicule).

plus arbitraire ni plus étendue que pendant les rares intervalles où chacun vaquait aux travaux de la paix. Il faut, pour s'en convaincre, étudier les règles du service militaire en vigueur dans le royaume de Jérusalem.

De la lecture des chroniques et de l'examen des *Assises* il ressort que le prince de Jérusalem, commandant de l'armée des grands vassaux qui le reconnaissaient pour suzerain, était le chef militaire suprême.

On dirait, à lire les chroniques, qu'au roi seul appartenaient la direction de la guerre, le soin de fixer le plan de l'expédition, le privilège de régler les mouvements ainsi que la marche des troupes. Ici Guibert de Nogent représente Godefroy choisissant lui-même les environs d'Ascalon comme lieu d'une bataille que les Croisés s'apprêtent à livrer [1]. Là Guillaume de Tyr montre le roi Baudoin Ier (1102) partageant l'armée en six corps [2]. C'était le roi qui, avant d'en venir aux mains avec l'ennemi, adressait aux troupes les proclamations propres à enflammer leur courage [3]. Les chroniqueurs regardent si bien le roi comme chef d'armée qu'ils déplorent sa perte surtout au point de vue militaire. En apprenant la mort de Baudoin Ier, Foucher de Chartres a peur que les ennemis ne se ruent sur les Francs privés de chef. « Nous avions perdu Baudoin, s'écrie-t-il, mais, heureusement pour nous, nous avions pris pour chef Dieu, le roi de toutes choses ! [4] »

---

1. Guib. de Nog., liv. VII, chap. xvii, p. 235.
2. Guill. de Tyr, liv. X, chap. xvii, p. 425.
3. Fouch. de Ch., liv. II, chap. xi, p. 392 : « Eia Christi milites, confortamini, nihil metuentes. Viriliter agite, et in hoc praelio fortes estote, et pro animabus vestris, quaeso, pugnate, et nomen Christi omnino exaltate. »
4. Imp., liv. III, chap. xxi, p. 453 : « Forsitan non erat rex, quem

De même dans l'esprit des *Assises* le roi était le chef de l'aristocratie et de l'armée. Son action et ses prérogatives avaient surtout pour but d'organiser la guerre et d'assurer la protection du pays. Il avait le commandement des expéditions de terre et de mer, la suprême autorité sur les places fortes et les châteaux déclarés d'ailleurs inaliénables [1]. De lui dépendaient par l'obligation du service militaire les grands vassaux, souverains à peu près indépendants dans leurs domaines, tels que le comte de Tripoli, le prince d'Antioche, le comte d'Édesse.

Mais il s'en fallait de beaucoup que la réalité fût toujours conforme à la doctrine. Maintes fois le droit du roi au commandement fut méconnu. L'arrivée des secours d'Europe amenait en effet des rivalités d'où les prérogatives de la couronne sortaient compromises. Tantôt les Croisés ne voulaient recevoir d'ordres que des chefs de leur nation; et le souverain de Jérusalem ne pouvait qu'à grand'peine dominer ces forces diverses afin de les maintenir dans une action commune. L'historien grec Nicétas Choniate mentionne un conflit survenu en 1169, entre Amaury Ier et Andronic, chef des troupes auxiliaires envoyées par l'empereur Manuel aux Latins; la harangue qu'il prête au général impérial atteste l'impuissance du roi à faire prévaloir sa propre autorité [2]. Tantôt un légat

---

forte fe uitu perdideramus; sed hic qui nuper vicit, non solum est rex in Iherusalem, sed et in omni terra. »

1. *Ass.*, t. I, *Liv. au Roi*, chap. I, p. 607. Pendant une minorité ou une absence du roi la garde des châteaux appartenait non au régent mais aux barons (*Ass.*, t. II, *Doc. relat. à la succ. au trône et à la régence*, chap. II, p. 397 et suiv.). Voir plus haut chapitre II : Nature et Caractères essentiels de la Royauté, p. 127.

2. Andronic, en désaccord avec Amaury, au sujet des mesures à prendre sous les murs de Damiette, est rempli de colère contre les hésitations et les lenteurs des Croisés qu'il accuse d'arrogance : « Τῇ γὰρ Λα-

du pape, venant à la tête d'une troupe de Croisés rejoindre l'armée latine, revendiquait pour lui seul le privilège de conduire les hommes qui l'avaient suivi. A l'entendre, les vassaux du royaume de Jérusalem étaient les seuls sujets du roi; les étrangers accourus à la défense des Lieux Saints, conservant partout leur caractère de soldats de la Croisade, ne relevaient que du Saint-Siège et ne devaient obéissance qu'à ses ministres ou à leurs officiers immédiats. On reconnut les dangers de semblables compétitions lorsque, en 1220, après la prise de Damiette, le légat Pélage, et le roi Jean de Brienne se disputèrent le commandement de l'armée [1]. Plutôt que de céder à Pélage le roi préféra s'éloigner [2]; les vassaux, fidèles à leur chef naturel, méconnurent l'autorité du prélat envoyé par le Saint-Siège; et lui-même, après avoir repoussé les offres pacifiques des Turcs [3], se vit contraint de rappeler le roi dans le camp des Croisés [4], puis de consentir à une paix honteuse. De là cette phrase éplorée du chroniqueur qui, regrettant la mort du cardinal Courçon, prédécesseur de Pélage, homme remarquable par sa modération, s'écrie : « Alors mourut le cardinal Robert,

---

τινικὴν ἐξουδενώσας κόρυζαν » (NICETAS CHONIATE, Hist. grecs, t. I, § 5 et 6, p. 303-306). Il parle de se séparer de l'armée royale et persuade ses soldats de la nécessité d'agir isolément : « Καὶ τούτων, οἶμαι, τῶν φαρμάκων Ἀμερίχῳ προέτεινον σαύρον Αἰγύπτιοι καὶ γοητεύθης, ὡς ἔοικε, τῷ ποτῷ καὶ μετασχὼν ἐς μέθην τῆς κύλικος, πρὸς κέρον ἀποδεδέχωσαι χρόνον. »

1. ERNOUL, chap. XXXVI, p. 526 et suiv.
2. Ibid., p. 427 : « Il estoit moult anniés et moult dolans de ce que li cardenals avoit signourie sor lui, et avoit deffendu c'on ne fesist riens por lui en l'ost. » — Après le départ du roi le cardinal devint, selon l'expression du chroniqueur, sires de l'ost (Ibid., p. 428). — PAUL MEYER (Mémoire sur la prise de Damiette en 1219, Bibl. de l'Ec. des Ch., t. XXXVIII, p. 510) dit que le cardinal Pélage « fut véritablement et pour le malheur des Chrétiens, le chef de la Croisade ».
3. ERNOUL, chap. XXXVII, p. 435; et XXXVIII, p. 442.
4. Ibid., p. 445.

et Pélage vécut, dont ce fut grand dommage¹! » Or, ces dissensions étaient d'autant plus pernicieuses, qu'elles ne se produisaient pas dans le camp ennemi. Tandis que les Latins, comme tous les peuples de l'Europe, n'avaient que des troupes féodales que mille passions diverses faisaient mouvoir, les Ottomans formaient une armée bien disciplinée, régulière et permanente.

L'unité dans le commandement supérieur fit donc toujours défaut à l'armée des Latins. Le roi était en théorie le chef militaire suprême. Dans la pratique l'autorité royale était souvent contrariée ou méconnue.

Au-dessous du roi prenaient rang les grands officiers de la couronne, *sénéchal*, *connétable*, *maréchal*, *chambellan*. Les trois premiers, indépendamment de la part prise par eux à l'administration générale du royaume², remplissaient quelques fonctions d'ordre militaire.

Le sénéchal avait, au nom du roi, l'inspection des châteaux forts et veillait à leur entretien comme à leur approvisionnement. Il pouvait changer les garnisons mais non les châtelains que le roi se réservait de choisir personnellement. En campagne, s'il ne commandait pas une division de l'armée, il se tenait dans le corps de bataille du prince³.

Le connétable était, après le roi, le commandant immédiat des hommes de guerre et le chef particulier du corps des seigneurs⁴. En temps de guerre il était investi du

---

1. Ernoul, chap. xxxvi, p. 417 : « Le cardenal Robiers fu mors. Et li cardenal Pelages vescui; dont ce fut grans damages. »
2. Voir plus haut chap. ii : Nature et caractères essentiels de la royauté, p. 156, 157.
3. *Ass.*, t. I. *Liv. de Jean d'Ibelin*, chap. ccxvi, p. 407.
4. Gull. de Tyr mentionne des secours envoyés en 1115, par Méli-

commandement supérieur à moins que le roi ne fût présent à l'armée. « Le conestable, disent les *Assises*, peut et doit estre, en leuc dou rei, chevetaine de totes les genz de l'ost qui vivent d'armes¹. » On a pu écrire que « ses fonctions avaient un caractère surtout militaire² ».

Le maréchal était une sorte de lieutenant du connétable³. Ils étaient ensemble chargés de la répartition et de l'ordre du service militaire dû par les chevaliers tenant fiefs, par les turcoples et les soudoyers. Ils veillaient à ce que la solde en argent et les fournitures en nature fussent exactement payées aux hommes d'armes par la *Secrète*, c'est-à-dire le trésor royal. Disposant d'une autorité presque illimitée ils s'assuraient, par des inspections et des revues fréquentes, du bon entretien de l'équipement et des chevaux. Le chapitre des *Assises* qui définit les attributions du connétable fait connaître quelques détails curieux sur la discipline militaire des armées d'Orient. Cet officier avait le droit, en passant ses inspections, de tuer le cheval sous le cavalier trouvé en faute ou désobéissant. Il pouvait, pour certains cas de culpabilité, frapper de sa canne ou de sa masse d'armes tout piéton ou cavalier qui n'était pas noble⁴. D'une façon générale tous les méfaits

---

sende sous les ordres de Manassier, connétable, au moment où le sultan de Mossoul assiège Édesse (liv. XVI, chap. IV, p. 708). Ailleurs, il parle du commandement de l'armée remis en 1172 au connétable Honfroi, « domino Henfredo constabulario », au moment où l'armée marche contre Nouraddin (liv. XX, chap. XXVI, p. 992).

1. *Ass.*, t. I, *Liv. de Jean d'Ibelin*, ch. CCLVII, p. 410.
2. PRUTZ, *Kulturgesch. der Kreuz.*, liv. III, chap. I, p. 176, 177.
3. On lit dans une charte d'Amaury, de 1158 : « Domus Hospitalis et fratres et magister ejusdem in hac expeditione prima quingentos milites et totidem turcopolos bene armatos habere debent. Et apud Larriz milites et turcopolos marescalco vel connestabulo debent monstrari. » (*Cod. Dipl.*, t. I, p. 49.)
4. *Ass.*, t. I, *Liv. de Jean d'Ibelin*, chap. CCLVII, p. 410 ; « Sauf les chevaliers homes liges. »

commis à l'armée tombaient sous sa juridiction [1]. D'autre part le maréchal était spécialement chargé de régler le droit de *restor*, c'est-à-dire le remplacement, aux frais du roi, des chevaux et autres montures dans les cas prévus par les *Assises* [2].

Ces offices, loin d'être héréditaires ou même simplement viagers, étaient concédés pour la durée du règne. A l'avènement du nouveau prince, chacun des dignitaires recevait une nouvelle investiture de sa charge. Révocable à la volonté royale, il avait intérêt à se montrer docile à l'égard du pouvoir par lequel il existait. Il n'est pas impossible pourtant de trouver dans l'histoire de la domination latine en Syrie quelques traces de conflits entre les grands officiers et les rois. Guillaume de Tyr parle de la haine du roi Baudoin III pour le connétable Manassier que protège la reine Mélisende [3]. Son Continuateur mentionne un nouveau différend entre Henri de Champagne et le

---

1. *As.*, t. I, *Liv. au Roi*, chap. xiv, p. 615 : « Tous doivent estre jugés devant luy, qui que il soient, ou chevalers ou borgeis, par dreit. »
2. Le *Livre au Roi* (*As.* t. I) fait connaître ces cas. Les seigneurs ainsi que ceux qui avaient à s'acquitter d'un service militaire, tels que chevaliers, sergents à cheval ou turcoples, jouissaient pour ces animaux d'une sorte d'assurance du roi, appelée *restor*. L'écrivain de la *Secrète* inscrivait au *restor* tous les chevaux, mulets et autres bêtes appartenant aux chevaliers et admis par le maréchal. Ces animaux désormais classés comme bêtes de guerre étaient assurés par le roi contre tout accident de force majeure, indépendant du possesseur. C'est seulement dans le cas où l'accident se produisait par la faute de ce dernier que le dommage retombait à sa charge. (Chap. x, xi, xii, xiii, p. 613, 614, 615.) Le chapitre xii énumère les cas pour lesquels le *restor* est accordé; et après avoir cité les accidents reconnus comme étant de force majeure, termine par ces mots : « En toutes les manière que ma beste meure ou se mahaigne, sans ma colpe et sans la coulpe de ma mehnée, si coumande la raison que je dés aver mon restor par dreit et par l'asise. » Le chapitre xiii énumère les cas qui ne donnent aucun droit au restor et conclut ainsi : « En toutes celes manières que ma beste meurt ou se mahaigne par ma coulpe ou par la coulpe de ma mehnée, si est le damage sur mei, si que ne m'en doit li rois point rendre de restor par dreit ne par l'asise. »
3. Guill. de Tyr, liv. XVII, chap. xiii, p. 779.

connétable Amaury de Lusignan[1]. Tandis que le roi, impuissant à réprimer la course, avait ordonné l'expulsion des Pisans de la Syrie, le connétable de Jérusalem avait cru devoir lui faire remarquer combien il serait fâcheux, pour punir quelques corsaires, de chasser du pays une commune aussi riche que celle des Pisans : « Vous les maintenez contre moi, lui dit le roi courroucé, mais dès maintenant je vous retiens. D'ailleurs je ne sais pas que vous soyez connétable. Et certes celui qui vous donna la connétablie n'agit pas avec raison! » Le chroniqueur ajoute qu'Amaury de Lusignan saisi aussitôt par les gardes fut emprisonné, mais que, sur les instances des maîtres du Temple et de l'Hôpital auxquels se joignirent les barons du royaume, il fut rendu à la liberté. Après quoi « il rendit la connétablie », c'est-à-dire s'en démit.

Dès qu'une guerre était imminente le roi convoquait tous les hommes du royaume astreints au service militaire. Ainsi en 1100 Godefroy se préparant au siège d'Arsur réunit à la hâte son armée, « omnibus convocatis et certatim concurrentibus[2] ». Quelques mois après il s'apprête à faire des incursions sur les terres des Arabes au delà du Jourdain; aussitôt il rassemble tous les chevaliers et fantassins dont il peut disposer, « convocatis secretius tam equitum quam peditum copiis, quales regnum recens ministrare poterat[3] ». Ailleurs c'est Baudoin Ier qui lève dans les cités du royaume un grand nombre d'hommes et leur ordonne de marcher au siège d'Arsur, « congregatis de civitatibus quas habebat tam

---

1. Cont. de Guill. de Tyr, p. 202. (Extr. du ms. D., éd. de l'Acad.)
2. Guill. de Tyr, liv. IX, chap. xix, p. 393.
3. Guill. de Tyr, liv. IX, chap. xxii, p. 398.

equitum quam peditum militaribus copiis [1] ». Le lieu de
la réunion était la fontaine de Sephorie, située à peu
près au milieu du royaume, et facilitant par sa position
la concentration des troupes. C'est là que se rend en 1171
le roi Amaury au moment de partir en campagne contre
Nouraddin [2]. C'est là encore qu'en 1182 Baudoin IV,
préparant une expédition contre Saladin, appelle les guerriers [3]. Chacun se portait au rendez-vous de guerre
aussitôt que le ban avait été publié. « Li banz, dit le Continuateur de Guillaume de Tyr parlant de l'année 1239,
fut criez que tous fussent apareillés le jour de la fête de
Tous Sainz [4]. » Enfin celui-ci était proclamé par des officiers
appelés *banniers*. Les *Assises* parlent de banniers chargés
de porter les sommations et ajournements [5]; mais elles
montrent aussi ces fonctionnaires proclamant les bans des
seigneurs et du roi. Ce sont eux, disent les *Assises*, qui
sont chargés de *semondre* les hommes qui doivent service
de corps [6]. *Si le roi semond ou fait semondre, l'homme
qui semond* sont des expressions que nous rencontrons
à chaque instant dans les *Assises*. Il ne peut être question
que des banniers dans ces phrases. Parfois le bannier
était remplacé par trois hommes, car nous rencontrons
souvent ces mots : *Si trois hommes du seigneur ou le ban-*

---

1. GUILL. DE TYR, liv. X, chap. XIV, p. 420.
2. GUILL. DE TYR, liv. XX, chap. XXV, p. 987 : « Illuc enim tam ipse, quam sui prædecessores convocare exercitus eodem intuitu consueverant. »
3. IBID., liv. XXII, chap. XV, p. 1092 : « Congregatus est universus regni populus ad fontem Sephoritana a, inter Sephorim et Nazareth. »
4. ERNOUL, chap. IX, p. 97, 98, 102; chap. XII, p. 153; chap. XXXII, p. 359.
5. *Ass.*, t. I, *Liv. de Jean d'Ibelin*, chap. XXX, p. 54.
6. *Ass.*, t. I, *Liv. de Jean d'Ibelin*, chap. CCXIV, p. 341-343. — On lit dans ERNOUL (chap. XIII, p. 162) : « Li rois manda son banier, et si li commanda qu'il criast par l'ost qu'il s'armassent tout et qu'il sivissent le gonfanon de le Sainte Croix. Li baniers fist le commandement le roi, et cria par l'ost as chevaliers qu'il s'armassent. »

nier semondent, etc. Le chapitre CCXIV du *Livre d'Ibelin* prescrit la façon dont doivent agir les banniers. Ce sont des banniers que Baudoin III envoie dans les différentes parties du royaume pour proclamer le ban, « missis nuntiis per universos regni fines [1] ».

En résumé, le roi, secondé par les officiers de la couronne, et en possession du droit de convoquer les hommes de guerre, fut le commandant des forces militaires d'Orient. En dépit des entraves mises à son action, il put, en unissant ses forces à celles des princes d'Antioche, de Tripoli, d'Édesse, avec l'assistance des grands Ordres militaires, avec le secours de tous ses vassaux, soutenir contre l'islamisme une lutte longue et parfois glorieuse qui dura deux siècles. Si on veut se faire une idée exacte des forces dont la royauté disposa, on doit avant tout prêter attention aux conditions du service féodal.

II. — Le service féodal.

DEVOIRS RÉCIPROQUES DU VASSAL ET DU SUZERAIN.
DEVOIRS DU VASSAL. TOUT HOMME QUI DOIT LE SERVICE DE CORPS EST ASTREINT SUR LA RÉQUISITION DE SON SEIGNEUR A SE PRÉSENTER A CHEVAL ET EN ARMES. LA DURÉE DU SERVICE A L'ARMÉE. SI LE SERVICE EST EXIGIBLE HORS DU ROYAUME COMME DANS LE ROYAUME.
DEVOIRS DU SUZERAIN. MAINTENIR LE FIEF. REMETTRE A SON POSSESSEUR LE FIEF PRIS PAR LES SARRASINS. LA SOLDE. LE RESTOR.

Le vassal et le suzerain avaient des devoirs réciproques. Ceux du vassal envers son seigneur étaient constatés par une cérémonie solennelle, appelée *hommage*, qui était l'acte par lequel le vassal reconnaissait la supériorité de son seigneur et s'avouait son homme. Mais de son côté le seigneur, loin d'être libre vis-à-vis du vassal,

1. Guil. de Tyr, liv. XVII, chap. XXI, p. 795.

était lié à ce dernier par une série d'obligations strictement prescrites.

Le service militaire était le but principal des inféodations. Un seigneur ne concédait de terre à son vassal que pour en recevoir un loyal appui en temps de guerre. Le secours fourni par le vassal était comme la condition même de la possession de sa terre. En principe, on n'aurait pu concevoir un fief sans service ; le vassal qui s'en serait affranchi aurait perdu à la fois sa qualité et la possession de son fief. Les *Assises* renferment une définition très nette du service militaire. Ses conditions y sont ramenées à trois principales : 1° tout homme qui doit le service de corps est astreint, sur la réquisition de son seigneur, à se présenter à cheval et en armes ; 2° la durée du service à l'armée est d'un an ; 3° le service est exigible dans toute l'étendue du royaume [1]. Ces trois conditions sont éclairées et expliquées par plusieurs autres passages des *Assises*.

Tout homme qui devait le service de corps était astreint, sur la réquisition de son seigneur, à se présenter à cheval et en armes. — Les textes montrent assez clairement que tous les frais de la chevauchée étaient supportés par le vassal. Les expressions du chapitre CCXVII du *Livre d'Ibelin* : « il deivent servise d'aler à cheval et as armes » le font déjà entendre. Mais le chapitre CCXXVI [2], plus

---

1. *Ass.*, t. I, *Liv. de Jean d'Ibelin*, chap. ccxvii, p. 345 : « Il deivent servise d'aler à cheval et as armes en sa semonce, en toz les leus dou reiaume où il les semondra ou fera semondre...; et demorer y tant cóme il les semondra ou fera semondre jusque à un an..... Et celui qui deit servise de son cors et de chevalier ou de sergent, deit faire le servise par tot le reiaume. »

2. *Ass.*, t. I, *Liv. de Jean d'Ibelin*, chap. ccxxvi, p. 357 : « Se le seignor semont ou fait semondre aucun de ces homes qui li deit servise de son

significatif, ne permet pas le doute à ce sujet. On y voit que le feudataire dont le cheval était hors d'usage avait le devoir de s'en procurer un second, à moins toutefois que le suzerain ne consentît à le lui prêter. L'auteur du *Livre au Roi* distingue le cas où le vassal servait à l'intérieur du royaume et celui où il portait les armes en dehors des limites; or, dit-il, c'est dans ce second cas seulement que le seigneur doit fournir aux chevaliers des armures, des provisions et toutes les choses nécessaires à la guerre[1].

La durée du service à l'armée était d'un an. — A cet égard les *Assises* ne reproduisent pas les règles qui, à la même époque, étaient en vigueur en Europe. D'après le droit féodal de l'Occident, les vassaux étaient tenus de se présenter à tout appel du suzerain. Mais de bonne heure ils avaient obtenu que cette obligation fût restreinte : les vassaux ordinaires ne devaient à leur suzerain que quarante jours de service militaire; les liges étaient tenus de le servir pendant toute la durée de la guerre; mais si le suzerain avait besoin du service des premiers pendant plus de quarante jours, il pouvait les retenir en les payant[2]. En Occident, le service militaire n'était donc pas pour les vassaux un devoir de tous les instants. En Orient, le législateur ne put pas tenir compte des changements que

---

cors, d'aler à cheval et as armes... et celui qui est semons n'ait que un cheval et cel cheval est essoigniés, il le doit lire à celui qui le semont, et doit porchassier un autre cheval, se il le peut aveir. » Si le vassal n'en trouve point il demande au suzerain de lui en prêter un jusqu'à ce qu'il en ait trouvé un autre. Le chapitre déclare le vassal tenu de se procurer un cheval afin de rendre au suzerain le service qui lui est dû, à moins que le seigneur ne consente à en prêter un.

1. *Ass.*, t. I, *Liv. au roi*. chap. XXIX, p. 626 : « Par enci que le seignor est tenus de douner li les estouviers de son cors, sauves les terres de son fié tan con il sera en celuy mesage hors des parties dou reaume. »

2. BRUSSEL, I, 164.

le temps avait en Europe introduits dans cette partie des usages féodaux. Le royaume de Jérusalem étant condamné à une guerre perpétuelle, il était naturel que l'obligation du service militaire y fût permanente ou à peu près. Pour se défendre contre un ennemi jamais las de ses défaites[1], pour soutenir une guerre de tous les jours, les conquérants de la Syrie admirent le principe d'un service de tous les moments. Voilà pourquoi en Syrie le service militaire fut d'un an ou pour mieux dire continuel. C'est la durée établie par le *Livre de Jean d'Ibelin* comme par la *Clef des Assises de la Haute Cour*. Quand les hommes, écrit le jurisconsulte, sont réquisitionnés par le seigneur, « il deivent à aler en besoigne d'armes,... et demorer y tant come il les semondra ou fera semondre jusque à un an[2] ». « Tous ciaus, lisons-nous à la *Clef des Assises*, qui doivent servize de leur cors, doivent servize qu'il doivent partout le royaume, de l'un chief de l'an jusques à l'autre[3]. » La règle était tellement formelle que si quelque vassal venait à quitter l'armée, sans congé du seigneur, il était considéré comme ayant oublié ses devoirs et encourait la déchéance[4]. Cependant, si grandes que fussent les nécessités de la défense, le vassal arrivé à un certain âge n'était plus tenu de servir. La loi posait des bornes au droit qu'avaient le roi et les seigneurs d'exiger

1. Lire les incitations à la vengeance et à la guerre contre les Chrétiens dans un petit poëme arabe de Modhaffer Alabyvardy (*Hist. ar.*, t. I, *Annales d'Aboulféda*, p. 4, 5. — Ibn-al-Atuir, *Kamel Altevarykh*, p. 200, 201). — Voir aussi Ibn-al-Atuir, *Introd. à l'Hist. des Atab. de Mossoul* (*Hist. ar.*, t. II, 2e partie, p. 1-10).
2. *Ass.*, t. I, *Liv. de Jean d'Ibelin*, chap. ccxvii, p. 316.
3. *Ass.*, t. I, *Clef des Assises de la Haute Cour*, n° ccxxvii, p. 598.
4. *Ass.*, t. I, *Liv. de Jean d'Ibelin*, chap. ccxxii, p. 353 : « Se aucun des homes dou seignor est semons dou servise que il deit de demorer en un leuc mouti une espasse de tens, et il s'en part avant le tens et le terme de la semonce sans le congié do seignor ou de celui qui est en son leuc, il est défaillant dou servise, et pert son fié. »

le concours de leurs hommes. Nous voyons dans les *Assises* qu'un vieillard ne pouvait en aucun cas être astreint à l'obligation de suivre son seigneur à la guerre. Mais la limite d'âge établie par le législateur varie suivant les manuscrits des *Assises*. L'édition de Beugnot reproduit deux textes dont l'un fixe cette limite à *quarante* ans, l'autre à *soixante* ans[1]. Il ne faudrait pas se laisser égarer par cette divergence. Si on rencontre un autre passage des *Assises* reculant jusqu'à *soixante* ans la durée du service et si on réfléchit que dans un État surtout militaire le législateur n'a pu déclarer inhabiles au service de corps des hommes à peine entrés dans la force de l'âge, on admettra que la limite de *quarante* ans n'a pas été et ne pouvait pas être choisie. Or on lit dans un chapitre du *Livre d'Ibelin* : « Il seit uz ou costume ou assise ou raison ou reiaume de Jerusalem... que quant les genz, qui servise deivent de leur cors, ont passé *soixante* anz d'aage, qu'il sont quittes de celui servise[2]. » Les *Assises d'Antioche* s'expriment en termes à peu près identiques[3]. Aussi semble-t-il qu'il faille attribuer l'insertion du chiffre *quarante* dans le manuscrit à une erreur de copiste, erreur d'autant plus compréhensible qu'elle a pu être causée par la seule transposition d'une lettre (XL au lieu de LX), et conclure que les hommes étaient retenus dans les rangs de l'armée jusqu'à l'âge de *soixante* ans.

Le service était exigible dans toute l'étendue du royaume. — Cette obligation, posée en principe par Jean

---

1. *Ass.*, t. I, *Liv. de Jean d'Ibelin*, chap. ccxxvi bis, p. 358.
2. *Ibid.*, chap. ccxxvIII, p. 362.
3. *Ass. d'Antioche*. Ass. de la Haute Cour, chap. I, p. 10 : « Mais quand l'homme lige arrive à l'âge de soixante ans, il n'est plus tenu à aucun autre service; il peut se retirer et se reposer chez lui. »

d'Ibelin [1], est confirmée par tous les documents et en particulier par la *Clef des Assises de la Haute Cour*. Mais alors se pose la question de savoir s'il était dû aussi en dehors des limites. Il semble qu'en Palestine aucun doute n'eût dû exister sur ce sujet. Il en était cependant tout autrement. Les textes des *Assises* où il est parlé du service hors du royaume sont au nombre de trois principaux : le chapitre CCXVII du *Livre de Jean d'Ibelin*, le chapitre XXIX du *Livre au Roi* et le *Document relatif au service militaire* [2]. Le premier de ces textes établit que le roi pouvait exiger des hommes liges le service personnel à l'extérieur dans trois cas : 1° quand il s'agissait du mariage du prince ou de l'un de ses enfants; 2° quand il fallait défendre la foi ou l'honneur du roi « por sa fei et s'onor garder et défendre »; 3° quand il y allait du « besoing aparant de la seignorie ou le comun proufit de la terre », c'est-à-dire en cas de salut public [3]. Mais ces trois cas, le dernier surtout, pouvaient s'entendre de façons bien différentes. Dans la marche ordinaire des choses, le roi décidait lui-même, selon que son intérêt se trouvait engagé, quelles étaient les affaires d'ordre privé, quelles étaient au contraire les questions d'intérêt général. Invoquant une assise dont le sens prêtait aux plus larges interprétations, le roi restait le maître du service militaire. Il y avait dans cette liberté laissée au prince un danger pour les vassaux. D'autre part rien n'empêchait ces derniers — à part un petit nombre de cas où la discussion était impossible — de soutenir que le roi transfor-

1. Voir plus haut, p. 183, note 1.
2. *Ass.*, t. I, *Liv. de Jean d'Ibelin*, chap. ccxvii, p. 345. *Liv. au Roi*, chap. xxix, p. 626. — *Ass.*, t. II, *Doc. relat. au serv. milit.*, p. 427-434.
3. *Ass.*, t. I, *Liv. de Jean d'Ibelin*, chap. ccxvii, p. 347.

mait en affaire d'État ce qui n'était qu'une querelle particulière. Ils pouvaient l'accuser de vouloir mettre les forces de la communauté au service d'une cause personnelle. Il y avait dans ces prétentions toujours possibles des vassaux un danger pour le roi. Ainsi, pour les uns comme pour les autres, aucune garantie, aucune sécurité.

Le second texte n'est ni plus explicite ni plus précis. Selon l'auteur du *Livre au Roi*, le service féodal n'était pas exigible quand le roi demandait le concours de l'homme lige pour une affaire d'ordre personnel et privé; il le devenait dès qu'il s'agissait de l'intérêt général, supérieur du royaume[1]. Aucun fait nouveau n'est mis en lumière; le *Livre au Roi* confirme simplement l'opinion déjà formulée dans l'ouvrage d'Ibelin.

Aussi ne faut-il pas s'étonner si le troisième texte, le *Document relatif au service militaire*, est l'exposé d'un conflit survenu en 1271 entre le roi Hugue III et ses barons. Hugue affirmait que les hommes liges étaient tenus de le suivre tant à l'intérieur qu'au dehors des frontières du royaume sans distinction. L'opinion contraire était soutenue par les liges. Il est vrai qu'il s'agit dans ce document des barons de l'île de Chypre et non de ceux du royaume de Jérusalem; mais les usages suivis à Chypre étaient les mêmes que ceux de la Syrie depuis que l'île appartenait aux Latins. Voilà pourquoi Hugue III pouvait invoquer à l'appui de sa thèse les règles en

---

1. *Ass.*, t. I, *Liv. au Roi*, chap. xxix, p. 626 : « S'il avient que li rois ou la rayne veulle mander son home lige en servise hors des parties dou reaume, la raison juge et coumande ce enci à juger, que li rois n'a pooir de mander son home lige hors des parties dou reaume por nul besoing de luy qu'il en ait, ne l'ome lige n'est tenus d'aler hi par dreit ne par l'asise. Mais se tant fust chose que li rois le voisist mander en mesage por le proufit dou reaume ou por le besoing de la terre, la raison juge et coumande ce enci à juger, que celuy est tenus d'aler hi. »

vigueur dans le royaume de Jérusalem; et à ce titre le *Document sur le service militaire* a pour l'historien de la Terre-Sainte un intérêt capital. Ne contient-il donc aucun renseignement qui permette de répondre à la question posée? On y trouve d'abord des arguments tendant à prouver que les vassaux devaient le service militaire sans condition et sans limite. Ils sont déduits de la teneur même du privilège de concession des fiefs et de l'usage suivi jusqu'alors dans le service féodal. En effet l'acte de concession ne stipulait aucune restriction. Le privilège royal portait simplement ces mots : « Je te donne telle chose ou tel fief pour le service de ton corps ou de tant de chevaliers et sous l'hommage lige. » Les feudataires de Jérusalem depuis le règne de Godefroy de Bouillon avaient toujours servi le suzerain en dehors des terres formant le domaine ou royaume proprement dit, tant dans le comté d'Édesse et la principauté d'Antioche que dans les pays païens ou à Constantinople, soit par terre, soit par mer. Mais à ces arguments s'opposent ceux qui reconnaissent la nécessité d'une limite et d'une condition déterminée. Il est vrai que la formule de l'investiture ne faisait aucune réserve; mais les barons devaient le service de chevalier, et quiconque eût exigé d'eux leur concours pour une expédition maritime eût dénaturé le service de chevalier. Il est vrai encore que les vassaux avaient, hors du royaume, prêté leur aide au roi, mais spontanément et non sur réquisition [1]. « Depuis l'origine du royaume de Jérusalem, écrit M. de

---

[1] *Ass.*, t. II, *Doc. relat. au ser. milit.*, chap. II, p. 432 : « Est-il bien chose seue qu'il n'i alerent ne par semonce ne par comandement, ainz alerent por Dieu servir et por los aquerre, si come il l'ont toz jors fait et feront, se Dieu plaist. »

Mas Latrie, les rois et les chevaliers paraissaient avoir pratiqué le service militaire sans jamais avoir voulu ou osé en préciser les conditions respectives. Les hommes liges n'avaient jamais refusé le service personnel hors du royaume; et ils étaient satisfaits d'obéir au roi, à la condition que le roi ne prétendît pas avoir le droit de leur imposer l'obéissance [1]. » Néanmoins il faut constater ici l'absence d'une loi formelle et ne pas dissimuler l'incertitude qui régnait dans les esprits. En 1273, le roi Hugue III décida d'un commun accord avec les barons de l'île de Chypre que tous les hommes liges de ce royaume devraient au roi quatre mois par an le service militaire en personne hors de l'île, à la seule condition que le roi ou son fils seraient présents dans l'armée [2]. Mais cela ne prouve en aucune façon que cet usage ait jamais eu force de loi dans le royaume de Jérusalem.

On peut donc conclure relativement aux trois obligations fondamentales constituant le service militaire : chaque seigneur devait amener en personne à l'armée chrétienne un contingent d'hommes qu'il équipait lui-même et qui était proportionné à l'étendue et aux ressources de sa seigneurie. — Jusqu'à l'âge de soixante ans il pouvait être appelé dans les armées et retenu dans leurs rangs aussi longtemps que l'exigeaient les nécessités de la guerre. — Enfin, si à l'intérieur du royaume il ne pouvait se soustraire à l'obligation de prendre les armes, au dehors il n'y était astreint par aucune loi. Dans ce dernier cas, le service était de sa part un acte

---

1. De Mas Latrie, *Hist. de Chypre*, liv. I, chap. xvi, p. 112.
2. Cont. de Guill. de Tyr, liv. XXXIV, chap. xvii, p. 463, 464, éd. de l'Acad. : « Où il son cors ou son fils serait. »

entièrement volontaire et de pur dévouement religieux. Il ne semble pas que le roi pût l'appeler à la guerre sainte par une réquisition forcée, telle qu'était la semonce ordinaire du devoir militaire.

Mais de son côté le seigneur n'était pas libre de toute obligation vis-à-vis du vassal. Le premier de ses devoirs était de le protéger et de lui assurer la paisible possession du fief concédé. Le vassal qui réclamait en vain le secours de son seigneur contre la violence dont il était victime, pouvait sommer tous les vassaux du fief de refuser le service jusqu'à ce que justice lui ait été faite dans la cour seigneuriale. Il pouvait, comme disent les *Assises*, *gagier le seigneur de son service* jusqu'à ce qu'il ait été fait droit à sa requête [1]. Jean d'Ibelin montre très clairement que le seigneur qui n'avait pas rempli toutes ses obligations vis-à-vis de ses hommes, et qui avait, selon l'expression des *Assises*, *menti sa foi vers son home*, ne pouvait plus rien exiger de cet homme. Ce dernier, dit l'*assise*, était « quitte vers lui de sa fei » et il gardait son fief « sans servise tote sa vie [2] ».

De même le feudataire dont le fief était saisi par les Sarrasins était dispensé du service militaire. Au seigneur de faire en sorte, s'il voulait n'être privé d'aucun secours, que le fief fût reconquis et remis à son légitime possesseur. Le *Livre au Roi* stipule le cas où le souverain était tenu de remettre le vassal en possession du fief. Si, dit ce document, un homme lige qui « det servise et homage au roi de son cors et d'un chevaler ou de plus ou d'un sergent au cheval » est dépouillé par les conquêtes de

---

1. *Ass.*, t. I, *Liv. de Geoffroy le Tort*, XXX, p. 442.
2. *Ass.*, t. I, *Liv. de Jean d'Ibelin*, chap. CCVI, p. 331.

l'ennemi, le roi a intérêt à tenter la reprise de possession et à remettre au feudataire son bien. Mais si le roi se soustrait à ce devoir inhérent à sa charge, si même il échoue dans l'œuvre loyalement entreprise, le feudataire est affranchi de toute obligation. « Il n'est puis tenus de luy servir de riens por celuy fié[1]. »

En France, dans la plupart des hommages, surtout dans les hommages liges, on trouve exprimée la clause que le seigneur se réservait le droit de prolonger le service de ses vassaux au delà du temps prescrit, à condition de les indemniser en les soldant. L'usage de la solde existait aussi en Orient. Les *Assises de Jérusalem* parlent fréquemment de *sodées* dues par le suzerain au vassal; mais, comme dans ce pays le service militaire était permanent, la solde fournie par le suzerain au vassal n'avait pas la même signification qu'en Occident. Tout homme qui possédait un fief et qui, à raison de ce fief, était obligé à un service personnel, recevait une solde. Ce fait est attesté par un grand nombre de textes. Mais il n'y avait aucune analogie entre un fief de cette nature et un *fief de soudée* proprement dit. Il importe donc de les distinguer soigneusement l'un de l'autre. Il ne semble pas que le seigneur ait été libre, selon la générosité de son caractère ou les nécessités de sa bourse, d'accorder ou de refuser la solde à ses hommes. Celle-ci était obligatoire. Le *Livre de Jean d'Ibelin* reconnaît au vassal le droit formel de refuser toute aide au seigneur qui ne s'est point acquitté vis-à-vis de lui : « Je n'ai encore rien reçu de mon seigneur, peut dire le vassal à l'homme chargé de requérir

---

[1]. *Ass.*, t. I, *Liv. au Roi*, chap. xxiii, p. 625, 626.

son service, et cependant le terme fixé pour la solde est passé. Je ne dois pas répondre à son appel. Si je puis par ton intermédiaire obtenir ce qui m'est dû, je ne différerai plus l'accomplissement de mon devoir. » Puis, se présentant devant le seigneur lui-même : « Sire, vous m'avez fait semondre, mais n'ayant point reçu ce que vous me devez à raison de mon fief, je ne puis vous servir[1]. » Le refus de prendre les armes pour le compte du seigneur n'était pas le seul droit du chevalier lésé. Il portait sa plainte à ses pairs qui, rappelant le dommage fait à l'un d'eux, invitaient le seigneur à s'acquitter de sa dette, et, en cas de résistance, le gageaient de tout service. « Et lors toz les homes dou seignor deivent venir devant lui et dire li : Sire, tel qui est nostre per (et le noment) noz a dit tel chose et ensi conjurés.... Si vos prions et requerons que voz le paiés ou fassiez paier de ce que voz li devez de son fié. Et toz ensemble et chacun par sei voz gajons dou servise, que nos voz devons, tant que voz aiés nostre per tel (et le noment) paié ou fait paier ce que voz li devés de son fié, ou que voz aiés dite raison en cort por quei vos ne le devés faire[2]. » Comme il n'était accordé au seigneur aucun délai pour répondre à une demande de solde[3], la menace faite par la communauté des vassaux pouvait être suivie d'exécution immédiate. Ainsi le seigneur pour n'avoir pas payé la rente féodale à un seul de ses hommes se trouvait privé du secours de tous et ne pouvait plus acquitter le service auquel lui-même était tenu envers son suzerain. Si élevée que fût dans l'État la situation d'un suzerain, il ne pouvait se

---

1. *Ass.*, t. I, *Liv. de Jean d'Ibelin*, chap. ccxxiv, p. 355.
2. *Ibid.*, chap. ccxxxvi, p. 376-379.
3. *Ibid.*, chap. lxxx, p. 128.

soustraire à la nécessité de payer la solde. Il n'était pas jusqu'au roi, chef seigneur de tout le royaume, qui ne fût contraint de payer ses hommes avant d'exiger d'eux l'accomplissement des devoirs féodaux : « C'il avient, dit le *Livre au Roi*, que li rois ou la rayne soit si povres de ces rentes qu'il ne paie ses homes liges, la raison juge et comande ce enci à juger, que les homes liges ont tant de poier et d'avantage qu'il pevent bien vendre tout leur harneis [1]... et ja ne tenront harnois por servir lor seignor, puis qui lor défaut de lor paie [2]. » Dans deux cas seulement la solde cessait d'être exigible. Philippe de Novare et l'auteur du *Livre au Roi* disent expressément que dans les années de disette produite par l'inclémence des saisons ou dans les temps de désordre causé par les incursions des Sarrasins, les hommes étaient appelés sous la bannière du suzerain sans aucun droit au payement [3]. La loi invoquait, en faveur du roi ou des seigneurs, une raison majeure. Ceux-ci, appauvris ou ruinés par le malheur des temps, n'étaient plus assez riches pour remplir envers leurs hommes les obligations d'usage. La loi les en affranchissait.

Est-ce à dire que la solde féodale ait été élevée [4]? Les documents ne permettent pas de déterminer à quel chiffre elle montait dans le royaume de Jérusalem. On ne peut

---

1. C'est-à-dire *équipements*.
2. *Ass.*, t. I, *Lir. au Roi*, chap. xxvii, p. 625.
3. *Ass.*, t. I, *Lir. de Ph. de Nor.*, chap. lviii, p. 531 : « Se il avient que ire de Dieu ou pestilence qui ardist touz les blez et tous les biens dehors, ou que Sarradins venissent qui preissent tout ce dont li rois le devoit paier et dont il fornissoit sa terre, la raison juge que li roys n'est point tenus de paier ses homes li..s. » — L'auteur du *Lir. au Roi* (chap. xxvii, p. 625) se sert d'expressions absolument identiques.
4. *Ass.*, t. I, *Lir. de Jean d'Ibelin*, chap. ccxxv, p. 356 : « Celui qui a esté ensi semons come il est devant dit, doit querre un autre chevalier à retenir a soz qui sont uzés de doner comunaument ou pays. »

pas douter cependant qu'il n'y ait eu sur ce point une règle générale. Jean d'Ibelin parlant des chevaliers et *des sos qui sont uzés de doner comunaument ou pays* semble indiquer qu'une loi ou au moins l'usage avait fixé ou consacré un chiffre précis. Il serait surprenant que dans un État où les devoirs et les droits de chacun étaient si minutieusement délimités, une question qui pouvait être l'objet de contestations fréquentes n'ait pas été étudiée et officiellement résolue. Mais il est possible aussi que la tradition ait suffi à consacrer un chiffre d'ailleurs accepté de tous les hommes et qu'il ne soit pas venu à l'esprit du législateur de faire de cette tarification l'objet d'une loi. Ce qui est certain c'est que les *Assises* ne fournissent aucun renseignement précis sur ce point particulier de l'organisation militaire dans le royaume latin de Jérusalem.

Si les vassaux des seigneurs devaient à ceux-ci le service militaire à charge pour eux-mêmes de supporter les frais de la chevauchée; si à leur tour les seigneurs, vassaux du roi, devaient s'acquitter dans les mêmes conditions vis-à-vis de leur suzerain, ce dernier assurait à tous indistinctement certaines garanties. Seigneurs, chevaliers, sergents à cheval ou turcoples étaient obligés, afin d'être toujours prêts à répondre au premier appel, d'entretenir un certain nombre de chevaux et de bêtes de somme; mais à son tour le roi leur promettait pour l'entretien de ces animaux une sorte d'assurance appelée *restor*.

Les chapitres X, XI, XII et XIII du *Livre au Roi* font connaître les conditions du *restor*. Quand le maréchal avait reconnu les chevaux et les mulets propres à la guerre, l'écrivain de la Secrète était autorisé à les inscrire au *restor*[1]. Dès lors ces bêtes, classées comme bêtes de guerre, étaient assurées contre tout accident de force majeure et indépendant de leur possesseur. Le chapitre XII[2] énumère les espèces d'accidents qui permettaient au seigneur de réclamer le *restor*; et, d'une façon générale, là où il n'y avait pas eu faute du seigneur, le droit de ce dernier ne pouvait être contesté. Mais si le cheval avait éprouvé quelque dommage par la faute de son possesseur; si, dit l'auteur du *Livre au Roi*, le maître l'avait surmené ou prêté à quelqu'un qui n'en avait pas eu un soin suffisant, la perte restait entière à la charge du seigneur[3]. Enfin nul *restor* n'était accordé sans autorisation du maréchal; c'est lui qui avait fait inscrire les bêtes de guerre au *restor*; à lui appartenait le droit de prononcer sur la responsabilité du dommage qui leur avait été fait : « Ne nul *restor* de beste ne se det paier sans le congé dou mareschau, par ce que li mareschaus est tenus de veyr et de saver coument cele beste est morte ou par la coulpe de celuy de cui elle estoit ou morte si com elle doit morir[4]. » On voit que de sages précautions, de nature à sauvegarder tous les intérêts, étaient prises de part et d'autre. Les sujets n'étaient pas exposés à se ruiner au service du roi puisque celui-ci leur accordait, conformément à la loi, un dédommagement proportionné à la perte qu'ils avaient essuyée.

---

1. *Ass.*, t. I, *Liv. au Roi*, chap. x, p. 613 : « Se le cheval ou la mule sont sains de tous leur menbres, et se li mareschaus voit et counoit que telz seient les bestes com estre deivent, si deit coumander as escriveins de la Segrète dou Seignor que il metent en escrit ceaus bestes au restor. »
2. *Ibid.*, chap. xii, p. 614.
3. *Ibid.*, chap. xiii, p. 615.
4. *Ibid.*, chap. xi, p. 614.

D'autre part le roi, grâce aux mesures restrictives du droit de *restor*, grâce à la surveillance exercée par le maréchal délégué et représentant de l'autorité royale, ne payait de ses deniers que dans les cas prévus et fixés par l'*assise*. En un mot tout avait été réglé de façon à mettre les vassaux dans l'obligation de s'acquitter régulièrement du devoir militaire.

III. — De quelques usages qui semblent compliquer les relations féodales et par suite les obligations relatives au service féodal.

CELUI QUI AUTORISE LE PARTAGE DU FIEF ENTRE PLUSIEURS HÉRITIERS. — CELUI QUI PERMET AU VASSAL DE PRÊTER, SANS MENTIR SA FOI, HOMMAGE A DEUX SEIGNEURS. — CELUI QUI PERMET AUX FEMMES DE TENIR ET D'ACHETER DES FIEFS. — CELUI QUI PERMET AUX ECCLÉSIASTIQUES DE POSSÉDER DES FIEFS. SERVICE FÉODAL DE L'ÉGLISE.

Relativement à ce qui précède, la loi, exception faite du doute qui planait sur la question du service en dehors des limites, était suffisamment claire et ne donnait matière à aucune interprétation contradictoire. Mais il était certains usages dans le royaume de Jérusalem qui semblaient compliquer les relations féodales. Il pouvait arriver que cette complication rendît douteuses les conditions du service de guerre. Quatre usages méritent attention.

1° Celui qui autorisait le partage du fief entre plusieurs héritiers. — En France, et dans le principe, l'aîné seul héritait du fief dont les puînés recevaient quelques parcelles à charge de les tenir de l'aîné et de lui prêter hommage. Cet état de choses dura jusqu'à l'époque de Philippe-

Auguste qui prescrivit que les cadets auraient leur part de l'héritage et feraient hommage à l'ancien seigneur de leur père [1]. Toutefois l'ordonnance du roi de France fut restreinte au domaine royal et l'ancien usage subsista dans un grand nombre de seigneuries, notamment en Beauvaisis et en Champagne [2]. Une modification analogue fut apportée au droit ancien dans le royaume de Jérusalem. Dans le principe on accordait à l'aîné la totalité du fief; lui-même ensuite était libre de répartir, avec l'assentiment de la Cour, des sous-fiefs à ses cadets. Les *Assises* reconnaissent d'une manière absolue le droit d'aînesse : « L'ainz né de ciaus qui sont en vie, écrit Ibelin, la deit avoir devant les autres par l'assise et l'usage de cest reiaume [3]. » Mais bientôt on admit tous les héritiers à leur part de l'héritage : « Si le défunt, dit Jean d'Ibelin, a pluisors heirs... chascun deit avoir l'un des fiés par l'assise ou l'usage de cest reiaume, se il li requierent. » Le jurisconsulte ajoute : « et fera chascun d'iaus ce que le fié deit d'omage et de servise », seulement — et c'est là le seul vestige de l'ancien droit d'aînesse — « les ainz nés choisiront des dis fiés l'un avant l'autre, si come il sont ainz nés [4] ». C'est-à-dire que l'aîné n'a gardé d'autre avantage que celui de choisir le premier; mais chacun a sa part de succession et à chacun incombe sa part d'obligation « du service de corps ».

2° Celui qui permettait au vassal de prêter, sans mentir sa foi, hommage à deux suzerains. — Les *Assises* attestent qu'un vassal pouvait relever de plusieurs suzerains à la

---

1. *Ordonnances*, t. I, p. 29.
2. Beaumanoir, *Cout. de Beauvaisis*, t. I, p. 226.
3. *Ass.*, t. I, *Liv. de Jean d'Ibelin*, chap. CLXXV, p. 275.
4. *Ibid.*, chap. CXLVIII, p. 224.

fois¹. Ibelin suppose le cas où un homme aurait fait successivement hommage à deux seigneurs. Un vassal relevait donc d'autant de suzerains qu'il possédait de fiefs situés dans des mouvances différentes. Mais alors comment acquittait-il le service militaire? Ne le devait-il qu'à l'un des deux suzerains? Ou au contraire par quelle combinaison parvenait-il à le rendre aux deux à la fois? Les *Assises de Jérusalem* fournissent de nombreux détails sur les règles qui présidaient à la pluralité des hommages.

D'après Jean d'Ibelin, le feudataire devait desservir en personne non pas le fief le plus considérable mais le premier qui lui était échu et, par l'intermédiaire d'un chevalier, celui dont il avait hérité après coup². La même règle est établie dans le *Livre de Philippe de Novare*³. Enfin l'auteur du *Livre au Roi* n'est pas moins formel quand, supposant qu'un homme déjà en possession d'un fief du roi acquière par héritage un ou plusieurs autres fiefs, il dit : « S'il avient ... que un home lige dou roi sert et tient un fié dou roi, et puis avient qui ne demeure gaires que aucun sien parent ou parente meurt, et seluy fié de seluy mort ou morte li avient et li eschiet... la raison juge et comande se enci à juger, que toutes escheetes de fiés... qui escheent à home lige... tous les peut faire deservir par un autre chévaler.... Et toutes les autres escheetes qui puis li venront, si pora faire deservir par autre, si con est dit desus⁴. » Ainsi les textes ne permettent aucun doute. Ils sont unanimes à reconnaître au feudataire le droit d'acquérir plusieurs fiefs; puis ils établissent clairement l'obligation imposée à ce même feudataire de rendre,

1. *Ass.*, t. I, *Liv. de Jean d'Ibelin*, chap. XXIII, p. 47.
2. *Ibid.*, chap. CXLVIII, p. 223.
3. *Ass.*, t. I, *Liv. de Ph. de Nov.*, chap. LXIX, p. 539, 540.
4. *Ass.*, t. I, *Liv. au Roi*, chap. XXXVIII, p. 633.

soit par lui-même, soit par d'autres, le service militaire inhérent à ces différents fiefs.

Mais cet usage amenait des contradictions surprenantes dans les relations féodales. Si le feudataire pouvait, sans mentir sa foi, prêter un second hommage, sa situation n'en devenait pas moins très délicate dès qu'une guerre éclatait entre les deux suzerains. Sans doute le législateur aurait pu prévenir une pareille complication en défendant à l'héritier de recevoir *un fief d'escheete* quand ce fief était situé dans une autre seigneurie que celle où déjà l'héritier faisait un service de corps. Mais nulle part on ne trouve une pareille incapacité établie. Le législateur n'a pas cru devoir introduire un principe aussi nouveau dans le régime des successions. On ne voit à aucune marque que le droit de l'héritier à tout héritage, quel qu'il fût, ait été restreint par la loi. Aussi Philippe de Novare constate-t-il que la difficulté résultant de cette complication des relations féodales donnait matière à maintes interprétations : « Un autre maniere de content y a en ceste assise meisme dont maint descort ont esté et porroient encore estre; car li uns notent les mouz de l'assise en une maniere et les autres en autre [1]. » Toutefois ce qui était incertain à l'époque où écrivait Novare ne l'était plus à celle d'Ibelin. Alors la question avait été résolue. Le vassal devait le service au seigneur qui le premier avait reçu son hommage. C'est ce que Ibelin exprime avec une grande clarté quand il dit : « Se un home a pluisors seignors, il peut, sanz mesprendre de sa fei, aidier son *premier* seignor, à qui il a fait homage devant les autres, en totes choses et en totes manieres, contre toz ces autres

---

1. *Ass.*, t. I, *Liv. de Ph. de Nor.*, chap. LXX, p. 540, 541.

seignors, por ce que il est devenu home des autres *sauf sa féauté*; et aussi peut il aidier à chascun des autres *sauve le premier* et sauve ciaus à qui il a fait homage avant que à celui à qui il vodra aidier¹. »

Beugnot remarque que cette façon de trancher la difficulté offrait de grands inconvénients et amenait une contradiction. « Il n'était ni juste ni loyal, dit-il, qu'un vassal eût le droit d'abandonner son seigneur au moment de l'action. Un seigneur ne pouvait pas connaître tous les liens qui unissaient ses vassaux à d'autres seigneurs. A l'instant d'en venir aux mains avec son ennemi, il était donc exposé à voir se dégarnir les rangs de ses partisans, des vassaux sur lesquels il devait compter, qu'il avait semoncés et qui avaient répondu à sa semonce². » La règle établie par le texte d'Ibelin, délimitant les devoirs et les droits de chacun, rendait impossible le conflit dont parle l'éditeur des *Assises de Jérusalem*. Le principe formulé par le jurisconsulte paraît en parfait accord avec la franchise et la loyauté des principes féodaux. En effet il convient d'interpréter le texte d'Ibelin de la manière suivante : un homme a prêté hommage à un second seigneur et, à raison de cet hommage, s'est engagé à lui rendre le service militaire; mais il n'a prêté cet hommage, il n'a pris cet engagement qu'en *sauvegardant* sa foi au *premier* seigneur; il est devenu homme des autres *sauve sa féauté*; il peut aider chacun des autres *sauve le premier*. C'est comme s'il eût dit à son second seigneur : « Je deviens votre homme; mais comme j'ai déjà prêté hommage à quelque autre, *je vous rendrai le service de corps contre tout ennemi sauf contre cet autre auquel j'ai*

---

1. *Ass.*, t. I, *Liv. de Jean d'Ibelin*, chap. ccxi, p. 336.
2. Beugnot, t. I, p. 337, note *a*.

été précédemment lié. » Rien de plus équitable. Au moment de l'action aucun grief ne pouvait être formulé par le seigneur. Pour lui point de surprise : il était averti à l'avance du cas où il aurait son feudataire avec lui et de celui où le feudataire serait contraint de passer dans un autre camp. Il faut admettre que suzerains et vassaux connaissaient à fond les usages du royaume et que cette connaissance prévenait tout malentendu, par suite tout conflit.

Ainsi le vassal était astreint à l'obligation du service militaire vis-à-vis de chacun des suzerains auxquels il avait engagé sa foi. Il devait secourir ceux-ci contre tout ennemi sauf contre le suzerain qui avait reçu l'hommage avant celui qui requérait le secours. En un mot l'homme qui avait plusieurs seigneurs se devait au premier contre les autres, au second contre le troisième et ainsi de suite.

3° Celui qui permettait aux femmes de tenir et d'acheter des fiefs. — Quand une femme tenait ou achetait un fief, les services attachés à ce dernier étaient-ils perdus pour le seigneur? Le service militaire étant le but principal des inféodations[1], la seule considération qui eût pu interdire aux femmes toute possession de fiefs eût été qu'elles étaient inhabiles au métier des armes. C'était à ce titre et comme incapables *militiæ agendæ* que l'ancien droit germanique avait prononcé cette interdiction. Pareille incapacité n'est pas reconnue par le droit du royaume latin[2]. La conséquence c'est que le service inhérent au fief possédé par une femme était rendu. Au cha-

---

1. Voir p. 183.
2. A défaut d'héritier mâle le droit de la femme à l'héritage n'est pas contestable. On lit dans le *Liv. de Ph. de Nov.* : « Se il n'a heir mahle » (*Ass.*, t. I, chap. LXXII, p. 542) ; et dans le *Liv. de Jean d'Ibelin* : « L'eir

pitre CLXXXVII de son *Livre* Jean d'Ibelin s'applique à démontrer le droit des femmes. Il arrive souvent, dit-il, qu'un fief soumis aux charges militaires tombe entre les mains d'une femme. Si elle est mariée, elle le fait desservir par son mari, sinon par un chevalier [1]. De même quand Philippe de Novare parle de femmes qui « ont fief qui doit service de corps », il atteste que les femmes étaient, comme les hommes, astreintes à ce service [2]. Nombreux enfin sont les passages des *Assises* où il est question de fiefs tenus par des femmes remplissant les obligations dues au seigneur.

Non seulement la loi des *Assises* forçait la femme, unique possesseur d'un fief, à s'acquitter du devoir militaire, mais encore prévoyant le cas de démembrement d'une terre entre plusieurs héritières, elle faisait en sorte que, en dépit du partage, le service de corps fût rendu intégralement. Pendant longtemps on avait suivi dans le royaume de Jérusalem, au sujet de la transmission des fiefs, l'esprit des vieilles *Assises*; c'est-à-dire qu'on avait traité les filles comme les enfants mâles et accordé la totalité à l'aînée des sœurs. Mais dès le milieu du XII° siècle, à l'occasion de la mort de Henri le Buffle, seigneur de Saint-Georges et du Bouquiau, fils d'un chevalier champenois passé en Terre-Sainte, on vit des inconvénients à ces usages et on voulut les réformer par

---

masle irrite en toz irritages devant l'eir femelle » (*Ass.*, t. I, chap. CLXXV, p. 175).

1. *Ass.*, t. I, *Liv. de Jean d'Ibelin*, chap. CLXXXVII, p. 299 : « Je di que souvent est avenu et avient que fié qui deit servise de cors escheit à feme, et que elle le decert par un chevalier tant que il plaise au seignor de marier la, et lors de le desert par le mariage, se elle est à marier, que elle deit au seignor, et, quand elle est mariée, par le seignor son baron qui decert le fié por li et en fait au seignor tout quanque le fié deit : si est chose certaine que feme peut bien decervir fié. »

2. *Ass.*, t. I, *Liv. de Ph. de Nov.*, chap. LXIX, p. 510.

une nouvelle *assise*. On abolit le droit d'ainesse et on décida que les domaines et les services afférents aux domaines seraient divisés *par quenouille*. C'est ce que les *Livres de Jean d'Ibelin* et de *Philippe de Novare* ainsi que les *Lignages d'outre-mer* établissent dans le plus parfait accord [1]. La succession une fois partagée, l'aînée, par elle ou par son mari, dut « s'acquitter directement de l'hommage et du service de corps dû au chef seigneur ». Ses sœurs reconnurent tenir féodalement leurs fiefs de l'aînée elle-même, leur dame immédiate, et lui durent l'hommage « sauve la ligéce du seigneur [2] ». De son côté, l'aînée dut au seigneur, en sa qualité d'héritière directe et principale, le service total [3]. L'avantage fait à la sœur aînée, ajoute Novare, consista en ce qu'elle eut l'hommage et le service de ses sœurs et en outre l'*eschoite* de ces dernières dans le cas où elles seraient mortes *sans heirs*. Et il termine par ces mots : « Je ai entendu vraiement que les trois filles de messire Henri le Buffle furent les premières qui partirent si come il est dit dessus : et le fié estoit de dis chevaliers [4]. » Les sœurs puînées n'étaient donc pas affranchies des charges militaires qui ne retombaient pas entièrement sur l'aînée.

1. *Ass.*, t. I, *Liv. de Jean d'Ibelin*, chap. CL, p. 225 : « Quant fié escheit à plusiors suers, qui deit servise de plusiors chevaleries, le fié, par l'assise ou l'usage de cest réiaume, deit estre parti entre elles en tel manière : que se elle sont deus suers, et il y a deus chevaleries, chascune deit avoir une des chevaleries. » — *Liv. de Ph. de Nov.*, chap. LXXI, p. 512 : « Partir par conoîte, ce est à dire que autant en deveit aver l'une come l'autre. » — *Ass.*, t. II, *Les Lignages d'outre-mer*, chap. XVI, p. 451 : « Ces filles (de Henri le Buffle) partirent son fié par quenouille. »
2. Chacune des sœurs dut pour sa part le service « de tant de chevaliers ou de sergens comme le fié monte » (*Liv. de Ph. de Nov.*, chap. LXXII, p. 513).
3. *Ibid.* : « Et einnée le deit au chief seignor de tout. »
4. *Ibid.*

5° Enfin l'usage qui permettait aux ecclésiastiques de posséder des fiefs n'était pas de nature à produire des embarras moins graves. Mais le législateur voulut que les membres du clergé s'acquittassent du service. Ils le firent avec une parcimonie ridicule; ils ne réussirent pas cependant à obtenir l'exemption absolue. L'examen des relations de la royauté avec le clergé révélera à la fois la pensée du législateur et l'égoïste mais inutile résistance des clercs [1].

IV. — Comment on supplée à l'insuffisance du service féodal.

VASSAUX SOLDÉS. — FIEFS DE SOUDÉES PERMETTANT DE PRENDRE A SOLDE DES TROUPES ÉTRANGÈRES D'ORIGINE OCCIDENTALE ET INDIGÈNE : SYRIENS, MARONITES, ARMÉNIENS. — LES MILICES COMMUNALES. — EFFECTIF DE L'ARMÉE DES PRINCES LATINS. — MARINE.

Le législateur avait tout réglé de façon à mettre les vassaux dans l'obligation de s'acquitter régulièrement du service militaire. Il avait fait plus : considérant que le suzerain, par suite de l'enchevêtrement de la hiérarchie féodale, s'exposait à être privé du secours de ses vassaux, il avait pris les précautions nécessaires afin qu'aucune parcelle de ce secours ne fût perdue. Néanmoins le service féodal ne fournissait pas des ressources assez sûres pour permettre de soutenir une guerre continuelle contre les Infidèles. Si rigoureux qu'il ait été en Orient et si grande que fût l'ardeur des vassaux à remplir leurs devoirs de soldat, les besoins de la guerre forcèrent souvent les Croisés à entretenir des corps de *soudoyers*. Les chevaliers obligés à un service personnel

---

1. Voir chap. VI : La Royauté et le Clergé, p. 321, 325 et 353, 354.

recevaient en Orient une solde et étaient, pour cette raison, souvent désignés par les *Assises* sous le nom de *sodeer*. Mais il existait aussi des *soudoyers* proprement dits, c'est-à-dire des hommes qui avaient reçu un *fief de soudée*. En Orient comme en Occident on enrôla des vassaux soit en leur donnant une solde, soit plutôt en leur accordant, à titre de fief, une rente viagère ou perpétuelle qui s'appelait *fief de soudée*. Il faut se représenter les grands feudataires du royaume de Jérusalem comme ayant autour d'eux une garde qui recevait une solde à titre de fief.

Cette garde fut recrutée surtout parmi les indigènes de Syrie. Les Latins virent dans l'admission d'éléments étrangers un excellent moyen d'accroître la force numérique de l'armée. De leur côté, les indigènes regardèrent comme un honneur de combattre aux côtés de ces hommes héroïques, qui, venus des extrémités les plus éloignées de l'Europe, avaient conquis les Lieux Saints. En effet, dès que les Francs se furent rendus maîtres de la Syrie, les populations indigènes acceptèrent très aisément les institutions féodales qui pour elles n'avaient rien de nouveau ni d'insolite. Ibn-Djobaïr reconnaît que les Arabes résidant en Syrie étaient traités avec une grande bienveillance [1]. En général, Latins et Orientaux vécurent en bonne intelligence. En outre, c'est parmi les nombreux Occidentaux qui, pendant toute la première période des Croisades, ne cessèrent de se rendre en Syrie, que les princes francs trouvèrent facilement à recruter leurs sol-

---

[1]. Ibn-Djobaïr (*Hist. ar.*, t. III, p. 447). Il faut croire que les mariages qui unirent des Francs à des femmes indigènes furent très nombreux, car les chroniques font souvent mention des enfants nés de ces mariages et désignés sous le nom de *poulains*.

dats. Mais plus tard, réduits au service de leurs vassaux, ils durent, pour maintenir au complet leur état militaire, faire une plus large part à l'élément indigène, qui, mélangé à des hommes liges d'origine franque, constitua les troupes auxiliaires des armées latines.

Ces troupes auxiliaires formèrent une cavalerie et une infanterie. La première fut composée des hommes que les Francs désignent sous le nom de *turcoples*. Les textes dans lesquels cette milice est mentionnée sont en nombre incalculable. Les *Assises* parlent fréquemment des *tricoples* ou *trucoples*; les chroniqueurs des *turcopoli*, qu'ils citent toujours après les chevaliers [1]. Ces hommes qu'Albert d'Aix et Raymond d'Agiles représentent comme « nés d'un père turc et d'une mère chrétienne [2] » formaient une cavalerie légère. Guillaume de Tyr est à cet égard très significatif. A propos d'un combat entre Amaury Ier et Siracon (1167) le chroniqueur mentionne les *turcoples* à côté des chevaliers et dit : « Erant praeterea nobis equites *levis armaturæ* quos *turcopolos* vocant [3]. » Ailleurs, parlant d'une subite incursion des ennemis dans le Darum et de la mort de trente-six *turcoples* (1182), il écrit : « Triginta sex *levis armaturæ* milites, quos *turcopolos* appellant, interfecisse [4]. » D'autre part, quand les *Assises* parlent d'*eschielles de trucoples* [5], elles indiquent clairement qu'il s'agit d'escadrons de

---

1. Guill. de Tyr, liv. XIX, chap. xxv, p. 925-928; liv. XXII, chap. xvii, p. 1097. — Ernoul, chap. ix, p. 101, où est racontée la conversation d'un *turcople* avec un Sarrasin.
2. Raymond d'Agiles, chap. vi, p. 216 : « Vel de matre christiana, patre Turco procreantur. » — Alb. d'Aix, liv. V, chap. iii, p. 435 : « Ex Turco patre et Græca matre procreati. »
3. Guill. de Tyr, liv. XIX, chap. xxv, p. 925.
4. Ibid., liv. XXII, chap. xvii, p. 1097.
5. Ass., t. II, *Liv. au Roi*, chap. ix, p. 612, 613.

cavalerie, d'une milice à cheval. Elles ajoutent que les *turcoples* étaient tenus d'obéir au commandement du maréchal. Ce texte, si concis qu'il soit, est d'un intérêt capital : il atteste qu'on ne permettait pas à ces auxiliaires de se choisir un chef parmi les hommes de leur race, mais qu'ils devaient, comme les Francs d'origine, obéissance immédiate aux grands officiers de la couronne [1].

Les indigènes fournirent aussi d'excellentes recrues à l'infanterie. On peut même dire que l'infanterie des princes latins, bien qu'elle ait compté dans ses rangs un grand nombre d'hommes liges et de guerriers venus d'Europe, fut surtout composée de gens du pays. Sans doute les rois tirèrent souvent leurs *soudoyers* de l'Europe. En 1108, nous voyons Baudoin Ier rassembler une armée de terre et de mer composée de peuples divers accourus du royaume d'Italie, c'est-à-dire de Pisans, Génois, Vénitiens, Amalfitains [2]. Mais plus souvent encore ils les demandèrent à l'élément indigène. En 1182, les barons réunis en parlement à Jérusalem votaient l'établissement d'une taille qui leur permettait de lever dans le pays même une grande armée de *soudoyers* à cheval et à pied [3]. La situation des *soudoyers* une fois enrôlés était réglée par les *Assises* : rapports avec les seigneurs, mode de payement,

---

1. Rien n'empêche d'admettre l'étymologie que Beugnot (*As.*, t. I, p. 612, note 6) donne du mot *turcople* : « L'étymologie de ce mot se trouve dans l'office que remplissaient les *turcopliers* et qui consistait à attaquer les Turcs à l'improviste et à dévaster les lieux qu'ils occupaient. Les Croisés avaient senti le besoin d'opposer aux Arabes une cavalerie légère qui combattit à leur manière. »
2. Alb. d'Aix, liv. X, chap. xlvi, p. 652 : « Balduinus rex, contractis undique copiis a mari et terra ex diversis nationibus regni Italiæ. »
3. Guill. de Tyr, liv. XXII, chap. xxiii, p. 1110 : « Factum est... ut census de universis regni finibus colligeretur, unde necessitatis tempore, equitum peditumque copias habere possemus. »

conditions d'engagement ou de licenciement. Par exemple le seigneur n'était point libre de congédier le soudoyer sans le payer; mais le soudoyer qui demandait un congé avant l'expiration de son service perdait tout droit à sa solde. Il fallait, pour qu'il lui fût permis de quitter l'armée, que le seigneur négligeât de le payer et manquât ainsi tout le premier à ses engagements [1].

Parmi les indigènes auxquels les Latins se sont plus particulièrement adressés, les Syriens, les Maronites, les Arméniens méritent d'être cités en première ligne. Les Syriens sont sans aucun doute les hommes dont le législateur se préoccupe le plus en Palestine. Ils ont ses premiers soins, ils sont toujours présents à sa pensée et obtiennent de lui une situation plus favorisée que toutes les autres races de communion chrétienne. Ils ont le droit de posséder des terres et des casaux, ils participent à tous les privilèges des bourgeois, vivent sous l'empire du même droit [2]. Ils conservent même leurs anciens magistrats, nommés *reis*, dont les attributions sont identiques à celles du vicomte [3]. Cependant cette race qui a toutes les faveurs du législateur est représentée sous le jour le plus défavorable par les historiens. Jacques de Vitry qualifie les Syriens « duplices, vulpes dolosi, mendaces, proditores [4] ». Guillaume de Tyr, le plus grave et le plus impartial des chroniqueurs, les accuse en plusieurs

---

1. *Ass.*, t. I, *Liv. de Jean d'Ibelin*, chap. CXXXV, CXXXVI, CXXXVII, p. 210 et suiv.
2. *Ass.*, t. II, *Liv. des Ass. de la Cour des Bourg.*, chap. LIX, LXII, LXIII, p. 53, 54; chap. CCXLIII, p. 178. Dans le royaume de Jérusalem la plus grande partie de la classe agricole était syrienne (Jacq. de Vit., p. 1089; *Col. Dipl.*, t. I, p. 9, 23, 28, etc.; Beugnot, *Mémoire sur le régime des terres en Syrie*, *Bibl. de l'Éc. des Ch.*, 3ᵉ série, t. V, p. 409).
3. *Ass.*, t. I, *Liv. de Jean d'Ibelin*, chap. IV, p. 23.
4. Jacq. de Vit., chap. LXXIV, p. 1089. — Cf. Mar. Sas., liv. III, pars VIII, chap. I, p. 181, 182.

endroits de défection ou de trahison. Selon l'historien ils sont responsables de plusieurs échecs subis par les Latins. Ce sont des Syriens qui, chargés en 1182 de défendre un château près de la terre de Tabarie au delà du Jourdain, le laissent tomber entre les mains de l'ennemi. « C'est à ces gens mous et efféminés, écrit l'archevêque de Tyr, que remonte toute la responsabilité de notre échec [1]. » Nul doute que ces hommes, corrompus par un long esclavage, se soient rendus odieux par leur cupidité, par la dépravation de leurs mœurs. Il n'en est pas moins vrai que, s'ils avaient été aussi corrompus, aussi perfides que le prétendent les historiens, la législation d'outremer n'aurait pas montré à leur égard une aussi grande confiance. C'est peut-être même cette fusion des deux peuples, désirée et facilitée par le législateur, qui a développé chez les vainqueurs cette haine de l'indigène dont les historiens se sont faits l'écho. Or en semblable matière le législateur est un guide plus sûr que l'historien; les égards qu'ont les *Assises* pour les Syriens sont plus concluants que les violences ou les colères des chroniqueurs. D'ailleurs les services rendus à l'armée par ce peuple ne sont pas contestables; une observation attentive permet d'en apercevoir les traces à travers les récits des historiens eux-mêmes. Déjà, avant la fondation du royaume de Jérusalem, lorsque les Chrétiens s'emparèrent en 1098 d'Antioche, les Syriens, avec ceux des Arméniens qui résidaient dans la ville, applaudirent à la défaite des Turcs, prirent les armes et se joignirent à l'armée des Croisés [2]. Pour

---

1. GUIL. DE TYR, liv. XXII, chap. XV, p. 1091 : « Syri qui apud nos effeminati et molles habentur. »
2. ISID., liv. V, chap. XXII, p. 230, 231 : « Qui autem erant urbis habitatores Syri, Armenii et aliorum nationum fideles, hi de eventu qui acciderat congratulantes plurimum, correptis armis, nostrorum se

l'année 1099 Guillaume de Tyr parle de Syriens venus du mont Liban qui s'offrirent à être les guides de l'armée chrétienne¹.

En même temps que les Syriens, les archers maronites se signalèrent à l'attention des nouveaux venus et formèrent un des meilleurs éléments de l'infanterie latine. Les historiens, tant orientaux qu'occidentaux, s'accordent à reconnaître que les Maronites furent pendant toute la durée de l'occupation latine en Syrie les auxiliaires utiles des troupes françaises. A côté de Guillaume de Tyr qui en fait des soldats de grande valeur², les historiens musulmans les montrent aidant le comte Raymond de Saint-Gilles au siège de Tripoli³.

Mais, plus que tous les autres, les Arméniens eurent des titres incontestables à la reconnaissance des Francs. Ces hommes, guerriers d'un caractère énergique et opiniâtre⁴, établis surtout dans les principautés d'Édesse et d'Antioche, furent au point de vue militaire les plus estimés des Orientaux. Bien qu'ils n'aient pas joui de la juridiction spéciale que les *Assises de Jérusalem* avaient donnée aux Syriens, et qu'ils n'aient pas obtenu en corps

---

adjungebant curtibus. » Ce sont même, au dire du chroniqueur, les Syriens et les Arméniens, qui mettant au service des Chrétiens la connaissance qu'ils avaient de la ville, leur indiquèrent les portes par où ils pouvaient pénétrer et les aidèrent à en massacrer les gardiens : « Urbis docebant diverticula, et portas, si quæ adhuc clausæ tenebantur, obtruncatis eorum custodibus... aperientes. »

1. GUILL. DE TYR, liv. VII, chap. XXI, p. 310 : « Accitis quibusdam fidelibus Syris, montis Libani habitatoribus..... Assumptis igitur ducibus itineris....»

2. Ibid., liv. XXII, chap. VIII, p. 1077 : « Erantque viri fortes, et in armis strenui, nostris, in majoribus negotiis, quæ cum hostibus habebant frequentissima, valde utiles. »

3. IBN-AL-ATHIR, *le Kamel Altevarykh* (*Hist. ar.*, t. I, p. 212).

4. MATTHIEU D'ÉDESSE (*Doc. arm.*, p. 83) parle de soldats arméniens « intrépides comme des aigles et courageux comme des lions ». — Son continuateur GRÉGOIRE LE PRÊTRE dit que « les Arméniens étaient des hommes inaccessibles à la crainte » (*Ibid.*, p. 170).

les franchises politiques accordées aux Occidentaux, ils ne cessèrent d'être, depuis le jour où ils participèrent avec les Francs au siège de Marrah jusqu'à la fin de la domination latine, les plus précieux alliés des Croisés contre les Infidèles. Les écrivains arméniens, en particulier Matthieu d'Édesse et Grégoire le Prêtre, montrent les hommes de leur nation prenant une part constante aux expéditions des princes d'Antioche et d'Édesse contre les Musulmans. Leurs ouvrages ont perpétué le souvenir de la coopération active des Arméniens à la conquête laborieuse de la Terre-Sainte par les Francs [1]. De leur côté les chroniqueurs latins ne méconnaissent pas les éminents services rendus à la cause franque par les vaillantes populations de l'Arménie. Ce sont des Arméniens qui en 1123, ne tenant aucun compte du péril et engagés par le serment, surprennent le château de Quartapiert ou Kortobret, essayent de délivrer le roi Baudoin II et réussissent à faire évader le prince Josselin [2]. Guillaume de Tyr parle en maints endroits d'un prince arménien, Toros Ier, soit qu'il fasse allusion à sa grande puissance, « nobilis et potentissimus armenus [3] », soit qu'il loue son courage et sa valeur, « vir impiger erat et strenuus [4] »,

---

1. Parmi les princes ou chefs arméniens cités par MATTHIEU D'ÉDESSE mentionnons : Ablaçath, « un des plus valeureux guerriers de son temps » (p. 89); Kogh'-Vasil, homme de grand courage (p. 92). — Il est question, dans GRÉGOIRE LE PRÊTRE, d'un certain Abelgh'arib, résidant à Bir, « intrépide et illustre guerrier » (p. 117); et de trois princes, Constantin, fils de Roupen, Pazouni et Oschin, qui envoyèrent des secours aux Croisés pendant le siège d'Antioche (p. 33). — MICHEL LE SYRIEN, dans sa *Chronique*, parle d'Arméniens au service de Baudoin III; c'est même à ce contingent auxiliaire que le roi dut de s'emparer de Harenc et de pouvoir saccager le pays jusqu'à Alep (*Ibid.*, p. 351).
2. GUILL. DE TYR, liv. XII, chap. XVIII, p. 538 : « Pro nihilo ducentes periculum... mutuis obligati juramentis. »
3. IBID., liv. XVIII, chap. X, p. 831.
4. IBID., chap. XVII, p. 848.

soit qu'il rappelle les secours militaires prêtés par lui aux Chrétiens et particulièrement à Roger d'Antioche avec lequel il était lié d'amitié ¹. Plus tard, en 1158, le roi et les barons adressent à Toros II un messager priant ce prince de se rendre à Antioche « cum militaribus auxiliis » pour marcher de concert avec eux contre les ennemis de la foi; et Toros, rassemblant une troupe nombreuse, se rend sans retard à l'appel des barons ². De même, quand en 1163 Nouraddin, roi de Damas, assiège dans la principauté d'Antioche le château d'Harenc, Toros figure au nombre des puissants seigneurs tels que Boémond III et son fils Raymond, le comte de Tripoli et son fils, Calaman de Cilicie qui accourent pour repousser Nouraddin ³. La fausse politique de plusieurs chefs latins à l'égard de leurs alliés, l'ingratitude dont ils payèrent les services rendus ⁴ ne détruisirent pas les mutuelles sympathies. Les historiens arméniens déplorent avec des accents d'une indiscutable sincérité les malheurs qui arrivent aux Latins. Le patriarche Grégoire Dgh'a écrit une admirable élégie sur la prise de Jérusalem par Saladin ⁵. Saint Nersès Schnorhali exhale

1. Matthieu d'Édesse (*Doc. arm.*, p. 98) parle aussi très souvent de Toros, qu'il appelle « le valeureux prince d'Arménie » et qu'il dit être fils de Constantin, fils lui-même de Roupèn, fondateur de la dynastie des Roupéniens.
2. Guill. de Tyr, liv. XVIII, chap. xvii, p. 848.
3. Ibid., liv. XIX, chap. ix, p. 896 : « Toros quoque Armeniorum princeps potentissimus. »
4. Les chefs arméniens furent souvent mal récompensés de leur dévouement. Baudoin du Bourg, comte d'Édesse, assiégea pendant un an Abelgh'arib dans sa ville de Bir et s'en empara. Il détruisit la principauté de Kogh'-Vasil et força les nobles de haut rang à se réfugier à Constantinople. Il ruina encore le brave chef arménien Pakrad résidant non loin de Gouris et le dépouilla de ses États (*Doc. arm.*, p. 117). De là cette phrase éplorée de l'historien arménien : « Baudoin en voulait plus aux Chrétiens qu'aux Turcs. »
5. *Élégie sur la prise de Jérusalem par Saladin en 1187*, vers 350-362

sa plainte dans un poème sur la prise d'Édesse [1]. Le docteur Basile est l'auteur de l'oraison funèbre du comte Baudoin de Marasch; et quand un historien latin comme Guillaume de Tyr ne trouve que quelques mots à consacrer à la mémoire d'un prince français qui fut l'un des héros des Croisades, l'apologiste arménien tient à payer sa dette de reconnaissance envers l'homme qui l'avait reçu dans son intimité [2]. On s'explique dès lors les nombreuses alliances de famille entre Francs et Arméniens et l'accueil fait à ces derniers dans les rangs de la noblesse latine [3]. Les Arméniens, comme dit M. de Mas Latrie, furent les plus estimés des Orientaux; c'était le juste prix de l'alliance qu'ils avaient formée avec les Francs dès le commencement des guerres d'outre-mer et qu'ils avaient scellée de leur sang [4].

Ce n'est pas à dire que les indigènes, à quelque race qu'ils appartinssent, aient toujours fidèlement servi la

p. 279 : « Dieu livra Jérusalem à un ennemi impitoyable à cause des péchés dont nous nous rendions coupables. Saladin prit la ville, résidence du souverain, dont il détruisit le trône. Il entra dans Jérusalem, cette belle cité, capitale de la terre promise, à l'instar d'un adultère impudique. Il s'assit sur les marches du sanctuaire qui fut souillé de l'abomination du désert! » Le poète emploie toute son emphase pour déplorer l'abandon dans lequel les peuples laissèrent Jérusalem menacée, puis prise par l'ennemi. Il regrette que la ville « ait été délaissée comme une veuve sans que nul soit venu à son aide » (vers 498, 499, p. 281).

1. *Élégie sur la prise d'Édesse en 1144* : « Vit-on jamais spectacle pareil et plus douloureux! » (vers 928, 929, p. 255).

2. *Oraison funèbre de Baudoin* (*Doc. arm.*, p. 201-222). — Cf. Grégoire le Prêtre (*Ibid*, p. 161). — Au contraire Guill. de Tyr, dans le récit de la catastrophe qui fit tomber pour la seconde fois Édesse aux mains des Musulmans commandés par Nouraddin, ne fait point de cérémonies pour Baudoin. C'est à peine s'il consacre une ligne à la mémoire de ce prince : « Mortuus est ibi vir nobilis... et militaribus insignis operibus dominus Balduinus de Mares » (liv. XVI, chap. xvi, p. 732).

3. Rey, *Col. fr.*, chap. iv, p. 84. — Du Cange, *Fam. d'outre-mer*, p. 156, 163, 378.

4. De Mas Latrie, *Hist. de Chypre*, liv. I, chap. v, p. 105.

cause des Latins. Il est probable que les défections furent fréquentes. Guillaume de Tyr raconte la trahison de l'Arménien Mesfier qui, après s'être agrégé à l'Ordre des Templiers, oublia ses serments, s'allia à Nouraddin [1], et ravagea les provinces chrétiennes. Il est clair que les rois avaient toujours à surveiller, parfois même à contenir les troupes auxiliaires. Néanmoins le contingent fourni par les soudoyers indigènes permit de suppléer dans une large mesure à l'insuffisance du service féodal.

La royauté attachait d'autant plus de prix au service des Orientaux qu'elle n'avait à sa disposition aucune milice communale. Il n'existait pas en effet de communes proprement dites dans les colonies latines d'Orient. Cette absence s'explique aisément. Le principe fondamental de l'institution communale était le droit accordé aux villes de pourvoir elles-mêmes à leur défense et à leur administration. L'obligation du service militaire pour les habitants des villes n'avait pas été une conséquence du régime communal; les non-nobles y avaient été astreints bien avant Louis VI. Néanmoins l'institution des communes et les concessions de franchises aux habitants des villes et des campagnes apportèrent quelques modifications dans les conditions du service. Auparavant les prévôts des seigneurs convoquaient les non-nobles et les conduisaient à la guerre. A partir de l'émancipation communale les magistrats municipaux appelèrent sous les armes les citoyens et les guidèrent à l'armée. Dans le royaume de Jérusalem, il était

---

1. Guill. de Tyr, liv. XX, chap. xxvi, p. 990 : « Vir nequissimus accessit ad Noradinum. »

impossible de laisser pareille liberté aux magistrats des villes. Que seraient devenues les cités latines, sans cesse menacées par les attaques des Sarrasins, si on les eût soumises au régime démocratique des cités françaises? « Un jour d'attaque, écrit Beugnot, les magistrats communaux se seraient mis à délibérer; et les Turcs auraient pris la ville avant qu'on eût pu s'entendre sur les moyens de la défendre[1]. » L'intérêt général aurait cédé devant l'esprit de localité ou l'égoïsme municipal; le sentiment individuel aurait étouffé le patriotisme. Les jurisconsultes emploient, il est vrai, dans leurs écrits le mot *commune*[2], mais ils appliquent cette dénomination aux sociétés fondées en Syrie par les Génois, les Pisans, les Vénitiens. L'expression est prise dans le sens général de *communauté, association*. Il faut bien se garder de lui donner une autre signification[3]. Le *Livre des Assises de la Cour des Bourgeois* en remarquant qu'une commune n'est pas tenue de foi au seigneur : « le comun qui n'est tenu de fei au seigneur », dévoile un obstacle capital à l'établissement des communes dans le royaume de Jérusalem. En un mot « dans ce royaume la commune était inconciliable avec la

---

[1]. Beugnot, *Introduction, Ass.*, t. II, p. xxi.
[2]. *Ass.*, t. II, *Ass. de la Cour des Bourg.*, chap. cxlv, p. 99, et chap. cxlvii, p. 100.
[3]. Heyd (*Hist. du commerce du Levant*, t. I, p. 37) remarque qu'il n'était pas rare de voir figurer les troupes des communes commerçantes dans les expéditions entreprises par les rois contre les Infidèles. Ainsi lorsque en 1257 les habitants d'Ancône fondèrent une colonie à Acre, ils s'engagèrent à mettre à la disposition du roi 50 hommes d'armes pour l'aider à repousser toute attaque. On lit en effet dans Paoli, *Cod. Dipl.*, t. I, n° 132, p. 157-161 : « Et les Anconitens aideront la Seignorie dou reaume de Ierusalem contre toutes gens de 50 hommes armés de fer au meins, au beisoing de la dite Seignorie quand elle aura guerre et contens contre aucune manière de gens por le fait de la dite Seignorie en Acre. » La charte ajoute même que si celui qui gouverne les Anconitains à Acre ne fournit pas les dits 50 hommes lorsqu'il en sera requis, les agents royaux pourront les lever aux frais et dépens des Anconitains.

rigueur des principes féodaux qui n'admettaient d'autres pouvoirs dans l'État que ceux qui dérivaient de la possession du sol et de l'accomplissement des devoirs imposés par cette possession [1] ». Au contraire en France les communes étaient organisées militairement : elles devaient le service directement au roi [2]; leurs milices étaient commandées par leurs magistrats municipaux. C'était un droit dont les maires étaient fiers. Voilà pourquoi sur un grand nombre de sceaux communaux des xiie et xiiie siècles le maire est représenté en armes, tantôt à pied, tantôt à cheval, quelquefois accompagné des gens de la commune armés comme lui. Bien que toutes les communes dussent le service d'ost au roi, leurs obligations à cet égard n'étaient pas uniformes. Les unes étaient tenues de marcher toutes les fois que le roi les convoquait [3]; d'autres seulement pour une guerre générale [4]; plusieurs ne devaient pas dépasser certaines limites [5]; quelques-unes enfin pouvaient être contraintes de sortir de la province mais à condition de recevoir une solde [6]. En Syrie, les conditions du service militaire n'auraient pas pu s'accommoder de cette infinie variété.

Il résulte des considérations précédentes que l'armée des princes latins se composait de deux éléments distincts : les hommes liges et les soudoyers. Le roi, chef militaire de l'aristocratie, enrôlait, à défaut de milices communales, des indigènes syriens, maronites, arméniens. Pour défendre

1. Beugnot, Introd., t. II, p. xxx.
2. Recueil des Ordonnances, t. XI, p. 277.
3. Saint-Quentin (Ordon., t. XI, p. 273).
4. Bray (Ordon., t. XI, p. 297).
5. Chaumont (Ordon., t. XI, p. 246). — Pontoise (Ibid., t. XI, p. 255).
6. Bray (Ordon., t. XI, p. 297).

et étendre ses frontières, il marchait à la tête des troupes féodales et des troupes auxiliaires. On est ainsi amené à rechercher le chiffre auquel on doit évaluer ses forces militaires. Plusieurs passages des chroniques attestent qu'il ne fut jamais bien élevé. Rien n'est plus faux que de s'imaginer les rois de Jérusalem entourés d'armées innombrables et s'élançant, sous l'inspiration de la foi chrétienne, à l'assaut des Infidèles.

L'armée qui en 1101 va attaquer Ascalon se compose de 260 hommes d'armes et 900 hommes de pied [1]. Celle qui reçoit mission de protéger Antioche contre les incursions de Bursequin (1124) ne compte que 1100 chevaliers et 2000 fantassins; les ennemis sont au nombre de 15 000 [2]. En 1164, l'armée rassemblée par le prince d'Antioche, le comte de Tripoli, le prince arménien Toros II et le grand maître du Temple ne dépasse pas, en y comprenant les auxiliaires grecs de Ducas, 13 000 combattants [3]. En 1167, Amaury Ier ne s'appuie, pour résister aux immenses forces de Siracon, que sur 374 chevaliers et un nombre indéterminé de turcoples [4]. Trois ans après, en 1170, au moment de la prise du Darum par Saladin, le roi ne commande plus que 250 chevaliers et 2000 fantassins [5]. En 1182, sous le règne de Baudoin IV, 700 chevaliers mettent en déroute l'armée de Saladin [6]. Autant qu'on peut s'en rendre compte en comparant les chiffres donnés par les historiens, aussi bien orientaux qu'occidentaux, l'armée réunie en 1187 par Guy de Lusignan à Tibé-

---

1. Fouch. de Ch., liv. II, chap. xi, p. 391.
2. Guill. de Tyr, liv. XIII, chap. xvi, p. 578, 579.
3. Aboulfaradje, Chroniq. Syr., p. 360.
4. Guill. de Tyr, liv. XIX, chap. xxv, p. 925.
5. Ibid., liv. XX, chap. xix, p. 974.
6. Ibid., liv. XXII, chap. xvi, p. 1094.

riade ne semble pas avoir dépassé 20 ou 21 000 hommes[1]. Il paraît établi que les forces militaires des principautés latines de Syrie ne s'élevèrent jamais au-dessus de 25 000 hommes. Il est vrai que les Latins entretenaient quelques soldats dans plusieurs châteaux et villes du royaume[2]. L'effectif de ces garnisons n'entre jamais dans le calcul de l'historien qui ne considère que l'armée en campagne. Mais en Orient comme en Occident les troupes laissées en temps de guerre dans les châteaux étaient peu considérables. Nous voyons en 1108 le roi Baudoin Ier, occupé au siège de Sidon, envoyer un messager nommé Guillaume à Jérusalem avec ordre de prendre dans la ville les chevaliers qui y étaient demeurés pour le service de garde ainsi que les hommes de pied; et Guillaume, se rendant à la capitale en exécution des ordres du roi, ne réussit à prendre avec lui, au rapport d'Albert d'Aix, que 200 chevaliers et 500 hommes de pied[3]. D'ailleurs la facilité avec laquelle Saladin, après le désastre de l'armée de Lusignan à Tibériade, se rendit maître de presque toutes les forteresses de Syrie, Saint-Jean-d'Acre, Naplouse, Jéricho, Césarée, Jaffa et Béryte[4], ne vient-elle pas corroborer l'opinion

---

[1]. ABOULFÉDA, *Annales* (*Hist. ar.*, t. I, p. 56); IBN-AL-ATHIR, *Le Kamel* (*Ibid.*, t. I, p. 677 et suiv.). — ERNOUL, chap. XII, XIII, XIV, p. 110-111; JACQ. DE VIT., chap. XCIV, p. 1118; MAR. SAN., liv. III, pars IX, chap. IV, p. 191.

[2]. FOUCH. DE CH., liv. II, chap. LV, p. 431. Baudoin Ier après avoir construit la forteresse de Montréal en confie la garde à une garnison : « Posuit in eo custodes. »

[3]. ALB. D'AIX, liv. X, chap. XLVII, p. 653 : « Willelmum Iherusalem remisit, ut militibus quos in civitate tuenda reliquerat assumptis, cum peditibus trans Jordanem festinaret, etc. »

[4]. ERNOUL, chap. XVI, p. 178 et 183. — Il est vrai, de l'aveu même des historiens arabes, que les Francs n'avaient pas essuyé un pareil désastre depuis leur arrivée en Syrie. L'armée de Guy de Lusignan avait fait une résistance désespérée et la nouvelle de la défaite avait jeté parmi les

que le seigneur consacrait à l'armée en campagne la presque totalité des forces dont il pouvait disposer? On ne saurait donc prétendre que l'effectif des troupes laissées comme garnison dans les châteaux et constituant l'armée de réserve ait sensiblement fortifié les armées latines.

Il est temps de dire quelques mots de la marine des rois de Jérusalem. Malheureusement son organisation est mal connue. Les renseignements que l'histoire possède sur ce point particulier des institutions militaires du royaume latin sont des plus limités. Les *Assises* ne renferment pas un mot concernant la marine de guerre. Les quelques chapitres des *Assises de la Cour des Bourgeois* consacrés *aux mariniers, vaisseaux* et *naces* traitent de la protection accordée aux naufragés, de la juridiction de la Cour de mer, mais n'apprennent pas quelle était l'organisation de la marine militaire [1]. La charge d'amiral ne paraît pas avoir existé dans le royaume de Jérusalem; du moins le chapitre des *Assises* où sont énumérées les grandes charges ne la mentionne pas [2]. Cette pénurie de documents tient vraisemblablement à la faible place occupée par la marine de guerre dans l'organisation militaire du royaume.

On sait cependant que chaque principauté avait sa marine particulière. En 1188, le comte de Tripoli faisait armer ses galères au nombre de 10 pour secourir et ravi-

Latins le plus complet désarroi (Ibn-al-Athir, *Le Kamel*, p. 690; Abou-feda, *Annales*, p. 56, 57).

1. *Ass.*, t. II, *Ass. de la Cour des Bourg.*, chap. XLIII et suiv., p. 42 et suiv.
2. *Ass.*, t. I, *Liv. de Jean d'Ibelin*, chap. CCLVI et suiv., p. 407 et suiv.

tailler Tyr assiégée par Saladin[1]. Les grands Ordres de l'Hôpital et du Temple possédaient également des galères; le chef de celles de l'Hôpital s'appelait le *commandeur de la mer*[2]. Quelques documents attestent que les rois avaient des arsenaux à Acre et à Tyr, les deux ports les plus importants du royaume, et qu'ils entretenaient un certain nombre de navires de combat[3]. La flotte réunie par le roi Amaury Ier en 1168, lors de son expédition en Égypte, semble avoir compris, outre le contingent formé par les Grecs et les Italiens, un assez grand nombre de navires armés dans les ports de Syrie[4]. Celle qui en 1246 livra bataille sous les murs d'Ascalon se composait de 15 galères et 50 navires de plus faible tonnage[5].

Il n'en est pas moins vrai que le principal contingent des armées de mer fut fourni aux Latins par les nations d'Europe, notamment par les puissances commerçantes d'Italie, telles que Venise, Gênes et Pise. Depuis longtemps des rapports existaient entre Marseille et les républiques d'Italie d'une part et le Levant d'autre part[6]. Heyd affirme que « sans l'assistance des flottes italiennes jamais les Latins n'auraient pu conserver leurs conquêtes[7] ». Les chroniques offrent en effet plusieurs exemples de secours apportés par les marines italiennes aux Latins et se rapportant aux années 1100, 1102, 1104 et 1124, pour n'en citer que quelques-uns[8]. Ainsi

---

1. Ernoul, chap. xxi, p. 240.
2. Rey, *Col. fr.*, chap. vii, p. 151.
3. Ibn-Djobair (*Hist. ar.*, t. III, p. 451).
4. Guill. de Tyr, liv. XX, chap. iv et v, p. 945-948.
5. Cont. de Guill. de Tyr, liv. XXXIII, chap. ix, p. 133, éd. de l'Acad.
6. Rey, *Essai sur la domination française en Syrie durant le Moyen Âge*, II, p. 12.
7. Heyd, *Hist. du com. du Lev.*, t. I, p. 133.
8. Année 1100 : une flotte de 200 navires montés par des Vénitiens vient atterrir à Jaffa et les nouveaux arrivants s'engagent à servir sous les

s'explique le grand nombre de diplômes portant concession de privilèges que les rois de Jérusalem rédigèrent en faveur des Vénitiens, des Génois et des Pisans [1]. Il faut avouer que la marine des princes latins fut surtout composée de soldats mercenaires.

V. — Les Ordres du Temple et de l'Hôpital.

ORGANISATION. — RÔLE JOUÉ EN ORIENT.

Dans une étude de l'organisation militaire du royaume de Jérusalem, il importe de faire une part aux deux Ordres du Temple et de l'Hôpital dont la force et la richesse s'accrurent si rapidement. Sans s'arrêter à l'histoire de ces Ordres, il faut du moins observer la place tenue par eux dans l'état militaire des Chrétiens d'Orient, c'est-à-dire fixer les grandes lignes de leur constitution et de leur discipline intérieure, puis rappeler les éminents services rendus à la cause chrétienne.

---

ordres de Godefroy depuis la fête de St Jean-Baptiste jusqu'à l'Assomption (DANDOLO, p. 258; HEYD, p. 136). — Année 1102 : arrivée d'une flotte génoise à Jaffa et traité avec le roi Baudoin Ier (GUILL. DE TYR, liv. X, chap. XIV, p. 419). — Année 1104 : nouveau traité avec les Génois et Baudoin pour s'emparer d'Acre (GUILL. DE TYR, liv. X, chap. XXVIII, p. 442; FOUCH. DE CH., chap. XXV, liv. II, p. 407). — Année 1124 : traité avec les Vénitiens (GUILL. DE TYR, liv. XII, chap. XXV, p. 550). — Voir, sur le rôle joué par Marseille, HEYD, t. I, p. 146 et suiv. — L'empire grec mit aussi sa marine au service des princes latins (GUILL. DE TYR, liv. XX, chap. XIII, p. 961; NICETAS, V, § 4, p. 301, *Hist. grecs.*, t. I). En 1169, l'empereur Manuel envoya à Amaury Ier qui campait sous les murs de Damiette une flotte aux ordres d'Andronic. Les historiens grecs et latins s'accordent à faire l'éloge de cette flotte. Voir plus haut, p. 175, pour le conflit qui éclata entre Andronic et Amaury. — Les villes italiennes rendirent de si précieux services à la cause des Latins que DUBOIS (*De recup. Terre Sancte*, p. 10) constate que leur rivalité eut un contre-coup en Orient. Subitement les établissements de Terre-Sainte se trouvèrent privés du secours des Italiens.

1. HEYD, t. I, p. 148 et suiv. — DE MAS LATRIE, *Lettre* (*Arch. des Miss., Sc. et Litt.*, t. II, 1851, p. 366 et suiv.).

La *Règle du Temple*, publiée par M. de Curzon, fait connaître les statuts de l'association [1]. Chaque chevalier, revêtu du vêtement blanc à croix rouge, avait trois chevaux et un écuyer attaché à sa personne [2]. Il était placé sous la dépendance des grands officiers de l'Ordre : le *maître*, le *sénéchal*, le *maréchal*, le *commandeur du royaume de Jérusalem*, le *drapier*. Le maître était le plus élevé en dignité [3]. Escorté par une troupe d'hommes armés [4] dont le nombre pouvait être augmenté en temps de guerre [5], il avait la haute surveillance du trésor [6], convoquait les frères pour marcher à l'ennemi [7], jugeait et réprimait les fautes commises par les membres de la communauté [8]. Sa puissance n'était cependant pas

---

1. Le Temple fut fondé en 1118 par Hugue de Payns et Godefroy de Saint-Omer; l'Hôpital de Saint-Jean en 1113 par Gérard (GUILL. DE TYR, liv. XII, chap. VII, p. 520; AMADI, p. 28; MICHEL LE SYRIEN, *Doc. arm.*, t. I, p. 331, 332; DELAVILLE LE ROULX, *De prima origine Hospitalariorum Hierosolymitanorum*). — Voir pour les statuts, outre la publication de M. Curzon, MUNTER, *Statutenbuch des Ordens der Tempelherrn*, et WILCKE, *Gesch. des Ordens der Tempelherrn*.
2. *Règle du Temple*, art. 30, 31, 37, p. 51, 55, qui traitent de l'équipement, des chevaux, et des écuyers au service des frères. — Art. 31 : Aucun frère chevalier ne doit avoir plus de trois chevaux : « tres equos licet habere », et il ne peut augmenter ce nombre sans la permission du maître, « nisi cum magistri licentia ». — Art. 37 traite des harnais et de l'équipement qui doivent être d'apparence modeste, sans luxe « de frenis et calcaribus ».
3. Si les historiens ne fournissent aucun détail sur les règles qui présidaient à l'élection du maître, la *Règle du Temple*, p. 142-152, comble cette lacune. On trouve dans l'*Art de vérifier les dates* (II° partie, t. V, p. 336), la chronologie historique des grands maîtres du Temple.
4. *Règle du Temple*, art. 77-80, p. 75-77.
5. *Ibid.*, art. 98, p. 86.
6. *Ibid.*, art. 81, p. 77.
7. ERNOUL, chap. XII, p. 115 : « Quant li maistre del Temple oï et sent que li Sarrasin devoient l'endemain par matin entrer en le tiere, si prist un message et l'envoia erramment batant al couvent del Temple, qui estoit à III lieues d'illuec, à une ville qui a non Caco. Et si lor manda par ses lettres que tantost qu'il aroient oï son commandement, montaissent et venissent à lui, car l'endemain par matin devoient entrer li Sarrasin en le tiere. »
8. *Règle du Temple*, art. 57, p. 59.

illimitée : le maître était obligé, dans le conseil, de se soumettre à la majorité des avis exprimés[1]; aucune guerre ne pouvait être déclarée, aucune trêve signée sans l'avis du chapitre de l'Ordre[2]. S'il avait la garde du trésor, il était responsable de sa gestion devant la communauté; voulait-il prêter plus de mille besans, il demandait l'assentiment « d'une grant partie des prodomes de la maison[3] ». En un mot il ne pouvait agir, en toutes choses, que conformément à l'intérêt de l'association « por le profit de la maison ». — Le sénéchal, sorte de lieutenant du maître, le secondait dans l'accomplissement de sa charge et, au besoin, le suppléait. — Plus distinctes étaient les attributions du maréchal[4]. Ce fonctionnaire était préposé à l'armement de l'Ordre. « Li mareschaus, dit la *Règle*, doit avoir à son comandement toutes les armes et les armeures de la maison[5]. » Il était le commandant immédiat des chevaliers, sergents et autres gens d'armes[6]. Cependant même en ce qui concernait cet attribut spécial de sa fonction, il était subordonné au maître. Cela ressort clairement de la lecture des articles 84 et 103 : le maréchal ne pouvait procéder à aucune distribution de chevaux « devant que li maistres les ait veues[7] »; au maître seul appartenait le droit supérieur de donner tel ou tel cheval et de récompenser tel frère qui avait bien gardé sa monture. « Li mareschaus, dit la *Règle*, en quelque terre que il soit,

---

1. *Règle du Temple*, art. 96, p. 84, 85.
2. *Ibid.*, art. 85, p. 79.
3. *Ibid.*, art. 82, p. 77, 78.
4. *Ibid.*, art. 99, 100, p. 86-88.
5. *Ibid.*, art. 102, p. 89.
6. *Ibid.*, art. 103, p. 90 : « Sont au comandement dou mareschau quant il sont as armes. »
7. *Ibid.*, art. 84, p. 78.

si puet acheter chevaus, muls ou mules; mes il le doit faire assavoir au maistre, se il y est¹. » — Enfin plusieurs articles fixaient les pouvoirs du commandeur du royaume de Jérusalem², du drapier³ et de quelques officiers en sous-ordre tels que le *sous-maréchal*⁴ et le *gonfanonnier*⁵.

Les statuts de l'Ordre de Saint-Jean de Jérusalem offrent avec les précédents une analogie frappante⁶. Comme les Templiers, les Hospitaliers marchaient au combat sous le commandement du grand maître⁷ auquel tous les frères devaient obéissance absolue⁸. Les qualités exigées de tous ceux qui demandaient à entrer dans la Maison⁹, les devoirs et les droits du maître¹⁰, la forme de son élection¹¹, les attributions des officiers tels que le *maréchal* et l'*amiral*¹², l'organisation du trésor¹³, tout était réglé avec précision.

Les deux Ordres n'avaient pas seulement la cohésion que donne la discipline; ils avaient encore la force que procure la richesse. Sans cesse agrandis par les donations

---

1. *Règle du Temple*, art. 103, p. 90.
2. *Ibid.*, art. 92, p. 82 : « Quant li maistres s'en part dou royaume de Jérusalem, il puet le comandeor de la Terre ou un autre frère laissier en son leu. » — Cf. art. 110-119, p. 94-100.
3. *Ibid.*, art. 130, 131, p. 105, 106.
4. *Ibid.*, art. 173-176, p. 129-132.
5. *Ibid.*, art. 177-179, p. 132, 133.
6. Voir, dans *Hist. des chevaliers de l'Ordre de St-Jean de Jérusalem ci-devant écrite par le feu S. D. B. S. D. L. et augmentée par I Baudoin*, la partie intitulée : *Statuts de l'Ordre de St-Jean de Jérusalem*.
7. Guil. de Tyr, liv. XX, chap. v, p. 948. — On trouve dans l'*Art de vérifier les dates* (IIᵉ partie, t. V, p. 295) la chronologie historique des grands maîtres de l'ordre de St-Jean de Jérusalem.
8. *Statuts de l'Ordre de St-Jean de Jérusalem*, tit. 1, p. 3; tit. 9, p. 86.
9. *Ibid.*, tit. 2, p. 6 et suiv.
10. *Ibid.*, tit. 9, p. 86 et suiv.
11. *Ibid.*, tit. 13, p. 115.
12. *Ibid.*, tit. 10, p. 92 et suiv.
13. *Ibid.*, tit. 5, p. 35 et suiv.

des particuliers ou des princes, ils acquirent, en moins de deux siècles, de vastes propriétés et des revenus considérables. Les chevaliers du Temple possédaient des fiefs sans nombre en Flandre, en Languedoc, en Italie, en Espagne, en Sicile. Tout le long de la côte de Syrie, dans l'intérieur des terres, leur pavillon flottait sur des châteaux[1]. Le roi d'Aragon les instituait héritiers de ses États[2]. De leur côté les Hospitaliers étaient maîtres en Syrie de cinq forteresses importantes : Margat, le Crac des Chevaliers, Chastel-Rouge, Gibelin et Belvoir dont relevaient des territoires étendus, un grand nombre de casaux, de vignes et de moulins[3]. Or Hospitaliers et Templiers firent de ces ressources le plus noble usage pour assurer la défense des principautés franques. L'entretien d'une armée particulière devint l'objet de leur ambition. Moines par les pratiques, soldats par les actions, les chevaliers devinrent sur les rivages d'Asie comme les sentinelles avancées de l'Europe chrétienne. Ils étaient, selon l'expression du pape Hadrien IV, les guerriers bien-aimés, les Macchabées nouveaux choisis par le Seigneur[4]. Aux yeux du roi de France ils apparaissaient sous l'aspect « d'amis chers et fidèles qu'on avait chéris d'abord en vue de Dieu et promptement ensuite pour eux-mêmes [5] ».

L'étude des textes permet d'établir que les forces mili-

---

1. Rey, *Col. fr.*, chap. vii, p. 115: *Études sur les monuments de l'architecture militaire des Croisés en Syrie*, p. 40 et suiv.
2. Mariana, *Hist. de Espana*, t. I, liv. X, chap. xv, p. 592. — Zurita, *Annales de la couronne d'Aragon*, t. I, liv. I, chap. lii, et chap. liii, p. 50 et suiv.
3. Rey, *Col. fr.*, chap. vii, p. 117. — Dans Paoli, *Cod. Dipl.*, on trouve énumérés plus de 135 casaux et une foule d'autres biens immeubles appartenant aux Hospitaliers.
4. *Adriani papæ IV ad Samsonem Remigium episcopum epistol.*, 13 nov. 1157.
5. *Ludovici VII regis ad Sugerium abbat. epist.*, 21 mars 1147.

taires des Ordres se composaient de quatre éléments distincts : 1° des frères chevaliers proprement dits ; 2° de chevaliers servant dans l'Ordre temporairement ; 3° de troupes légères indigènes ; 4° d'une marine.

Les statuts abondent en détails curieux et précis sur la discipline à laquelle les frères chevaliers étaient soumis en temps de guerre. Chacun devait garder son rang à la bataille. « Ne nul frère, dit la *Règle*, ne se doit esloigner de sa route por abrever ne por autre chose sans congié [1]. » Afin que le châtiment ne manquât pas au délit, des peines sévères étaient édictées contre toute infraction aux règlements. Aux articles punissant la simonie, le meurtre, le larcin, le complot, l'hérésie, se mêlaient les clauses relatives à la désertion qui était déclarée faute capitale et entraînait la perte de la Maison [2].

Le chevalier qui sollicitait l'honneur de servir temporairement dans la milice de l'Ordre achetait lui-même son cheval et les armes nécessaires au service de guerre. Mais si l'animal mourait pendant le temps du service à la Maison, le maître indemnisait le possesseur en lui donnant une nouvelle monture [3].

---

1. *Règle du Temple*, art. 159, p. 122. Dans un cas seulement le chevalier pouvait quitter son rang : c'était pour secourir un Chrétien menacé par un Turc, « bien le porroit faire sans congié ». (Art. 163, p. 125.)

2. Les statuts reviennent fréquemment sur ce point. — Art. 232 : « Se frères laisse son confanon et fuit por paor des Sarrazins. » Les art. 419 et 420 ne permettent de quitter le combat que pour blessure grave : « se le frère chevalier ou le frère sergent estoit blécés en tel manière qu'il ne li semblast que il poist soufrir le besoing. » — Art. 575 : « Et dient, se aucun frère... et s'enfuist por paor de Sarrazin, qu'il en perdroit la Maison. » — Ces précautions n'empêchèrent pas cependant quelques désertions de se produire. L'article 576 parle de frères qui en 1257 quittèrent le champ de bataille. Déjà en 1166 un poste au delà du Jourdain, défendu par le Temple, avait été livré à Siracon, vizir de Nouraddin ; le roi Amaury était accouru et avait fait pendre 12 Templiers (GUILL. DE TYR, liv. XIX, chap. XI, p. 901, 902).

3. *Règle du Temple*, art. 32, p. 65 : « Omnibus militibus servire Jhesu

L'enrôlement de troupes légères indigènes contribuait à renforcer ces recrues. Quand les documents mentionnent les *turcopliers* ou chefs des turcoples de l'abbaye du Mont-Thabor, de l'Hôpital et du Temple [1], ils attestent que les Ordres prenaient à solde des mercenaires parmi les Orientaux.

Enfin Hospitaliers et Templiers pouvaient mettre à la mer, puisque la *Règle du Temple* parle de vaisseaux d'Acre appartenant aux Templiers et que les textes révèlent l'existence d'un *grand commandeur de la mer* ou chef de la marine de l'Hôpital [2].

Le contingent militaire des Maisons religieuses peut se préjuger par le chiffre suivant. En 1168, le grand maître de l'Hôpital s'engagea à amener au roi Amaury Ier pour son expédition en Égypte 500 chevaliers, et autant de turcoples [3]; ce qui permet d'évaluer, au maximum, à 2 000 lances environ les forces mises en campagne par les Ordres militaires.

Mais rien n'atteste plus clairement le degré de prospérité auquel atteignirent les Maisons religieuses que les privilèges dont elles arrachèrent la concession aux rois de Jérusalem et le prestige dont elles jouirent auprès des Orientaux eux-mêmes. Elles eurent le droit de conclure

---

Christo animi puritate in eadem domo ad terminum cupientibus equos in tali negocio cotidiano idoneos et arma et quicquid ei necessarium fuerit emere fideliter jubemus.... Si vero interim equos suos miles aliquo eventu in hoc servicio amiserit, magister ut facultas domus hoc exigit, alios amministret. »

1. Les turcoples ou troupes légères de l'Ordre du Temple sont fréquemment mentionnés dans les statuts (art. 77, 99, 110, etc.). Ils sont placés sous les ordres du turcoplier : « Et trestous les freres sergens doivent aler au turcoplier et ne s'en doivent partir sans congié » (art. 103, p. 90). Il y avait un turcoplier du Temple comme un turcoplier de l'Hôpital (Rey, *les Col. fr.*, chap. vii, p. 119).

2. *Règle du Temple*, art. 119, 609. — Rey, *Col. fr.*, chap. vii, p. 118.

3. *Cod. Dipl.*, t. I, p. 49. — Guill. de Tyr, liv. XX, chap. v, p. 948.

des traités particuliers avec les Musulmans[1]. Les grands maîtres furent plus d'une fois d'habiles médiateurs entre les sultans et les princes chrétiens. Quand par exemple en 1191-92, pendant le siège d'Acre, des négociations furent engagées entre Saladin et les Francs, ce fut le chef des Templiers qui reçut la mission de conférer avec le sultan[2]. En 1282, le grand maître du Temple, Guillaume de Beaujeu, s'entremit près du sultan Kelaoun pour que ce prince accordât la paix au roi Léon III[3]. Fait plus caractéristique encore, les princes arabes manifestèrent souvent le désir que les conventions conclues par eux avec les Latins fussent garanties par les Templiers. Hospitaliers et Templiers donnèrent leur adhésion à une paix signée en 1192[4]. Une autre fois les émirs demandèrent que les Templiers se rendissent garants d'un serment prêté par les Latins, « les chevaliers étant hommes pieux qui approuvent la fidélité à la parole donnée[5] ».

Grâce à leur discipline rigoureuse, à leur richesse terrienne, à leur solide armée, à leur prestige immense, les deux Ordres de Saint-Jean et du Temple devinrent une véritable puissance dans l'État. Institués non seulement pour prier mais aussi pour combattre, ils adorèrent Dieu et triomphèrent en son nom sur les champs de bataille.

---

1. Rey, *Col. fr.*, chap. vii, p. 115.
2. *Anecdotes et Beaux Traits de la vie du sultan Youssof* (*Hist. ar.*, t. III, p. 231).
3. Makrizi, *Hist. des sultans musulmans*, trad. Quatremère, t. II, p. 201.
4. Les historiens arabes les mentionnent à côté des chefs du peuple franc. Dans *Anecdotes et Beaux Traits de la vie du sultan Youssof* (*Hist. ar.*, t. III, p. 316) on lit ces mots : « Les Hospitaliers, les Templiers, et tous les chefs du peuple franc donnèrent leur adhésion. »
5. Ibn-al-Athir, *le Kamel-Altevarykh* (*Hist. ar.*, t. II, p. 57, 1re partie).

Aussi contribuèrent-ils dans une large mesure à la défense des établissements chrétiens d'Orient [1].

Les textes sont en effet remplis des souvenirs de leurs brillants faits d'armes. Quelques semaines avant la bataille de Tibériade, Jacques de Maillé, maréchal du Temple, et le grand maître de l'Hôpital trouvent au combat d'Aïn-el-Mahel une mort glorieuse [2]. A la bataille de Tibériade, presque tous les chevaliers rangés sous la bannière de Guy de Lusignan perdent la vie (1187) [3]. En 1244, à la défaite de Gaza, les Ordres de Saint-Jean et du Temple, détruits presque entièrement, offrent au sultan du Caire une somme considérable pour la rançon de leurs prisonniers au nombre desquels se trouvent Guillaume de Châteauneuf, grand maître de l'Hôpital, et Herman de Périgord, grand maître du Temple [4]. A Saint-Jean d'Acre l'Ordre du Temple a plusieurs établissements [5]; la place est arrachée en 1291 aux Chrétiens par le siège qui ruine les derniers restes de leur puissance, mais Templiers et Hospitaliers s'ensevelissent presque tous sous les ruines de leur donjon [6].

L'ardeur guerrière et l'héroïque conduite des chevaliers dans les combats expliquent les rigueurs dont ils étaient victimes lorsqu'ils tombaient aux mains de l'ennemi. Ibn-al-Athir, dans son récit de la défaite des Francs à Tibériade, montre Saladin réunissant tous les

---

1. Prutz, *Kulturgesch. der Kreuz.*, liv. III, chap. IV, p. 233 et suiv.; chap. V, p. 275 et suiv.
2. Ernoul, chap. XII, p. 146, 147.
3. Ibid., chap. XIV, p. 167 et suiv.
4. Cont. de Guill. de Tyr, liv. XXXIII, chap. LVII, p. 429, 430, éd. de l'Acad.
5. *La Règle du Temple* (art. 119) parle de la voûte d'Acre, c'est-à-dire du donjon des chevaliers.
6. Mort du grand maître du Temple. Courage et mort du grand maître de l'Hôpital Guillaume de Clermont (Michaud, *Hist. des Crois.*, t. V, p. 182, 193).

captifs, épargnant la plus grande partie d'entre eux, mais condamnant à mort les Templiers et les Hospitaliers. Le chroniqueur arabe explique ainsi la conduite du vainqueur : « La raison pour laquelle le sultan fit mettre à mort les membres des deux Ordres et non d'autres est qu'ils étaient plus énergiques à la guerre que le reste des Francs [1]. » Les expressions haineuses employées par les historiens orientaux, toutes les fois qu'il leur arrive de parler des Templiers, montrent combien ces soldats de Dieu s'étaient fait détester par leur bravoure. C'est au contraire avec une joie débordante et passionnée qu'ils racontent la moindre victoire des Musulmans sur les chevaliers : « Dans ce jour mémorable, s'écrie Aboulféda parlant de la reprise de Markab, on vengea les maux causés par l'Ordre des Hospitaliers et la clarté du jour remplaça les ténèbres [2] ! »

Malheureusement la force de l'association et la valeur de ses membres furent impuissantes à étouffer tout germe de division. Les querelles et les prétentions des deux Ordres devinrent funestes au royaume de Jérusalem. Il arriva qu'un jour les chevaliers songèrent plus à étendre leurs domaines qu'à défendre celui du Christ. Plus d'une fois ils exigèrent qu'on leur donnât la moitié des villes ou des terres pour lesquelles on implorait leur secours [3]. En même temps une aigre jalousie sépara de bonne heure

---

[1]. Ibn-al-Athir, *le Kamel-Alterarykh* (Hist. ar., t. I, p. 686-688). — *Anecdotes et Beaux Traits de la vie du sultan Youssof* (ibid., t. III, p. 96).

[2]. Aboulféda, *Annales* (Hist. ar., t. I, p. 161). Cette phrase est très significative. — La forteresse de Markab qui appartenait aux Hospitaliers leur fut enlevée en 1285 par les Turcs placés sous le commandement de Kelaoun.

[3]. Guill. de Tyr (liv. XVIII, chap. xii, p. 837) montre les Hospitaliers forçant Humphroy de Toron à leur céder la moitié de la ville de Panéas. Des faits de ce genre se renouvelèrent souvent. Ainsi s'explique la rapidité avec laquelle les Ordres accrurent leur richesse terrienne.

deux Maisons que l'union eût pu rendre invincibles. Lorsqu'en 1168 Amaury Ier, excité par Gerbert d'Assaly, grand maître de l'Hôpital, fit des préparatifs contre l'Égypte, les Templiers refusèrent de s'y adjoindre « quia magister æmulæ domus hujus rei auctor et princeps videbatur »[1]. En 1203, l'Ordre des Templiers et celui des Hospitaliers prenant parti dans la guerre entre le fils de Boémond III, Raymond, comte de Tripoli, et Livon, prince d'Arménie, s'armèrent l'un contre l'autre[2]. En 1259, il se livra entre les deux armées une bataille si sanglante qu'il n'échappa qu'un seul chevalier du Temple pour porter dans les places de son Ordre la nouvelle de la défaite[3].

Non seulement les Hospitaliers et les Templiers étaient divisés entre eux, mais encore ils se trouvaient en hostilité ouverte avec le clergé et en particulier avec son plus haut dignitaire, le patriarche de Jérusalem. On verra plus loin la théorie professée par le clergé latin et sa prétention hautement manifestée de commander dans les Lieux Saints[4]. Le clergé ne pouvait pas supporter l'altière indépendance des milices sacrées. De leur côté, celles-ci, revendiquant pour elles-mêmes une autonomie absolue, refusaient de payer la dîme du butin et méconnaissaient la juridiction ecclésiastique du patriarche[5]. Une des suites les plus

---

1. Guill. de Tyr, liv. XX, chap. v, p. 948.
2. Michaud (Hist. des Crois., t. III, p. 361) rapporte ces démêlés d'après Rinaldi (Annales ecclés.).
3. Mathieu Paris (an. 1259). Cet esprit de discorde et de jalousie se révèle avec éclat dans une lettre d'Innocent III (liv. I, p. 376). Il a été très bien marqué par Vertot dans son Histoire de Malte, t. I, p. 285.
4. Voir chap. vi : La Royauté et le Clergé, p. 334 et suiv., p. 344 et suiv.
5. Exemple de conflit entre le patriarche de Jérusalem et le grand maître des Hospitaliers Raimond. — Origine du conflit (Guill. de Tyr, liv. XVIII, chap. iii, p. 820, 821). — Voyage du patriarche à Rome pour se plaindre de l'Hôpital (ibid., chap. vi, p. 826 et suiv.). — Instances du patriarche auprès du pape restant sans effet (ibid., chap. vii-viii, p. 829, 830).

funestes de l'esprit de faction fut la tendance de plus en plus marquée à l'indifférence pour la cause publique. A mesure que la domination latine s'affaiblissait, les Hospitaliers et les Templiers se décimaient sur les champs de bataille. Et pendant ce temps les enfants de l'Islam préparaient leur revanche!

Conclusion.

Telles furent les armées chrétiennes du royaume latin. On est bien loin de la vérité quand on représente les rois de Jérusalem entourés d'une masse compacte de guerriers offrant à la royauté leur dévouement sans condition et sans partage. Sans doute le vassal était tenu de suivre la bannière du seigneur. Mais, à son tour, le seigneur était astreint à des devoirs précis envers le vassal; et l'oubli d'un seul d'entre eux l'eût privé de son droit au service militaire. Des obligations réciproques enchaînaient ces deux hommes l'un à l'autre. Nous avons constaté que les textes étaient sur ce point abondants et clairs. L'idée romaine d'une armée permanente, capable d'être instruite et disciplinée, tout entière dans la main du roi seul, ne se présenta point à l'esprit des Latins. Il n'y a rien de monarchique dans l'armée des Baudoin, des Amaury, des Jean de Brienne. A part l'institution des grands Ordres, les conquérants de la Terre-Sainte n'ont apporté dans ce pays aucun organisme militaire d'un caractère nouveau. Ils ont fait la guerre avec des armées féodales. Ils ont suppléé à l'insuffisance du service féodal par l'enrôlement de soldats indigènes recrutés surtout parmi les Syriens, les Maronites, les Arméniens. Ils ont demandé aux puissances commerçantes d'Italie les éléments d'une marine de guerre. Enfin à toutes ces forces ils ont su joindre celle d'une chevalerie armée au nom de l'Église et vouée à la défense du pays.

CHAPITRE IV

ORGANISATION FINANCIÈRE

I. — Situation matérielle de la royauté. Les revenus de la couronne.

L'entretien de l'armée latine entraînait des dépenses régulières. Les rois de Jérusalem, pour solder leurs troupes, devaient veiller à ce que leur trésor s'alimentât à des sources nombreuses et abondantes. Une monarchie est d'autant plus forte qu'elle est plus riche; on ne peut nier que l'étendue des prérogatives financières du souverain ne constitue pour elle un gage de vitalité et d'avenir.

Au premier rang des revenus dont jouissait la royauté se présentaient les droits de douane perçus à l'entrée et à la sortie des villes sur les marchandises importées ou exportées. L'activité du commerce dans le royaume de Jérusalem rendait ces droits productifs. Aucun témoignage ne donne une idée plus complète de l'importance des relations commerciales qui existaient entre les différentes villes du royaume que celui de l'Arabe Ibn-Djobaïr, observateur attentif et grand voyageur : « Il y avait à Damas, dit-il, parmi les principaux habitants de la ville, deux marchands extrêmement riches; l'un s'appelait Nasr-ibn-Kaouwâm, l'autre Aboul-Dorr-Yakout. Tout leur commerce se faisait sur le littoral franc, où l'on ne connaissait que leurs noms, et où ils avaient leurs employés qu'ils commanditaient. Les caravanes chargées du transport de leurs marchandises allaient et venaient constamment, et ils avaient un état de fortune colossal, aussi bien qu'une grande influence auprès des chefs musulmans et francs [1]. » L'auteur s'étend en de longs détails sur les rues commerçantes des villes ou sur les caravansérails des routes offrant aux marchands, pour les affaires de leur négoce, un établissement temporaire. Par la description qu'Ibn-Djobaïr fait de ces maisons où régnait un confortable voisin du luxe on peut juger de l'importance des échanges qui s'y opéraient.

Deux chapitres des *Assises* faisant connaître le tarif des douanes du royaume de Jérusalem et le tarif des droits d'entrée perçus dans la ville d'Acre [2] sont, après la relation d'Ibn-Djobaïr, le document le plus précieux qui soit resté sur l'histoire commerciale de l'Orient latin. La liste des articles soumis à une taxe ne comprend pas moins de cent onze objets. Le service de la douane était bien organisé; de l'aveu même des historiens arabes, les employés de ce service, ne se rendant coupables d'au-

---

1. Ibn-Djobaïr (*Hist. ar.*, t. III, p. 454).
2. *Ass.*, t. II, *Liv. des Ass. de la Cour des Bourg.*, chap. CCXLII et CCXLIII, p. 173-181. — Voir encore sur le commerce en Palestine Paulz, *Kulturgesch. der Kreuz.*, liv. IV, chap. III, p. 354 et suiv. Au reste, déjà sous les empereurs grecs, le pays avait été le théâtre d'un grand développement commercial (Couret, *la Palestine sous les empereurs grecs*, p. 216 et suiv.).

cune exaction, traitaient les marchands avec mansuétude et douceur. Rien n'est plus curieux à cet égard que le passage suivant extrait du *Voyage* d'Ibn-Djobaïr : « En arrivant à Acre on nous conduisit au *divân* (douane) qui est un caravansérail destiné à recevoir les caravanes. Vis-à-vis de la porte, il y a des bancs recouverts de tapis, où se tiennent les scribes du *divân*, qui sont chrétiens; ils ont des encriers en bois d'ébène, dorés et bien ornés, et font leurs écritures en arabe, langue qu'ils parlent également. Celui qui est à leur tête et qui est le fermier du *divân* s'appelle simplement *chef*, titre tiré de l'importance de cette charge.... Tout ce qui est perçu par eux appartient au fermier des douanes, qui paye une très forte somme (au gouvernement). Ce fut dans ce lieu que les marchands (de notre compagnie) transportèrent leurs marchandises, et ils s'installèrent à l'étage supérieur (de l'édifice). Quant aux gens qui n'avaient pas de marchandises, on examina leurs bagages pour s'assurer qu'ils ne contenaient rien (qui fût passible des droits), puis on les laissa aller. On procéda à ces opérations avec douceur et mansuétude, sans aucune violence ni surcharge. Nous allâmes nous installer dans une maison qui faisait face à la mer et que nous louâmes à une chrétienne [1]. »

---

[1] IBN-DJOBAÏR (*Hist. ar.*, t. III, p. 449). Remarquer encore ces expressions de l'historien arabe : « On vint faire payer à notre troupe un impôt qui n'est pas trop élevé » (t. III, p. 447). « Un des malheurs qui affligent les Musulmans c'est qu'ils ont toujours à se plaindre des injustices de leurs chefs et qu'ils n'ont qu'à louer la conduite de l'ennemi (c'est-à-dire des Francs), en la justice de qui on peut se fier » (t. III, p. 448). Ibn-Djobaïr est touché de l'accueil amical fait par quelques Francs aux caravanes : « Le maire (d'un bourg de la banlieue d'Acre, bien que musulman) avait été nommé par les Francs et préposé à l'administration des habitants cultivateurs. Il réunit toute notre caravane dans un grand festin, auquel il invita tout le monde indistinctement et qui eut lieu dans une vaste salle de sa propre demeure. A tous il fit servir toutes sortes de mets et fit honneur à chacun, à moi comme aux

Lorsque les droits d'entrée étaient prélevés sur des objets venant par mer ils étaient nommés la *Chaîne*. A en juger par les nombreuses rentes basées sur ce revenu et par les dépenses qui y étaient imputées, il devait atteindre un chiffre très élevé dans les villes maritimes importantes[1]. On voit donc que le commerce ne faisait pas défaut à cette société. L'existence de grandes routes contribuait d'ailleurs à le favoriser. On est frappé, en effet, quand on lit les documents de l'époque et en particulier les documents arabes, de la facilité des déplacements. Aussi les péages devinrent-ils, après les douanes, une source importante de revenus.

Les textes mentionnent l'acquittement de péages par les caravanes qui traversaient le royaume. Cet impôt était exigible non seulement à l'entrée et à la sortie des villes, mais encore aux limites de certaines grandes seigneuries ou à l'entrée sur le territoire du domaine royal. Les voies de communication se divisant en *Viæ Regales* ou chemins royaux, *Viæ Magnæ*, *Communes* ou *Publicæ*, c'est-à-dire chemins ordinaires, *Viæ Maritimæ* ou voies longeant le littoral[2], étaient fréquentées par un grand nombre

autres, puisque nous étions du nombre des invités » (t. III, p. 449). — Ousama, *Autobiographie* (Hartwig Derenbourg, p. 187, 188, *Publ. de l'Ec. des Lang. or. viv.*), rapporte plusieurs anecdotes attestant l'existence de relations presque fraternelles entre quelques Francs et quelques Orientaux.

1. Rey, *Col. fr.*, chap. xii, p. 259. On peut juger du montant des tarifs prélevés à Acre par l'importance du commerce maritime de cette ville. Ibn-Djobaïr, *Voyage*, p. 450, fait une magnifique description de la ville d'Acre : « C'est là, dit-il, que mouillent tous les vaisseaux. La ville par sa grandeur ressemble à Constantinople. C'est là que se réunissent les navires et les caravanes. Acre est le lieu du rendez-vous où affluent de toutes parts les marchands musulmans et chrétiens. La foule s'étouffe dans ses rues et ses ruelles. Les marques des pas s'y pressent les unes contre les autres. »

2. Strehlke, *Tabulæ*, p. 51.

de piétons et de cavaliers[1]. Aujourd'hui encore on peut suivre le tracé de quelques-uns de ces chemins grâce aux ponts construits par les Francs pour faciliter le passage de certains cours d'eau[2]. Par ces routes les diverses régions du royaume étaient en rapports constants. Il existait des marchés, des foires, des établissements de commerce, des maisons de banque dans les grandes villes comme Acre, Césarée, Tripoli.

Deux itinéraires étaient suivis de préférence par les caravanes qui traversaient le domaine royal. Le premier partant du Darum passait par Gadres, Forbies, Chaco, le Grand-Gérin et la plaine d'Esdraélon. Il était fréquenté par les marchands venus d'Égypte. Au Darum ceux-ci acquittaient le péage exigible à l'entrée sur le territoire du domaine royal. Guillaume de Tyr a laissé de ce poste une description détaillée : « Le roi, dit-il, avait élevé cette forteresse de forme carrée, située à cinq stades de la mer et à quatre milles de Gaza, non seulement pour protéger les villes qui étaient en son obéissance mais encore pour prélever un droit de péage sur les marchands qui passaient par là[3]. » Le second itinéraire, après avoir traversé la seigneurie de Crac, gagnait Bostra pour aboutir à Damas. Or les tarifs prélevés sur tous ces passages constituaient un des principaux revenus de la cou-

---

1. Ibn-Djobaïr (t. III, p. 446) signale le grand mouvement des caravanes qui, partant de Damas et passant par Tibériade, aboutissaient à Acre; un péage était acquitté au château de Toron.
2. Rey, *Col. fr.*, chap. xi, p. 253.
3. Guill. de Tyr, liv. XX, chap. xix, p. 975 : « Considerat autem rex ea intentione praedictum municipium, ut et fines suos dilataret, et suburbanorum adjacentium, quae nostri casalia dicunt, et annuos redditus, et de transeuntibus statutas consuetudines plenius et facilius sibi posset habere. » Voir : Burchard de Mont-Sion ap. Laurent, p. 39; Rey, *Col. fr.*, chap. xi, p. 255. — Darum était un château situé au sud de Gaza, sur la frontière égyptienne, non loin d'El-Arisch.

ronne. Dans une charte du 31 juillet 1161 conservée dans le *Cartulaire de l'Ordre Teutonique* il est question du tribut payé au trésor royal par les caravanes des marchands arabes et moyennant lequel ils obtenaient le passage sur le territoire des Francs en allant d'Égypte à Damas et de Damas en Égypte [1]. Le soin avec lequel les rois se réservaient ces péages atteste que ceux-ci étaient une source importante de droits régaliens. Le commerce étant très actif, les douanes et les péages furent d'un productif rapport.

Il y avait encore les fermes ou monopoles de certaines industries. À en juger par les nombreux passages des *Assises* qui réglementent la fabrication des étoffes et autres produits, par les allusions au confortable des habitations et à la richesse des vêtements qui sont éparses dans les chroniques, l'art industriel aurait brillé d'un vif éclat [2]. M. Rey dans son livre sur les *Colonies franques de Syrie aux XIIe et XIIIe siècles* a dressé la liste des fermes ou monopoles qui constituaient une des branches les plus sérieuses des revenus publics [3] :

La teinturerie, généralement affermée aux Juifs;

Le mesurage des grains, des vins et des huiles. La chronique de Guillaume de Tyr renferme le texte d'un traité conclu en 1124 avec les Vénitiens aux termes

---

1. Strehlke, *Tabulæ*. Charte du 31 juillet 1161.
2. *Ass.*, t. II, p. 179, p. 362, p. 367, renferment de nombreux règlements relatifs à la fabrication, teinture, dimension des étoffes. — Guill. de Tyr (liv. V, chap. XXIII, p. 232) nous apprend que les vases de prix, les pierres précieuses, les draps de soie, les tapis étaient très recherchés tant par les indigènes que par les Francs. D'une façon générale, les historiens occidentaux s'accordent à dire que les étoffes appelées *boucrans* par les *Assises* (t. II, p. 362) étaient fort appréciées en Europe.
3. Rey, *Col. fr.*, chap. XII, p. 261.

duquel ce peuple était autorisé à vendre avec ses mesures, mais obligé d'acheter avec celles du roi [1];

La tannerie;

La brasserie, ou fabrication du vin de cervoise;

La boucherie et le droit d'abatage des porcs nommé *tuazo*, qui s'élevait à 4 deniers par tête;

La pêcherie; car les rois et les seigneurs concédaient souvent des pêcheries. L'usage voulait que le propriétaire de la pêcherie perçût la dîme sur le poisson pris par les pêcheurs. C'est ainsi qu'en 1255 Boémond VI, prince d'Antioche et comte de Tripoli, donnait à l'Hôpital le droit de percevoir la dîme sur le poisson pêché dans une région délimitée [2];

La savonnerie;

La verrerie;

La chaufournerie ou fabrication de la chaux;

La fabrication de l'huile de sésame.

L'impôt perçu par le roi sur les pâturages fait défaut dans cette nomenclature. Il constituait cependant une des plus claires ressources de la couronne. Le roi possédait toutes les forêts de grande étendue et concédait, moyennant le payement d'un droit, la faculté d'y mener paître des bestiaux. Or une bonne partie du royaume était couverte de forêts. Jacques de Vitry parle de genévriers fort appréciés des Orientaux [3]. Guillaume de Tyr cite la forêt de pins de la Sapinoie, voisine de Béryte [4]. Plus étendue était la *Silva Universa* ou *Silva Saltus Libani*, appelée encore forêt de Panéade. Couvrant la croupe du Djebel-

---

1. Guill. de Tyr, liv. XII, chap. xxv, p. 550-553.
2. *Cod. Dipl.*, t. I, n° 125, p. 117.
3. Jacq. de Vit., LXXXV, p. 1100.
4. Guill. de Tyr, liv. XI, chap. xiii, p. 475 : « Eidem civitati pinea sylva vicinior. »

esch-Scheik et s'étendant jusqu'aux environs de Panéade, elle était le rendez-vous habituel d'une multitude de pasteurs : « Un grand nombre d'Arabes et de Turcomans, rapporte le chroniqueur, s'étaient assemblés dans la forêt de Panéade.... Ils habitaient sous des tentes et se nourrissaient du lait de leurs troupeaux qu'ils avaient conduits dans cette forêt avec une multitude de chevaux pour y trouver d'abondants pâturages [1]. » Il n'est pas impossible d'apercevoir dans les textes la trace de l'impôt prélevé sur ces pâturages. Ainsi en 1138 le roi Foulque stipule que les terres données par lui au Saint-Sépulcre seront franches de semblables redévances [2]. Cette exception prouve la règle. Si le roi exempte du droit de pâturage c'est que ce droit existe; et puisque c'est le roi qui en exempte, c'est qu'il existe au profit du roi. Cet impôt n'avait pas seulement une existence théorique et légale; il était réellement perçu puisque nous le voyons mentionné dans des chartes d'immunité aux termes desquelles les rois en font l'abandon à des privilégiés. Nous n'apercevons pas qu'il ait été aboli par un acte formel. Aussi les pâturages, comme les teintureries, tanneries, pêcheries indiquées par M. Rey, étaient-ils chose royale.

Les charges qui pesaient sur la propriété foncière n'étaient pas d'une ressource moins précieuse pour la royauté : *corvea* ou prestation personnelle pour l'entretien des chemins; *angaria*, prestation de charrettes et de

---

1. Guill. de Tyr, liv. XVIII, chap. xi, p. 836. Le chroniqueur mentionne cette même forêt au liv. XXI, chap. xxvii, p. 1052.
2. *Cart. du S. Sép.*, n° 33, p. 61 : « Pro ipsius pertinenciis et adjacentibus pascuis redditus aliquos exsolvisse dinoscuntur aut dinoscentur, etc. »

chevaux pour le même objet; *corrucæ propriæ*, charrois que les paysans fournissaient pour le service particulier du prince; *presentata*, présents que les paysans offraient à certaines époques de l'année [1]; *terraticum*, cens payé par les tenanciers [2].

A cet ensemble de ressources fiscales il faut rattacher les revenus tirés de l'exercice de certains droits. Parmi ces derniers figurait le droit de battre monnaie. Les trois grands vassaux du royaume, princes d'Édesse, d'Antioche, de Tripoli avaient, comme le prince de Jérusalem, le privilège d'émettre des monnaies à leur nom. Un texte des *Assises* semble contredire cette assertion : « La siste raison (de la confiscation du fief) si est, se aucun home lige, qui que il fust ou terrier ou autre, faiset faire et labourer et batre monée en sa terre, si juge la raison qu'il det estre désérités à tousjorsmais, por ce que nul hom ne deit aver... euvrencour ne monée labourant, fors li rois [3] ». Mais le *Livre au Roi* d'où ce passage est tiré fut composé pour le royaume propre de Jérusalem, c'est-à-dire pour la souveraineté immédiate du roi. Il n'implique aucune négation du droit des grands vassaux; et quand l'auteur du *Livre des Assises bourgeoises* suppose le cas d'un orfèvre qui aurait contrefait les coins du roi ou de quelque baron [4], il entend seulement que ce droit, possédé

---

1. *Cod. Dipl.*, t. I, n° 131, p. 156. — *Cart. du S. Sép.*, n° 155, p. 264.
2. *Cart. du S. Sép.*, n° 130, p. 242.
3. *Ass.*, t. I, *Liv. au Roi*, chap. xvi, p. 617.
4. *Ass.*, t. II, *Liv. des Ass. de la Cour des Bourg.*, chap. ccxcii, p. 220. — De Mas Latrie, *Notice sur les monnaies et les sceaux des rois de Chypre de la maison de Lusignan* (Bibl. de l'Éc. des Ch., 1re série, t. V, p. 123 et 138), où il est question des monnaies attribuées à Roger et Tancrède d'Antioche, à Boëmond, seigneur de la même principauté, à Raymond, comte de Tripoli, et à Baudoin d'Édesse.

par chaque seigneur dans sa seigneurie, appartenait dans le royaume au roi seul. En effet les rois de Jérusalem, à l'exemple des autres souverains de l'Europe, frappèrent des monnaies. M. Schlumberger [1] n'en connaît aucune de Godefroy ni de Foulque; mais il peut décrire les pièces que fabriquèrent les Baudoin, les Amaury, les Guy de Lusignan, les Jean de Brienne. On y reconnaît, grossièrement figurés il est vrai, les monuments qui faisaient la gloire ou la force de la Ville Sainte. Telle la tour de David sur les monnaies de Baudoin. Tel encore un édifice circulaire qu'on croit représenter la rotonde du Saint-Sépulcre sur celles de Jean de Brienne. Le cabinet des médailles possède une monnaie de billon d'Amaury Ier sur laquelle est représenté le Saint-Sépulcre et gravée cette légende : *Amalricus re* [2]. On y remarque également une monnaie de billon appartenant soit à Baudoin II, soit à Baudoin III et portant ces mots pour légende : *Balduinus rex de Jerusalem* [3]. Cependant il est difficile de savoir au juste ce que rapportait la fabrication des monnaies royales. Une obscurité profonde entoure l'histoire monétaire des rois de Jérusalem; les *Assises* ne contiennent qu'un très petit nombre de passages relatifs à ce point particulier; si on excepte la liste des seigneurs ayant *court, coins et justise ou reiaume* [4], les dispositions pénales prises par

---

1. Schlumberger, *Les Principautés franques d'Orient d'après les plus récentes découvertes numismatiques* (Rev. des Deux Mondes, juin 1876).
2. *Notice sur les monnaies* (Bibl. de l'Éc. des Ch., Ire série, t. V, p. 130, etc.), où M. de Mas Latrie démontre que l'édifice représenté sur la monnaie d'Amaury n'est pas, ainsi que l'a pensé M. Brunos (*Recherches et Matériaux*, p. 396), la porte de Jérusalem, mais le Saint-Sépulcre, figuré d'une manière identique sur le sceau du chapitre de cette église publié par Paoli (Cod. Dipl., t. I, pl. V, n° 53).
3. Cette monnaie a été reconnue par M. de Longpérier parmi un certain nombre de pièces rapportées de Béryte par le comte d'Erceville (*Bibl. de l'Éc. des Ch.*, Ire série, t. V, p. 131).
4. Ass., t. I, chap. cclxx, p. 419.

le législateur contre les faux monnayeurs [1], les amendes décrétées contre ceux qui dans les transactions commerciales faisaient usage de fausse monnaie [2], on ne trouve aucun renseignement précis sur les bénéfices du fisc.

Le roi, comme tous les seigneurs, avait droit dans ses domaines aux successions vacantes, aux épaves et aux trésors. Les textes, si rares et si concis en ce qui concerne le privilège de frapper monnaie, sont plus explicites lorsqu'ils définissent et réglementent le droit d'héritage. Les biens du vassal mort intestat et qui ne laisse aucun parent après lui font retour au seigneur de la terre. Ce principe est souvent proclamé par le législateur. On lit dans les *Assises de la Cour des Bourgeois* : « S'il avient que uns hons meurt desconfés [3] et celuy qui mors est ou cele, n'a ne pere, ne mere, ne enfans, ne nul autre parent ni parente, la raison coumande que tout le sien det estre dou seignor de la terre, par dreit [4] » ; et plus loin : « Li rois ou le seignor de la terre est drois heir de celuy ou de cele qui meurt sans devise faire et qui n'a nul parent, et det aver tout ce que celuy avet ou cele [5] ». De nombreuses dispositions relatives au mariage dépouillent de leurs biens, au profit du seigneur, les veufs ou les veuves qui, lors d'un second mariage, n'auraient pas respecté certaines conditions rigoureusement prescrites ; là encore

---

1. Voir plus haut, p. 243 et notes 3 et 4.
2. *Ass.*, t. II, *Liv. des Ass. de la Cour des Bourg.*, chap. cccı, p. 225. L'homme ou la femme qui a fait usage de fausse monnaie ou de fausse mesure doit soixante-sept sous et demi. Ce tarif est à peu près le même qu'avait établi la coutume française. L'amende était dans le plus grand nombre des provinces de la France de soixante sous et dans quelques-unes seulement, comme dans le Maine par exemple, du double (*Établissements*, liv. I, chap. xxxviii, l, cxliv, cxlvi ; Beaumanoir, chap. xxvi, p. 136).
3. C'est-à-dire *intestat*.
4. *Ass.*, t. II, *Liv. des Ass. de la Cour des Bourg.*, chap. clxxxix, p. 127.
5. *Ibid.*, chap. cclxxiii, p. 206.

le droit du seigneur à l'héritage était incontestable [1]. Le seigneur n'exerçait pas avec moins de rigueur son droit sur les épaves [2], à moins qu'il ne s'en dessaisît comme Baudoin II en faveur des Vénitiens [3] ou Amaury Ier en faveur de tous ceux qui abordaient au royaume de Jérusalem [4]; son droit sur les trouvailles d'or, d'argent et de trésors, car l'auteur de la trouvaille, ne gardant pour lui-même qu'un tiers, remettait le reste au roi [5]; enfin son droit sur le butin fixé au tiers des dépouilles enlevées à l'ennemi et partagées, selon l'usage, entre les vainqueurs [6].

A cette source de revenus il convient d'ajouter la part

---

[1]. Voir par exemple *Ass.*, t. II, *Liv. des Ass. de la Cour des Bourg.*, chap. CLXVII, p. 115 : La veuve qui se remarie l'année même de la mort de son époux doit abandonner au seigneur les biens du défunt si celui-ci ne laisse après lui ni père, ni mère, ni frère, ni sœur ou cousin. Voir encore *Ass.*, t. II, chap. CXCVIII, p. 134 : Le mari auquel sa femme en mourant a légué une succession supérieure à celle qui légalement devait lui revenir à condition de ne point contracter un second mariage, mais qui viole cette condition doit abandonner le surplus de la succession aux parents de la femme et s'il n'y a pas de parents au seigneur de la terre. — Ces dispositions ne sont que des développements de l'édit rendu en 380 par les empereurs Gratien, Valentinien et Théodose contre les veuves qui se remariaient dans l'année du deuil.

[2]. *Ass.*, t. II, *Liv. des Ass. de la Cour des Bourg.*, chap. XLIX, p. 47 : « Mès en quelque part que ele brise, le seignor de la terre doit avoir de cele nave, qui est route ou en mer ou en terre, l'artimon et le timon. »

[3]. Traité passé entre Baudoin II et les Vénitiens (1123) : « Si aliquis Veneticorum naufragium passus fuerit, nullum de suis rebus patiatur damnum. Si naufragio mortuus fuerit, suis heredibus aut aliis Veneticis res suae remanentes reddantur. » (GUILL. DE TYR, liv. XII, chap. XXV, p. 552.)

[4]. *Ass.*, t. II, *Liv. des Ass. de la Cour des Bourg.*, chap. XLIX, p. 47 : « Le roi Amauri, de bonne mémoire, donna ceste franchise par tout le reaume de Jérusalem. »

[5]. *Ass.*, t. II, chap. CCLXXXIII, p. 214. — Lire dans GUIBERT, liv. VII, l'histoire de bourses remplies d'or trouvées et remises au roi.

[6]. GUILL. DE TYR, en plusieurs passages de son Histoire, montre les seigneurs procédant au partage du butin. En 1122, les Chrétiens, après une défaite des Égyptiens, se partagent les dépouilles des vaincus, selon les lois de la guerre, « jure bellorum dividentes spolia » (liv. XII, chap. XXI, p. 545). Ailleurs le principe du partage est nettement formulé : « In violenter effractis urbibus, id hactenus apud nos pro lege obtinuit consuetudo, ut quod quisque ingrediens sibi rapit, id sibi et heredibus suis perpetuo jure possideat » (liv. XVII, chap. XXVII, p. 895). — JOINVILLE (chap. CLXIII) rappelle que « les bonnes coutumes de Terre-

prélevée par le roi sur les nombreuses contributions de guerre payées aux Francs par l'ennemi. Les historiens arabes n'omettent jamais de mentionner les lourds tributs imposés par un vainqueur insatiable aux populations de l'Islam [1]. En termes emphatiques ils déplorent la fatalité qui livre aux ennemis de Mahomet l'argent nécessaire à la formation de nombreuses armées chrétiennes [2].

Les écrivains ne sont pas moins instructifs lorsqu'ils énumèrent les droits que percevait la royauté en matière d'actes administratifs pour les ventes et les achats [3]. Ils permettent surtout d'apprécier l'importance du produit de ses attributions judiciaires. C'était principalement par l'amende et par la confiscation que le trésor bénéficiait de l'exercice des droits de justice. Plusieurs chapitres des *Assises* fixent le taux de l'amende, qui variait selon les personnes ou la gravité des délits, mais qui était imposée en un si grand nombre de cas qu'elle devait être d'un

---

Saintes sont telles que, quand l'on prend les cités des ennemis, sur le bien que l'on trouve dedans, le roi doit en avoir le tiers ». Ainsi s'expliquent les cas assez fréquents où nous voyons le roi abandonner sa prérogative et renoncer en faveur de tel ou tel à son tiers sur le butin (*Cod. Dipl.*, t. I, n° 51, p. 51).

1. IBN-AL-ATHIR, *le Kamel* (*Hist. ar.*, t. I, p. 202). Les Francs en 1099 imposent aux habitants de la ville d'Ascalon une contribution de 12 000 pièces d'or selon les uns et de 20 000 selon quelques autres. De même en 1101 (*ibid.*, p. 208) ils prélèvent un tribut sur les villes de Séroudj et de Césarée. — ABOULFÉDA, *Annales* (*Hist. ar.*, t. I, p. 10), tribut payé en 1111 par les seigneurs d'Alep (32 000 pièces d'or non compris les chevaux et les étoffes), de Cheizer (4 000), de Hamah (2 000), par le gouverneur de Tyr (7 000).

2. Quand en 1168 les Francs, sous le commandement d'Amaury Ier, envahissent l'Égypte et bloquent le Caire, Chaver, gouverneur de la ville, leur remet, pour prix de la paix, une somme d'un million de dinars égyptiens : « Nous acceptons l'argent, disent les Francs, afin de l'employer pour augmenter nos forces et lever beaucoup de troupes. » (IBN-AL-ATHIR, *Hist. des Atab. Hist. ar.*, t. II, 2e partie, p. 248.)

3. *Ass.*, t. II, *Liv. des Ass. de la Cour des Bourg.*, chap. CCCII, p. 224. Tout acheteur d'une maison ou d'une terre doit donner un besan et un rabouin. Le chap. XXXI, p. 36, mentionne un droit à payer non seulement par l'acquéreur mais aussi par le vendeur.

assez bon rapport pour le fisc. Etait-on par exemple convaincu de coups et blessures, on devait payer à la Cour cent besans [1]. Le plaignant perdait-il son procès, il devait à la justice sept sous et demi [2]. L'accusé faussait-il le jugement de la Cour, il était passible d'une amende vis-à-vis des jurés et du seigneur de la terre [3]. Avec l'amende, la confiscation était une importante source de gains. L'auteur du *Livre au Roi* énumère douze causes de confiscation « à tosjorsmais », c'est-à-dire absolue, entre autres la levée d'armes contre le suzerain, la fabrication de fausse monnaie, la désertion sur le champ de bataille, l'empoisonnement du seigneur par le vassal [4]. Ibelin, il est vrai, n'en admet que neuf, différant pour la plupart de celles qui sont indiquées par le précédent jurisconsulte [5], mais cette divergence s'explique aisément par la difficulté de donner une nomenclature exacte des faits constitutifs de la félonie. Les *Assises de la Cour des Bourgeois* punissent encore de la même peine un acte sur les conséquences duquel se taisent les deux jurisconsultes de la Haute-Cour : le chevalier ou bourgeois coupable d'avoir épousé sa cousine ou sa parente perdait son fief et devait entrer en religion [6]. A la vérité, il est possible que cette règle n'ait pas été rigoureusement appliquée ; on ne voit pas qu'Humphroy III, seigneur de Toron et connétable du royaume, dont le divorce avec Isabelle fut prononcé pour cause de parenté, ait été enfermé dans un cloître ni privé de ses

---

1. *Ass.*, t. II, *Liv. des Ass. de la Cour des Bourg.*, chap. cccxcv, p. 221.
2. *Ibid.*, chap. cccxcii, p. 221.
3. *Ibid.*, chap. cclxviii, p. 203.
4. *Ass.*, t. I, *Liv. au Roi*, chap. xvi, p. 616. Ce chapitre nous apprend que la loi sur la confiscation des fiefs était l'ouvrage de Baudoin II : « Par l'establissement don roi Bauduin segont. »
5. *Ass.*, t. I, *Liv. de Jean d'Ibelin*, chap. cxc, p. 303, et cxci, p. 305.
6. *Ass.*, t. II, *Liv. des Ass. de la Cour des Bourg.*, chap. clxi, p. 109.

fiefs et dignités[1]. En tous cas, il ressort des documents que l'homme convaincu de félonie était condamné à la perte absolue de son fief sans réserve pour ses héritiers.

Enfin, dans quelques circonstances exceptionnelles, le vassal devait au suzerain une redevance en argent ou *aide féodale*. Le roi était-il captif au camp ennemi? Les hommes étaient tenus soit de payer sa rançon, soit de se livrer comme otages, soit de vendre leurs fiefs afin de réunir la somme nécessaire[2]. Avait-il contracté un emprunt qu'il ne pouvait amortir? Tous ceux qui lui avaient prêté hommage étaient encore responsables d'une dette faite par le roi dans l'intérêt public[3].

Le dénombrement qui vient d'être fait des revenus de la couronne donne l'idée de ressources matérielles abondantes. En théorie les revenus du trésor étaient

---

1. Jacq. de Vit., chap. xcviii, p. 1121. — Ernoul, chap. xxii, p. 262, 263.
2. Ass., t. I, *Liv. au Roi*, chap. vii, p. 611. Dans le cas où les hommes sont incapables de payer la rançon du roi, « il sont tenus par dreit d'aler iqui et de entrer en ostage por leur chief seignor par dreit ». *Liv. de Jean d'Ibelin*, chap. cxxiv, p. 397 : « Les hommes sont tenus de foagier leurs fiés par comun accord, chascun I. bezant por C. » — Beugnot (*Ass.*, t. I, p. 379, note *a*) remarque qu'il n'est pas vraisemblable que les principes posés ici par Ibelin aient jamais reçu leur application : « La vente de tous les fiefs du royaume de Jérusalem, dit-il, en supposant que l'on eût pu trouver des acquéreurs, aurait occasionné une véritable révolution dans le gouvernement de ce pays. » Nous connaissons en effet deux rois de Jérusalem qui tombèrent au pouvoir des Sarrasins : Baudoin II en 1123-1124 (Guill. de Tyr, liv. XII, chap. xvii, p. 536, 537) et Guy de Lusignan en 1187 (Ernoul, chap. xiv, p. 170). Or le premier, sorti de prison moyennant rançon (Guill. de Tyr, liv. XIII, chap. xv, p. 576), paya cette dernière avec les dépouilles enlevées dans une victoire sur les Turcs (Guill. de Tyr, liv. XIII, chap. xvi, p. 579). Le second fut mis en liberté en échange de la ville d'Ascalon assiégée par Saladin (Ernoul, chap. xvi, p. 185, et chap. xxi, p. 252).
3. Ass., t. I, *Liv. au Roi*, chap. viii, p. 611 : « S'il avient que par aucun besoing dou reaume ou por forniment de sa terre ou de ses homes, li rois ait emprunté d'aucun haut hom de la la mer Crestien une grant cantité d'aver et de besans, et il avient que li rois n'a de quei paier son acreour... la raison juge que quant il vendra au terme... que li rois peut bien bailler à celuy tant de ses homes liges qu'il se teigne por paié. »

rables. La suite montrera qu'il en fut dans la pratique tout autrement. Mais auparavant il est nécessaire de dire quelques mots de l'organisation du trésor royal et de l'administration financière.

II. — Organisation du trésor royal. — Administration financière.

Il ne suffit pas de décréter un impôt; le difficile est de le percevoir. Pour cela un personnel administratif est indispensable. Il semble que les princes latins aient songé à l'organiser; mais les renseignements que l'histoire fournit sur cette organisation sont si rares et si concis que nous devons nous borner à l'entrevoir.

Toutefois les documents permettent d'établir quatre points importants.

1° La perception était confiée au *vicomte*. Les *Assises*, énumérant les nombreuses attributions de ce fonctionnaire royal, mentionnent celle « d'amasser les rentes dou seignor[1] »; ce qui revient à dire que le vicomte était chargé de la rentrée de l'impôt. Le serment qu'il avait prêté en entrant en fonctions l'obligeait à « garder les drois et les raizons dou roy[2] ». Soumis à un contrôle régulier, astreint à rendre compte tous les trois mois des recettes et des dépenses[3], il était l'agent intermédiaire entre le contri-

---

1. *Ass.*, t. II, *Abrégé du Liv. des Ass. de la Cour des Bourg.*, 1re partie, chap. vii, p. 239-241 : « Encores doit le viconte et par court faire amasser les rentes dou seignor et faire les garder à la court. »
2. *Ibid.*, chap. iii, p. 237.
3. Le vicomte doit en effet, de trois mois en trois mois, rendre compte de ses recettes et de ses dépenses à la *Secrète* du roi par l'intermédiaire de l'*écrivain* : « De laquel (rente) entrée et yssue se doit rendre à conte à la Segrète dou roi par l'escrivain de la court chascun trois mois » (*Ass.*, t. II, *Abrégé*, 1re part., chap. vii, p. 241). Il en était de même dans

buable dont il percevait l'argent et l'État auquel il le remettait.

2° Le produit des diverses contributions prélevées par le vicomte constituait la *Secrète* ou trésor royal. Les jurisconsultes représentent la *Secrète* comme un office particulier auquel était remis le détail de la gestion des domaines [1].

3° A la tête de cet office était placé un chef, le *bailli de la Secrète*, sous les ordres duquel fonctionnait un personnel de *receveurs* ou *écrivains*. Philippe de Novare parle d'un payement fait devant le *grant bailli* ou devant les *escrivains en la Secrète* [2]. L'auteur du *Livre au Roi* met au nombre des attributions de l'*écrivain* celle de tenir les registres financiers [3].

4° Un des grands officiers de la couronne, le *sénéchal*, présidait à l'administration financière. Ce dignitaire était préposé à la vente des possessions royales et à l'acquittement des services dus en argent. C'était au sénéchal que les officiers de finance rendaient leurs comptes. A lui appartenait la surintendance des biens et des revenus du roi qu'il avait le devoir d'augmenter le plus possible : « Les rentes dou roy, quels que elles seient, defors ou dedenz, quant il... vodra que elles seient apaulées, il li deit comander; et le seneschau les deit faire crier et moute-

---

le royaume de Chypre (*Ass.*, t. II, *Bans et Ordonnances des rois de Chypre*, XXVIII, p. 371).

1. *Ass.*, t. I, *Liv. de Jean d'Ibelin*, chap. CI, p. 227; *Liv. de Ph. de Nov.*, chap. LXXVIII, p. 550; *Liv. au Roi*, chap. X et XI, p. 613, 614; *Clef des Ass. de la Haute Cour.*, n° CCXVIII, p. 595. — *Ass.*, t. II, *Abrégé*, 1re partie, chap. VII, p. 239.

2. *Ass.*, t. I, *Liv. de Ph. de Nov.*, chap. XXXIV, p. 511.

3. *Ass.*, t. I, *Liv. au Roi*, chap. X et XI, p. 613, 614. L'écrivain inscrivait à la *Secrète* les bêtes de guerre pour l'entretien desquelles leur possesseur pouvait exiger du trésor une sorte d'assurance appelée *Restor*. Sur le *Restor*, voir plus haut chap. III : Service militaire, p. 195, 196, 197.

plier au mians que il porra¹. » Après une bataille c'était encore le sénéchal qui veillait à ce que la part du monarque lui fût intégralement servie : « Dou gaain que on fera en ost ou en chevauchiée, tote la part dou rei le seneschau la deit faire receveir et garder. Les assenemenz qui se feront en la Secrète le rei et les paies se deivent faire par le seneschau ou par son comandement². » Quant aux officiers de la *Secrète* appelés *Secretairs* que font connaître les chartes ³, ils paraissent devoir être identifiés aux écrivains; à moins qu'ils n'aient été des employés subalternes, sorte de gardiens du trésor, soumis à l'écrivain comme ce dernier l'était au grand bailli et le grand bailli au sénéchal.

Mais en dehors de ces faits on ne peut que se former une idée purement conjecturale de la situation pécuniaire de la royauté à Jérusalem. Il est impossible de calculer, même approximativement, quelles étaient ses recettes annuelles, d'autant qu'une bonne partie des ressources étaient tantôt englouties dans une guerre malheureuse, tantôt doublées par l'apport du butin pris à l'ennemi. Il semblerait cependant que le chiffre total des dépenses ait toujours excédé celui des recettes. Inhabiles à accroître leurs ressources pécuniaires, les rois ne réussirent point à ramener l'abondance dans leurs coffres sans cesse épuisés.

---

1. *Ass.*, t. I, chap. CCLVI, p. 408.
2. *Ibid.*
3. Charte de 1135. Foulque confirme les possessions données à l'église du St-Sépulcre dans la principauté d'Antioche (*Ass.*, t. II, p. 491, 492, n° 16).

III. — Insuffisance des impôts.

NÉCESSITÉ OÙ SE TROUVENT LES ROIS DE RECOURIR A DES EXPÉDIENTS POUR COMBLER LE DÉFICIT TOUJOURS CROISSANT.

De bonne heure, les revenus de la royauté diminuèrent sous l'empire de plusieurs causes. D'abord les rois, poussés par le désir de favoriser le commerce de leurs États, préoccupés de rendre les transactions commerciales entre leurs sujets et les Sarrasins nombreuses, faciles et assurées, accordèrent des franchises qui appauvrirent le trésor. Ainsi Baudoin II supprima en partie les droits d'entrée perçus aux portes de Jérusalem. Le *Cartulaire du Saint-Sépulcre* contient le texte de la charte par laquelle ce prince affranchit de tous droits le blé, l'orge et les légumes (1120)[1] : « Nous accordons, y est-il dit, entière franchise à tous ceux, aussi bien Sarrasins que Chrétiens, qui voudront faire entrer dans Jérusalem du blé, de l'orge, des fèves, des lentilles et des pois. Qu'ils aient pleine liberté pour les vendre à qui leur plaira; et que personne ne se permette de les molester. » C'est évidemment de cette même abolition que veut parler Guillaume de Tyr dans le passage de son Histoire où il rappelle les exemptions accordées par Baudoin aux bourgeois et habitants de Jérusalem. Il est vrai que ces faits, d'après le calcul de l'historien, se rapporteraient à l'année 1121 et non à l'année 1120, date portée en tête de la charte d'exemption, mais cette faible divergence s'explique suffi-

---

1. *Cart. du S. Sép.*, n° 45, p. 83 : « Absolvo itaque ab omni exactione omnes qui portas Hierusalem frumentum aut ordeum, fabas, lenticulas, et cicer inferre voluerint, habeantque liberam facultatem ingrediendi atque vendendi ubi et quibus voluerint, absque molestia, tam Sarraceni quam Christiani, etc. »

samment par le peu de précision avec lequel Guillaume de Tyr fixe la date en question « per idem tempus¹ ». Foucher de Chartres célébrant la libéralité du prince qui « affranchit de toute exaction le froment, l'orge et les légumes » accepte également la date de 1120². Peu après Baudoin II abrogea les droits payables aux portes d'Acre par les étrangers de tous pays pour les draps et autres marchandises ne dépassant pas la valeur de quarante besans. Si même la valeur était supérieure, les étrangers pouvaient dire que le surplus était pour leur usage personnel; mais s'ils vendaient ce surplus, ils payaient les droits d'usage³.

Plus nombreux que les exemptions en matière commerciale furent les privilèges accordés par les rois aux membres du clergé. D'importantes donations faites aux églises⁴ eurent pour résultat la formation, au profit des clercs, d'une vaste domination terrienne. Les rois par leur libéralité se dépouillèrent eux-mêmes et se réduisirent à l'impuissance. Souvent même, quand ils gardaient leurs terres, ils exemptaient de certains impôts les produits appartenant à l'Église. Par exemple, parmi les privilèges accordés à l'église du Saint-Sépulcre, nous trouvons le droit d'entrée franche dans les ports et villes de Tripoli, Caïphe, Césarée et la concession de pêcheries sur la mer de Galilée pendant huit jours chaque année⁵. A cet égard rien n'est plus instructif que la charte de Baudoin III de 1154 aux termes de laquelle le roi confirme tous les privilèges accordés par ses prédécesseurs aux

1. Guill. de Tyr, liv. XII, chap. xv, p. 534.
2. Fouch. de Ch., liv. III, chap. viii, p. 445.
3. *Cart. du S. Sép.*, n° 46, p. 85, 86. — *Ass.*, t. II, n° 7, anno 1124, p. 186.
4. Voir sur ces donations chap. vi : La Royauté et le Clergé, p. 313 et suiv.
5. *Cart. du S. Sép.*, n° 93, p. 184; n° 127, p. 234; n° 155, p. 276.

églises[1]. Voilà pourquoi le pape Alexandre IV, confirmant par un acte de 1255 les privilèges et biens de l'abbaye de Josaphat, rappelle l'exemption de la *navalis exactio* et de la *tributalis consuetudo* dont Baudoin Ier et ses successeurs avaient favorisé l'abbaye[2]. Au reste il ne fallait pas songer à reprendre un jour ce qui avait été une fois concédé. Toute donation, toute concession de privilèges devenait aussitôt irrévocable. Les *Assises* rappellent en maints endroits l'obligation imposée au roi « de maintenir et de garder et de ferme tenir tous les dons des autres rois[3] ». Qu'un prince blâmât la libéralité d'un prédécesseur, il n'en était pas moins contraint par la loi de perpétuer les effets de cette libéralité.

A force de multiplier les donations les rois en arrivèrent à ne plus connaître au juste l'étendue et le nombre de leurs terres. Un aveu fait par Baudoin Ier dans une charte de donation aux religieux du Sauveur du Mont-Thabor est la preuve de cette ignorance. Le roi, abandonnant aux religieux plusieurs casaux, en énumère quelques-uns et ajoute : « sunt autem et alia plurima quorum nomina ignoramus[4]. » De là des conflits de toute sorte. De là surtout une singulière facilité laissée aux tentatives d'usurpation. Les rois, en n'intervenant point pour défendre une terre dont ils ne se savaient pas les légitimes possesseurs, se privaient des revenus attachés à cette terre; ils appauvrissaient d'autant le trésor royal.

On comprend aisément les conséquences d'un sem-

---

1. *Ass.*, t. II, n° 34, p. 516.
2. Delaborde, n° 49, acte de 1255.
3. *Ass.*, t. I, *Liv. au Roi*, chap. II, p. 608. De même quand il prête serment à ses hommes le roi jure que « il tendra et maintendra, et fera tenir et maintenir les dons et les preveliges que ces ancestres ont donés et fais en cest reiaume » (*Liv. de Jean d'Ibelin*, chap. CXCII, p. 310, 311).
4. *Cod. Dipl.*, t. I, n° 1, p. 1. Charte de 1107.

blable état de choses. La royauté, pour parer à l'insuffisance financière, viola des exemptions qu'elle avait volontairement concédées. Jeu dangereux, car il était propre à priver les rois de tout service intéressé. Un jour vint où les privilèges qui affranchissaient Vénitiens et Génois des droits de douane à l'entrée et à la sortie des villes ainsi que des droits d'accise sur les ventes et les achats furent regardés comme lettre morte. Peu à peu il se glissa une foule de restrictions à la règle générale d'immunité. Les choses en arrivèrent même à ce point qu'en 1244 le bailli vénitien Marsilio Giorgio se plaignit amèrement[1]. Les princes latins avaient-ils donc oublié les éminents services rendus par Vénitiens et Génois dans les guerres contre les Infidèles[2]? Il fallait qu'ils fussent bien gênés pour s'exposer à froisser et même à s'aliéner d'aussi précieux auxiliaires.

A l'affût de tous les expédients la royauté leva encore des taxes extraordinaires pour un objet déterminé. En 1177, Baudoin IV voulant relever les murs de Jérusalem, et ne trouvant pas au trésor les ressources nécessaires à cette dépense, ordonna la levée d'un impôt annuel[3]. Mais l'exemple le plus remarquable est celui de l'année 1182. A cette époque, dit Guillaume de Tyr, le roi et les barons étaient dans un état complet de dénuement : « Rex

---

1. Heyd (*Hist. du Com. du Lev.*, t. I, p. 337, 338) cite plusieurs diplômes violant l'exemption illimitée et en particulier un diplôme de 1192 par lequel les Génois étaient soumis à une taxe lorsqu'ils débarquaient et vendaient à Tyr des marchandises venues des pays musulmans ou les ayant traversés.
2. Voir chap. III : Service militaire, p. 221, 222.
3. Guill. de Tyr, liv. XXI, chap. xxv, p. 1053 : « Facta collatione inter principes, tam seculares quam ecclesiasticos, collecta est certæ quantitatis pecunia annuatim persolvenda. »

enim et alii principes in tantam descenderant egestatem, quod ad explenda debita munia omnino erant insufficientes [1]. » Alors un parlement réuni à Jérusalem établit une taille pour faire face aux nécessités de la défense du royaume menacé par les incursions de Saladin. Dans chaque ville du royaume quatre hommes « sages et dignes de confiance » furent élus pour prélever sur tous les habitants du domaine royal deux pour cent du revenu et autant sur la valeur des meubles et des marchandises emmagasinées [2]. Comme les séculiers, les ecclésiastiques furent soumis au payement de cette taxe : « Il est encore décrété que chaque église, chaque monastère, tous les barons quel que soit leur nombre et tous les vavasseurs, devront donner deux byzantins pour chaque cent byzantins qu'ils auront en revenu [3]. » Les soudées furent frappées d'une taxe de un pour cent [4]. Enfin les possesseurs de casaux durent lever un besan par feu sur leurs serfs « en sorte, disait le décret, que si un casal a cent feux, on devra forcer les paysans à payer cent byzantins [5] ». L'argent ainsi perçu devait être dépensé « non pour les menues affaires du royaume mais uniquement

---

1. Guill. de Tyr, liv. XXII, chap. xxiii, p. 1109-1112.
2. Ibid. : « Decretum est publice, quod in qualibet civitate regni, quatuor eligantur viri prudentes et fide digni qui et ipsi, juramento corporaliter præstito, quod in præsenti negotio bona fide debent versari, primum pro se debeant dare, deinde alios ad idipsum compellere, de singulis centum byzantiis, quos habent, vel eorum valens, sive in rebus penes se constitutis, sive in debitis quæ sibi debentur, byzantium unum; de reditibus vero, de singulis centum byzantiis, byzantios duos. »
3. Ibid. : « Decretum est etiam, quod singulæ ecclesiæ, et singula monasteria, et barones omnes, quotquot sunt, et vavassores etiam, de singulis centum byzantiis quos habent in reditibus, sicut et alii de regno quicumque reditus habent, debent dare duos byzantios. »
4. Ibid. : « Solidarii vero de singulis centum byzantiis, bizantium unum. »
5. Ibid. : « Ita, quod si casale centum focos habuerit, centum inde byzantios persolvere rusticos compellat. »

pour la défense du territoire¹ ». Il fut encaissé par l'écrivain des tailles et déposé à Jérusalem et à Acre.

Sans doute le vote d'un semblable impôt pouvait permettre au roi de parer aux nécessités du moment. En réalité il n'améliorait pas l'état obéré de ses finances. Valable pour une année seulement² il ne constituait point pour la royauté une ressource nouvelle. Les princes latins réussirent à organiser un système de contributions qui aurait pu donner beaucoup mais qui resta improductif.

Conclusion.

En résumé, les ressources de la royauté étaient nombreuses et variées : douanes, péages, fermes ou monopoles de certaines industries, revenus tirés de l'exercice des droits royaux. La perception était assurée par un personnel d'agents, bailli de la Secrète, écrivains de la Secrète ou de la taille, vicomte qui allaient chercher l'impôt chez les contribuables et le déposaient dans les caisses publiques. Et cependant les impôts se réduisirent de bonne heure à peu de chose. Le malaise financier dont souffrait la monarchie se reconnait à chaque page dans les récits des contemporains. Les textes constatent l'impuissance des rois à faire face aux dépenses et montrent le pouvoir aux prises avec de cruelles difficultés. La royauté ne connut pas seulement la gêne, mais le dénuement. A bout de ressources, chargée de dettes, elle ne sut point toujours résister à de perfides suggestions. La

---

1. GUILL. DE TYR, liv. XXII, chap. XXIII : « Hæc autem sic collecta pecunia expendi non debet in minutis regni negotiis, sed in defensione terræ tantummodo. »
2. IBID. : « Fietque semel, et non reputabitur pro consuetudine in posterum. »

gêne devint mauvaise conseillère. Il dut arriver plus d'une fois ce que Guillaume de Tyr raconte du roi Baudoin III qui, poussé par une cupidité aveugle, exécuta une razzia générale sur les troupeaux paissant dans la forêt de Panéade (1156) : « S'abandonnant aux avis des impies, le roi convoqua ses chevaliers et s'élança à l'improviste sur les Arabes et les Turcomans qu'il surprit sans défense et ne s'attendant nullement à une pareille agression. Il les attaqua en ennemi et les livra à l'avidité de tous les siens. Quelques-uns trouvèrent leur salut dans la fuite. D'autres parvinrent à s'échapper dans l'épaisseur des bois. Tout le reste périt par le glaive ou fut livré à une dure servitude[1]. » En termes éloquents le pieux archevêque de Tyr flétrit un pareil acte de violence commis sur des hommes « qui s'étaient fiés à la parole du roi[2] ». Une autre fois le chroniqueur reproche au roi Amaury Ier son excès d'avidité : « Un prince quelconque et surtout un roi, disait Amaury dans une conversation avec Guillaume, doit toujours avec grand soin se tenir à l'abri des besoins; et cela pour deux principales raisons : l'une parce que les richesses des sujets sont en sûreté lorsque celui qui gouverne n'a pas de besoins; l'autre parce qu'il convient qu'il ait toujours en main les moyens de pourvoir à toutes les nécessités de son royaume, s'il s'en présente surtout qui n'aient pu être prévues, et parce que dans des cas semblables un roi prévoyant doit être en mesure

---

1. GUILL. DE TYR, liv. XVIII, chap. xi, p. 836, 837. Les expressions qui dépeignent l'état de détresse où se trouvait Baudoin III sont particulièrement remarquables : « Rex enim ære gravatus alieno, et multis obligatus debitis, cum non haberet unde creditoribus satisfacere posset. » — Déjà en 1108 Baudoin Ier avait enlevé une caravane sur la route de Damas à l'Égypte (IBN-AL-ATHIR, le Kâmel, Hist. ar., t. I, p. 272).

2. GUILL. DE TYR, liv. XVIII, chap. xi, p. 836 : « Impetrata tamen prius domini regis gratia. »

d'agir avec munificence et de ne rien épargner dans ses dépenses, afin que l'on juge par là qu'il possède non point pour lui, mais pour le bien de son royaume tout ce qui peut être nécessaire. » Et l'historien accuse Amaury d'avoir, pour se mettre à l'abri des besoins, épuisé outre mesure le patrimoine des sujets [1].

Mais des faits de ce genre, si nombreux qu'on veuille les supposer, ne pouvaient valoir une administration régulière, avisée, économe, seul moyen de combler le déficit toujours croissant. La royauté, à laquelle on arrachait la concession de nombreux privilèges, mourait d'inanition. Elle payait la peine de sa générosité, de son inexpérience, de son défaut de clairvoyance. Elle était aussi — il faut le reconnaître — victime de la nécessité inéluctable qui l'obligeait à soutenir une guerre quasi permanente. Aussi ne cessa-t-elle jamais de se débattre dans d'inextricables embarras financiers.

1. Guill. de Tyr, liv. XIX, chap. ii, p. 886 : « Principem quemlibet, et maxime regem, semper hanc debere penes se providentiam habere, ne egeat, propter duo : tum quia tuta est opulentia subjectorum, ubi non eget imperator; tum quidem ut præ manibus habeat, unde necessitatibus regni sui, si forte inopinatæ occurrant, consulat : et in eo casu, regem providum oportere esse abunde munificum, et sumptibus omnino non parcere, ut non sibi, sed regni usibus, quicquid id est videatur possidere. »

CHAPITRE V

LE POUVOIR JUDICIAIRE

I. — Justice royale.

HAUTE COUR. — LE ROI EN APPARENCE CHEF DE LA JUSTICE. — COMMENT LES LIGES RÉUNIS DANS LA HAUTE COUR SONT LES JUGES VÉRITABLES ALORS QUE LE ROI N'EST QUE L'EXÉCUTEUR DES ARRÊTS DE LA HAUTE COUR. COUR DES BOURGEOIS. — COMMENT LA CLASSE DES BOURGEOIS A CONQUIS SON RANG DANS LA HIÉRARCHIE SOCIALE. — LA QUESTION DES ORIGINES DE LA COUR DES BOURGEOIS. — COMPOSITION DE LA COUR. — SES ATTRIBUTIONS.

Si l'on se reporte à ce qui a été dit de la composition et de la prédominance de la Haute Cour [1], on comprendra sans peine l'importance exceptionnelle de sa prérogative judiciaire. De toutes les institutions françaises transportées en Orient l'organisation de la justice est celle qui rappelle le moins l'organisation analogue de la France. Dans l'ordre judiciaire rien ne ressemble moins à un roi capétien qu'un prince latin de Jérusalem. Le premier est l'unique et suprême distributeur de la justice [2]; le second

---

1. Voir chap. II : Nature et Caractères essentiels de la royauté, p. 169 et suiv. — Voir aussi PRUTZ, Kulturgesch. der Kreuz., liv. III, chap. I, p. 180, où il est question de la composition de la Cour.
2. M. LUCHAIRE, Hist. des Inst. mon. de la Fr., t. I, liv. III, chap. II et III, p. 269-323.

est le membre d'un tribunal, un juge comme les autres, le pair et l'égal de ceux qui siègent avec lui. En France la cour du roi met la justice au service de la politique et aux ordres de la royauté; à Jérusalem, la Haute Cour est la gardienne inviolable des droits sacrés des liges; elle est moins la cour du roi que la cour de l'aristocratie. A vrai dire, l'exercice du pouvoir judiciaire appartient à la Cour, non au roi. Tandis que ce dernier n'a que les apparences de la souveraineté, la noblesse, dont la Haute Cour est la pure représentation, en conserve toute la réalité.

En effet le prince, si on regarde les choses de loin, paraît être le chef de la justice. Il faut que les hommes liges pour délibérer et agir valablement soient régulièrement convoqués et présidés. La convocation qui les réunit en assemblée, la présidence qui les fait corps délibérant et apte à prononcer des sentences appartiennent au roi [1]. Toute réunion faite à l'insu ou contre la volonté du prince est par cela même illégale. Toute décision prise à la suite d'une séance dont il n'aurait pas dirigé les débats serait invalide et sans force. Sans doute il peut arriver que le roi soit empêché par les devoirs militaires de sa charge de remplir ses fonctions judiciaires. Les nécessités de la guerre ne lui permettent pas d'être présent à chaque réunion de la Haute Cour. Il n'en est pas moins vrai que si sa présence est parfois une fiction, la fiction est obligatoire. Voilà pourquoi, en son absence, le roi est remplacé par un des grands officiers de la couronne, le connétable [2] ou, à son défaut, le maré-

---

1. *Ass.*, t. I, *Liv. de Jean d'Ibelin*, chap. II, p. 23 : « La Haute Court de quoi il (Godefroi) fu gouverneor et justisier. »
2. *Ibid.*, chap. CCLVII, p. 410 : « Et quant cort est ensemble por juge-

chal[1]. Alors le grand dignitaire supplée et, à proprement parler, représente le roi; car en droit celui-ci est présent; il est censé présider; un acte où il serait écrit qu'il n'était pas présent serait contraire à toutes les formes et peut-être paraitrait-il de nulle valeur.

En outre la Cour ne s'assemble pas à des époques régulières. Elle n'a pas davantage de siège déterminé et permanent. C'est au roi qu'il appartient d'indiquer la date et le lieu de la réunion. Une chose ressort de la lecture des *Assises* c'est que le roi convoque ses hommes aux époques fixées par sa volonté [2] et dans tous les lieux du royaume où il lui plait [3]. Cela ne veut pas dire qu'il puisse tenir sa cour à Antioche, à Édesse ou à Tripoli; chaque grand fief possède ses institutions judiciaires en tous points semblables à celles qui existent au cœur du royaume; le prince d'Antioche a, comme le roi de Jérusalem, sa Haute Cour [4] et sa Cour des Bourgeois [5]. Mais à l'intérieur des limites du royaume proprement dit, c'est-à-dire dans la principauté de Jérusalem, le roi est libre de se transporter partout où il lui plait et de constituer ses vassaux en Haute Cour non seulement dans la

---

ment ou por recort faire ou por conseill ou por avoiement, sanz le rei ou sanz celui qui est en son leuc, il (le connétable) peut et deit demander l'avis de chascun, ou faire le demander au mareschal, ce il viaut. »

1. *Ass.*, t. I, *Liv. de Jean d'Ibelin*, chap. CCXVIII, p. 413 : « Le mareschal peut demander l'avis de chascun, se le conestable ni est. » Voir chap. II : Nature et Caractères essentiels de la Royauté, p. 157.

2. *Ass.*, t. II, *Abrégé du Liv. des Ass. de la Cour des Bourg.*, 2ᵉ partie, chap. IV, p. 297 : « La Haute Court ne ce tient pas par jours ordenés, mais se tient au gré et à la volonté dou roi ou de celui qui est en son leuc. »

3. *Ass.*, t. I, *Liv. de Jean d'Ibelin*, chap. CCLXX, p. 419 : « Tot premierement le chief seignor dou reiaume a court, coins et justice, de qui est la Haute Court; et il la peut tenir en toz les leus où il la viaut tenir ou reiaume. »

4. *Ass. d'Antioche*, Ass. de la Haute Cour, p. 8-42.

5. *Ibid.*, Ass. des Bourgeois, p. 44-84.

résidence qu'il a choisie, mais encore à l'époque qu'il lui a convenu de fixer.

Mais là s'arrêtent les prérogatives royales. La Cour, dès qu'elle a été légalement constituée, jouit de la plus entière indépendance. Puisqu'elle est le tribunal duquel sont justiciables les barons du royaume, le roi qui n'est que le premier des barons est soumis, comme tous les autres, à ses décisions souveraines. Cela est clairement attesté par Ibelin lorsqu'il dit que Godefroy « establi que lui et ses homes et leurs fiés et toz chevaliers fucent menés par la Haute Court[1] ». L'intervention de la Cour n'est donc pas limitée seulement aux cas intéressant les nobles et la propriété noble. Ce tribunal connait aussi des affaires où le pouvoir royal lui-même est en cause. Jamais le roi ne peut se faire justice à lui-même. Qu'il se garde, avant que la Cour ait prononcé, de mettre la main sur un des hommes liges, d'ordonner la confiscation de ses biens, de les lui enlever par la force. Cet abus de pouvoir pourrait lui coûter cher. S'il s'enhardit à le commettre, il est réputé parjure; car, lisons-nous dans les *Assises*, il « ment sa foi » à l'égard de son homme qui devient à son tour libre de mentir la sienne[2]. Le lige auquel le roi a fait une injustice est dégagé de toute dépendance et se trouve délié de ses serments[3]. On connait le démêlé survenu en 1230 entre les chevaliers et Richard Filangier chargé par Frédéric II, roi de Jérusalem, d'enlever son château au sire de Béryte, Ibelin[4]. La résistance hautaine opposée en cette

---

1. *Ass.*, t. I, *Liv. de Jean d'Ibelin*, chap. II, p. 23.
2. *Ibid.*, *Liv. au Roi*, chap. XXV, p. 623, 624.
3. *Ibid.*, *Liv. de Jacq. d'Ibelin*, chap. VIII, p. 457; *Liv. de Jean d'Ibelin*, chap. CCX, p. 335; chap. CCXLIII, p. 389, 390.
4. Voir chap. II : Nature et Caractères essentiels de la royauté, p. 168 et suiv.

circonstance par les chevaliers à l'empereur-roi qui, en violation de toutes les lois, s'obstinait à dépouiller l'un d'eux sans un arrêt de la Cour, atteste l'obligation rigoureuse dans laquelle se trouvait le prince, s'il voulait obtenir justice, de traduire l'accusé devant ses pairs. Le roi confisque et déshérite, mais seulement après que la Cour a prononcé la confiscation. En un mot, le roi ne peut rien contre un noble si le tribunal ordinaire et particulier de la noblesse n'a auparavant évoqué l'affaire à lui, pour l'examiner, et, après avoir entendu les parties, la résoudre dans la plénitude de sa souveraineté.

On se ferait une fausse idée des attributions judiciaires de la royauté si on prenait à la lettre cette phrase de Foucher de Chartres : « Celui qui accepte les fonctions de roi et la couronne d'or se charge en même temps de l'honorable fardeau de rendre la justice qu'on a droit d'obtenir de lui [1]. » Ne prêtons pas à Foucher l'intention de nous représenter le roi comme le grand justicier du royaume. L'historien n'aurait pu se tromper à ce point sur l'étendue des prérogatives de la couronne en matière de justice. Il veut dire simplement que le roi, comme chef du pouvoir exécutif, est l'exécuteur des arrêts de la Haute Cour. C'est en ce sens que le souverain maintient les droits de ses hommes, rend à chacun la justice qui lui est due et sévit contre les perturbateurs de la paix publique; mais le caractère du soldat est chez lui beaucoup plus apparent que celui du justicier. De même quand Jean d'Ibelin écrit que le chef seigneur du royaume de Jérusalem doit être « bon justisier [2] » il entend qu'il doit

---

1. Fouch. de Ch., liv. II, ch. vi, p. 382 : « Qui quum suscepit regimen illud cum corona aurea, suscepit quoque justitiæ obtinendæ onus honestum. »
2. Ass., t. I, Liv. de Jean d'Ibelin, chap. viii, p. 31.

rendre la justice selon le droit; or le droit l'oblige à ne la rendre que par l'intermédiaire des grands vassaux. Ne pas être bon justicier signifie faire justice autrement que par les voies légales; et, ajoute Foucher de Chartres, celui qui sort de la légalité n'est plus roi [1].

Une fois la décision des barons rendue, le roi n'a contre elle aucun recours. La sentence prononcée par le tribunal est sans appel : « Nulle choze faite par court, disent les *Assises*, n'en doit estre desfaite, se elle ne se desfait par la conjision de la court meismes [2]. » Quand on lit le passage du *Livre d'Ibelin* où le jurisconsulte rappelle aux seigneurs les obligations qu'ils ont contractées comme juges, on est frappé de ce fait que l'oubli d'aucune d'elles ne paraît assez grave pour entraîner l'annulation du jugement. L'auteur reconnaît que l'inattention des juges pendant l'audition des parties les expose à mal juger : « C'est une grande honte, s'écrie-t-il, quand une parole prononcée devant le tribunal n'est point entendue ni retenue par les juges », mais il ne voit pas là un cas de cassation. Les juges qui, par leur faute, auront rendu une sentence contraire à l'équité, seront « chargés de honte et de péchés », mais jamais exposés à voir leur sentence réformée [3].

De tout cela il résulte que le roi ne peut agir contre la personne ou les biens d'aucun de ses hommes liges sans la connaissance et le jugement du tribunal suprême du royaume. Cependant nous rencontrons dans les écrits des jurisconsultes et des historiens quelques allusions à des jugements rendus par le roi sur simple requête et

[1]. Fouch. de Ch., liv. II, chap. vi, p. 382 : « Qui jure non regit nec rex est. »
[2]. *Ass.*, t. I, *Clef des Ass. de la Haute Cour*, chap. clxxvii, p. 592.
[3]. *Ibid.*, *Liv. de Jean d'Ibelin*, chap. ix, p. 32, 33.

sans l'intervention de la Cour. Jean d'Ibelin consacre un chapitre aux « choses que le seignor à la requeste de son home peut et deit delivrer sanz clamor [1] ». Il existe donc des cas dans lesquels s'exerce l'action immédiate du prince. Il faut croire qu'il est certaines affaires que celui-ci peut directement juger. Guillaume de Tyr faisant le portrait d'Amaury Ier s'exprime en ces termes : « Séduit par des présents, Amaury prononçait souvent autrement que ne le permettent la rigueur du droit, l'impartialité de la justice; et plus souvent encore il différait de prononcer [2]. » Voilà une conception plutôt monarchique que féodale de l'organisation judiciaire. A interpréter d'une façon rigoureusement littérale le texte de Guillaume de Tyr, on conclura que la sentence dépend du roi seul puisque celui-ci est maître, lorsque son intérêt le lui conseille, de l'ajourner indéfiniment. Mais on remarquera que la sentence immédiate du prince s'exerçait seulement sur des affaires qui demandaient une prompte décision; une fois le jugement rendu, les parties restaient libres de le faire réformer en intentant une nouvelle action. Nous voyons que les hommes du royaume, désireux de porter remède aux lenteurs de la procédure, avaient admis l'usage des sentences arbitrales. Ici c'était Jean, seigneur de Césarée [3], là c'était Boémond VI, prince d'Antioche [4], qui recouraient à la voie de l'arbitrage pour

---

1. *Ass.*, t. I, *Liv. de Jean d'Ibelin*, chap. CCXLVIII, p. 396.
2. GUILL. DE TYR, liv. XIX, chap. II, p. 886 : « Pecuniæ cupidus supra quam regiam deceret honestatem. Interventu munerum auferebat sæpe, differebat sæpius, aliter quam censuræ rigor et juris modestia pateretur. »
3. *Cod. Dipl.*, t. I, n° 125, p. 155, 156, charte de 1255. Jean, seigneur de Césarée, décide qu'en cas de conflit entre lui et la Maison de l'Hôpital on nommera un ou deux arbitres de chaque côté pour terminer le différend.
4. *Ibid.*, n° 221, p. 262, charte de 1262. Boémond, prince d'Antioche, et

la solution des conflits survenus entre eux et la Maison de l'Hôpital. Le roi, lui aussi, pouvait être choisi comme arbitre. C'était précisément en cette qualité qu'il était apte à rendre des jugements sur simple requête et sans l'intervention de la Cour. Mais un arbitre n'est pas un juge. Le roi, quelquefois, remplit le rôle du premier; il ne fut jamais investi de la toute-puissance du second. L'autorité judiciaire appartint sans conteste à la haute assemblée du royaume.

Mais au moins le roi, président de cette assemblée, pouvait-il avec son assentiment poursuivre les auteurs de tous les crimes ou délits commis dans son royaume? Nullement. Deux catégories d'affaires échappaient à la juridiction royale pour retomber soit sous la juridiction des tribunaux ecclésiastiques, soit sous celle des cours particulières accordées aux puissances commerçantes établies en Orient. En effet, d'une part, l'Église exerçait en matière judiciaire une incontestable autorité; on pourra s'en convaincre en lisant la partie de ce livre consacrée à la compétence des cours de l'Église[1]. D'autre part, quand une des puissances commerçantes comme Gênes, Venise ou Amalfi avait obtenu la concession d'un quartier dans une ville quelconque, elle plaçait à la tête de sa colonie un magistrat appelé *vicomte* chargé de l'administrer et d'y

---

le maître de l'Hôpital s'entendent pour s'en remettre à l'arbitrage de trois personnes, en cas de conflits : l'une nommée par le prince Boëmond, l'autre par l'Hôpital, la troisième par le commun accord des parties. Il semble d'après les expressions mêmes de la charte que les intéressés aient voulu par ce moyen porter remède à la lenteur excessive de la procédure d'outre-mer; car, dit ce document, les arbitres seront élus dans l'espace d'un mois et tenus de faire connaître leur jugement dès le mois suivant, à moins toutefois que le terme ne soit prolongé du consentement des parties, « si le terme ne fust esloignés par l'otrei des parties ».

1. Voir chap. vi : La Royauté et le Clergé, p. 325 et suiv.

rendre la justice. Les vicomtes, présidents de tribunaux exclusivement composés de jurés de leur nation [1], rendaient la justice aux colons qu'ils soustrayaient ainsi à l'autorité des fonctionnaires royaux [2]. Il ne s'ensuit pas que les rois n'aient pas tenté à plusieurs reprises de restreindre les privilèges judiciaires dont jouissaient les Italiens en Syrie [3] comme ils avaient déjà violé leurs immunités financières [4]. Mais les Italiens opposèrent toujours une énergique résistance et réussirent à défendre leurs biens, droits et liberté [5].

Ainsi le roi, en même temps qu'il était limité par les prérogatives de la Haute Cour, voyait la connaissance d'une foule de procès lui échapper pour être portés à des juridictions indépendantes.

Dans la Cour des Bourgeois l'autorité royale n'était pas plus souveraine que dans la Cour supérieure. Pour établir les rapports de la royauté avec cette juridiction il importe de montrer auparavant que les bourgeois avaient conquis leur rang dans la hiérarchie sociale.

De bonne heure la bourgeoisie latine reçut une organisation régulière. Les nombreux bourgeois, français,

---

1. Tar. et Thom., 2, 361. — Ass., t. II, Ass. de la Cour des Bourg., chap. cxlvii, p. 100, 101.
2. En 1123, après la prise de Tyr, à l'occasion de la cession d'un quartier aux Vénitiens, on rédigea un traité dans lequel on introduisit la clause suivante : « Super cujuslibet gentis burgenses in vico et domibus Veneticorum habitantes, eamdem justitiam et consuetudines quas rex super suos, Venetici habeant. » (Guill. de Tyr, liv. XII, chap. xxv, p. 552. — Tar. et Thom., I, 88, 92.)
3. Heyd, Hist. du Com. du Levant, t. I, p. 160, 161.
4. Voir chap. iv : Organisation financière, p. 256.
5. En 1155, le Saint-Siège fit cause commune avec les Génois; le pape Hadrien IV auquel Gênes avait exposé ses plaintes menaça Baudoin IV d'excommunication au cas où il persisterait à violenter les Génois. — Lire le bref adressé à Baudoin dans Muratori, Script. Italiæ, t. IV, p. 266; Jaffé, Reg. pontif., p. 664. — Voir Heyd, t. I, p. 160.

italiens, anglais, allemands, accourus en Terre-Sainte en compagnie des chevaliers et des seigneurs formèrent dans la société chrétienne une classe dont le crédit et l'autorité s'accrurent rapidement[1]. Ces progrès de la bourgeoisie s'expliquent par plusieurs causes. Et d'abord, les bourgeois avaient pris la croix en aussi grand nombre que les nobles; ils avaient combattu à leurs côtés, partagé leurs joies, leurs souffrances. Souvent même ils s'étaient soulevés contre eux, et les chroniqueurs affirment que les seigneurs furent réduits pendant l'expédition à compter avec les hommes du peuple[2]. Aussi bien que les nobles, les bourgeois avaient conquis les Lieux Saints. Aurait-il donc été possible de refuser aux uns ce qu'on accordait si libéralement aux autres? Les mêmes fatigues d'une même guerre avaient donné à tous les mêmes droits. Au moment du partage, l'équité voulait que les bénéfices de la victoire fussent répartis entre tous. Puis les bourgeois s'enrichissaient par les opérations du commerce, les travaux de l'industrie, les spéculations finan-

---

1. PRUTZ, *Kulturgesch. der Kreuz.*, liv. IV, chap. II, p. 334-340.
2. En 1096, peu avant le siège de Nicée, les gens du peuple irrités contre les barons refusent de leur obéir et se donnent pour chef un certain Godefroy Burel. « Insurrexit plebs adversus eos indomita. » (GUILL. DE TYR, liv. I, chap. XXIV, p. 60.) — Une autre fois en 1124, à la prise de Tyr, une vive contestation s'élève entre le peuple de l'armée et les seigneurs. Ceux-ci ont fixé les conditions auxquelles la ville serait remise entre les mains des Chrétiens; ces conditions ne conviennent pas au peuple de l'armée qui proteste et manifeste son mécontentement. « Populus sane et secundæ classis homines..., operas unanimiter bellicis necessitatibus subtrahere decreverunt, parati a principibus omnino dissentire. » (GUILL. DE TYR, liv. XIII, chap. XIII, p. 574.) — Voir BUCHON, *Nouvelles recherches historiques sur la principauté française de Morée et ses hautes baronnies*, t. I, Avant-propos, p. LVII et suiv. : « Les bourgeois de l'Occident avaient été profondément remués par la même passion religieuse que les nobles pour les Croisades; et les hommes des villes rangés sous les bannières de leurs corporations respectives avaient accoutumé les chevaliers à compter aussi pour beaucoup sur les sergents de la conquête. »

cières. Non seulement dans les villes du littoral, à Tyr, Tripoli, Saint-Jean-d'Acre, Béryte, Sidon, mais encore dans un grand nombre de petits centres de population de l'intérieur ils avaient établi des comptoirs où s'échangeaient les produits de la Syrie contre ceux de l'Occident. Sous le rapport de la fortune ils n'étaient pas inférieurs au corps de la noblesse. Comment cette fortune n'aurait-elle pas donné à des marchands dont le nombre grossissait sans cesse et qui déjà s'appelaient *les princes de la terre*[1] un irrésistible moyen d'influence? Enfin les rois de Jérusalem, sans cesse menacés par l'indépendance des grands vassaux, virent dans la concession de privilèges aux bourgeois un moyen de faire échec à la trop grande prépondérance des nobles. Permettre aux bourgeois de jouer un rôle important dans l'État c'était circonscrire du même coup le rôle des hommes liges. La condition sociale faite aux bourgeois dans le royaume latin s'explique donc par l'expédition elle-même qui avait rapproché les nobles et le peuple, par le développement du commerce qui avait donné le prestige de la richesse à des hommes que n'illustraient ni le rang ni la naissance, par la politique des rois intéressés à ménager une classe laborieuse, intelligente, ennemie naturelle du corps de la noblesse.

Les bourgeois eurent la faculté d'acheter et de posséder des biens-fonds. Déclarés impropres à acquérir des fiefs[2], ils devinrent possesseurs de terres appelées *bourgeoisies*, c'est-à-dire de propriétés situées dans les villes ou dans les bourgs[3]. Afin que la noblesse n'empiétât pas sur leurs

---

1. Jacq. de Vit., chap. lxiv, p. 1083 : « Terræ principes. »
2. *Ass.*, t. I, *Liv. de Jean d'Ibelin*, chap. ccxlix, p. 399.
3. Il est fréquemment question de *bourgeoisies* dans les textes législatifs. — *Ass.*, t. I, *Liv. au Roi*, chap. xxxvii, p. 633; t. II, *Abrégé du Liv.*

prérogatives, le législateur défendit aux chevaliers et aux gens d'Église de se rendre acquéreurs des *bourgeoisies*[1].

Ils contresignèrent les chartes royales. S'il n'est pas possible d'établir la date précise à laquelle les bourgeois furent mis en possession de ce privilège, on peut du moins affirmer que, dès l'année 1110, ils apposaient leur signature au bas des actes royaux[2]. On trouve la mention de leur nom dans une charte datée de cette époque[3]. Il en existe une autre de l'année 1120 dans laquelle un des signataires, Gaufridus Acus, n'est pas, il est vrai, qualifié *bourgeois*[4], mais reconnu comme tel par deux autres pièces du *Cartulaire du Sépulcre*[5]. En tous cas, à partir du XIIe siècle, nous voyons les bourgeois intervenir conjointement et d'une manière régulière avec les princes et les barons pour confirmer les donations royales[6]. Les textes leur donnent la qualification de *regni testes legitimi*[7], *regiæ majestatis jurati*[8], et n'omettent jamais de les mentionner à côté des chefs ecclésiastiques et civils de l'État.

Ils intervinrent dans un grand nombre d'actes de la vie publique ou privée. Plusieurs chartes du *Cartulaire du Saint-Sépulcre* montrent les bourgeois appelés tantôt *legales viri*, tantôt *jurati, idonei testes*, ou encore *suffi-*

---

des Ass. de la Cour des Bourg., 1re partie, chap. xxi, p. 251-253; chap. xxii, p. 254; chap. lxi, p. 287, etc.

1. *Ass.*, t. II, *Abrégé du Liv. des Ass. de la Cour des Bourg.*, chap. xxiv, p. 255, 1re partie.
2. Voir chap. II : Nature et Caractères essentiels de la royauté, p. 164.
3. *Cod. Dipl.*, t. I, n° 2, p. 2.
4. *Cart. du S. Sép.*, n° 45, p. 83-85.
5. *Ibid.*, n° 117, p. 219, et n° 121, p. 224.
6. *Ibid.*, n° 86 (de l'année 1135), n° 49, p. 51 (1151), n° 56, p. 133 (1155), n° 144, p. 258 (1175), n° 168, p. 305-307 (1177). — *Cod. Dipl.*, t. I, n° 17, p. 18 (1136). — *Ass.*, t. II, Charte n° 15, p. 491, 492.
7. *Cod. Dipl.*, t. I, n° 17, p. 18 : « Ad prenominatorum enim donorum liberam concessionem plures tam cleri quam regni testes legitimi affuerunt. »
8. *Cart. du S. Sép.*, n° 108, p. 269.

cientes et *jurati testes* provoquant et opérant des transactions¹, figurant dans les actes de transmission de propriété², statuant sur les dommages et intérêts³, assistant à la réception des serments de fidélité⁴.

Ils obtinrent même la concession de certains droits politiques. C'est ainsi qu'ils prirent une part réelle au pouvoir législatif. Lorsque Baudoin II abolit en 1120 les droits perçus aux portes de Jérusalem sur le blé, l'orge et les légumes, quatre bourgeois, Porcel, Bertin, Bachelier et Guillaume Strabon figurèrent au nombre des témoins appelés à valider l'acte royal⁵. Un diplôme de l'an 1136 mentionne encore la présence de deux d'entre eux, Porcel et Strabon⁶. La loi relative à la levée d'une taille générale sous Baudoin IV (1182) fut promulguée non seulement du consentement unanime des princes, tant ecclésiastiques que séculiers, mais aussi de l'assentiment de tout le peuple du royaume de Jérusalem⁷. On ne voit pas, il est vrai, que la célèbre assise de 1120 rédigée dans le parlement tenu à Naplouse ait été rendue du consentement des bourgeois. Guillaume de Tyr qui parle de l'adhésion des prélats et des barons ne dit pas que les bourgeois aient été appelés ou consultés⁸. Mais, si on examine plus attentivement son récit, on n'est pas éloigné de croire à un oubli ou à une négligence de sa

---

1. *Cart. du S. Sép.*, n°ˢ 18, 98, 109, 113, 118, 131, 151.
2. *Ibid.*, n°ˢ 49, 59.
3. *Ibid.*, n° 120.
4. *Ibid.*, n° 132.
5. *Ass.*, t. II, charte n° 6 : « Privilegium Balduini, regis secundi, de absolutione consuetudinis portæ Hierusalem » (Ann. 1120), p. 485, 486.
6. *Cod. Dipl.*, t. I, n° 17, p. 18 : « Porcel, Willelmus Strabo, cum aliis non paucis. »
7. Voir chap. II : Nature et Caractères essentiels de la royauté, p. 163.
8. Guill. de Tyr, liv. XII, chap. XIII, p. 531 : « Una cum domino rege Balduino, prælatis quoque ecclesiarum et regni principibus. » De même plus loin : « Multi utriusque ordinis. »

part. Le chapitre où il est parlé de l'assemblée de Naplouse est évidemment écourté : en trente lignes l'auteur raconte des délibérations qui ne tendaient à rien moins qu'à réformer les mœurs de tout un peuple ; comme s'il était impatient de passer à un autre sujet, il renvoie le lecteur, pour plus amples renseignements, aux archives des églises [1]; la liste qu'il donne des personnages appartenant au clergé ou à la noblesse et dont le roi demanda l'assentiment est, de son propre aveu, extrêmement incomplète [2]. Ne peut-on pas admettre que Guillaume oublia aussi les noms des bourgeois appelés à Naplouse, si toutefois il ne les a pas omis volontairement comme personnes moins notables et venant seulement après les chefs ecclésiastiques et civils de l'État? N'y aurait-il pas au moins quelque imprudence à conclure du silence de Guillaume à l'absence des bourgeois du concile de 1120 [3]? Au reste, lorsque une simple ordonnance de police sur le balayage des rues de Jérusalem était déclarée illégale parce qu'elle avait été rendue sans le conseil non seulement des barons mais aussi des bourgeois [4], comment admettre qu'une assise capitale comme celle de 1120 n'ait pas reçu la sanction des hommes de toutes les classes?

Il y a plus. Non seulement les bourgeois étaient en rapports intimes avec la noblesse et prenaient part avec

---

1. Guill. de Tyr, liv. XII, chap. XIII, p. 531 : « Quæ si quis legendi studio, videre quærit, in multarum archivis ecclesiarum, ea facile reperire potest. »
2. Ibid. : « Et alii multi utriusque ordinis quorum numerum vel nomina non tenemus. »
3. L'opinion de Beugnot (Ass., t. II, Introd., p. XVII) nous paraît trop absolue lorsqu'il écrit : « Il importe de remarquer que dans le Parlement tenu à Naplouse en 1120 où fut promulguée la célèbre assise de ce nom... aucun bourgeois ne fut appelé ni consulté. »
4. Ernoul, chap. XV, p. 173.

elle aux grands actes de la vie publique, mais encore ils s'élevaient à la condition de chevalier avec une extrême facilité. On le vit en 1187 lorsque, après le désastre de Tibériade, Balian d'Ibelin se rendit à Jérusalem et accorda à des bourgeois le titre et les honneurs de la chevalerie : « Encore estoit li roine (Sibylle), li feme al roi Guion, en Jherusalem. Or n'avoit en toute la cité de Jherusalem que .II. chevaliers; cil estoient escapé de le bataille. Lors priste Balyans dusques à .LX. fis de bourgeois; si les fist chevaliers. » Ce fait rapporté par le Continuateur de l'évêque de Tyr est significatif. Il atteste deux choses : l'une que la bourgeoisie latine, à force de vivre en contact avec les nobles, prenait leur ambition et aspirait à s'élever à leur niveau; l'autre, qu'il se trouvait des nobles pour encourager et exciter l'ambition de cette classe que les liens les plus étroits unissaient à eux. Sans doute, une barrière infranchissable séparait les nobles des bourgeois; pour la maintenir, le législateur n'avait omis aucune précaution. Les bourgeois ne pouvaient marier leurs filles à des chevaliers [1]. Ils n'étaient pas soumis aux mêmes lois pénales que les nobles; car, tandis que toute accusation dirigée contre les nobles se résolvait par un duel, les bourgeois ne recouraient au duel que dans des cas déterminés et restaient soumis à une législation criminelle qui nous frappe encore aujourd'hui d'étonnement par sa sévérité [2]. Les peines punissant les auteurs d'attentats commis sur les personnes variaient de la façon la plus

---

1. *Ass.*, t. II, *Bans et ordonnances des rois de Chypre*, § V, p. 359 : « Que nul borgois ne borgoise ne nul marchant, quelque il soit, ne de quelque nacion que il soit, doie marier seur ou fille ne parente que il ait, à chevalier ou à fis de chevalier. »

2. *Ass.*, t. II, *Liv. des Ass. de la Cour des Bourg.*, chap. ccxliv-ccciv, p. 183-226.

sensible selon que le coupable était un chevalier ou un bourgeois [1]. Cela n'empêche pas que la noblesse et la bourgeoisie du royaume de Jérusalem aient eu tendance à se rapprocher de plus en plus. Comme les nobles, les bourgeois faisaient partie de la classe conquérante. D'un côté, était la population indigène; de l'autre, les hommes de race européenne, qu'ils fussent nobles ou bourgeois. Le besoin de consolider la supériorité des vainqueurs sur les peuples vaincus inspira au législateur l'idée d'élever les bourgeois à une situation que ceux-ci n'auraient jamais connue dans leur ancienne patrie. Une certaine communauté d'intérêts s'établit entre nobles et bourgeois. Placés en face d'un ennemi commun, les deux ordres s'unirent plus étroitement; l'orgueil céda, la haine s'attendrit; et l'indomptable préjugé de caste qui, en Europe, faisait des deux ordres presque deux peuples, s'effaça en Orient sous l'influence de la communauté de races. Les bourgeois du royaume latin acquirent ainsi une place qui était refusée à leurs frères d'Occident et parvinrent à un degré jusqu'alors inouï de développement et de prospérité.

Alors, pour régler les rapports de cette bourgeoisie avec l'État, avec les chevaliers, avec les clercs, il fallut une juridiction spéciale. De la sorte on fut amené à la création de la Cour des Bourgeois qui n'avait rien d'analogue dans les institutions de l'Occident.

[1] *Ass.*, t. I, *Liv. au Roi*, chap. xvii, p. 617. Si un bourgeois battait un chevalier il devait perdre le poing : « La raison juge que celuy borgeis deit aver le poing copé. » Si au contraire un chevalier battait un bourgeois il perdait son harnais, peine sans doute humiliante pour un gentilhomme, mais sans aucune proportion avec le châtiment infligé au bourgeois coupable du même délit : « Celuy chevaler deit perdre tout son harneis. » (*Ibid.*, chap. xix, p. 619.)

La première question qui se pose est de savoir à quelle époque cette cour fut fondée. Existait-elle au temps des origines? Fut-elle au contraire établie dans la suite sous les successeurs de Godefroy? Beugnot s'est prononcé pour la dernière de ces deux opinions. Il admet que Godefroy, désireux de pourvoir au maintien de l'ordre dans les rangs de la classe populaire, confia ce soin à un tribunal spécial, mais il se refuse à voir dans ce tribunal la Cour des Bourgeois : « Nous pensons, dit-il, que Godefroy de Bouillon et ses compagnons d'armes créèrent une institution qui n'était pas la Cour des Bourgeois, mais qui plus tard le devint [1]. » A l'appui de son opinion l'éditeur des *Assises* fait valoir des considérations de deux sortes : il invoque le témoignage des textes et il fait ressortir l'impossibilité matérielle où se trouvèrent les vainqueurs d'assigner, au lendemain de leur triomphe, une place définitive à la classe bourgeoise dans la société latine d'Orient. Une semblable thèse ne paraît pas inattaquable.

Les textes relatifs à l'établissement d'une Cour Bourgeoise à Jérusalem sont contenus dans les premiers chapitres du *Livre de Jean d'Ibelin*. La première fois que le jurisconsulte parle de cette juridiction, il s'exprime en ces termes : « *Le duc Godefroi establi deus cours s'culiers : l'une, la Haute Court, de quoi il fu gouverneor et justisier; et l'autre, la Court de la Borgesie, à laquel il establi un home en son leuc à estre gouverneor et justisier, lequel est appelé visconte. Et establi à estre juges de la Haute Court ses homes chevaliers qui li estoient tenus de fei par l'omage qu'il li avoient fait; et de la Court de la Borgesie, borgeis de la dite cité, des plus loiaus et des plus*

---

1. Beugnot, *Ass.*, Introd., t. II, p. VIII.

sages que en la dite cité furent[1]. » Voilà qui est très clair. Il est peu de textes dans les *Assises* qui prêtent moins que celui-là à des interprétations diverses. Au rapport d'Ibelin, l'établissement de la Cour des Bourgeois est dû à Godefroy et a coïncidé avec celui de la Haute Cour. Mais, quelques lignes plus loin, Ibelin écrit ces mots : « *Après que le duc Godefroi et les autres qui après lui furent seignors et rois dou dit roiaume, orent les assises et les usages establis et les deus dites cours, si come il est avant dit*[2]. » Beugnot voit dans cette phrase du jurisconsulte une restriction apportée à l'affirmation contenue dans la précédente. Selon lui, Ibelin n'est plus ici aussi affirmatif; car après avoir présenté Godefroy comme le fondateur de la Cour Bourgeoise, il attribue la fondation de cette cour non plus à Godefroy seul mais à ce prince et à ses successeurs. Que le jurisconsulte soit au chapitre IV moins clair qu'au chapitre II, on le concède volontiers; mais qu'il soit moins affirmatif, cela n'apparaît pas nettement. En effet, il rappelle dans ce chapitre IV ce qu'il a dit antérieurement « *si come il est avant dit* »; c'est donc qu'il n'a pas oublié le contenu des pages précédentes; et s'il eût écrit dans le chapitre en question quelque chose qui fût en contradiction avec ce qu'il avait dit plus haut, il n'est pas douteux qu'il eût corrigé son erreur. Dans l'esprit de l'écrivain il n'y a rien au chapitre IV qui infirme ce qui a été avancé au chapitre II.

Cela admis, et étant donnés les incorrections de langage, la bizarrerie et les brusques changements de construction qui dans les *Assises* arrêtent le lecteur à chaque pas, n'est-on pas fondé à croire que le jurisconsulte a en

---

1. *Ass.*, t. I, *Liv. de Jean d'Ibelin*, chap. II, p. 23.
2. *Ibid.*, chap. IV, p. 25.

réalité voulu dire autre chose que ce que sa phrase prise à la lettre et régulièrement construite laisserait entendre? Au chapitre II il rapporte la fondation des deux cours par Godefroy et au chapitre III les assises et usages établis par Godefroy ainsi que par les rois ses successeurs. Il est impossible d'admettre qu'au chapitre IV il ait voulu dire autre chose que ceci : *Après que le duc Godefroy et les rois ses successeurs eurent établi les assises et les usages, et après que les deux cours eurent été fondées ainsi que nous l'avons dit plus haut.* Dès lors toutes les difficultés tombent. Entre les deux assertions d'Ibelin il n'y a contradiction ni apparente ni réelle. Une seule chose reste acquise : c'est que Godefroy fut le fondateur de la Cour Bourgeoise.

Il est vrai que plus loin le jurisconsulte, parlant de la compétence de cette cour, écrit : « *Car ceste franchise ont anciennement les seignors dou reiaume de Jerusalem doné as borgeis, par la volonté et l'otroi et le conseill de leurs homes* [1]. » Et Beugnot s'écrie qu'en faisant cet aveu « l'auteur semble abandonner une assertion que l'histoire du système municipal condamne [2] ». Visiblement Beugnot a dans l'esprit l'idée préconçue qu'une Cour Bourgeoise était impossible, inutile au temps des origines, et il regarde les textes à travers son idée. La vérité est que ce texte d'Ibelin dit simplement que les plus anciens chefs seigneurs du royaume, c'est-à-dire Godefroy et ses premiers successeurs, ont accordé une franchise à la Cour des Bourgeois; mais il n'est pas un mot qui implique que dans l'accord de cette franchise le rôle des uns ait été différent du rôle des autres. Godefroy a donné aux bourgeois le droit exclusif de juger certaines affaires; ses

---

1. *Ass.*, t. I, *Liv. de Jean d'Ibelin*, chap. XXIV, p. 47.
2. Beugnot, *Ass.*, t. I, note *d*, p. 47.

successeurs le leur ont donné aussi et, depuis, tous les rois l'ont confirmé. Il n'y a pas eu, semble-t-il, une idée autre dans l'esprit de Jean d'Ibelin. On doit donc reconnaître que les textes ne permettent en aucune façon de révoquer en doute l'existence de la Cour des Bourgeois au temps des origines.

D'autre part, Beugnot a soutenu que l'établissement d'une classe bourgeoise chez les Latins avait présenté de sérieuses difficultés. Il a vu dans la nécessité où se trouvèrent les vainqueurs de défendre leur conquête une impossibilité opposée à la fondation d'un régime qui n'était pas le régime de la guerre. Au début, les périls attirèrent toutes les pensées des conquérants; les besoins de la colonisation ne se firent sentir que plus tard quand la victoire fut moins incertaine, la domination latine mieux assise, les frontières du royaume plus étendues. En réalité en fut-il ainsi? On n'a pas oublié les difficultés soulevées pendant l'expédition par les hommes du peuple aux seigneurs. Une fois Jérusalem prise, l'aristocratie, instruite par l'expérience, dut craindre le retour d'une opposition qui n'avait pas entravé l'œuvre de conquête mais qui pouvait compromettre celle d'organisation. Il fallait qu'elle se prémunît contre ces terribles chances. Pour triompher des périls créés par l'ennemi vaincu il importait de conjurer ceux que pouvaient susciter les vainqueurs mécontents. Dans l'intérêt même de la guerre il fallait cimenter l'union entre tous ceux qui jusqu'à ce moment l'avaient victorieusement conduite. Et cette union s'imposait dès la première heure; il y aurait eu de l'imprudence à n'y arriver que plus tard. Sans aucun doute il y avait dans les simples hommes d'armes une force sociale vivace; les chevaliers ne pouvaient l'empêcher d'être dangereuse qu'en lui assignant sa place à côté de la haute classe. Il fallait une institution qui réglât et représentât cette force sociale comme la Haute Cour était la représentation du corps de la noblesse. Cette institution fut la Cour des Bourgeois de Jérusalem rattachée par ses intérêts à ceux de l'aristocratie qui devint ainsi comme le centre d'où partirent toutes les institutions du gouvernement féodal [1].

Cette cour était présidée par un magistrat appelé *vicomte* [2]. L'institution d'un vicomte était alors générale dans toutes les grandes villes de l'Europe. C'est par le vicomte que les grands feudataires les administraient ; c'est par lui qu'ils tiraient les revenus de leurs fiefs [3] ; et déjà nous avons constaté que dans le royaume de Jérusalem cet officier était chargé de la rentrée des revenus de la couronne [4]. Mais il était en même temps un fonctionnaire d'ordre judiciaire. Aussi la variété de ses attributions, nécessitant des aptitudes diverses, explique la haute valeur des hommes comme Eustache Garnier ou

---

1. De Mas Latrie, *Hist. de Chypre* (liv. I, chap. vi, p. 135) croit à l'existence de la Cour des Bourgeois au temps des origines : « Dès l'origine du royaume de Jérusalem, la police générale du pays et la surveillance immédiate de la capitale avaient été dévolues à un magistrat appelé vicomte, choisi parmi les chevaliers, relevant directement du roi, et représentant le prince dans la Cour des Bourgeois qu'il présidait en son nom. » — F. Mossier (*Godefr. de Bouil. et les Ass. de Jér.*, chap. ii, p. 32) est du même avis : « On a récemment, écrit-il, révoqué en doute l'existence de la Cour des Bourgeois au temps des origines; mais de la féodalité pure, telle qu'elle était alors comprise, découlait nécessairement l'établissement d'une classe bourgeoise, comme on le voit non seulement dans les *Assises* mais dans Philippe de Beaumanoir et dans Pierre Desfontaines. Il fallut donc une institution pour représenter et régir cette classe. »
2. *Ass.*, t. I, *Liv. de Jean d'Ibelin*, chap. ii, p. 23, 24.
3. Voir le chapitre consacré à l'administration locale dans l'ouvrage de M. Lecheine, t. I, p. 201-235.
4. Voir chap. iv : Organisation financière, p. 250.

Eude de Saint-Amand auxquels cette charge fut momentanément confiée[1]. Choisi parmi les chevaliers[2], le vicomte était nommé par le roi et révocable à sa volonté[3]. On ne saurait prendre à la lettre le passage du *Livre des Assises Bourgeoises* où il est dit que le seigneur devait, pour le choix du vicomte, consulter les principaux de la ville[4]. Que dans la pratique une entente préalable du roi avec ces derniers ait été la règle, cela ne doit pas étonner. En s'y soumettant le prince évitait des conflits toujours possibles. Loin que lui-même portât atteinte à son pouvoir, il fortifiait de l'adhésion obtenue celui du vicomte, partant le sien propre. Mais rien dans les écrits des jurisconsultes n'indique que la bourgeoisie intervînt directement et légalement dans le choix du vicomte. Vraisemblablement l'auteur des *Assises Bourgeoises*, écrivant vers le milieu du XIIIe siècle, a vu une loi là où il n'y avait en réalité qu'un usage régulièrement suivi, mais n'impliquant de la part du souverain aucune obligation. Quand le vicomte absent ou empêché pouvait, sans prendre aucun

---

1. Parmi les vicomtes nous trouvons des hommes comme Eustache Garnier qui devint en 1101 sire de Césarée, puis en 1111 prince de Sidon (Forch. de Ch., liv. III, chap. xvi, p. 450; Du Cange, *Fam. d'outre-mer*, p. 271), plus tard connétable (*Cart. du S. Sép.*, n° 45, p. 84; Guill. de Tyr, liv. XII, chap. xxi), enfin en 1123-1124, pendant la captivité de Baudoin II, régent du royaume (Foren. de Ch., liv. III, chap. xxii, et Guill. de Tyr, liv. XII, chap. xvii, xxi). Nous devons mentionner également Eude de Saint-Amand qui fut maréchal sous le roi Baudoin III (*Cart. du S. Sép.*, n° 56, p. 112; *Cod. Dipl.*, t. I, n° 32, p. 35, et Guill. de Tyr, liv. XVIII, chap. xiv), puis vicomte de Jérusalem (*Cart. du S. Sép.*, n° 54, p. 100, et *Cod. Dipl.*, n° 36), grand bouteiller (*Cart. du S. Sép.*, n° 144, p. 267; Guill. de Tyr, liv. XX, chap. i; liv. XXI, chap. xxii, xxix), et enfin grand maître du Temple (Du Cange, *Fam. d'outre-mer*, p. 876).
2. *Ass.*, t. II, *Abrégé du Liv. des Ass.*, de la *Cour des Bourg.*, Ire partie, chap. ii, p. 236 : « Et ceste personne doit estre chevalier et especiaument houme le roi. »
3. *Ass.*, t. II, *Ass. de la Cour des Bourg.*, chap. vi, p. 23 : « Et le seignor est tenus d'oster le de la baillie. »
4. *Ibid.*, chap. iv, p. 21 : « Le sire de la vile si doit, ô le conseill des bons homes de la terre, tel home métre en la ballie de sa cort. »

conseil, désigner son suppléant dans les fonctions de chef de la Cour des Bourgeois, il est difficile d'admettre qu'un droit égal n'ait pas été reconnu au chef du royaume [1]. Il faut plutôt considérer le vicomte comme un magistrat royal qui obéissait avant tout à la loi et ensuite au roi. Ce fonctionnaire nous apparait comme le lieutenant du roi et le gardien de ses droits [2]. A ce titre, il était le représentant du prince dans la Cour des Bourgeois comme le connétable, ou, à son défaut, le maréchal l'était dans la Haute Cour. Cela explique le titre de *Cour royale* donné par les jurisconsultes à la Cour des Bourgeois [3]. Quoique cette désignation appartînt véritablement à la Haute Cour, la Cour inférieure était bien aussi la *Cour du seigneur roi* puisque le vicomte y représentait le prince et la présidait en son nom.

Le vicomte était assisté des *jurés de la Cour*. Les *Assises* fixaient leur nombre à douze [4]; mais de même

---

1. *Ass.*, t. II, *Abrégé du Liv. des Ass. de la Cour des Bourg.*, 1re partie, chap. VIII, p. 241 : « car le visconte, par son office, peut et doit metre en son leuc, ce il ne peut estre, c'est assavoir un des jurés. »

2. *Ibid.*, chap. II, p. 236 : « Tout premierement il doit avoir une persone qui est apelés visconte, lequel nous senefie et reprezente la persone don roy, qui est chief seignor don païs. » — Le chap. XXXV, 2e partie, p. 347, appelle le vicomte « lieutenant de seignor ». — *Ass.*, t. I, *Liv. de Jean d'Ibelin*, chap. II, p. 23 : « La Court de la Borgesie à laquel il establi un home en son leuc à estre gouverneor et justisier, le quel est appelé visconte. »

3. *Ass.*, t. II, *Ass. de la Cour des Bourg.*, chap. XXIII, p. 32 : « La Cort Réau »; chap. CLXXXI, p. 121, où l'expression la *Cort Réau* est employée pour désigner successivement la Haute Cour et la Cour des Bourgeois. — PHILIPPE DE NOVARE, chap. LXXXVII, p. 560, parlant de la grande et de la petite cour du seigneur, atteste clairement que la Cour inférieure était comme la Cour supérieure celle du seigneur roi : « Ceaus qui osent dire que la court dou seignor, la grant ou la petite, seit fausse. »

4. *Ass.*, t. II, *Liv. des Ass. de la Cour des Bourg.*, chap. XII, p. 26 : « Car bien sachiés qu'il ni a nul des douze jurés qui ne soient tenus par leur foi, etc. »; chap. CCLXXXII, p. 213 : « Car bien sachés queil ni a nul des douze jurés qu'il ne seient tenus, ains qu'il ne soient assis à lor sieges por retraire les jugemens. » — *Abrégé du Liv. des Ass. de la Cour des*

que deux ou trois hommes liges convoqués par le roi étaient considérés comme représentant la Haute Cour[1], ainsi deux jurés appelés par le vicomte[2] suffisaient pour constituer la Cour des Bourgeois[3]. Si on se demande le principe qui présidait au choix des douze jurés on n'en trouvera qu'un seul, la notoriété de l'élu. « Il est permis de penser, écrit Beugnot, que tout bourgeois n'était pas revêtu de plein droit de cette magistrature et que les juges se recrutaient parmi les principaux de la bourgeoisie[4]. » A cet égard le doute n'est guère possible. Il est certain que les jurisconsultes ne disent nulle part que l'accès aux fonctions de juge fût fermé à tels ou tels bourgeois; cependant les qualités qu'ils exigent des jurés[5] laissent entendre assez clairement que ces derniers furent une élite. Mais l'hypothèse de M. Beugnot se change en certitude lorsqu'on examine le qualificatif par lequel les jurés sont assez souvent désignés dans les chartes. Plusieurs pièces du *Car-*

Bourg., Ire partie, chap. II, p. 236 : « Et cestui doit estre acompaigniés de douze autres persones. »

1. Voir chap. II : Nature et Caractères essentiels de la Royauté, p. 165.
2. La convocation des jurés appartenait au vicomte comme celle des hommes liges au roi (*Ass.*, t. II, *Abrégé du Liv. des Ass. de la Cour des Bourg.*, Ire partie, chap. VII, p. 239 : « Et là doit mander querre les jurés par ses sergans »).
3. *Ass.*, t. II, *Abrégé du Liv. des Ass. de la Cour des Bourg.*, Ire partie, chap. II, p. 237 : « Lequel visconte en la compaignie des jurés, ce est assavoir de tous ensemble ou avé partie d'eaus, ou à tout le mains à la compaingnie de deux jurés, seront apelés court. »
4. Beugnot, *Ass.*, t. II, p. 200, note *a*.
5. *Ass.*, t. II, *Liv. des Ass. de la Cour des Bourg.*, chap. VII, p. 23 : « Ici orrés quès homes doivent estre les jurés, et por quei il sont là establis : les jurés doivent estre léaus homes et amer Dieu, etc. » — *Abrégé du Liv. des Ass. de la Cour des Bourg.*, 2e partie, chap. XXIV, p. 325 : « Encores y a autre manière de gent qui ne sont acuillis en la Court de la viscontée en plusours cas, si come sont esparjures proves et tous eiaus qui sont foi mentis, et tous champions vencus et tous eiaus qui ont Dieu renoié et devienent d'autre loi, et tous eiaus qui ont servi as Sarrazins et autres mescreans as armes contre les Crestiens plus d'un an et d'un jour. »

tulaire du Sépulcre ajoutent au mot *testes* ou au mot *jurati* l'épithète de *idonei*, laquelle indique tout spécialement la solvabilité[1]. D'autres emploient l'expression *sufficientes* qui implique une idée de notoriété due soit à la naissance, soit à la situation[2]. Ces hommes n'étaient donc pas les premiers venus. Ibelin est tout aussi affirmatif lorsqu'il écrit que la Cour des Bourgeois se composait « *des plus loiaus et des plus sages que en la dite cité fucent*[3] ». *Idonei, sufficientes, les plus loiaus et les plus sages*, voilà des dénominations diverses sous lesquelles nous devons voir les principaux habitants du lieu où se tenait le tribunal.

Par qui étaient-ils choisis? Nulle part il n'est dit dans les écrits des jurisconsultes que ces hommes aient représenté une population. Ils nous apparaissent plutôt avec les attributions et sous l'aspect de légistes exclusivement adonnés à l'étude et à l'application des lois. Ils ne ressemblent pas à des administrateurs proprement dits, car ils jugent bien plus qu'ils n'administrent. Dès lors on n'aperçoit pas la raison de leur choix par la population. Il est probable que les jurés étaient désignés par le roi parmi les personnages notables et institués par lui seul. C'est du moins ce qu'implique un chapitre de l'*Abrégé des Assises bourgeoises* où l'on voit que le roi, irrité d'un conflit survenu entre lui et les jurés, déclare à ceux-ci

1. Voir plus haut, p. 273, notes 1, 2, 3, 4, chartes du *Cart. du Sép.* — Sur le sens de *idoneus*, cf. *Digeste*, XXVII, 8, 1 : *fidejussor idoneus*; IV, 4, 27 : *idoneus debitor*; L, 16, 42 : *idoneus homo*; XL, 4, 50 : *idoneam cautionem*. Voir encore Ulpien au *Digeste*, L, 16, 42. Ce mot a le même sens dans la *Loi Salique*, XXXIX, *testes idonei*; L, *rachineburgios idoneos*; — dans la *Loi Ripuaire*, LIX, *carta idonea*; — dans les formules de l'époque mérovingienne.
2. Sur le sens de *sufficiens*, voir Du Cange, *Glossaire supplém.*, t. III, p. 905 : « *Natalitiis et dignitate insignis.* »
3. *Ass.*, t. I, *Liv. de Jean d'Ibelin*, chap. 11, p. 23.

qu'il leur retire sa confiance et le droit de juger : « Alés vous ent, et nous ne volons que vous soiés jurés ne uzés de la jurerie¹. » Il est clair que le roi n'aurait pu enlever sa fonction à un homme qui aurait tenu cette dernière d'un autre que du roi. On objectera que l'auteur de l'*Abrégé* vivait au milieu du xiv⁰ siècle et que son ouvrage fut composé non pour le royaume de Jérusalem qui n'existait plus, mais pour le royaume de Chypre. Cependant on remarquera que les institutions de l'île de Chypre étaient celles du royaume de Jérusalem; et, puisque on ne rencontre dans les écrits composés pour ce royaume aucun texte qui contredise l'opinion d'après laquelle le choix des jurés aurait appartenu au roi, il n'y a pas lieu de supposer qu'une modification ait été apportée sur ce point aux institutions françaises transportées de la Syrie en Chypre.

Tels étaient les hommes qui composaient le tribunal. Mais on aurait tort de les regarder comme de simples assesseurs du vicomte. Bien au contraire ils étaient les véritables et les seuls juges. Le vicomte n'avait pas à leur demander leur opinion pour éclairer la sienne; il n'était pas là pour juger, mais seulement pour recueillir les avis que les juges avaient émis. A proprement parler, le jugement était l'œuvre de la Cour, non du vicomte. Les textes distinguent toujours avec soin le vicomte et la Cour²; c'est donc que les attributions de l'un et de

---

1. *Ass.*, t. II, *Abrégé du Liv. des Ass.*, 2ᵉ partie, chap. xxi, p. 322.
2. *Ass.*, t. II, les premiers chap. de l'*Abrégé du Liv. des Ass. Bourg.*, et en particulier le chap. vii, 1ʳᵉ partie, p. 239, 240 : « Et quant la cort aura fait ces esgars et counoissances et conseils, lors devent faire apeler le visconte, et, en sa précence et des parties, li doivent retraire toutes les chozes qui auront esté faites, sauf aucunes que la court doit retraire au visconte celement, c'est assavoir, le fait d'aucuns gens qui auront esté jugiés de justize ressevoir. Et lors le visconte doit aler en avant par son

l'autre sont différentes et ne se confondent jamais. Le vicomte faisait assigner les parties, dirigeait les débats, mais ne prenait aucune part au jugement; sa fonction consistait à présider les hommes qui jugeaient. Au contraire la décision appartenait à la Cour, c'est-à-dire aux jurés. En un mot le rôle du vicomte dans la Cour des Bourgeois ne différait pas de celui que le roi remplissait dans la Haute Cour. Sa présidence se bornait à assurer l'ordre matériel au tribunal; son privilège de prononcer la sentence n'allait que jusqu'à exprimer l'arrêt que les jurés lui avaient dicté. Les jurés délibéraient et il n'existait aucune prérogative de la couronne qui pût attenter à l'indépendance de leurs délibérations. Ils se prononçaient dans la plénitude de leur souveraineté; après quoi, le représentant du roi ne pouvait qu'assurer l'exécution de la sentence prononcée.

Au-dessous du vicomte et des jurés prenaient rang plusieurs fonctionnaires chargés de seconder le premier dans son rôle de chef de la Cour, les seconds dans leur office de juges. C'étaient l'écrivain, le *mathessep* et les *sergents*.

L'écrivain était le greffier de la Cour : « L'office de l'escrivain, disent les *Assises*, est que il doit toutes fois estre aveuc le visconte et sivre le; car tenant le près, il fait son devoir et son proufit. Et as jors que la Court ce devra tenir il doit aler en la Court, et, par le coumandement dou visconte, faire aporter les huches, lesquelles ont les livres et les escris de la Court. Et lorsque la Court sera assize pour oïr la gent, il doit coumencier à escrire

office, celonc ce qui aura esté fait et retrait, et des chozes que il devra faire, si come la cour l'aura devisé et par un escrit que l'escrivain li doit doner, ce que il aura à faire par court et sans court de la jornée. »

lor dit, par le coumandement dou visconte et de la Court, ententivement, et doit metre sa cure de bien entendre et non estre négligent, et garde se de non faillir ne oblier ce que il couvient atacher.... Et après que la Court aura tout fait ce qui apartient à la jornée, il doit metre par escrit celes chozes que le visconte a à faire [1]. » Cet officier recevait chaque mois douze besans plus une remise sur les sommes qui rentraient par son office [2].

Le mathessep [3] était le lieutenant du visconte et le chef des sergents de la Cour Bourgeoise : « Laquelle court doit avoir... une autre personne qui est apelée mathessep, c'est assavoir maistre sergant [4]. » Le chapitre des *Assises* relatif à cette charge représente cet officier comme étant revêtu du caractère de chef de la force publique et constamment à la disposition du visconte et de la Cour [5]. De même que l'écrivain, le mathessep recevait chaque mois douze besans de solde plus son droit sur les rentes effectuées par les sergents.

Ces derniers paraissent avoir été des officiers de police d'ordre inférieur, placés sous l'autorité immédiate du

---

[1] *Ass.*, t. II, *Abrégé du Liv. des Ass. de la Cour des Bourg.*, chap. IX, p. 242, 243, 1re partie.
[2] *Ibid.*, p. 243.
[3] L'origine du mot *mathessep* a été diversement expliquée. BEUGNOT (*Ass.*, t. II, p. 243, note *b*) pense que *mathessep* est une corruption du grec μαθητής, le *mathessep* étant le suppléant, l'adjoint du visconte. — M. DE MAS LATRIE (liv. I, chap. VI, p. 136) fait dériver ce mot de l'arabe *maclasib*, nom donné chez les Arabes au chef de la police musulmane (*Histoire des sultans Mamelouks*, par Makrizi, qui fut *maclasib* du Caire, trad. Quatremère, t. I, p. 114). — M. REY (*Col. fr.* chap. II, p. 63) est du même avis. — Nous pensons avec MM. de Mas Latrie et Rey que le titre et la fonction de *mathessep* sont un emprunt fait à l'Orient. L'analogie des fonctions de cet officier avec celles du *maclasib* arabe ne permet guère le doute à ce sujet.
[4] *Ass.*, t. II, *Abrégé du Liv. des Ass. de la Cour des Bourg.*, 1re partie, chap. II, p. 237.
[5] *Ibid.*, chap. X, p. 243, 244.

mathessep, sous l'autorité supérieure du vicomte, et préposés à la recherche ainsi qu'à l'arrestation des malfaiteurs. Ils recevaient par mois une solde de six besans, plus une remise sur les sommes provenant des ventes ou des héritages [1].

Ainsi composée, la Cour des Bourgeois avait une juridiction entière et sans appel sur toutes les questions de justice civile pour tous actes et contrats entre bourgeois [2]. Au criminel elle prononçait les peines les plus rigoureuses admises par les *Assises*, telles que la mutilation [3]. Elle condamnait à l'exil [4], souvent même à la mort. Toutefois, avant de procéder à l'exécution capitale qui avait lieu soit par le feu [5], soit par l'ensevelissement du coupable tout vif [6], soit plus généralement par la potence [7], la Cour devait donner connaissance au roi du crime commis et du supplice qui allait être infligé [8].

Ce qui vient d'être dit de la Haute Cour et de la Cour des Bourgeois peut se résumer en quelques lignes. Dans l'une comme dans l'autre, l'autorité judiciaire du roi était loin d'être souveraine. Les jurés remplissaient dans la Cour inférieure des fonctions analogues à celles des liges

---

1. Ass., t. II, *Abrégé du liv. des Ass. de la Cour des Bourg.*, chap. xi, p. 245, 1ʳᵉ partie.
2. *Ibid.*, chap. xxii et suiv., p. 32 et suiv.
3. *Ibid.*, chap. cxxxix, p. 95 : main percée avec un fer chaud ; — chap. ccxii, p. 173 ; chap. cclxix, p. 201 ; chap. cxc, p. 219 : perte du poing ; — chap. xvi, p. 29 ; chap. ccxxviii, p. 202 : perte de la langue ; — chap. cxxxiv, p. 92 : castration.
4. *Ibid.*, chap. ccxxvi, p. 201 ; chap. ccxcviii, p. 223.
5. *Ibid.*, chap. ccxii, p. 144 ; chap. cclii, p. 189 ; chap. ccLxxxiv, p. 215.
6. *Ibid.*, chap. ccLxxxv, p. 216.
7. *Ibid.*, chap. ccxii, p. 144 ; chap. ccxxxvi, p. 168 ; chap. cclii, p. 189 ; chap. ccLxvi, p. 201 ; chap. ccxcix, p. 223, etc.
8. *Ibid.*, *Bans et Ordonnances des rois de Chypre*, chap. xxviii, p. 372.

dans la Haute Cour. Le vicomte, délégué et représentant du prince, n'était pas plus maître des juges bourgeois que le roi ne l'était des juges chevaliers. En un mot, la royauté, loin qu'elle ait eu le monopole de la justice, se bornait à exercer un droit de contrôle et de direction générale. Au contraire les liges dans la Haute Cour comme les bourgeois dans la Cour inférieure prenaient une part effective à l'œuvre judiciaire.

II. — Justice seigneuriale.

LES COURS DES SEIGNEURS ET LEURS RAPPORTS AVEC LA COUR ROYALE.

La Haute Cour et la Cour des Bourgeois, administrant la justice royale, siégeaient dans Jérusalem. Mais au-dessous de ces deux cours modèles, il y avait dans chaque fief un tribunal noble et un tribunal bourgeois chargés de rendre la justice aux vassaux des seigneurs et aux bourgeois de la seigneurie. L'historien est ainsi amené à dire un mot des justices seigneuriales et à définir les rapports des cours des seigneurs avec la Cour royale.

Godefroy de Bouillon, en inféodant les diverses parties de la principauté de Jérusalem, avait accordé non pas à tous ses vassaux mais à certains d'entre eux le droit de rendre la justice. Seuls les principaux seigneurs, c'est-à-dire ceux qui avaient assez de vassaux pour tenir une cour ou tribunal seigneurial, avaient été l'objet de cette concession gracieuse de la royauté. On disait de ceux-là qu'ils avaient *cour, coins et justice*. Les jurisconsultes distinguent toujours avec soin ceux des seigneurs qui étaient justiciers et ceux qui ne l'étaient pas [1]. Vingt-deux

---

1. *Ass.*, t. I, *Liv. de Jean d'Ibelin*, chap. v, p. 27 : « Por ce que il me semble droit et raison que le chef seignor dou roiaume de Jerusalem

cours seigneuriales avaient été organisées dans le royaume. C'étaient celles de Jaffa et Ascalon, de Rames, d'Ibelin, de Galilée, de Sajète ou Sidon, de Césarée, de Bessan, de Crac et Montréal, de Saint-Abraham, de Blanche-Gardes, de Lidde, d'Arsur, de Caïphe, de Caymont, de Nazareth, de Château-du-Roi, de Scandélion, de Tyr, de Toron, de Bélinas, d'Assebèbe, de Béryte [1]. Indépendamment de ces cours qui siégeaient ordinairement soit au château du seigneur, soit au chef-lieu du fief, des assises locales étaient tenues par trois hommes liges en différentes parties du domaine seigneurial [2]. Ces assises étaient pour ainsi dire des commissions de la cour du chef-lieu. Mais les seigneurs, quand ils rendaient la justice chez eux ou quand ils la faisaient administrer au loin par leurs liges, étaient obligés de se conformer aux lois et usages suivis dans la Haute Cour. Soumis, comme le roi, à l'obligation stricte de traduire devant ses pairs l'homme contre lequel ils requéraient une sentence, ils ne pouvaient déshériter aucun vassal *sans esgard et sans connaissance de court*. Gérard de Sidon qui osa violer cette loi fondamentale encourut la colère du roi Amaury Ier et dut restituer son fief au vassal illégalement dépouillé [3]. Ce fut même à partir de ce moment

et les barons et les autres riches homes qui ont court et coins et justice »; chap. cxlii, p. 216 : « Les homes qui tienent fié dou chief seignor, seit baronie ou seignorie, et qui ont court et coins et justice »; chap. cclxx, p. 419 : « Ces sont les leus qui ont court et coins et justise ou reiaume de Jerusalem. » — *Liv. au Roi*, chap. xxxix, p. 635, etc.

1. *Ass.*, t. I, *Liv. de Jean d'Ibelin*, chap. cclxx, p. 419-421.

2. *Ibid.*, chap. cclxi, p. 405 : « Et le seignor doit metre par les contrées et par les seignories, en chascun leu, treis homes liges à tenir l'assise; et se aucun des juges défaillent ou il se remue de son leuc en autre leuc, l'on doit metre en son leuc un autre; et deivent jurer ciaus qui sont establis à tenir l'assise en boné fei. »

3. *Ass.*, t. I, *Liv. de Jean d'Ibelin*, chap. cxl, p. 215 : « Celle guerre mut entre iaus por ce que ledit Girart deserita un sien home, sans

(1162) que les arrière-vassaux, déclarés par l'assise d'Amaury Ier hommes liges du roi, purent siéger dans la Haute Cour et, comme on dirait aujourd'hui, y porter leur cause en première instance [1]. Si le sire de Sidon avait traduit devant sa cour le vassal qu'il désirait frapper, Amaury n'aurait trouvé aucun prétexte d'intervention, car toute sentence rendue par la juridiction compétente était définitive et exécutoire sans appel. On n'aperçoit pas que l'appel qui, à la même époque, commençait à s'introduire dans les cours d'Occident, ait été admis par la législation d'outre-mer. On ne voit pas que la Haute Cour ait réformé les sentences ni même seulement surveillé l'action des cours seigneuriales. En théorie rien ne s'opposait à ce que le souverain, qui avait lui-même accordé ou refusé à ses vassaux le droit de justice, étendît son influence sur l'exercice d'un pouvoir qui découlait de lui. En réalité les choses se passèrent autrement. Si le roi avait le pouvoir, quand cela lui convenait, de venir présider les cours des seigneurs, il était inhabile à casser les sentences qu'elles prononçaient en vertu du principe nettement formulé par Philippe de Novare : *En nostre court n'a point d'apeau* [2]. En un mot, l'appel était inconnu en Orient. Pour y suppléer on avait admis l'usage des *réserves* ou *retenails*, en vertu desquels la partie condamnée pouvait

esgard et sans conoissance de court, dou fié que il tenoit de lui en la seignorie de Seete, que il tenoit dou rei, et de qui il esteit son home. Et la paix de celle guerre fu ensi faite : que le dit Girart rendi à cel sien home son fié de quei il l'aveit deserité sans esgard et sans conoissance de court, et li amenda tot le domage que il lui avoit fait. » — *Liv. de Ph. de Nov.*, chap. xl, p. 517, et chap. i, p. 525. — Du Cange, *Fam. d'outre-mer*, p. 23 et p. 132.

1. Voir chap. ii : Natures et Caractères essentiels de la royauté, p. 161.
2. *Ass.*, t. I. *Liv. de Ph. de Nov.*, chap. lxxi, p. 537. — Ousama, *Autobiographie* (Hartwig Derenbourg, p. 176. *Public. de l'Éc. des Lang. viv.*) : « La décision une fois que les chevaliers l'ont prononcée, ni le roi ni aucun chef des Francs ne peut ni l'altérer, ni l'atténuer. »

non pas faire réformer un jugement qui n'était point réformable, mais intenter une action nouvelle en présentant la même affaire sous un jour différent de façon à obtenir un jugement nouveau [1]. De là il ne faut pas conclure à la complète indépendance des cours seigneuriales ni à leur assimilation à la Haute Cour du royaume. Les premières n'étaient que des tribunaux chargés de distribuer la justice; sans doute elles étaient aptes à confirmer certains actes relatifs à des ventes ou à des donations [2], mais ne détenaient aucune parcelle du pouvoir politique. La seconde était non seulement le tribunal ordinaire et particulier de la noblesse, mais encore le conseil politique du royaume.

De même qu'il y avait en Syrie des grands vassaux et des justices seigneuriales, il existait dans ce pays un certain nombre de cours bourgeoises [3]. A côté de son tribunal de nobles qu'il présidait lui-même, chaque seigneur avait une ou plusieurs cours des bourgeois dont il nommait les vicomtes ou présidents. D'après le calcul de Jean d'Ibelin, les seigneurs de Saint-Abraham et d'Arsur en possédaient quatre chacun; les comtes de Jaffa et d'Ascalon, le prince

---

1. *Ass.*, t. I, *Liv. de Ph. de Nav.*, chap. LXVI, p. 537.
2. *Cod. Dipl.*, t. I, p. 282. Baudoin de Rames confirme en ces termes une donation faite par Hugue de Flandre en présence de sa cour : « Et quia in curia mea et in presentia mea hoc factum fuit... contra omnes homines munire et garentire debemus. » — *Cod. Dipl.*, t. I, n° 123, p. 151-143, et n° 124, p. 144, 145. En 1254, Julien de Sidon signe en faveur de l'Hôpital de Jérusalem un acte de donation dans lequel sont mentionnés les noms de plusieurs vassaux présents à la cour. — *Cod. Dipl.*, t. I, n° 122, p. 140. En 1250, le seigneur de Caiphas, Garsias Alvarès, rédige en présence de sa cour un acte de donation où il rappelle les noms des principaux garants.
3. *Ass.*, t. I, *Liv. de Jean d'Ibelin*, chap. II, p. 21 : « Et establi que en totes les cités et en toz les autres leus dou roiaume, où il averoit justice, eust visconté et jurés et court de borgesie por le peuple gouverner, maintenir et juger et justisier par les assises et les usages qui lors furent establi à tenir et à user en la Court de la Borgesie. »

de Galilée, les seigneurs de Sidon, de Crac et Montréal, d'Assebèbe deux chacun; on n'en comptait qu'une seule dans le ressort respectif de chacune des autres seigneuries. Si l'on ajoute les cours de Naplouse, du Darum, d'Acre et de Jérusalem on arrivera à un chiffre total de trente-sept cours bourgeoises [1]. Ces juridictions avaient donc été multipliées autant que les besoins de la classe populaire le demandaient. Elles étaient plus nombreuses que les juridictions nobles parce que le flot d'émigrants venus de France, d'Italie et d'Allemagne avait déposé en Terre-Sainte plus de roturiers que d'hommes de sang noble [2]. Si le législateur avait protégé l'indépendance du chevalier, il n'avait rien négligé pour mettre à l'abri de toute atteinte les intérêts du bourgeois. Les nobles étaient jugés par leurs pairs, mais les bourgeois aussi. Les sentences rendues par les tribunaux des bourgeois n'étaient pas moins inviolables que les jugements prononcés par les tribunaux nobles. La Cour des Bourgeois de Jérusalem n'était pas plus le tribunal d'appel des autres juridictions bourgeoises du royaume que la Haute Cour ne l'était des juridictions seigneuriales.

En somme, chacune des seigneuries du royaume était organisée à l'image de tout l'État. Une cour noble chargée de juger les procès dans lesquels étaient intéressés les vassaux du seigneur; une cour des bourgeois préposée à l'examen des affaires qui concernaient les tenanciers ou bourgeois de la seigneurie, voilà les deux institutions que nous rencontrons dans tous les fiefs relevant de la principauté de Jérusalem.

1. *Ass.*, t. I, *Liv. de Jean d'Ibelin*, chap. CCLXX, p. 419.
2. RAMBAUD, *His. de la Civilisation*, t. I, chap. XI, p. 188 et suiv.

III. — Juridiction commerciale et maritime.

Cours de la Fonde. — Cours de la Chaîne. — Consulats.

Le tableau de l'organisation judiciaire dans le royaume de Jérusalem serait imparfait si, après avoir montré ce qu'étaient les justices royale et seigneuriale, nous passions sous silence une juridiction dont l'établissement avait été favorisé par le merveilleux essor du commerce et de l'industrie et qui était confiée aux tribunaux de commerce et aux tribunaux maritimes. Les premiers, appelés *Cours de la Fonde*, existaient dans les villes qui servaient d'entrepôts aux produits de l'Europe et de l'Asie [1]. Les seconds, siégeant dans les principaux ports, Acre, Gaza, Jaffa, Tyr, Sidon et Béryte, étaient connus sous le nom de *Cours de la Chaîne* [2].

Les *Cours de Fonde*, telles que les *Assises* les font connaître, ne paraissent pas remonter à l'époque des origines. Dans la première organisation judiciaire du royaume elles étaient moins des tribunaux communs aux Latins et à la population indigène que les cours particulières des Syriens. M. Monnier a attribué à Godefroy l'institution pour ces derniers dans chaque ville importante d'une *Cour des reis* ou magistrats de naissance syrienne [3]. Mais l'opi-

---

1. Les *fondes* étaient des entrepôts de commerce ou, comme on dit aujourd'hui en Orient, des bazars (Fr. Monnier, *God. de B.*, p. 56, et Beugnot, *Introd., Ass.*, t. II, p. 24).
2. Heyd, *Hist. du Com. du Levant*, t. I, p. 336, 337 : « L'expression *Cour de la Chaîne* ne désignait pas autre chose qu'un tribunal appelé à prononcer dans les affaires relatives au port, c'est-à-dire à la douane du port. » Le nom de *Cour de la Chaîne* venait de la *chaîne* qui fermait l'entrée des ports.
3. Monnier, p. 34 et 57, s'appuie sur le chap. IV du *Liv. de Jean*

nion de Sybel d'après laquelle Godefroy n'aurait pas été le créateur de cette juridiction parait plus conforme à la vérité historique; car, disent les *Assises*, les Syriens, pour l'obtenir, l'avaient demandée *au roi* et jamais les *Assises* ne donnent à Godefroy le titre de *roi*[1]. Selon toute vraisemblance ce serait un des successeurs immédiats de ce prince, Baudoin I*er* peut-être, qui aurait institué les *Cours des reis* et en même temps décidé que, partout où les Syriens ne seraient pas assez nombreux pour former une communauté, la justice leur serait administrée par un officier latin ou *bailli de la Fonde*. Le reis et le *bailli* avaient ainsi des attributions analogues : « Le *bailli de la Fonde*, dit Ibelin, est come *rays*. » Mais là où existait un *reis* il n'y avait pas lieu d'instituer un *bailli*. Les premiers rois ont donc posé les fondements des *Cours de Fonde*; ils ne les ont pas instituées; ils ont seulement préparé les éléments d'une juridiction qui se constitua régulièrement sous leurs successeurs. Peu à peu, et sans qu'il soit possible de fixer une date précise, les *Cours des reis* disparurent presque partout pour faire place aux *Cours de la Fonde*. A l'époque où écrit l'auteur du *Livre des Assises Bourgeoises* les cours syriennes n'existaient plus; les *reis* avaient fait place aux *baillis* ou présidents des *Cours de*

---

d'Ibelin (*Ass.*, t. II, p. 26) où il est dit : « Et après, ce le peuple des Suriens vindrent devant le roi dou dit roiaume, et li prierent et requistrent qu'il yosiste que il fucent menés par l'usage des Suriens, et qu'il y eust d'iaus chevetaine et jurez de court, et que par celle court il fucent menés selonc lor usages des carelles qui vendroient des uns as autres. Et il otroia la dite court sauf carelle de sanc et carelle de quoi l'on pert vie ou membre, et carelle de borgesie; les quels il vost que elles fucent plaidées et déterminées devant lui ou devant son visconte. Et le chevetaine de celle court est appelé rays en lor lenguage Arabic, et les autres jurés. Et en aucun leuc dou roiaume a jurez de la court des Suriens, et n'i a point de rays; mais le bailli de la fonde de cel leuc est come rays. »

1. Sybel, *Gesch. des erst. Kreuz.*, chap. XII, p. 519.

Fonde; et les jurés, autrefois tous Syriens, avaient dû ouvrir leur rang à des hommes de race franque[1]. A la place d'une juridiction exclusivement syrienne les rois de Jérusalem avaient établi une juridiction mixte composée d'un président latin et de six jurés dont quatre étaient syriens et deux latins. Au lendemain de la conquête, les rois, incapables de rendre la justice à une nation dont ils ne connaissaient ni les lois, ni les mœurs, ni le langage, avaient été forcés d'accorder aux Syriens une véritable autonomie judiciaire. Mais quand plus tard l'empire de cette nécessité s'était affaibli, les Latins avaient pris l'habitude de traiter les Syriens non en compatriotes qu'on défend mais en vaincus qu'on dépouille. De là les vœux faits par ces populations chrétiennes pour le retour des Turcs Seldjoucides ou des Arabes d'Égypte. Au début on avait pris garde à ne pas heurter les habitudes d'une nation encore à peine soumise; puis on avait perdu ce souci. Il faut chercher dans la politique des successeurs de Godefroy beaucoup plus que dans la dépravation et l'ingratitude des Syriens qu'on a d'ailleurs beaucoup exagérées[2], les raisons de l'effacement des cours syriennes et de la prépondérance des *Cours de Fonde*. Ainsi s'explique le double caractère des *Cours de Fonde* qui, en même temps qu'elles jugeaient toutes les affaires commerciales[3],

---

1. En effet dans le chap. ccxLII du *Liv. des Ass. Bourg.* (*Ass.*, t. II, p. 171), où est exposée l'organisation des *Cours de Fonde*, nous ne trouvons pas un mot concernant les anciennes cours syriennes. Mais nous y lisons que le président de la *Cour de fonde* était le bailli : « Bien sachiés que en la fonde det aver un bailly leaus hom et de boine renoumée, et qui aime toutes manières de gens à dreit maintenir. » Nous y voyons aussi que parmi les six jurés composant le tribunal quatre étaient Syriens et deux Francs : « Bien sachiés que en la fonde det aver six leaus homes jurés, ce est à savoir, quatre suriens et deus francs. »

2. Voir chap. III, Service militaire, p. 209, 210.

3. *Ass.*, t. II, *Liv. des Ass. de la Cour des Bourg.*, chap. ccxLII, p. 171 :

étaient compétentes dans les procès élevés entre Syriens sur des affaires civiles d'un faible intérêt¹. Mais cette catégorie de tribunaux ne pouvait pas connaître des contestations qui revêtaient quelque caractère de gravité et, à plus forte raison, des affaires criminelles². Les procès de ce genre étaient soumis au jugement des Cours de bourgeoisie.

Les *Cours de Chaîne* étaient une juridiction de même ordre que les *Cours de Fonde*. Est-ce à dire que l'établissement des unes ait coïncidé avec celui des autres? Les historiens ont diversement répondu à cette question. MM. Beugnot et Rey ont rapporté au règne d'Amaury Ier l'époque de leur apparition dans le royaume de Jérusalem³. Malheureusement cette opinion ne s'appuie sur aucun texte attentivement étudié. Il n'est dit nulle part, ni dans les écrits des jurisconsultes, ni dans les histoires, que ce prince ait été le créateur d'une semblable juridiction. Si on a pu lui attribuer cet honneur, c'est simplement parce qu'il a promulgué sept assises relatives au droit maritime⁴, témoignage de sa sollicitude pour les intérêts des armateurs et des négociants par mer. Au contraire

« Car par la seurté dou seignor et por ce qu'il est tenus de maintenir les a dreit, vienent tos les marchans en son poeir vendre et acheter. »

1. *Ass.*, t. II, p. 171 : « Bien sachés que de nule garentie c'on porte en la cort de la fonde, n'a point de bataille, por ce que les raisons qui montent à bataille, si devent venir en la Cort des Borgeis. »

2. *Ibid.* : « Fort tant que la raison coumande que ce la clamor esteit de murtre, ou de trayson, ou de sanc, ou de larrecin, ceste querelle n'ateint riens à la fonde, mais deit venir en la Cort des Borgois. » — La même restriction avait été imposée par Godefroy aux anciennes cours des reis. On lit en effet dans *Ass.*, t. I, *Liv. de Jean d'Ibelin*, chap. IV, p. 26 : « Et il otroia la dite court sauf carelle de sanc et carelle de quoi l'on pert vie ou membre, et carelle de borgesie; lesquels il vost que èles fucent plaidées et déterminées devant lui ou devant son visconte. »

3. BEUGNOT, *Ass.*, *Introd.*, t. II, p. XXIV. — REY, *Col. fr.* chap. II, p. 60.

4. *Ass.*, t. II, *Ass. de la Cour des Bourg.*, chap. XLIII-XLIX, p. 42-47.

Pardessus a pensé que les *Cours de Chaine* avaient existé dès les premiers temps de la domination latine : « Les combats judiciaires, dit-il, qui dans le xiie siècle et dans les siècles précédents servaient à la décision des procès civils, n'étant point admis en matière de commerce et notamment de commerce maritime, il en était résulté la nécessité d'une juridiction et d'une procédure spéciales [1]. » Mais Pardessus est ici en contradiction formelle avec les témoignages de Novare et d'Ibelin. Dans les chapitres qu'ils consacrent à la formation primitive des *Assises* et aux tribunaux existant dans le royaume de Jérusalem, ces deux jurisconsultes signalent l'établissement d'une Haute Cour et d'une Cour de bourgeoisie; ils n'ont pas un seul mot pour la Cour de mer. Dans l'état actuel de nos connaissances il ne paraît pas possible de fixer une date précise à l'apparition de cette juridiction. Si le système de Beugnot offre quelque vraisemblance, il faut avouer qu'il ne présente aucun des caractères de la certitude historique.

La *Cour de la Chaine*, composée de jurés [2] et présidée par un bailli [3], jugeait toutes les affaires qui intéressaient la navigation : procès entre capitaines et matelots, plaintes portées par les marchands contre les armateurs, difficultés de toute sorte suscitées par l'exécution des contrats maritimes. Si, par exemple, une cargaison était saisie par des corsaires, la Cour prononçait sur la respon-

---

1. Pardessus, *Collection des lois maritimes*, t. I, chap. vii, p. 271.
2. *Ass.*, t. II, Liv. des Ass. de la Cour des Bourg., chap. XLV, p. 55 : « Les jurés de la chaene. » — Beugnot (*Ass.*, t. II, p. 55, note c) a pensé que ceux-ci étaient au nombre de douze, mais il est possible aussi qu'ils ne fussent que six, comme dans les *Cours de Fonde*.
3. Cost. de Guill. de Tyr, éd. de l'Acad., liv. XXXIV, chap. xxviii, p. 475 : « Les autres baillis à la Fonde et à la Caene. »

sabilité de l'armateur, et, quand celle-ci était prouvée, elle condamnait le coupable à l'amende, même à la prison [1]. Il ne s'ensuit pas que ce tribunal ait eu qualité pour juger au criminel ; sa juridiction était exclusivement civile. On ne voit à aucune marque qu'il ait pu prononcer la contrainte par corps en dehors du cas qui vient d'être cité. Les *Assises* disent en effet que toute affaire pouvant entraîner l'application d'une peine, comme meurtre, larcin ou trahison, n'était plus de sa compétence mais devait être portée devant la Cour des Bourgeois [2]. Comme les *Cours de Fonde*, il était inapte à connaître des cas de haute justice. D'autres fois il examinait les faits, interrogeait les témoins, dirigeait en quelque sorte une instruction préparatoire, mais n'allait pas jusqu'à requérir et prononcer la peine ; cela était du ressort de la Cour Bourgeoise [3]. La *Cour de Chaîne* était donc une juridiction d'ordre tout à fait inférieur. Nul doute que ce tribunal maritime n'ait contribué à accroître la sécurité du négoce et qu'il ait consacré une sorte de moralité

---

[1]. *Ass.*, t. II, *Liv. des Ass. de la Cour des Bourg.*, chap. XLVII, p. 46 : « Et c'il avint que il resut l'aver des bones gens à porter sauf en terre, il est tenus de l'amender coument qu'il seit puis perdus, par dreit et par l'asize. Et se tant est chose qu'il n'a de quei paier celui de cui il porteit l'aver, la cort de la chaene le deit metre en prison. »

[2]. *Ibid.*, chap. XLIII, p. 43 : « Et por ce sont ses raisons establies par la cort de la chaene, ce se ne fust larecin, ou murtre ou traison ; car ce deit venir en la cort. »

[3]. *Ibid.*, chap. XLVII, p. 45 : « S'il avient que un marinier ou un marchant, qui que il soit, porte aver devée en terre de Sarasins, si com est se il i porte armeure, haubers et chauces de fer, ou lances, ou abalestre, ou heaumes, ou verges d'acier ou de fer, et il en peut estre ataint en la cort de la chaene par les mariniers ou par les marchans qui là estoient, qui ce virent qu'il vendi et aporta as Sarasins celuy aver devée, et ce que il porta monta plus d'un marc d'argent en amont, tout can que il a si deit estre dou seignor de la terre, et deit estre jugé par l'autre Cort des Borgés à pendre par la goule, puis que les jurés de la chaene auront receu devant jaus les garens de ceste chose, et ce est dreit et raison par l'asize. »

publique dans les transactions commerciales. Mais sa compétence était enfermée dans des limites tellement étroites qu'elle en devenait parfois illusoire. Capable en théorie de mettre les marchands à l'abri des spoliations [1], il n'avait pas les pouvoirs nécessaires pour contraindre le spoliateur à la restitution. Aussi arrivait-il que les victimes négligeaient de traduire à sa barre les puissants qui les avaient lésées [2]. Si elles agissaient ainsi c'est apparemment qu'elles avaient une foi très limitée dans les suites données à une plainte portée devant la Cour.

Il est à croire que les seigneurs, enclins par leur avidité à détrousser les marchands, à recueillir les dépouilles des naufragés, bref à piller tout ce qui possède et qui n'est point armé, se moquèrent plus d'une fois des juridictions commerciales et maritimes. Il ne faut pas oublier que l'organisation du royaume latin était avant tout féodale. L'établissement d'une juridiction commerciale au sein d'une société aristocratique était déjà chose hardie, nouvelle, à peine pratiquée en Occident [3]. Le législateur ne pouvait pas étendre l'autorité des cours de commerce

---

1. Ass., t. II, Liv. des Ass. de la Cour des Bourg., chap. XLIX, p. 47, où l'on voit que la Cour de la Chaine ordonne que la cargaison sauvée du naufrage soit remise intégralement à son légitime possesseur.

2. Ernoul, chap. xxv, p. 258 : « Il avint cose, l. jour c'une nés de marcheans de le tiere le seignor des Hassassis ariva à Sur. Li marcis Corras ot mestier d'avoir; si envoia de ses homes en le nef et fist prendre de l'avoir tant com il vault. Li marceant descendirent à tiere, et si se plainsent al marchis c'on les avoit dérobés en le mer; et que pour Diu lor fesist rendre lor avoir. » Or Conrad refusa toute restitution. Nous avons donc ici l'exemple de marchands spoliés et nous n'apercevons pas qu'une plainte ait été portée à la juridiction compétente.

3. Pardessus (Collection des lois maritimes, t. I, chap. VII, p. 271) mentionne à Trani en 1063, à Pise en 1161, à Marseille en 1234 des tribunaux de commerce analogues à ceux de la Syrie; mais il conteste l'existence d'une semblable cour à Amalfi (chap. IV, p. 143).

et de mer sans risquer de répandre dans l'État un mouvement d'opinion hostile à son principe. Sous l'empire de ces craintes il avait même permis, en déclarant que le président de la *Fonde* pourrait être un chevalier aussi bien qu'un bourgeois [1], que l'aristocratie pénétrât jusque dans ces cours. Il avait, en délimitant prudemment le domaine de leurs juridictions, prévu les conflits et ménagé les susceptibilités d'une noblesse ombrageuse.

Une institution non moins favorable au développement du commerce que les *Cours de Fonde* et *de Chaîne* est celle des *Consulats*. Nous savons peu de chose concernant la juridiction consulaire du royaume latin. Si pauvres que soient les renseignements qui nous sont parvenus, ils nous permettent pourtant d'affirmer l'existence en Syrie d'une institution encore peu répandue mais qui devait prendre plus tard d'importants développements.

Azuni fait remonter à l'année 1075 l'établissement à Constantinople du premier consulat accordé aux Pisans par l'empereur Alexis [2]. Baluze affirme que le premier poste consulaire du Moyen Âge fut fondé à Messine à l'époque de Roger II, roi de Sicile [3]. Mais, ainsi que l'a fait remarquer M. Pouqueville dans un *Mémoire sur le commerce et les établissements français au Levant*, il faut voir dans ces magistrats de Constantinople et de Messine moins des consuls proprement dits, institués pour protéger et juger à l'étranger leurs nationaux suivant les lois de leur pays, que des juges de commerce

---

1. *Ass.*, t. II, *Liv. des Ass. de la Cour des Bourg.*, chap. CCXLI, p. 172 « Le bailly de la fonde, soit chevalier ou borgeis, quel que il soit. »
2. Azuni, *Système du droit maritime*, t. I, p. 103.
3. Baluze, *Brevis historia liberatæ Messanæ*, t. II, p. 171.

qualifiés *consuls* et préposés à l'examen des procès intéressant les marchands et les navigateurs dans les villes de commerce et de manufacture [1]. L'auteur du *Mémoire* a démontré que les principautés fondées par les Croisés en Syrie reçurent au contraire de véritables consuls avec juridiction sur les hommes de leur nation. L'institution d'abord vague se précisa bientôt. Un traité signé en 1124 sous le règne de Baudoin II entre les barons du royaume de Jérusalem et les Vénitiens octroya à ceux-ci plusieurs privilèges à Sidon, Acre, Tyr et entre autres le droit de tenir une *curia Veneticorum* où seraient portés les litiges survenus entre Vénitiens [2]. Mais on ne voit pas en quoi consista au juste cette cour vénitienne. Il est au contraire positif que le roi Guy de Lusignan qui, après le désastre de Tibériade, avait encore conservé quelques possessions en Palestine, accorda en 1189 aux Marseillais la faculté d'établir un consulat dans la ville d'Acre [3]. Il n'est pas moins certain que vers la fin du XIIe siècle le marquis de Montferrat délivra aux Marseillais des lettres patentes par lesquelles il les autorisait à faire le commerce dans la ville de Tyr sans payer aucun impôt et à y établir un consul pour administrer la justice [4]. A l'exemple du marquis, Jean d'Ibelin, seigneur de Béryte, concéda en 1223 aux Marseillais la faculté d'avoir des consuls en sa ville pour la décision des différends qui pourraient naître

---

1. Porqueville, *Mémoire historique et diplomatique sur le commerce et les établissements français au Levant, depuis l'an 500 de J.-C., jusqu'à la fin du XVIIe siècle* (Mémoires de l'Acad. des Inscr. et Belles-Lettres, 2e série, t. X, p. 513 et suiv.).
2. Guill. de Tyr, liv. XII, chap. XXV, p. 552.
3. Voir les dispositions extraites de la charte de Guy de Lusignan dans les *Annales de Guesnay*, p. 335, éd. de Lyon 1662, et dans Capmany, *Memorias historicas*, t. II, p. 32 et 34.
4. Ruffi (*Hist. de Marseille*, t. I, liv. III, chap. V, § 10, p. 90) cite les lettres du marquis de Montferrat.

entre eux[1]. En 1232, les Pisans et les Génois entretenaient des consuls à Acre puisque ces officiers sont mentionnés par les chroniqueurs à côté des dignitaires ecclésiastiques et magistrats de cette ville[2]. En 1256, le consul pisan d'Acre porte un nom connu; c'est Hugolin Bozacharie, celui qui, sur l'ordre de l'empereur Frédéric II, opéra en 1241 la capture des prélats invités par le pape Grégoire IX à se rendre au concile de Rome[3]. Visiblement, à mesure qu'on s'avance dans le xiiie siècle, l'institution, en même temps qu'elle prenait un caractère plus marqué, se propageait aussi.

Les attributions et les droits des consuls ressortent clairement des termes de la charte octroyée aux Marseillais par Guy de Lusignan. On y voit que ces magistrats prononçaient sur toute sorte de différends à l'exception toutefois des crimes susceptibles de peines corporelles ou capitales : « excepto furto, homicidio, tradimento, falsamento monetæ, violatione mulierum, quod raptus vulgariter dicitur[4]. » On reconnaît ici les restrictions imposées aux juridictions des *Cours de Fonde* et *de Chaine*. Les consuls n'avaient aucune compétence pour connaître des cas de haute justice; les affaires de ce genre devaient

---

1. Ruffi, *Hist. de Marseille*, t. I, liv. IV, chap. II, § 1, p. 105.
2. Cont. de Guill. de Tyr, éd. de l'Acad., liv. XXXIII, chap. xxviii, p. 394.
3. Ibid., liv. XXXIV, chap. III, p. 443 : « Et morut Huguelin Bozacharie consules des Pisans d'Acre, qui prist les prélats qui aloient au concile à Rome. » — Colleterccio, p. 163 : « Hugoline duce. » — Math. Paris, p. 380, appelle cet ancien chef de l'escadre de Pise « piratarum peritissimus ». — Rey (*Essai sur la domination française en Syrie durant le Moyen Age*, p. 21) attribue les privilèges dont furent gratifiés les marchands de Venise, Gênes et Pise à la reconnaissance des Latins pour les services à eux rendus par ces cités italiennes pendant la première Croisade.
4. *Annales de Guesnay*, p. 335, et Capmany, *Memorias históricas*, t. II, p. 32, 34.

être soumises au jugement de la Haute Cour ou de la Cour des Bourgeois.

Quoi qu'il en soit, l'organisation des consulats dans les cités latines d'Orient avait au xııı° siècle reçu sa forme définitive. Choisis parmi les meilleures familles de la ville dont ils avaient mission de défendre les intérêts, assistés de conseillers qui les éclairaient et les secondaient dans leurs jugements, enfin se déchargeant sur un greffier du soin des écritures et de la rédaction des sentences [1], les consuls avaient réussi presque partout à garantir leurs nationaux contre le caprice des seigneurs. De la sorte ils avaient contribué, avec les tribunaux commerciaux et maritimes, à assurer la sûreté du négoce dans un pays de conquête récente et que les incursions de l'ennemi inquiétaient sans relâche [2].

Conclusion.

En résumé le système judiciaire établi en Orient par les Latins apparaît comme le plus complet qu'ait connu le Moyen Age. L'organisation des diverses juridictions, royale, seigneuriale, commerciale et maritime, avait été combinée de façon à satisfaire les intérêts de la communauté. Le roi dans le royaume, le seigneur dans la seigneurie, furent les chefs de la justice; mais à tous les degrés de la hiérarchie sociale les hommes furent garantis

---

1. *Statuts municipaux et coustumes anciennes de Marseille* par noble François d'Aix, avocat au Parlement et jurisconsulte, chap. xvııı, p. 67. — MM. Méry et Guindon ont publié ces statuts dans leur *Histoire analytique des délibérations du conseil municipal de Marseille* (3 vol. in-8).
2. Voir dans *Bibl. de l'Ec. des Ch.*, 4° série, t. III, 1855, p. 427, art. de M. Louis Blancard, *Du Consul de mer et du Consul sur mer*; et dans *Revue historique de droit français et étranger*, t. XV, 1851, art. de M. L. de Valroger sur l'*Institution des Consuls de la mer au Moyen Age*.

contre l'arbitraire royal et le caprice seigneurial. Pas plus dans la Haute Cour que dans les cours des seigneurs les vassaux ne furent réduits au rôle de simples assesseurs du chef. On reconnaît en eux des juges souverains contre la volonté desquels aucune autorité ne pouvait prévaloir. Le roi ne contesta pas davantage aux vassaux le droit de juger sous sa présidence que les vassaux ne méconnurent le privilège qu'avait le roi de les présider. Aussi l'exercice du pouvoir judiciaire appartint-il non à la monarchie mais à l'aristocratie et à la classe bourgeoise, l'une jugeant les affaires des vassaux nobles, l'autre celles des hommes de sang roturier. La création des cours de commerce et de mer ne fut pas inspirée par la pensée de restreindre cette double souveraineté judiciaire, puisque les chevaliers pénétrèrent, comme les bourgeois, dans ces cours. D'une part l'aristocratie, de l'autre la bourgeoisie, restèrent en possession du droit supérieur de justice. Jamais le grand principe qui voulait que chacun fût jugé par ses pairs ne reçut une plus loyale application.

CHAPITRE VI

LA ROYAUTÉ ET LE CLERGÉ

I. — Organisation de l'Église latine.

SA HIÉRARCHIE. — SA SOUVERAINETÉ TERRITORIALE. — SA JURIDICTION. — SES RELATIONS AVEC LE CLERGÉ INDIGÈNE.

Quelles que soient les imperfections ou les lacunes des chapitres précédents, il en ressort cette impression très nette que la royauté était gênée dans son action par les droits et privilèges d'une aristocratie puissante. Aussi le moment est-il venu de se demander si les rois ne trouvèrent pas dans l'Église un contrepoids nécessaire à la souveraineté féodale. L'examen des rapports de la royauté avec le clergé montrera que l'Église latine, loin de mettre sa force morale au service de la monarchie, sépara ses intérêts de ceux du trône et eut l'ambition de former un État dans l'État.

L'enthousiasme religieux avait été une des principales causes de la Croisade. A un royaume fondé au nom de

Dieu il fallait des chefs d'une piété ardente et prêts à courber leur front héroïque devant la puissance de l'Église. On se représenterait difficilement le trône de Jérusalem au pouvoir d'un prince qui aurait puisé dans son titre royal assez de force pour se soustraire à l'influence ecclésiastique. Appelé à exercer le pouvoir dans un pays où l'Église était souveraine, le roi était obligé de s'accommoder aux idées dominantes. Il fallait qu'il parût aux yeux des hommes, sinon sous l'aspect d'un prêtre, du moins sous celui d'un pieux serviteur du clergé. Le respect des choses divines était donc pour Godefroy et ses successeurs non seulement un grand et saint devoir, mais encore la condition même de leur règne. L'important était pour eux de concilier ce respect avec la défense de leurs droits.

L'organisation de l'Église latine de Syrie explique son intervention dans un grand nombre d'affaires politiques. Comme celle d'Occident, cette Église était une société constituée hiérarchiquement. Au-dessus des *prêtres* qui veillaient au maintien de la croyance et à l'enseignement du dogme, étaient les *évêques*. Ces derniers chargés de conférer l'ordination et d'administrer les biens temporels de leur église reconnaissaient la supériorité des *métropolitains* ou *archevêques*. Les ordres partis de l'archevêché étaient en effet exécutoires dans tous les diocèses du ressort. En 1132, le pape Innocent II envoyait des instructions par lettres aux évêques d'Acre, de Sidon, de Béryte pour leur enjoindre d'obéir à leur métropolitain, Foucher, archevêque de Tyr[1]. Mais, à leur tour, les

---

1. GUILL. DE TYR (liv. XIV, chap. XIII, p. 624) cite le texte du mandement d'Innocent.

métropolitains étaient suffragants du premier dignitaire de l'Église latine, du *patriarche de Jérusalem* [1]. Au-dessus d'eux il existait donc un pouvoir bien établi, officiellement reconnu, appartenant au représentant direct du Souverain Pontife. Le patriarche, *seigneur spirituel du royaume* [2], exerçait un droit supérieur de contrôle sur tous les membres du clergé. Nous le voyons réclamer l'obéissance unanime des prélats du pays, excommunier un archevêque de Tyr qui avait osé lui résister [3], en appeler au pape, son chef immédiat, d'une discussion engagée avec l'Ordre de l'Hôpital [4], sacrer les évêques [5], écrire au nom de son clergé à l'Eglise d'Occident [6], en un mot exercer tous les droits de souveraineté ecclésiastique.

« Nous vous faisons savoir, écrivait le pape Innocent II aux archevêques et évêques du royaume, que vous devez soumission et obéissance à notre frère Guillaume, patriarche de Jérusalem. Son autorité doit être acceptée sans aucune contradiction.... Si vous méprisez nos con-

---

1. *Ass.*, t. II, *Liv. de Jean d'Ibelin*, chap. CCLXI, p. 415.
2. *Ibid.*, chap. CCLX, p. 415 : « Il y a ou reiaume de Jerusalem deus chiefs seignors, l'un esperituel, et l'autre temporel : le patriarche de Jerusalem est le seignor esperituel, et le rei dou reiaume de Jerusalem le seignor temporel doudit reiaume. »
3. CONT. DE GUILL. DE TYR, éd. de l'Acad., liv. XXIII, chap. XXXIX, p. 61. Le patriarche Heraclius excommunie Guillaume de Tyr : « Si escomenia le devant di arcevesque de Sur, sanz amonestement et sanz apel. »
4. GUILL. DE TYR, liv. XVIII, chap. III, p. 820, et chap. VI, p. 826. Le patriarche Foucher en conflit avec l'Ordre de l'Hôpital « de decimis et quibusdam injuriis » se rend à Rome pour se plaindre de l'Ordre.
5. GUILL. DE TYR (liv. XXI, chap. IX, p. 1020) nous apprend que lui-même fut sacré par Amaury, patriarche de Jérusalem. — TAGEBONIS, IMITATUS ET CONTINUATUS (*Historia Peregrinorum*, chap. CXXXV, p. 227), raconte la cérémonie d'ordination de quatre évêques qui suivit l'élection de Daimbert comme patriarche.
6. *Arch. de l'Or. Lat.*, t. I, p. 386. Lettre adressée en 1169 à l'Eglise d'Occident par Amaury de Nesle, patriarche de Jérusalem. Amaury raconte les malheurs de la Terre-Sainte et recommande Gilbert d'Assailly, grand maître de l'Hôpital, qui part pour solliciter les secours de l'Europe.

seils, vous nous forcerez à faire justice de votre désobéissance [1]. »

Les divisions ecclésiastiques du royaume de Jérusalem peuvent être déterminées avec précision [2]. Le patriarche de la Ville Sainte avait sous sa juridiction quatre métropolitains, ceux de Tyr, de Césarée, de Bessan, de Rabath ou Pétra. Il faut citer pour mémoire l'archevêché de Bethseret que Jacques de Vitry passe sous silence et dont Jean d'Ibelin ne peut indiquer les suffragants parce que cet évêché resta peu de temps au pouvoir des Latins [3]. De l'archevêque de Tyr dépendaient les évêques d'Acre, de Sidon, de Béryte, de Bélinas ou Panéade. Mais chacun des trois autres métropolitains n'avait qu'un seul suffragant : celui de Césarée, l'évêque de Sébaste; celui de Bessan, l'évêque de Tibériade; celui de Pétra, l'évêque du Mont-Sinaï. Outre ces quatre métropolitains et leurs sept suffragants, le patriarche de Jérusalem avait sous ses ordres des abbés et des prieurs qui, « par un privilège particulier de leur dignité, portaient les insignes du pontife, la crosse, la mitre, l'anneau, les sandales et qui l'assistaient respectueusement dans les fonctions de son ministère [4] ». C'étaient

---

1. *Cart. du S. Sép.*, n° 7, p. 5. De obedientia que debetur patriarche Ierosolimitano.
2. Jacq. de Vit., chap. LV, LVI, LVII, LVIII, p. 1076-1078. — Ass., t. I, *Liv. de Jean d'Ibelin*, chap. CCLXI-CCLXVIII, p. 415-417. — *Oriens Christianus*, t. III, col. 1251 et suiv. — *Acta Sanctorum*, Papebroch, Maii, t. III, p. XLV et suiv. — Du Cange, *Fam. d'outre-mer*, p. 709 et suiv., 713 et suiv., 719 et suiv. — *Zeitschrift des Deutsch. Palaestina-Vereins*, t. X, liv. I, art. de M. Röhricht, *Syria Sacra*, p. 7 et suiv. — *Arch. de l'Or. Lat.*, t. I, p. 257-287, *Henri Suarez et ses notices sur les patriarches et évêques latins par le Comte Riant*. — *Revue de l'Or. Lat.*, 1re année, n° 1, *les Patriarches latins de Jérusalem*, par de Mas Latrie, p. 17 et suiv.
3. Ass., t. I, *Liv. de Jean d'Ibelin*, chap. CCLXV, p. 416 : « L'arcevesque dou Besserelh ne fu grant tens a en main de Latins, et por ce ne set on ces suffragans. »
4. Jacq. de Vit., chap. LVIII, p. 1078 : « Habet insuper prædictus

l'abbé du Mont-de-Sion, l'abbé de la Latine, l'abbé du Temple, l'abbé du Mont-Olivet, l'abbé de Josaphat, l'abbé de Saint-Samuel et le prieur du Saint-Sépulcre. Les textes indiquent encore trois abbesses suffragantes : celles de Notre-Dame la Grande, de Sainte-Anne et de Saint-Ladre. On ne peut nier que l'Église latine ait été un corps bien organisé, fort par sa discipline et sa hiérarchie.

L'étendue de ses possessions accroissait encore sa puissance. Le clergé était le plus grand propriétaire du royaume. Fait digne d'attention, car la loi interdisait aux ecclésiastiques, clercs, moines, communautés, toute possession de fief. Cette exclusion que n'avait pas prononcée la législation de la France avait été proclamée en Orient. Ibelin le déclare en plusieurs endroits. La loi, selon lui, défend de faire passer des fiefs « en mains de genz d'iglise, ou de religion, ou de comunes [1] ». Il dit ailleurs : « Ne le fié ne deit estre vendu à maison de religion n'a commune, n'a yglise qui acheter le vueille [2] ». L'auteur du *Livre au Roi* répète et confirme le dire d'Ibelin : « Por ce que nules borgesies, se com est maisons ou terres ou vignes ou jardins… ne peut estre doné à yglise ne à religion, par dreit [3] ». Mais l'usage ne resta pas conforme à la loi. Bien au contraire il en fut la violation constante. Novare le reconnait quand il dit : « Par cele raison, que en cest païs est l'usage, autant

---

patriarchæ abbates et priores, sibi subjectos, insignia pontificalia, baculos scilicet et mitras, annulos et sandalia ex privilegio dignitatis habentes, domino Patriarchæ in ministerio reverentur assistentes. »

1. *Ass.*, t. I, *Liv. de Jean d'Ibelin*, chap. ccxxxiv bis, p. 372.
2. *Ibid.*, chap. ccxlix, p. 399.
3. *Ass.*, t. I, *Liv. au Roi*, chap. xliii, p. 638.

vaillable come l'assise, et l'on set bien que en cestui païs a esté tozjors usé au temz des rois et des seignors, que les homes des roys si ont doné, vendu et eschangié plusors choses as religions, chasteaus et viles et casaus et autres rentes [1]. » Qui donc, en effet, eût osé contraindre l'expression de sentiments aussi nobles que ceux que manifestaient les rois et les seigneurs dans les actes de donation aux églises? C'était pour le repos de l'âme de ses prédécesseurs que le roi Foulque faisait en 1138 une importante donation à l'Église de Jérusalem [2]. Et quand en 1227 Guillaume de Quevillier offrait une rente au prieur de l'Ordre de Saint-Jean si celui-ci « voulait contribuer à la libération de son père, prisonnier des Sarrasins [3] », Guillaume de Quevillier n'était-il pas au-dessus de tout reproche? Dans ces conditions il était impossible que la loi ne fût pas aussitôt violée qu'établie. On ne peut pas assurer, il est vrai, que cette loi remontait aux origines du royaume. Cependant le silence gardé par les jurisconsultes sur les circonstances au milieu desquelles elle fut élaborée rend cette hypothèse vraisemblable. Novare et Ibelin, s'ils ne distinguent pas toujours les *assises* qui avaient été faites lors de l'établissement du royaume de celles qui ne dataient que d'une époque postérieure, ont cependant l'habitude de fournir quelques renseignements sur l'époque de la rédaction des plus

1. *Asc.*, t. I, *Liv. de Ph. de Nov.*, chap. LVI, p. 530.
2. *Cart. du S. Sép.*, n° 33, p. 60 : « Ego Fulcho... adspirante ad hoc Milesendi regina uxore mea, pro remedio anime sui patris Balduini regis, predecessoris mei, pieque memorie Balduini, primi in Ierusalem Latinorum regis, et fratris ipsius ducis Godofridi nostrarumque salute animarum et heredum seu antecessorum et parentum nostrorum. »
3. *Cod. Dipl.*, t. I, n° 157, p. 219 : « Qui pocius pietatis intuitu quam alia causa inductus, promisit ad patris mei liberationem auxilium impertiri. »

importantes parmi elles[1]. Ils ne font rien connaître au sujet de l'*assise* qui privait les ecclésiastiques du droit de posséder des fiefs.

Il y a plus. Non seulement les gens d'Église furent dans la pratique reconnus aptes à recevoir en vertu d'une donation ou d'un testament, mais eux-mêmes aussi eurent la faculté de tester. En cela la législation du royaume latin s'éloignait du droit commun de l'Église. Partout l'incapacité de tester avait été regardée comme la conséquence naturelle des vœux monastiques. Partout un religieux, en faisant profession, perdait la *testandi licentia*. A Jérusalem, au contraire, une *assise de la Cour des Bourgeois* suppose le cas de religieux morts *desconfès*, c'est-à-dire *intestats*[2]. C'est donc que le clergé, grâce au prestige exercé par lui dans les lieux de la Passion du Christ, grâce aussi à l'ambition de ses plus hauts dignitaires[3], avait dans ce pays obtenu des droits qui dans tous les autres lui avaient été refusés. La législation du royaume de Jérusalem signale ici un usage qu'on ne retrouve nulle part ailleurs dans la Chrétienté.

Ainsi le clergé accepta des terres et en disposa à son gré. Sans parler des Ordres militaires, des Hospitaliers de Saint-Jean de Jérusalem, des Hospitaliers Teutoniques ni des Templiers qui possédaient et desservaient des fiefs souvent mieux que les laïques, on peut affirmer que les rois de Jérusalem donnèrent des fiefs à des couvents.

1. IBELIN, aux chap. CXIII (*Ass.*, t. I, p. 185) et CXCIV (*ibid.*, p. 319). — PH. DE NOV., aux chap. LXXI (*ibid.*, p. 542) et LXXV (*ibid.*, p. 546). Voir notre *Introduction*, p. 39, 40.
2. *Ass.*, t. II, Liv. des Ass. de la Cour des Bourg., chap. CLXXXIX, p. 127 : « Ce celuy qui mors est, estoit clers qui eust aucun ordre, ou fust feme qui fust rendue en aucun ordre, ou portoit vestu abit de religion... il sont mors desconfès, etc. »
3. Voir p. 331 et suiv., 344 et suiv., pour les prétentions des patriarches.

Non seulement les rois, mais encore les princes, les seigneurs, les bourgeois enrichirent les clercs par d'importantes donations. Indépendamment des biens-fonds possédés en Syrie, ceux-ci disposaient de vastes domaines et de rentes fort considérables en France, en Italie, en Angleterre, en Allemagne. Déjà, dans les siècles antérieurs aux Croisades, les établissements latins de Jérusalem avaient été favorisés par les aumônes et les subventions de toute sorte reçues d'Occident [1]. Plusieurs seigneurs s'étaient fait remarquer par leur libéralité à l'égard des Lieux Saints : tel Hugue, duc de Toscane, qui, par acte du 29 octobre 993, avait fait don au Saint-Sépulcre des biens acquis par ses aïeux dans les comtés d'Orvieto, de Sovana et d'Aquapendente [2]. Chaque jour la propriété ecclésiastique était devenue plus massive et plus compacte. Après la prise de Jérusalem par les Chrétiens les présents affluèrent dans les trésors des églises et des monastères; la générosité des riches et des puissants ne connut plus de bornes. Dès ce moment, les testaments furent rares qui ne continrent pas quelques donations aux établissements religieux [3]. Guillaume de Tyr renonce à énumérer les nombreuses concessions dont la libéralité de Godefroy combla l'Église latine [4]. Une charte de Baudoin Ier cite les noms des villes et des casaux dont le roi dota l'église de Bethléem [5] comme le *Cartulaire du Saint-*

---

1. *Arch. de l'Or. Lat.*, t. I, p. 28-30, p. 713.
2. *Mémoire de l'Acad. des Inscr. et Belles Lettres*, t. XXXI, 2º partie, p. 151, art. de M. Riant : *Donation de Hugue au Saint-Sépulcre*.
3. *Ass.*, t. II, *Liv. des Ass. de la Cour des Bourg.*, chap. ccii, p. 136.
4. Guill. de Tyr, liv. IX, chap. IX, p. 376 : « Quæ autem et quanta sint quæ ecclesiis Dei pia liberalitate concessit, longum esset enumerare. »
5. Ism., liv. XI, chap. xii, p. 172. Anno 1110. Texte de la charte de donation faite à l'église de Bethléem : « Villam etiam Bethleem... et unum casale, quod est in territorio Accon, nomine Bedar; aliud etiam

Sépulcre mentionne les privilèges accordés par lui aux chanoines chargés de la garde du saint lieu [1]. Les *archives de l'abbaye de Josaphat* rappellent le souvenir des donations pieuses faites à l'abbaye [2]. L'état des possessions de l'abbaye du Mont-Sion, rétabli à l'aide d'une bulle du pape Alexandre III, donne l'idée d'une véritable souveraineté territoriale [3]. Il est remarquable que les rois, pourtant si intéressés à s'appuyer sur une vaste domination terrienne, n'aient point tenté de restreindre à leur profit le domaine de l'Église. Pour tous, la propriété ecclésiastique fut chose sacrée. Les chroniques ne présentent aucun exemple de confiscation ou de spoliation. Les chartes, comme les chroniques, attestent le respect des rois pour les biens possédés par les clercs; les premières en enregistrant d'innombrables confirmations de privilèges [4], les secondes en rappelant les menaces faites par la royauté « à tous les hommes laïques ou ecclésiastiques qui, cédant à une convoitise criminelle », seraient tentés de violer

---

quod est in territorio Neapolitano, nomine Seylon; aliud quoque adjacens Beln..... quod dicitur Bethbezan; et duo casalia in territorio Ascalonitan..... num videlicet Zeophir et aliud nomine Carcopha, cum suis pertinentiis, episcopo, ejusque successoribus, firmiter ac libere tenere ac possidere præcepi, dedi atque concessi. »

1. *Cart. du S. Sép.*, n° 29, p. 54, 55. — *Cod. Dipl.*, t. I, n° 1, p. 1; n° 2, p. 2.

2. DELABORDE, *Arch. de l'abb. de Jos.* (*Bibl. des Éc. de R. et d'A.*) : Baudoin Iᵉʳ confirme les donations faites à l'Hôpital de N.-D. de Josaph. par un certain Guillaume, prince de Tibériade (1115); Baudoin Iᵉʳ confirme toutes les possessions de l'abbaye (1115); en 1120, Baudoin II les confirme à nouveau; en 1130, ce prince ordonne qu'on fasse le relevé de tout ce qui a été donné à l'abbaye.

3. Lire dans REY (*Col. fr.*, p. 281) l'état des possessions de l'abbaye du Mont-Sion en Terre-Sainte et en Occident en l'année 1178.

4. *Cart. du S. Sép.*, n° 29, p. 54, 55; *Cod. Dipl.*, t. I, n° 1, p. 1; n° 2, p. 2. Baudoin Iᵉʳ. — *Cart. du S. Sép.*, n° 30, p. 56, 57; n° 43, 44, p. 80, 83; n° 45, p. 83-85. Baudoin II. — *Cart. du S. Sép.*, n° 31, p. 57, 58; n° 32, 33, p. 58, 61; *Cod. Dipl.*, t. I, n° 17, p. 18. Foulque. — *Cart. du S. Sép.*, n° 33, 34, 51, 52, 53, 54, 122; *Cod. Dipl.*, t. I, n° 24, 30, 32, 34. Baudoin III. — *Cart. du S. Sép.*, n° 59, 60, 61, p. 115, 120, 123; n° 144,

le patrimoine sacré[1]. Voilà comment les fiefs possédés par le clergé étaient tous les jours devenus plus nombreux.

Par contre, il semble que l'établissement des dîmes sur les récoltes, sur les bestiaux, sur une foule d'objets taillables, sur le butin enlevé à l'ennemi[2], ait soulevé d'universelles protestations. La dîme était due au clergé par tous les Chrétiens propriétaires de biens-fonds, qu'ils fussent religieux ou laïques[3]. Le roi lui-même était tenu à l'acquittement de cette redevance : Innocent III rappelait cette obligation à Amaury II en lui recommandant l'église de Tyr (12 août 1203)[4]. Or les princes et les seigneurs cherchèrent plus d'une fois à l'éluder. Si quelques-uns, comme Amaury Ier, s'attiraient les louanges des évêques en exigeant que les dîmes fussent payées en toute intégrité à l'Église[5], la plupart se montraient récalcitrants

---

p. 262-268; *Cod. Dipl.*, t. I, n° 32, p. 34; n°° 47, 48, p. 48, 49; n° 197, p. 241. Amaury Ier. — *Cod. Dipl.*, t. I, n° 60, p. 60. Baudouin IV. — *Cart. du S. Sép.*, n° 145, p. 268, 269. Jean de Brienne.

1. Guill. de Tyr, liv. XI, chap. XII, p. 473. Baudouin Ier confirmant des biens à l'église de Bethléem menace ceux qui les violeraient : « Statuimus autem, quod si quis clericus, vel laïcus, nefandissima cupiditate ductus..., graviter judicetur. » Cf. liv. XVI, chap. II, p. 705, portrait de Baudouin III, « nec ecclesiarum vexabat patrimonia ».

2. *Cart. du S. Sép.*, n° 70, p. 142 : « Tam in annona quam in animalibus ceterisque rebus decimandis »; n° 181, p. 322 : « Tam in messibus quam in vino, oleo, bestiis, volatilibus et in omnibus aliis, unde decima dari consuevit. »

3. *Cart. du S. Sép.*, n° 188, p. 235 : « Decimam, quam recipistis in toto comitatu illo a rege et religiosis hominibus et ab omnibus Christianis. »

4. Lettre citée par M. de Mas Latrie au t. II de l'*Hist. de Chypre*, p. 32, *Documents* : « Quatenus Tyrensem ecclesiam... habeas propensius commendatam, et ejus sublevans paupertatem qua laborat ad præsens, sibi decimas et alia debita jura et tu ipse persolvas, et persolvi facias a subjectis. »

5. Guill. de Tyr, liv. XIX, chap. II, p. 885 : « Decimas, in ea parte vir evangelicus, cum omni integritate et sine molestia ecclesiæ dari præcipiebat. » — Cet éloge que le chroniqueur fait d'Amaury ne l'empêche pas de reconnaître, quelques lignes plus loin, que ce prince, « violent adversaire de la liberté des églises, attaqua souvent leurs patrimoines, les

et peu empressés à acquitter un impôt qui fut une source de plaintes et de débats incessants entre le clergé et les barons d'outre-mer. M. Rey pense que le concile tenu à Naplouse en 1120 n'eut à vrai dire d'autre but que de contraindre moralement le roi et les seigneurs à la restitution des dîmes [1]. Il est vrai que le chapitre de Guillaume de Tyr [2] ne renferme aucune affirmation précise à cet égard. On ne voit même pas que le mot dîme, *decima*, y soit prononcé; mais l'impression qui se dégage de sa lecture ne rend guère le doute possible. Quand l'historien parle de péchés qui ont excité la colère de Dieu (*peccata populi*), de fautes qu'il importe de corriger sans retard (*errata corrigere*), il est probable qu'il regarde comme une faute et même comme un péché la négligence avec laquelle les peuples payent l'argent des églises, négligence coupable puisque cet argent est consacré à l'entretien des Lieux Saints.

Ces immenses richesses avaient-elles donc en effet un emploi désintéressé ou ne servaient-elles qu'à favoriser un luxe stérile? M. Rey, se fondant sur le fonctionnement de l'assistance publique, répond qu'on serait mal venu à contester la générosité du clergé, à nier les secours libéralement donnés aux pauvres, aux malades ou aux lépreux [3]. Sans doute on ne saurait méconnaître la pensée charitable qui présida à la fondation d'établis-

---

accabla d'injustes vexations, et les réduisit aux abois en les contraignant à charger les Lieux Saints de dettes qui excédaient de beaucoup la portée de leurs revenus ». Remarquer toutefois que les vexations reprochées à Amaury n'allèrent pas jusqu'à dépouiller le clergé de ses biens-fonds. L'assertion de Guillaume de Tyr n'est donc pas en contradiction avec ce qui est dit plus haut, p. 315, relativement au respect des rois pour la propriété ecclésiastique.

1. Rey, *Col. fr.*, chap. XIII, p. 270.
2. Guill. de Tyr, liv. XII, chap. XIII, p. 531.
3. Rey, *Col. fr.*, chap. XIII, p. 273-281.

sements tels que l'Hôpital de Jérusalem dirigé par son *Custos Infirmorum*[1], la Maison de Saint-Lazare gouvernée par un maître suffragant du patriarche[2], les hôpitaux de Tyr, d'Acre[3], les asiles de tout genre mentionnés par les voyageurs dans les diverses villes du royaume[4]. Mais deux choses sont incontestables : la première est que l'Église, tombant par la richesse dans une profonde corruption, s'adonna aux plaisirs du jour où elle eut assez d'argent pour se les procurer; la seconde est que, malgré sa richesse, elle ne contribua qu'en de très faibles proportions à la défense du royaume.

Jacques de Vitry a flagellé sans pitié les ecclésiastiques que leur orgueil et leur cupidité rendaient insupportables aux peuples : « Les pasteurs, dit-il, devinrent gras du patrimoine du Crucifié; ils s'enrichirent et s'agrandirent[5]. » Plus loin, il s'exprime ainsi : « Lorsque les religieux réguliers, poussés par la passion des richesses, se furent agrandis outre mesure et eurent acquis d'immenses possessions, méprisant leurs supé-

---

1. JEAN DE VITRZBOURG estime en l'année 1165 à deux mille le nombre des pauvres qui, chaque jour, étaient secourus par la Maison de l'Hôpital à Jérusalem.
2. *Ass.*, t. I, *Liv. de Jean d'Ibelin*, chap. CCLXI, p. 415, 416 : « Le maistre de Saint-Ladre des Mesiaus. » — Cf. ESSOUF, chap. XVIII, p. 212; chap. XIX, p. 228.
3. SAINT NERSÈS DE LAMBRON, *Lettre au roi Léon II* (*Doc. arm.*, p. 600), parle d'établissements charitables fondés par les Latins pour le soulagement des pauvres.
4. IBN-DJOBAIR (*Hist. ar.*, t. III, p. 445 et suiv.) parle fréquemment d'hôpitaux à Tyr, Acre et autres villes. — DUBOIS (*De recup. Terr. Sanct.*, chap. XX, p. 46) insiste sur l'utilité d'institutions hospitalières en Terre-Sainte : « Recipiant ibi post tristicias, penurias et dolores, gaudium, et cum delectatione nativa consolationem. » Il demande (chap. LVII, p. 46, 47) qu'on prépare tout à l'avance afin que les Chrétiens soient à leur aise en Terre-Sainte et y trouvent de bons médecins de l'âme et du corps : « Ad hoc malum declinandum expediet quod quilibet de sua lingua peritum ibi et bene litteratum reperiat confessorem, anime medicum. »
5. JACQ. DE VITR., chap. LXX, p. 1087.

rieurs, rompant les chaînes qui les unissaient à eux, non seulement ils se rendirent incommodes aux églises et aux hommes des églises; mais se jalousant et se décriant les uns les autres, au grand scandale de la Chrétienté, ils en vinrent bientôt aux insultes publiques, aux inimitiés ouvertes et presque jusqu'aux engagements, aux violences et aux combats non seulement de paroles, mais quelquefois aussi de fait[1]. » On a l'habitude de taxer d'exagération les blâmes adressés par l'évêque d'Acre au clergé de la Palestine. Les accusations formulées par Jacques de Vitry sont peut-être plus brutales mais non plus accablantes que celles des autres chroniqueurs. Matthieu d'Édesse, par exemple, n'est guère plus tendre pour le clergé que l'historien latin. « Tous, écrit-il, suivirent avec empressement la route de la perversité; ils prirent en haine les commandements et les volontés de Dieu. Princes, guerriers, hommes du peuple, prélats, prêtres, moines, aucun ne resta ferme dans la bonne voie. Tous s'abandonnèrent aux penchants corporels, aux voluptés mondaines, choses que le Seigneur considère comme le plus haut degré du péché[2]. » Un aveu curieux de Guillaume de Tyr contient la justification de l'évêque d'Acre : « Celui qui entreprendrait, s'écrie le pieux archevêque, de tracer d'une plume exacte le tableau des mœurs ou plutôt des vices monstrueux des contem-

---

1. Jacq. de Vitr., chap. lxxvi, p. 1087 : « Regulares autem postquam veneno divitiarum infecti, amplis possessionibus supra modum excreverunt... non solum ecclesiis et ecclesiasticis viris molesti facti sunt; sed et ipsi invicem detrahentes, non sine gravi scandalo totius Christianitatis, usque ad apertas contumelias, et odia manifesta, et fere usque ad conflictus et violentias et pugnas non solum verborum, sed verberum plerumque procedebant. » Cf. chap. lxix, p. 1086-87.
2. Matthieu d'Édesse (Doc. arm., chap. lxvii, p. 110). Cf. chap. xxxii, p. 71, 72.

porains succomberait à l'immensité de son travail et semblerait avoir inventé une satire bien plus que composé une histoire véritable [1]. » Au reste le clergé de Jérusalem était un peu comme le clergé de partout. « En général, remarque Guillaume de Tyr, il avait perdu tout sentiment de piété et d'honneur, vivait dans la dissolution et se livrait inconsidérément à toutes sortes d'actes illicites [2]. » N'eût-il pas fallu aux hommes d'Église une vertu toute divine pour résister à la corruption qui les entourait de toutes parts et pour ne point imiter les exemples peu édifiants que chaque jour ils avaient sous les yeux? Le luxe et le climat de l'Asie avaient énervé la race vaillante des premiers conquérants [3]. Malgré le grave principe des lois de Jérusalem que *mariage ne fu establi que por multeplier le siecle sanz péchié* [4], le mariage n'était

---

1. Guill. de Tyr, liv. XXI, chap. vii, p. 1015 : « Tales sunt præsentis seculi et maxime orientalis tractus homines, quorum mores, imo vitiorum monstra, si quis diligentiori stilo prosequi tentet, materiæ immensitate succumbat, et potius satiram movere videatur, quam historiam texere. »

2. Guill. de Tyr, liv. IX, chap. i, p. 363 : « Defecerat sane in clero religionis et honestatis vigor; et dissolutus passim et sine delectu per illicita defluebat. » — Dubois (*De recup. Terr. Sanct.*, chap. xxix, p. 22; chap. xxx, p. 24; chap. xxxvi, p. 27; chap. xxxvii, p. 30; chap. cii, p. 82) insiste sur la nécessité d'une réforme ecclésiastique qui corrigerait l'esprit mondain des prélats, l'avidité des moines et introduirait des mœurs nouvelles dans les monastères de femmes. — Comparer le mémoire *De reformandis in ecclesia Dei* adressé en 1312 par Guill. le Maire, évêque d'Angers, au concile de Vienne (Collect. des Doc. inédits, *Mélanges historiques*, II, p. 476), et article de M. Léopold Delisle sur *les mœurs dans les monastères de femmes* (Bibl. de l'Éc. des Ch., 1846, p. 493).

3. Jacq. de Vit., chap. lxxii, p. 1088 : « Filii autem eorum... in deliciis enutriti, molles et effeminati, balneis plus quam prœliis assueti, immunditiæ et luxuriæ dediti. » — Mar. Sax., liv. III, pars VIII, chap. ii, p. 182 : « Illustrium virorum, qui ad Sanctæ Terræ tuitionem... in ipsa manserunt, degeneres filii... in deliciis enutriti, molles et effeminati, balneis plusquam prœliis, assueti. » — Basile, *Oraison funèbre de Baudoin* (Doc. arm., p. 204-222), reproche aux Francs leur violence et leur corruption. — Arrêts des *Assises* relatifs à la prostitution : t. I, *Liv. au Roi*, chap. xxxiii, p. 629; t. II, *Liv. des Ass. de la Cour des Bourg.*, chap. ccxx, p. 151, etc. — Prutz, *Kulturgesch. der Kreuz.*, liv. II, chap. iii, p. 124-127.

4. Ass., t. I, *Liv. de Jean d'Ibelin*, chap. ccxxvii, p. 363.

pas toujours regardé comme nécessaire ; rarement il revêtait un caractère indélébile et sacré. Enlever, épouser, répudier, semblaient les choses les plus naturelles du monde et l'excommunication était souvent impuissante à faire rentrer les coupables dans le devoir [1]. Les plus hauts seigneurs, parfois les rois eux-mêmes, donnaient l'exemple de l'inconduite et de la violence. La fille de Jean de Brienne, Isabelle, mariée à Frédéric II, pleurait, quelques jours après son mariage, l'infidélité et la brutalité de son époux [2]. Conrad de Montferrat déjà bigame épousait Isabelle, fille d'Amaury, qui avait divorcé avec Humphroy de Toron [3]. Aussi ne faut-il pas s'étonner si les mœurs de la majorité des ecclésiastiques ne furent ni plus austères ni plus pures que celles des laïques. Deux surtout sont restés le type du prélat indigne, parjure, avare ou simoniaque, Arnoul de Rœux [4] et Héra-

---

1. ERNOUL, chap. XVIII, p. 216, où il est parlé de la luxure des habitants de la Ville Sainte : « l'orde puans luxure et l'avolterre qui en le cité estoit ne laissoit monter orison ne proïere c'on fesist devant Diu, et li puans péciés contre nature. »
2. IBID., chap. XXXIX, p. 451. — Chronicon Turonense, anno 1225 (Hist. de Fr., t. XVIII, p. 311). — VILLANI, liv. VI, chap. XV, p. 162, 163. — F. PIPINO, Chronique, liv. II, chap. LCXLVII, LCXLVIII, où se trouvent de curieux détails pour l'étude des mœurs (MURATORI, Script. rer. Italic., t. IX).
3. ERNOUL, chap. XXIV, p. 267, 268. Les ennemis de Conrad l'accusaient d'avoir déjà deux femmes vivantes, l'une en Italie, l'autre à Constantinople.
4. Les chroniqueurs parlent en général de cet ecclésiastique en termes fort durs et le taxent d'une vie licencieuse. GUIB. DE NOG., liv. VII, chap. XV, p. 233, « pravitas naturæ ». GUILL. DE TYR, liv. VII, chap. XVIII, p. 304, « immundæ conversationis et scandalorum procurator ». RAYMOND D'AGILES, ch. XXI, p. 302 : « de incontinentia accusabatur ». ALB. D'AIX (liv. VI, chap. XXXIX, p. 489) parle de l'éloquence d'Arnoul qu'aucun historien d'ailleurs ne conteste, « clericum miræ prudentiæ et facundiæ », sans dire un mot de son caractère ni de ses mœurs. — Par contre, Raoul de Caen (chap. CXL, p. 705) se montre grand admirateur d'Arnoul : « Ce prélat, dit-il, homme de grand caractère (magnæ indolis vir), élevé provisoirement au patriarcat, consentit volontiers à l'élévation de Daimbert, espérant que ce dernier serait plus utile à la cause chrétienne qu'il ne pouvait l'être lui-même. » Mais il ne faut pas oublier que Raoul avait fait ses études à Caen sous la direction d'Arnoul (préface, p. 603), et

clius[1]. Singulier patriarche que cet Héraclius qui, adoptant toutes les habitudes de la vie mondaine, s'affichait en public et jusqu'au pied des autels avec la plus éhontée des courtisanes, la fameuse Pâque de Rivery, dont il payait les parures avec l'or volé aux pauvres et aux pèlerins! Quand on rencontre sur son chemin la figure d'un homme vénérable, comme Guillaume de Tyr, on s'arrête avec complaisance; on s'efforce d'oublier les hontes du plus grand nombre pour admirer à son aise les vertus de quelques-uns; car à côté des viveurs et des débauchés qui la déshonorèrent, l'Église s'illustra par une glorieuse phalange de prêtres dont l'historien doit défendre la sainte et grande mémoire. Jeté au milieu d'une société rude et violente, obligé comme tous ses contemporains de lutter avec les plus impérieuses nécessités matérielles, l'archevêque de Tyr puise dans sa foi une source intarissable d'espérances qui lui font sentir la vie avec une intensité profonde. Les difficultés qu'il rencontre sur sa route, la part importante qu'il prend aux affaires publiques, les devoirs mêmes de son saint ministère ne l'empêchent pas d'échapper à tout instant à ce monde si dur qui l'entoure. Il a Dieu, la magnificence des cieux, la croyance en une infaillible justice et une infinie bonté pour le soutenir et le réconforter! Et son patriotisme s'élève à la hauteur de sa foi, car l'évêque historien pos-

que le jugement favorable de cet historien s'explique en partie par la reconnaissance du disciple pour le maître. Tuelbœuf (thème XV, p. 111) est également favorable : « sapientissimum et honorabilem virum ». — Voir : *Zeitschrift des Deutsch. Palaest.-Vereins*, t. X, liv. I, art. de M. Rönricht, *Syria Sacra*, p. 7; Du Cange, *Fam. d'outre-mer*, p. 713 et 717.

1. Ernoul, chap. VIII, p. 86, 87. — Mar. San., liv. III, pars VI, chap. XXIV, p. 172 : « Eraclius tam perniciosi exempli ut procedentem ornatissimam mulierem, quam publice tenebat, vulgus Patriarchissimam vocaret. » — Voir : *Zeitschrift des Deutsch. Palaest.-Vereins*, art. de M. Rönricht, *Syria Sacra*, t. X, liv. I, p. 7, 8; Du Cange, p. 721, 722.

sède à un degré puissant « ce sentiment naturel qui porte l'homme à faire tous ses efforts pour célébrer sa terre natale¹ ». Quand, après les enthousiastes récits des victoires, il s'effraye des malheurs qui arrivent au royaume de Jérusalem, et est tenté « d'ensevelir dans le silence l'œuvre entreprise² », une pensée raffermit son courage. En racontant les désastres et les fautes des Chrétiens, il peut être encore utile à son pays. « De même, écrit-il, que le tableau des événements heureux doit éveiller chez nos descendants des sentiments de courage, de même l'exemple des maux qu'on a soufferts doit inspirer plus de prudence pour des circonstances semblables³. » Admirable caractère dont la haute dignité ne se dément pas un instant⁴! D'une rare modestie, ne parlant de lui que par occasion et pour indiquer comment il a été informé des événements qu'il raconte, se jugeant indigne de l'honneur qu'on lui a fait en l'appelant au siège archiépiscopal de Tyr⁵, se recommandant à tous par la correction parfaite de sa vie, enfin trouvant dans son ardeur à défendre son honneur et l'Église la mort d'un martyr⁶, Guillaume de Tyr est resté le plus émi-

---

1. Guill. de Tyr, liv. XXIII, Præfatio, p. 1132 : « Cum quasi usu inter homines eveniat, et tanquam naturale reputetur unumquemque totis niti viribus patriam laudibus attollere. » Le même sentiment est exprimé dans la *préface générale* de l'ouvrage, p. 5. Voir notre *Introduction*, p. 3, note 2.

2. Ibid. : « Ideoque silendum erat; consultiusque videbatur nostris defectibus noctem inducere, quam solem inferre pudendis. »

3. Guill. de Tyr, p. 1132 : « Sicut gestorum feliciter narratione posteros ad quamdam animositatem erigunt, sic, infortuniorum subjectorum exemplo, eosdem reddant in similibus cautiores. »

4. Sybel, *Gesch. des erst. Kreuz.*, chap. III, p. 125.

5. Guill. de Tyr, liv. XXI, chap. IX, p. 1020, « licet indigni ».

6. Wilken, *Gesch. der Kreuz.*, t. III, chap. II, p. 261; Sybel, *Gesch. des erst. Kreuz.*, chap. III, p. 109; Du Cange, p. 721. — Les événements qui précédèrent la mort de Guillaume et les circonstances de cette mort sont racontés tout au long par Ernoul et par Guillaume lui-même. Au mois d'octobre 1180 le siège patriarcal de Jérusalem s'étant trouvé vacant,

nent des prélats latins, une des plus pures gloires de l'Église d'Orient. Mais la vertu d'un Guillaume de Tyr n'empêchait pas que les vices de la grande majorité des ecclésiastiques compromissent l'Église aux yeux des peuples. Si tous les prélats de la Palestine ne méritaient pas l'impitoyable jugement de l'évêque d'Acre, beaucoup auraient eu mauvaise grâce à crier à l'injustice. Le tableau qui a été tracé de leurs mœurs reste donc, dans l'ensemble, incontestablement vrai.

La parcimonie avec laquelle le clergé collaborait à la défense du royaume n'était guère de nature à le relever dans l'esprit de ses farouches censeurs. Aptes à recevoir des fiefs, les ecclésiastiques étaient tenus au service militaire qu'ils faisaient acquitter par des sergents lorsqu'ils ne servaient pas en personne. Ibelin intitule un de ses chapitres : *Ces sont les aides que les yglises et les borgeis deivent, quant le grant besoin est en la terre dou reiaume de Jerusalem* [1]. L'Église, devenue possesseur de fiefs, se trouva soumise aux règles ordinaires de la féodalité.

---

par suite de la mort d'Amaury, les vœux du clergé et de la noblesse y appelèrent hautement l'archevêque de Tyr. Mais une intrigue de cour dirigée par la reine, veuve du roi Amaury et mère du jeune Baudoin IV, lui fit préférer Héraclius, archevêque de Césarée et connu par ses mœurs dissolues. Guillaume en appela de ce choix au Saint-Siège et se rendit à Rome (1183) pour soutenir son appel; mais il mourut (1184) empoisonné par un médecin dévoué à son compétiteur et à la reine mère (Guill. de Tyr, liv. XXII, chap. iv, p. 1068; Ernoul, chap. viii, p. 82-88). La phrase d'Ernoul (p. 85) est formelle : « Dont vint il à l sien fusesiien, se li dist qu'il alast à Roume apriès l'arcevesque de Sur, et si l'enpuisonnast. Et cil si fist et ensi fu mors. » — Guizot (*Notice sur Guill. de Tyr*, liv. I, p. viij) et Michaud (*Biogr. Univ.*) ne sont pas favorables à l'opinion qui veut que Guillaume ait été empoisonné. Mais les raisons qu'apportent ces auteurs à l'appui de leur thèse ne paraissent pas concluantes; et nous ne voyons pas pourquoi repousser le témoignage si formel et si clair d'Ernoul d'autant plus que le crime reproché à Héraclius est parfaitement compatible avec le caractère de ce prélat. Voir sur ce caractère p. 322 et note 1.

1. *Ass.*, t. I, *Liv. de Jean d'Ibelin*, chap. ccLxxii, p. 426, 427.

Il suffit, pour s'en convaincre, de parcourir les *Assises* où il est fréquemment question des obligations comme des droits des vassaux membres du clergé. Les charges militaires des clercs furent néanmoins très légères. Dans un État de fondation récente et sans cesse en lutte contre des ennemis étrangers une armée nombreuse était de première nécessité. Il importait que chaque possesseur de fiefs fournit un contingent d'hommes rigoureusement proportionnel à l'étendue et à la défense de ces fiefs. Or le petit nombre de sergents et de chevaliers, que, d'après le chapitre de Jean d'Ibelin, fournissaient les fiefs ecclésiastiques, formait un contingent nullement en rapport avec l'étendue de ces derniers. L'accroissement disproportionné des biens-fonds ecclésiastiques, qui n'étaient point grevés de charges militaires, avec l'étendue des possessions latines de Syrie, fut une des principales causes d'affaiblissement des colonies franques.

Non seulement le clergé était le plus grand propriétaire du royaume, mais encore il exerçait en matière judiciaire une incontestable autorité. On ne possède pas de renseignements précis sur la composition et la compétence des cours ecclésiastiques. Pourtant quelques textes permettent d'établir que la juridiction royale était souvent limitée par les juridictions ecclésiastiques et que le roi ne pouvait enlever aux *corts de l'église* la connaissance d'un certain nombre d'affaires expressément désignées : jugement des personnes appartenant au clergé [1], jugement des laïques eux-mêmes coupables envers l'Église [2], accu-

---

1. Ass., t. II, *Liv. des Ass. de la Cour des Bourg.*, chap. XIV, p. 27, 28.
2. *Ibid.*, *Abrégé du Liv. des Ass. de la Cour des Bourg.*, chap. VII, p. 239, 240, 1re partie.

sations d'hérésie ou de sorcellerie [1], procès s'élevant entre époux [2], contestations relatives aux biens du clergé, aux dîmes, aux testaments [3]. Si le vicomte faisait arrêter des malfaiteurs il était tenu de restituer les clercs aux tribunaux d'Église [4]. Si un clerc commettait quelque méfait dont le jugement appartenait à la cour du roi, il était encore justiciable de ces mêmes tribunaux, la cour royale ne pouvant attirer le jugement à elle qu'avec le consentement de l'Église [5]. Toutefois, en cas de meurtre ou de trahison envers le royaume, le coupable retombait sous la juridiction du roi. « Ne nule cort, dit le législateur, ne se det entremetre dou fait de matrimoine se non sainte Yglise, ce ne fust clamor de murtre ou de trayson enver la reauté; car ce le clain est de ce, la raison coumande que celuy clain deit venir par dreit en la Cort Réau [6]. »

Au premier abord on serait tenté de croire que les priviléges en matière judiciaire dont jouissait le clergé d'Orient n'étaient point différents de ceux qu'avait reçus avant lui le clergé d'Occident. L'examen des *Ordonnances* des rois de France et des écrits des légistes prouve le

---

1. *Ass.*, t. I, *Clef des Ass. de la Haute Cour*, IX, p. 579 : « Trois chozes sont de quoi l'en ne peut plaidoier en la Haute Court : l'une si est de la foi catholique; l'autre si est dou mariage; la tierce si est de testament. Ces se doivent conduire en la cort de l'Iglize. »

2. *Ass.*, t. II, *Liv. des Ass. de la Cour des Bourg.*, chap. CLXXXI, p. 121 : « Et pour ce a estably la raison et l'asise que nule clamour que face la feme de son baron ni le baron de sa feme, ne doit estre faite se non en sainte Yglise, qui est chose de misericorde. » Chap. CCLXXXIV, p. 219 : « S'il avient que une feme se claime d'un home d'eresie, ou un home d'une feme en la Cort Reau, de desleauté, la raison juge et coumande enci a juger que ytel raison ne ytel clain ne se deit oyr ne juger par la Cort Reau, mais en la court de sainte Yglise. »

3. *Ass.*, t. I, *Clef des Ass. de la Haute Cour*, IX, p. 579.

4. *Ass.*, t. II, *Abrégé du Liv. des Ass. de la Cour des Bourg.*, chap. VII, p. 239, 240, 1re partie.

5. *Ibid.*

6. *Ass.*, t. II, *Liv. des Ass. de la Cour des Bourg.*, chap. CLXXXI, p. 121.

contraire. Sans doute l'influence de l'Église était à cette époque très grande partout, mais elle ne l'était nulle part autant qu'à Jérusalem. Ainsi, dans le royaume de France, les Capétiens s'appliquaient à empêcher tout empiétement de la juridiction ecclésiastique sur la juridiction royale. L'*Établissement de 1201* voté par le roi Philippe-Auguste, les clercs et les barons, n'avait point d'autre objet [1]. Tandis qu'à Jérusalem le clergé prononçait dans les contestations relatives à ses biens, Philippe-Auguste défendait qu'aucune question de fiefs ne fût portée devant les tribunaux d'Église. Si en Orient les clercs condamnaient non seulement les ecclésiastiques mais encore les laïques coupables envers l'Église, en France, strictement soumis aux lois de la juridiction féodale, ils ne pouvaient juger que leurs propres serfs; et même dans le cas où celui qu'ils poursuivaient comme leur se déclarait serf d'un autre seigneur, ils ne pouvaient l'empêcher d'aller se défendre devant ce seigneur. « Il faut que le procès, disait l'*Établissement* de Philippe, se termine dans la justice de celui que le serf aura avoué ou réclamé pour son seigneur. » Enfin, tandis que dans le droit d'outre-mer la compétence des cours ecclésiastiques était absolue, non seulement en matière de mariage mais pour toute action civile ou criminelle d'un conjoint contre l'autre, en France les juridictions civiles étaient compétentes dans toutes les affaires qui ne touchaient pas à l'acte même du mariage [2]. Le délit de *desléauté*, c'est-à-dire d'adultère, qui en France était de la compétence des tribunaux civils, était porté en Orient devant les tribunaux d'Église [3]. Par contre il est

---

1. *Recueil des Ordonnances des rois de France*, Ann. 1201.
2. Beaumanoir, chap. XVIII, p. 97.
3. *Ass.*, t. II, *Liv. des Ass. de la Cour des Bourg.*, chap. CCLXXXIX, p. 219.

curieux de constater que le parjure qui, dans les États européens, relevait des cours ecclésiastiques, était jugé en Orient par la cour du vicomte [1].

Il reste à dire quelques mots du clergé indigène et de sa situation vis-à-vis du clergé latin. Ce dernier, déjà si puissant par sa constitution hiérarchique, par l'étendue de ses domaines, par l'exercice de ses droits judiciaires, puisa dans la soumission des diverses sectes chrétiennes d'Orient un nouvel élément de force. En Syrie le clergé latin domina d'une manière absolue toutes les sectes; il l'emporta sur elles par le nombre, par la richesse, par son influence sur la population indigène.

On trouve en Orient des Syriens, des Grecs, des Abyssins, même des représentants des religions chrétiennes dissidentes que les empereurs byzantins avaient persécutées, c'est-à-dire des Arméniens, des Jacobites, des Nestoriens. Une telle variété ne laisse pas que de surprendre. Il eût paru naturel qu'en Terre-Sainte plus que partout ailleurs la royauté et l'Église s'alliassent pour imposer l'unité religieuse. Cependant ni l'une ni l'autre ne tentèrent l'entreprise; il ne semble même pas qu'elles en aient conçu l'idée. Les Croisés sacrifièrent leurs antipathies religieuses à l'intérêt bien entendu de l'État. Le légitime désir de s'attacher une race adonnée à l'agriculture, au commerce et à l'industrie, conseilla aux vainqueurs de ménager les sentiments religieux des populations indigènes. On croit volontiers que les Latins traitèrent avec la plus grande intolérance les indigènes de Syrie, mais les documents attestent le contraire. Le Continuateur de Guillaume de Tyr parle de « *Mosserins*

---

1. *Ibid.*, chap. xxiii, p. 32.

qui estoient homes dou Temple[1] », c'est-à-dire de marchands originaires de Mossoul vivant sous la protection des Latins. Les historiens arabes eux-mêmes avouent que leurs coreligionnaires, fixés dans les provinces littorales de Syrie, étaient traités avec plus d'équité et de bienveillance par les princes francs que ne l'étaient, par les émirs musulmans, ceux qui habitaient les pays de l'Islam[2]. On doit donc se représenter les rois comme animés de l'esprit de tolérance. Aux obligations féodales qui pesaient déjà sur les anciens habitants de la contrée, les successeurs de Godefroy ne voulurent pas ajouter le fardeau et l'humiliation de la servitude ecclésiastique. Le clergé indigène ne fut point inquiété. Il dut simplement reconnaître la suprématie de l'Église romaine. A cette condition il lui fut permis de vivre fraternellement à côté d'elle. Les divers cultes, réconciliés auprès du berceau de la religion chrétienne, eurent leur autel dans l'église du Saint-Sépulcre : les Syriens y possédèrent la chapelle dite de la Croix; les Jacobites celle de Saint-Jacques; les Arméniens une chapelle voisine de celle dite des Trois-Maries; les Grecs un autel placé entre le chœur des chanoines latins et l'édicule du Saint-Sépulcre[3]. Comme les évêques latins, quelques évêques indigènes devinrent suffragants d'un archevêque latin; Jean d'Ibelin range les archevêques arménien et jacobite de Jérusalem, au même titre que les archevêques de Tyr, Césarée, Nazareth et autres, au nombre des suffragants du patriarche

---

1. Cont. de Guill. de Tyr, liv. XXXIV, chap. xxviii, p. 174, éd. de l'Acad.
2. Ibn-Djobair (*Hist. ar.*, t. III, p. 447, 448) : « Un des malheurs qui affligent les Musulmans, c'est que (sous leur propre gouvernement) ils ont toujours à se plaindre des injustices de leurs chefs, et qu'ils n'ont qu'à louer la conduite de l'ennemi (c'est-à-dire des Francs) en la justice de qui on peut se fier. »
3. Vogüé, *Églises de Terre-Sainte*, p. 138.

latin de la capitale¹. Preuve évidente que l'Église romaine avait accordé au clergé local une existence légale.

De son côté, le clergé oriental accepta volontiers la suprématie latine. Un vif désir d'union et de conciliation des Églises paraît avoir inspiré ses membres les plus éminents. M. Rey a très bien mis ce point en lumière et rappelé les noms de quelques prélats orientaux qui favorisèrent par tous les moyens l'union de leur Église avec Rome². Tels furent Grégoire Bahr-Hébreus, Michel le Syrien, et surtout l'archevêque de Tarse saint Nersès de Lampron qui, dans une lettre adressée en 1198 au roi Léon II, se fait l'interprète éloquent des sentiments du clergé arménien³.

Il résulta de cet accord un bien-être général, éminemment favorable à la prospérité des colonies franques. Malheureusement cette puissante organisation du clergé latin enfla son orgueil, accrut son ambition. Son chef, le patriarche de Jérusalem, prétendit à l'exercice d'un pouvoir temporel; et cette prétention devint l'origine de fâcheux malentendus entre les deux pouvoirs laïque et ecclésiastique⁴.

---

2. *Ass.*, t. I, *Liv. de Jean d'Ibelin*, chap. CCLXI, p. 415, 416 : « Si dit quanz suffraganz a le patriarche de Jerusalem.... Et si a suffragant l'arcevesque des Ermins, qui est ou roiaume de Jerusalem et l'arcevesque des Jacopins. »

1. Rey, *Col. fr.*, chap. XIII, p. 273 et suiv.

2. Saint Nersès de Lampron, *Lettre au roi Léon II* (*Doc. arm.*, p. 579 et suiv.) : « A mes yeux l'Arménien est comme le Latin, le Latin comme le Grec, le Grec comme l'Égyptien et l'Égyptien comme le Syrien. Si maintenant je me déclarais le partisan d'une seule nation, pourrais-je être en communion avec les autres? Non, certainement; je me mêle donc dans les rangs de ceux qui sont ennemis et je les gagne tous suivant le précepte de l'apôtre.... Par la grâce de Jésus-Christ je détruis toutes les barrières de séparation, et ainsi ma bonne renommée s'étend dans les églises des Latins, des Grecs, des Syriens, et dans l'Arménie, tandis que je reste au milieu d'eux, et sans jamais incliner vers leurs traditions particulières, etc. » (p. 586).

3. Michaud (*Hist. des Crois.*, t. II, liv. V, p. 107, 108) a nié la grande

II. — Rapports des rois avec l'Église

COMMENT L'ÉGLISE EXERCE SON AUTORITÉ SUR L'ÉTAT. — QUELLE EST L'ACTION DU PRINCE SUR L'ÉGLISE. — DÉMÊLÉS ENTRE ROIS ET PATRIARCHES.

Pour comprendre les rapports des rois avec les patriarches, il est nécessaire d'observer d'abord quels étaient les points où le contact de l'État et de l'Église était inévitable. L'État était une puissance, l'Église en était une autre. Il était fort difficile d'assigner à chacune d'elles son terrain propre. L'État attribuait la conquête du royaume à l'ardeur guerrière des chevaliers, l'Église aux prières de ses prêtres. L'un réclamait le prix de ses travaux, l'autre le prix de sa piété. Il y avait, comme disent les *Assises*, deux chefs seigneurs dans le royaume de Jérusalem. Si en théorie leur pouvoir était nettement séparé, le patriarche étant *seigneur spirituel* et le roi *seigneur temporel*[1], dans la pratique les deux autorités mêlées, enchaînées, enchevêtrées l'une dans l'autre, prétendaient également à l'indépendance et à la domination.

Placé au sommet de la hiérarchie ecclésiastique et représentant du Saint-Siège en Terre-Sainte, le patriarche réclamait pour lui-même la direction de l'État. Il avait, au nom du Souverain Pontife, donné à Godefroy l'inves-

---

influence et méconnu les richesses du clergé latin en Orient : « On doit ajouter ici, écrit-il, que le clergé latin en Orient était loin d'avoir la considération et la puissance dont jouissait le clergé en Europe. Il n'obtint qu'une part très médiocre dans les dépouilles des vaincus, et ses propriétés ne pouvaient être comparées à celles des princes et des barons, encore moins à celles des Ordres de Saint-Jean et du Temple.... En un mot le clergé des États chrétiens en Syrie n'eut jamais ni l'ascendant des richesses ni celui des lumières. » Il ressort des considérations présentées par nous et des textes apportés à l'appui de ces considérations que cette opinion n'est pas soutenable.

1. Voir p. 369, note 2.

titure de la seigneurie de Jérusalem; et le conquérant l'avait reçue avec humilité « comme un véritable ministère [1] ». La royauté, loin de s'occuper trop activement à constituer un pouvoir central, ne devait avoir pour toute arme et pour tout emblème qu'une épée de combat à brandir contre les Infidèles. L'autorité royale ne pouvait être qu'un sacerdoce militaire, une sorte d'apostolat armé du glaive. Au contraire, le pape était le véritable souverain de la Terre-Sainte; le roi n'était que son vassal, son lieutenant. C'est cette situation respective des deux pouvoirs que le patriarche Daimbert définissait en disant : « Godefroy doit se faire l'homme du Saint-Sépulcre et de nous [2]. » Cette théorie était hautement professée par la Papauté. C'était au nom de la supériorité du spirituel sur le temporel que le pape Pascal II engageait Baudoin Ier à soumettre ses conquêtes à l'Église de Jérusalem [3]. Pas de suzerain sur terre, Dieu seul pour suzerain, telle était la devise de l'Église à l'époque de la fondation du royaume, telle elle resta jusqu'à la décadence.

Aussi un des premiers actes du patriarche, qu'assistent les archevêques, évêques et prélats du royaume [4], est-il de

---

1. GUILL. DE TYR, liv. IX, chap. xv, p. 387 : « Tam dominus dux Godefridus, quam dominus princeps Boamundus, hic regni, ille principatus humiliter ab eo susceperunt investituram, ei arbitrantes se honorem impendere, cujus tanquam minister ille in terris vicem gerere credebatur. »
2. Id., liv. X, chap. iv, p. 103 : « Homo sancti Sepulcri ac noster effectus. »
3. GUILL. DE TYR (liv. XI, chap. xxviii, p. 502-504) cite in extenso la lettre de Pascal.
4. Il semble en effet que la présence des autres prélats du royaume soit nécessaire à la validité du couronnement. Cette présence est toujours mentionnée dans les textes. (GUILL. DE TYR, liv. X, chap. iv, p. 113 : couronnement de Baudoin Ier « astantibus ecclesiarum quoque prælatis »; liv. XIX, chap. i, p. 883 : couronnement d'Amaury « præsentibus et cooperantibus archiepiscopis, episcopis et universis ecclesiarum prælatis »; liv. XXI, chap. ii, p. 1005 : couronnement de Baudoin IV « ministrantibus archiepiscopis et aliis ecclesiarum prælatis »).

couronner et consacrer le roi. Baudoin Iᵉʳ est couronné par le patriarche Daimbert, comme Baudoin II par le patriarche Arnoul ou Baudoin IV par le patriarche Amaury¹. Si le premier dignitaire ecclésiastique du royaume est empêché, le sacre est conféré par l'archevêque de Tyr, à son défaut par celui de Césarée, enfin par celui de Nazareth². Quant au lieu du couronnement, il ne paraît pas avoir été fixé d'une façon invariable³. Si les *Assises* désignent d'abord Jérusalem, ensuite Tyr dans le cas où Jérusalem serait au pouvoir des Infidèles⁴, les chroniques indiquent encore Bethléem. Foucher de Chartres dit formellement qu'en l'an 1101 Baudoin Iᵉʳ fut consacré par la sainte onction et couronné comme roi dans la basilique de la bienheureuse Marie à Bethléem⁵. S'il faut croire Guillaume de Tyr, la même église aurait été choisie en 1120 pour le couronnement de Baudoin II⁶. Le jour du sacre, devant la porte

---

1. Alb. d'Aix, liv. VII, chap. xliii; Foucн. de Ch., liv. II, chap. vi; Guill. de Tyr, liv. X, chap. ix : Baudoin Iᵉʳ consacré par Daimbert. — Alb. d'Aix, liv. XII, chap. xxx; Foucн. de Ch., liv. III, chap. i; Guill. de Tyr, liv. XII, chap. iv : Baudoin II consacré par Arnoul. — Guill. de Tyr, liv. XXI, ch. ii : Baudoin IV consacré par Amaury.

2. *Ass.*, t. I, *Liv. de Jean d'Ibelin*, chap. vi, p. 29 : « Le rei dou roiaume de Jerusalem ne tient son roiaume que de Dieu, et il doit estre coronés en Iherusalem, se elle est en mains de Crestiens; et quant elle ne l'est, si doit estre coronés à Sur. Et le patriarche le doit coroner... et se il n'i a patriarche, l'arcevesque de Sur le doit coroner, por ce qu'il est le primat des arcevesques dou roiaume. Et se il n'i a arcevesque à Sur, celui de Césaire le doit coroner; et se il n'i a arcevesque à Césaire, celui de Nazareth le doit coroner. »

3. Prutz, *Kulturgesch. der Kreuz.*, liv. III, chap. i, p. 175.

4. Voir note 2. On décida après la prise de Jérusalem par Saladin (1187) et il fut ensuite toujours en usage, jusqu'à la perte de la Terre-Sainte (1291), de célébrer l'intronisation royale à Tyr, premier siège archiépiscopal du royaume. (Ernoul, chap. xxxv, p. 509 : couronnement à Tyr en septembre 1210 du roi Jean de Brienne. — Cont. de Guill. de Tyr, éd. de l'Acad., liv. XXXIV, chap. xii, p. 457; *Ass.*, t. I, *Doc. relat. à la succ. au trône et à la régence*, chap. xvi, p. 419 : couronnement à Tyr en 1269 du roi de Chypre Hugue III, comme roi de Jérusalem).

5. Foucн. de Ch., liv. II, chap. vi, p. 382.

6. Guill. de Tyr, liv. X, chap. ix, p. 513.

de l'église, le roi, revêtu de costumes ecclésiastiques, prononçait ou faisait lire en son nom un serment à la fois religieux et féodal, promettant son concours au patriarche et renouvelant l'engagement de défendre les privilèges ecclésiastiques ainsi que les coutumes du royaume. Le roi, après la lecture de la formule, se mettait à genoux, et, la main posée sur le livre des Écritures, disait à haute voix : « Ensi m'ait Dieu et ces saintes Evangiles! » Le patriarche, relevant alors le prince, lui disait : « Je vous aiderai à défendre votre couronne, sauve soit la sainte église de Rome. » Puis il lui donnait le baiser pastoral et s'écriait trois fois en s'adressant à la foule : « Prélats, seigneurs, bourgeois et vous tous du peuple qui êtes en ce moment assemblés dans ce lieu, nous vous faisons savoir que nous sommes ici pour couronner roi le seigneur N... et nous voulons que vous disiez s'il est le vrai héritier du royaume. » Par trois fois des cris unanimes répondaient : « Oui. » A la troisième acclamation le clergé entonnait le *Te Deum* et entrait dans l'église avec le cortège royal. Enfin la cérémonie se terminait par le sacre proprement dit; après quoi, le roi, revêtu des ornements royaux, sortait de l'église et à travers les rues de la ville se rendait à sa demeure royale[1].

Il suffit de comparer le procès-verbal officiel du couronnement du roi capétien Philippe I" à Reims avec le chapitre de Jean d'Ibelin relatif au couronnement des rois de Jérusalem pour se convaincre que le cérémonial suivi en Orient avait été emprunté à celui que pratiquait déjà l'Occident[2]. La profession de foi royale, le serment

1. *Ass.*, t. I, *Liv. de Jean d'Ibelin*, chap. VII, p. 29, 30, 31.
2. Procès-verbal du sacre de Philippe I" (*Hist. de Fr.*, t. XI, p. 32, 33). — Voir : LUCHAIRE, *Hist. des Inst.*, t. I, p. 67 et suiv.; RAMBAUD, *Hist. de la Civ. Fr.*, t. I, p. 166 et suiv.; GASQUET, *Précis des Inst. politiq.*, t. I, p. 11 et suiv.

du patriarche, la remise des insignes royaux, anneau, sceptre et couronne, les acclamations des assistants laïques et ecclésiastiques sont, à part quelques différences de détail, semblablement mentionnés dans les deux documents[1]. Faut-il conclure de là que les effets du sacre aient été les mêmes dans les deux pays? Nullement. En France le sacre avait pour objet de ne pas interrompre la succession au trône dans la même famille, de substituer le droit d'hérédité au principe de l'élection[2]. A Jérusalem il n'empêcha pas que la royauté au XIe siècle et même dans les premières années du XIIe restât élective; si le système de l'hérédité s'affirma peu à peu, le sacre n'y fut pour rien[3]. En France, les Capétiens réussirent par le sacre à s'affranchir de la féodalité. En Orient, la féodalité constituée après la conquête demeura toute-puissante. Dans ce pays la royauté, loin d'être antérieure et supérieure au régime des fiefs, était comme le couronnement du système féodal. Si un souverain trop actif avait essayé de rompre les étroites barrières assignées à son pouvoir, les sujets seraient rentrés dans leur pleine et entière indépendance. Dans la monarchie inaugurée par Hugue Capet, le sacre ne faisait pas le roi; il constatait seulement l'élection divine et confirmait la filiation de droit divin sans la créer. Dans le royaume de Jérusalem le sacre faisait le roi en confirmant l'élection féodale. L'élu des barons

---

1. Nous ferons remarquer que la reine était couronnée en même temps que le roi. En 1120, couronnement de Baudoin II à Bethléem en même temps que la reine (GUILL. DE TYR. liv. XII, chap. XII, p. 529). En 1186, couronnement de Guy de Lusignan à Jérusalem avec la comtesse de Jaffa, sa femme (ERNOUL, chap. XI, p. 134). En 1210, couronnement de Jean de Brienne avec la reine Marie (ERNOUL, chap. XXXV, p. 409).
2. GASQUET, Précis des Inst. politiq., t. I, chap. I, p. 11.
3. Voir chap. II : Nature et caractères essentiels de la royauté, p. 112 et suiv.

n'était validé qu'après avoir reçu la sanction de l'Église. Les paroles que Guillaume de Tyr prête au patriarche Gormond ne laissent aucun doute à cet égard [1]. Pendant la captivité de Baudoin II un traité a été conclu entre les Vénitiens et les princes du royaume de Jérusalem pour le siège de Tyr (1123). Gormond promet aux Vénitiens de faire ratifier par le roi, dès qu'il sera sorti de captivité, la convention du traité. Mais si quelque autre, porté au pouvoir à la place de Baudoin, refuse ladite ratification, le patriarche s'engage à ne pas confirmer l'élection, par suite à en détruire l'effet. Il est impossible de donner un autre sens aux expressions employées par le chroniqueur. Les mots *in regem promovendus* et *antequam promoveatur* font entendre que l'élu n'est pas encore *promu*, qu'il n'est pas vraiment roi, que l'assentiment de l'Église manque encore à la validation de son pouvoir. Si cet assentiment lui est refusé, le roi ne perd pas seulement l'appui de l'Église, mais aussi le trône lui-même. L'expression *ad regnum provehi* ne paraît pas pouvoir être interprétée différemment. Si l'Église peut forcer à se démettre l'homme déjà porté à la tête de l'État, c'est donc que l'élection — quand elle n'est pas suivie de la confirmation — devient nulle; c'est que le sacre fait du roi le vrai souverain, le chef suprême de la féodalité. De là l'expression qu'on rencontre dans les *Assises* : « *Le roi dou roiaume de Jerusalem ne tient son roiaume que de Dieu* [2]. »

---

1. Guill. de Tyr, liv. XII, chap. xxv, p. 550-553 : « Si vero alter ad Hierosolymitanum regnum, in regem promovendus advenerit, aut superius ordinatas promissiones antequam promoveatur, sicut ante dictum est, ipsum confirmare faciemus; alioquin ipsum nullo modo ad regnum provehi assentiemus. »

2. *Ass.*, t. I, *Liv. de Jean d'Ibelin*, chap. vi, p. 29. — On lit de même dans les *Établissements* de saint Louis, liv. I, chap. lxxviii : « Li roy ne tient de nului, fors de Dieu et de luy. »

En possession du droit de consacrer le prince, le patriarche intervient dans le règlement de plusieurs affaires politiques. Si, par exemple, le roi veut amender une loi, il ne le peut faire qu'après l'avis non seulement des barons mais encore du patriarche [1]. Pendant la captivité de Baudoin II, le patriarche, avec les principaux du royaume, fait choix d'un régent ou gouverneur [2]. En 1123, il appose sa signature au bas de l'acte par lequel les Vénitiens s'engagent à porter secours aux princes du royaume pour le siège de Tyr [3]. En 1124, lui-même prenant la place du roi, « vicem domini regis obtinens », prescrit plusieurs mesures de défense, « castellum ædificari præcipit multæ altitudinis, unde cum his qui in turribus erant pugnari posset quasi cominus, et urbem totam liceret intueri [4] ». En 1132, tandis que le roi Foulque est retenu à Antioche, le chef de la religion, aidé des principaux citoyens de Jérusalem, ordonne que le poste de Chastel-Ernaut, sur le chemin de Lidde à la mer, soit solidement fortifié, « præsidium solido fundant opere [5] ». De même en 1148, pendant la seconde Croisade, au moment où les Croisés décident qu'ils porteront contre Damas le premier effort de leurs armes, nous voyons le patriarche Foucher appelé au conseil en même temps que l'empereur Conrad, le roi de France Louis VII, le roi de Jérusalem Baudoin III, et les barons du royaume [6]. Ces

---

1. *Ass.*, t. I, *Liv. de Jean d'Ibelin*, chap. III, p. 24 : « Il le faisoient par le conseil dou patriarche de Jérusalem. »
2. Guill. de Tyr, liv. XII, chap. XVII, p. 538 : « Nostri autem principes qui in regno erant, audito casu miserabili, qui domino regi acciderat, una cum domino patriarcha, de statu regni valde solliciti, etc. »
3. Ibid., chap. XXV, p. 550-553.
4. Ibid., liv. XIII, chap. VI, p. 563.
5. Ibid., liv. XIV, chap. VIII, p. 617.
6. Ibid., liv. XVII, chap. I, p. 759 : « et cum eis, dominus Fulcherus patriarcha. »

exemples suffisent à montrer de quel poids pesait l'Église dans le règlement des affaires politiques du royaume.

D'autre part quelle était l'action du prince sur l'Église? Les rois, soit par la nature de leur office, soit par la piété de leur caractère, étaient les protecteurs naturels du clergé. Par le double serment qu'ils prêtaient, le jour du couronnement, au patriarche et à leurs hommes ils s'engageaient à maintenir les possessions et les franchises de l'Église, à protéger la foi contre les hérésies, à assurer dans toute l'étendue de leur domination l'exécution des décrets et des canons [1]. Ils nous apparaissent comme des hommes d'une dévotion rigoureuse. Godefroy, appelé par les chroniqueurs « vir religiosus » ou encore « vir Deo plenus » [2], encourt les reproches de ses barons pour les excès de sa piété [3]. Son admirable humilité, poursuit Guibert, sa tempérance digne d'être offerte en exemple aux moines mêmes, ajoutent un nouvel éclat à son règne d'ailleurs si recommandable [4]. A l'instar de Godefroy, Baudoin II est rempli de la crainte de Dieu, « religiosus et timens Deum [5] ». Baudoin III se garde de porter atteinte aux biens des églises [6]; et, à moins qu'il n'en soit empêché par la maladie, Amaury Ier assiste chaque jour bien dévotement à la célébration de la sainte messe [7].

---

1. Ass., t. I, chap. VII, p. 29, et chap. CXCIII, p. 310, 311.
2. Guill. de Tyr, liv. IX, chap. IX, p. 376.
3. Ibid., liv. IX, chap. II, p. 366 : « quod ecclesiam ingressus etiam post divinorum consummatam celebrationem inde separari non poterat. » — Marin. San., liv. III, pars VI, chap. I, p. 148.
4. Guib. de Nog., liv. VII, chap. XXV, p. 245 : « Cujus mira humilitas et monachis etiam imitanda modestia. »
5. Guill. de Tyr, liv. XII, chap. IV, p. 516.
6. Ibid., liv. XVI, chap. II : « Nec ecclesiarum vexabat patrimonia. »
7. Ibid., liv. XIX, chap. II : « Missam omni die, nisi aegritudo aut ingruens praepediret necessitas, audiebat devotus. »

Protecteur de l'Église, le roi a un droit incontestable d'intervention dans le choix de ses dignitaires, patriarche ou évêques. En ce qui concerne le patriarche, les chroniqueurs reconnaissent au prince un droit non pas de nomination, mais d'acceptation. Si on cherche dans les textes les règles relatives à l'élection du patriarche on ne trouve que ceci : l'élection est faite par les barons [1], ou par les clercs [2], ou encore par les clercs et les laïques réunis [3], mais le droit de choisir parmi les élus appartient au roi seul. C'est ce qui ressort des détails curieux fournis par Ernoul sur l'élection du patriarche Héraclius [4]. Les électeurs désignent deux candidats parmi lesquels le roi, suivant l'expression du chroniqueur, « si prent lequel qu'il veut ». Les patriarches s'intitulent dans leurs lettres « patriarche par la grâce de Dieu » sans mentionner la faveur et l'agrément du prince [5]. Il n'en est pas moins vrai qu'une fois désignés par le collège électoral ils ne doivent leur élévation qu'au crédit dont ils jouissent

---

1. GUILL. DE TYR, liv. IX, chap. xv, p. 387 : élection par les barons de Daimbert.
2. Ieм., liv. XI, chap. iv, p. 456 : élection par les clercs de Gibelin, archevêque d'Arles; liv. XVIII, chap. xx, p. 855 : élection d'Amaury par les clercs.
3. Ieм., liv. XIII, chap. xxv, p. 596 : élection d'Étienne par les clercs et les laïques réunis. — Il résulte de l'examen des textes que l'acte par lequel le roi élèverait un ecclésiastique à la dignité patriarcale serait entaché d'illégalité.
4. ERNOUL, chap. viii, p. 84.
5. *Cart. du S. Sép.*, n° 25, p. 55 : « Ego Arnulfus, Dei gratia patriarcha Ierosolimitanus ». N° 26, p. 47 : « Guillelmus, Dei gratia Ierusalem patriarcha. » N° 27, p. 50 : « Willelmus, Dei gratia Ierusalem patriarcha. » N° 28, p. 52 : « Willelmus, Dei gratia patriarcha Ierosolimitanus. » N° 160, p. 287 : « Amalricus, Dei gratia Sancte Resurrectionis Christi patriarcha. » N° 167, p. 301 : « Amalricus, Dei gratia Sancte Resurrectionis ecclesiæ patriarcha. » — Dans une lettre adressée en 1169 à l'église d'Occident, Amaury de Nesle, patriarche de Jérusalem, s'intitule : « Amalricus, Dei gratia, sanctissime Dominice Resurrectionis patriarcha » (*Arch. de l'Or. Lat.*, t. I, p. 355).

auprès du souverain [1]. Pour devenir patriarche un homme a donc besoin de deux choses : il lui faut d'abord les suffrages du peuple et du clergé; il lui faut ensuite l'assentiment royal. « C'est par la volonté du roi, du clergé et du peuple, écrit Arnoul, que j'ai été élevé à la dignité patriarcale [2]. » Après l'élection proprement dite et la reconnaissance par le roi reste la confirmation par le pape. Les textes constatent l'empressement des patriarches à obtenir de Rome une bulle de confirmation : Ebremar, malgré ses instances, est éloigné du patriarcat par Pascal II [3]; Gibelin reçoit de Pascal un décret lui conférant « le droit de diriger et gouverner avec la puissance patriarcale ou métropolitaine toutes les villes et les provinces soumises à la domination du roi [4] »; Gormond est confirmé par Calixte II [5]. D'ailleurs tous les moyens sont bons pour se faire bien voir en haut lieu et combattre auprès du Saint-Siège l'influence d'un adversaire. Arnoul fait le voyage de Rome et réussit par son adresse à circonvenir le Souverain Pontife, qui le confirme dans sa dignité [6].

1. Ce fut le cas d'Amaury, qui dut le patriarcat aux intrigues de Mélisende et de la comtesse Sibylle, sœur de Baudoin III (Guill. de Tyr, liv. XVIII, chap. xx, p. 854). Ce fut encore le cas du patriarche Héraclius, protégé de la reine mère et choisi par Baudoin III au détriment de l'évêque de Tyr. Guillaume, élu en même temps que lui (Ernoul, chap. VIII, p. 82, 83).
2. *Cart. du S. Sép.*, n° 25, p. 16 : « Ego Arnulfus, omnium Ierosolimitanorum humillimus, a rege, clero et populo in pastorem electus et patriarchali honore sublimatus. »
3. *Cart. du S. Sép.*, n° 10, p. 9. et n° 11, p. 11.
4. *Ibid.*, n° 12, p. 13; Foucu. de Ch., liv. III, chap. xxxv; Guill. de Tyr, liv. XI, chap. xxviii.
5. *Cart. du S. Sép.*, n° 13, p. 14 : « Defuncto, écrit le Souverain Pontife, venerabili fratre nostro Arnulfo bone memorie patriarcha, in confratris nostri Guarmundi electione vos unanimiter convenisse tam ex missis a vobis litteris quam ex certa sapientia ac religiosorum legatorum nostrorum narratione comperimus et gavisi sumus; unde etiam petitioni vestre assensum libenter prebuimus, etc. »
6. *Privil. Pascal II pap. ann. 1115.*

Amaury gagne par des présents les bonnes grâces du pape Hadrien IV et sort vainqueur de la campagne de délations ouverte contre lui [1]. C'est qu'aucun des droits attachés à la dignité patriarcale ne peut être exercé par celui qui en a été investi avant que la cour romaine l'ait confirmé dans cette investiture. Guillaume de Tyr nous apprend qu'en 1158 « Baudoin III fit sacrer sa femme, nièce de l'empereur, par le patriarche d'Antioche parce que le patriarche de Jérusalem n'était pas encore confirmé par Rome [2]. »

D'autre part, il était difficile d'être évêque sans l'approbation du prince. Le droit général de l'Église consacrait d'une manière incontestable la liberté des chapitres diocésains dans l'élection de leurs pasteurs, archevêques ou évêques; et celle-ci devenait irrévocable par la seule confirmation du Souverain Pontife. En théorie, le pouvoir civil devait rester étranger au choix, à la nomination et à l'institution du prélat. Une bulle du pape Innocent III, adressée en janvier 1213 à la fois au roi de Chypre Hugue Ier et au patriarche de Jérusalem, rappelait que cette règle canonique était la seule reconnue et maintenue par le Saint-Siège [3]. Mais en réalité le pouvoir royal avait réussi, dans presque tout le monde chrétien, à intervenir soit dans le choix du candidat, soit dans la confirmation définitive de l'élu; c'est-à-dire qu'il avait pris presque partout une part directe à l'élection des évêques ou des abbés. En Allemagne, l'immixtion

---

1. Guill. de Tyr, liv. XVIII. chap. xx. p. 856.
2. Ibid., liv. XVIII. chap. xxii, p. 857 : « Electus consecrationis suæ manus nondum obtinuerat, nec missi ab eo propria causa patroni, a sede apostolico fuerant reversi. » Il s'agit précisément du patriarche Amaury qui, en 1158, n'avait pas encore gagné son procès en cour de Rome.
3. Liv. XIV, ep. 134, ap. Baluze, t. II, p. 570.

du pouvoir civil dans le choix des évêques finit par devenir un abus intolérable[1]. En France, il n'est pas un exemple d'élection dans laquelle le roi n'ait eu son candidat[2]. Les choses ne se passèrent pas autrement dans le royaume de Jérusalem. Guillaume de Tyr montre Baudoin Ier présidant, aussitôt après la prise de possession de Césarée (1102), à l'élection d'un clerc nommé Baudoin comme archevêque de cette ville[3]. Le même auteur raconte qu'en l'an 1110, le roi Baudoin Ier voulant ériger l'église de Bethléem en archevêché, envoya deux prélats à Rome, Arnoul, archidiacre, et Aichard, doyen du Saint-Sépulcre, afin d'obtenir l'agrément du pape Pascal II; une fois la faveur accordée, un certain Achétin fut élu au siège archiépiscopal de Bethléem; et les expressions dont se sert le chroniqueur attestent clairement que le prélat dut son élection non seulement « à l'assentiment du chapitre de Jérusalem ou à l'autorité du pape Pascal », mais encore « à la bonne volonté du roi[4] ». En 1128, le roi Baudoin II et les grands nomment le prieur du Sépulcre, Guillaume, archevêque de Tyr[5]. En 1163, Frédéric, évêque d'Acre, succède, par la volonté

---

1. Hérien, *Institut. de l'Église*, t. II, p. 263.
2. MM. Fustel de Coulanges (*Hist. des Inst. politiq. de l'anc. Fr.*, p. 344 et suiv.) et Luchaire (*Hist. des Inst. Monarch. de la Fr. sous les prem. Capét.*, t. II, chap. II, p. 52 et suiv.) ont fait ressortir l'influence prépondérante, à l'époque mérovingienne comme à l'époque capétienne, du roi sur les élections épiscopales. Non seulement les récits d'élections épiscopales qui sont parvenus jusqu'à nous, mais encore les termes employés dans les chroniques et dans les chartes pour exprimer la part prise par le roi à l'élection, attestent que la volonté de l'autorité royale était le plus souvent décisive.
3. Guill. de Tyr, liv. X, chap. XVI, p. 422, 423.
4. Ibid., liv. XI, chap. XII : « Pro præcepto domini Paschalis papæ et mea bona voluntate, et assensu Hierosolymitani capituli, ac totius favore consilii. »
5. Ibid., liv. XIII, chap. XXIII, p. 591, 592.

du roi Amaury I⁰ʳ, à Pierre, archevêque de Tyr[1]. Le droit d'intervention royale dans les élections est plus nettement marqué encore par Guillaume de Tyr dans le passage de sa chronique où, racontant sa propre élection, il écrit : « Nous fûmes, quoique indigne, investi du siège archiépiscopal par un vote du peuple, du clergé et *par l'assentiment du roi, comme c'est la coutume en l'Église*[2]. »

Il arrive même parfois que le roi réussit par la violence à faire passer son candidat. En 1146, Raoul l'Anglais, chancelier du roi Baudoin III, n'obtient l'archevêché de Tyr que par la force : « Factum est autem, quod per violentiam obtinens prædictus cancellarius, ecclesiam et ejus bona invasit, possediique per biennium.[3] » Rien ne montre cependant que les rois de Jérusalem aient pu, comme les Capétiens en France[4], exclure préalablement de l'élection tout homme qui ne leur convenait point; du moins cette affirmation ne pourrait s'appuyer d'aucun texte attentivement étudié. Il n'en est pas moins vrai qu'en fait le pouvoir royal, sans toucher à la forme de l'élection capitulaire, exerçait

---

1. Guill. de Tyr., liv. XIX, chap. vi, p. 892 : « Domino rege plurimum ad id aspirante. »
2. Id., liv. XXI, chap. ix, p. 1029 : « Consonante cleri et populi voto, regis quoque, ut moris est, conveniente assensu. »
3. Id., liv. XVI, chap. xvii, p. 734. — Il est vrai que Raoul fut déposé par le pape Eugène III et n'obtint plus tard l'évêché de Bethléem que grâce à la protection du pape Hadrien, « favente sibi domino Hadriano papa, qui ejus compatriota erat ».
4. En France, lorsque l'évêque défunt était enseveli, l'usage voulait que le doyen et les chanoines demandassent au roi la permission de procéder à l'élection du successeur. Nous voyons en 1141 Louis VII accorder à l'Église de Bourges la liberté d'élire qui bon lui semblerait, exception faite pour la personne de Pierre de la Châtre : « Ipse vero rex Ludovicus concesserat ecclesiæ bituricensi libertatem eligendi ipsum quem voluerit, excepto dicto Petro » (*Hist. de Fr.*, t. XIII, p. 111). — Voir M. Luchaire, *Hist. des Inst. Mon.*, t. II, chap. ii, p. 73, 74.

un droit de haute surveillance, parfois même une action véritable sur les élections épiscopales.

On voit donc qu'entre les deux autorités, ecclésiastique et laïque, le contact était inévitable. Un roi était un fidèle de l'Église, et un patriarche était un sujet de l'État. Les hommes se trouvaient soumis en même temps au chef de l'État et au chef de la religion. Le roi dépendait du patriarche qui le couronnait; le patriarche était lié au roi qui l'acceptait et le soutenait contre ses ennemis sarrasins. De là d'inextricables complications et des conflits perpétuels entre rois et patriarches. La question qui naquit dès la fondation du royaume fut de savoir si ces deux puissances pourraient vivre tout à fait indépendantes l'une de l'autre, ou, au contraire, laquelle des deux aurait le pas sur l'autre [1].

En effet, la conquête était à peine achevée que le clergé faisait une sourde opposition à l'élection d'un roi. Tandis que les barons s'assemblaient pour rechercher quel était le plus digne, un certain nombre d'évêques se présentaient pour combattre tout projet d'élection. Depuis quand, disaient-ils, faisait-on passer les choses temporelles avant les spirituelles? Il fallait d'abord placer à la tête de l'Église, pour la diriger et pour la servir, un homme qui fût agréable à Dieu; après quoi, il pourrait être question de confier à quelqu'un l'exercice du pouvoir temporel. Si les barons écoutaient ce sage conseil, l'Église s'offrait à couvrir leur élu de sa puissante protection; autrement elle était prête à le déclarer invalide et sans

---

1. MICHAUD, *Hist. des Crois.*, t. II, p. 21. — D' HERMANN WENTZEL, *Das Patriarcal von Jerusalem im Jahre 1099*.

force [1]. Ainsi le clergé, que dans cette occasion le pieux évêque de Tyr blâme de son orgueil [2], aurait désiré que le siège patriarcal de Jérusalem fût pourvu avant le trône ; car le patriarche, s'il avait été choisi avant le roi, aurait donné à ce dernier, avec plus d'autorité encore, l'investiture du nouvel État. Au reste était-il même besoin d'élire un roi? Ne suffirait-il pas de créer un *avoué* pour garder la ville et pour répartir entre ses défenseurs les revenus du pays? Le titre modeste d'*advocatus sancti Sepulcri* [3] adopté par Godefroy ne fit pas et ne pouvait pas faire illusion au parti qui l'avait combattu. L'élu des barons, qu'il s'appelât *duc*, *avoué* ou *roi*, n'en possédait pas moins le pouvoir politique ; et quand les princes, après lui avoir accordé leurs suffrages, firent choix d'un patriarche dans la personne d'Arnoul [4], Godefroy se trouva être encore le chef seigneur du royaume.

1. Raymond d'Agiles, chap. xx, p. 301 : « Congregati sunt de clero quidam et principibus dixerunt : Laudamus electionem vestram, verum si recte et ordine faciatis, sicut sunt æterna priora temporalibus, sic vicarium spiritualem prius eligite; post hæc regem qui rebus agendis sæculariter præsit. » — Guill. de Tyr (liv. IX, chap. i, p. 364) met ces paroles dans la bouche des représentants du clergé : « Certum est porro spiritualia temporalibus digniora esse; quæ vero digniora sunt merito debere præcedere... Si hoc ordine et velitis incidere, placet nobis admodum, vobiscum sumus corpore et spiritu; si vero secus, invalidum censemus et viribus carere decernimus quicquid extra nostram conniventiam ordinaveritis. »

2. Guill. de Tyr, liv. IX, chap. i, p. 364 : « Spiritu superbiæ tumidi. »

3. Voir chap. ii : Nature et Caractères essentiels de la royauté, p. 130.

4. Tudebœuf (lb. XV, chap. v, p. 111) écrit formellement qu'Arnoul fut élu patriarche et lui donne toujours cette qualité : « Elegerunt patriarcham... virum cui nomen erat Arnulfus. » Guill. de Tyr (liv. IX, chap. iv, p. 369) fait de même que Tudebœuf. — Robert le Moine et Guib. de Nog. sont moins affirmatifs. Le premier écrit (liv. IX, chap. xi, p. 870) : « Congruum quoque deinceps erat ut qui sibi gubernatorem corporum decenter et decentem elegerant, rectorem animarum pari modo proponerent. Elegerunt itaque quemdam clericum, nomine Arnulfum. » Le second (liv. VII, chap. xv, p. 233) s'exprime ainsi : « Aliquandiu, solo nomine, pontificale ostentum se præbuit. » — D'autre part Albert d'Aix

Les rancunes du clergé furent promptes à éclater. Arnoul n'osa pas s'attaquer tout d'abord à celui qui avait, d'une façon si éclatante, triomphé de l'opposition des clercs; il s'en prit à l'un des plus braves et plus puissants barons, Tancrède. Dans un discours violent, le chef de l'Église réclama les trésors enlevés dans le temple comme un bien lui appartenant et accusa le héros d'avoir outragé les Croisés en dépouillant le patriarche des droits dont ceux-ci l'avaient investi [1]. Tancrède dut répondre à son accusateur sous peine de voir sombrer son honneur et celui de sa famille dans un procès intenté par un adversaire envieux [2].

Mais cette discussion entre les deux pouvoirs en présageait de plus graves. Quand, après la déposition d'Arnoul [3], Daimbert fut élevé au patriarcat, l'Église mani-

(liv. VI, chap. XXXIX, p. 189; chap. XL, p. 190) ne dit pas qu'Arnoul fut élu patriarche mais seulement chancelier de l'église de Jérusalem, gardien des saintes reliques et dépositaire des aumônes des fidèles jusqu'à ce qu'on eût pourvu à l'élection d'un homme qui pût être agréable à Dieu : « Cancellarium sanctæ ecclesiæ Iherusalem, procuratorem sanctarum reliquiarum et custodem elemosynarum fidelium præfecerunt. » — M. Rönricht (Syria Sacra, p. 7) ne mentionne aucun patriarche avant Daimbert. M. Kühn (Gesch. der ersten lateinischen patriarchen von Jerusalem, p. 13) regarde Arnoul comme un patriarche provisoire et ajoute: « Godefroy seul pouvait tirer quelque avantage du retard apporté à la nomination définitive d'un chef de l'Église et nous ne nous tromperions guère en attribuant à son influence et à ses efforts le peu de suite qu'eurent les négociations sur le choix du patriarche ». — On peut lire la biographie d'Arnoul dans Wenzel, Das Patriarcat von Jerusalem im Jahre 1099. — En réalité, qu'Arnoul fût chef définitif ou seulement chef provisoire de l'Église de Jérusalem, une chose est certaine c'est qu'il exerça les fonctions inhérentes à la dignité patriarcale. Là est tout l'intérêt de la question, car l'exercice de la fonction, même sans le titre, mettait Arnoul en opposition avec le pouvoir temporel.

1. Raoul de Caen (chap. CXXXV, p. 699) rapporte le discours prononcé par Arnoul contre Tancrède en présence des grands.
2. Ibid., chap. CXXXVI, p. 701, réponse de Tancrède. — Cf. Tudebodus imitatus et continuatus, § CXXXVII et CXXXVIII, p. 224.
3. Guib. de Nog. (liv. VII, chap. XV, p. 233) dit que le pape Pascal cassa l'élection d'Arnoul comme nulle, attendu qu'Arnoul était fils de prêtre. — Guill. de Tyr (liv. IX, chap. XV, p. 387) écrit simplement que « ce qui

festa dans ses idées une franchise absolue. Elle fit comprendre qu'elle ne se contenterait pas longtemps de sa grande puissance morale. Réclamant en toute possession des villes et des terres, elle voulut fonder une véritable souveraineté, avoir, en quelque sorte, ses États de l'Église. Daimbert, ancien archevêque de Pise, nous apparaît comme un représentant de cette religion impérieuse du Moyen Age dont Grégoire VII avait formulé les devoirs et les droits. Envoyé par Urbain II pour représenter les intérêts du Saint-Siège dans la Ville Sainte, Daimbert avait reçu en précieux dépôt les pensées les plus chères de cet élève de Grégoire. La papauté avec Urbain II n'avait abdiqué aucune de ses prétentions. Admirateur enthousiaste de Grégoire et d'Urbain, ami de la grande comtesse Mathilde, d'un caractère agressif, violent même, jaloux d'honneurs, de considérations, de richesses [1], le nouveau patriarche affirmait hautement la doctrine de la prééminence du pouvoir spirituel et du droit des papes de disposer des trônes. Non content des possessions qui lui avaient été concédées

---

avait été fait au sujet d'Arnoul, étant une œuvre de légèreté et d'imprudence, fut détruit avec autant de facilité que de promptitude ».

1. Alb. D'Aix fournit de curieux détails sur le caractère de Daimbert et les circonstances de son élection. Selon l'historien, ce fut plutôt l'argent que le choix de l'Église naissante de Jérusalem qui éleva l'archevêque de Pise à la dignité patriarcale. « quousque ad patriarchatus dignitatem provehi meruit, collatione potius pecuniæ, quam electione novæ ecclesiæ » (liv. VII, chap. vii, p. 511). Et Albert raconte en ces termes l'histoire d'un bélier d'or dont Daimbert est le héros : « Le roi Alphonse d'Espagne le recevant comme légat du pape Urbain l'avait chargé de remettre de sa part au seigneur apostolique un bélier en or d'une admirable beauté et parfaitement bien travaillé. Mais Daimbert, possédé d'une avidité insatiable, ne donna point le bélier et le garda pour lui, de même que tout l'argent qu'il avait levé de tous côtés. Ceux qui ont su positivement tous ces détails affirment en outre qu'après la mort du pontife Urbain, Daimbert porta à Jérusalem tous ses trésors, ainsi que son bélier d'or; qu'il séduisit Boémond et Baudoin, qu'il donna au duc Godefroy son bélier et d'autres présents encore, et que ce fut par ces moyens qu'il s'éleva aux honneurs du patriarcat. »

pour l'entretien de sa maison et de son siège patriarcal [1], il réclama pour lui-même la possession de la cité de Jérusalem, de la Tour de David qui était la forteresse de la ville, et enfin Jaffa avec ses dépendances [2]. Godefroy résista assez longtemps, « aliquandiu », aux prétentions du patriarche. Finalement, par crainte de Dieu, s'il faut en croire Guillaume de Tyr, mais bien plutôt par raison politique et pour ne point favoriser par la guerre civile un retour offensif des ennemis [3], il se décida à abandonner au patriarche le quart de la ville de Jaffa, puis, quelques jours après, Jérusalem et la Tour de David avec leurs dépendances. Toutefois on mit cette condition que le roi garderait ces terres jusqu'à ce que, ayant étendu son royaume par la conquête, il eût fait de nouvelles acquisitions nécessaires à l'entretien de ses agents et de ses soldats; seulement si le roi mourait sans héritier légitime, les terres en question retourneraient au patriarche [4]. Cette dernière clause révèle les véritables desseins de Daimbert. L'ancien archevêque de Pise ne s'est point contenté de soumettre les fidèles d'Orient à la domination spirituelle du patriarche; c'est le gouvernement de l'État qu'il a voulu lui donner. Il n'a pas seulement conçu pour

---

1. Guill. de Tyr, liv. IX, chap. xv, p. 387.
2. Ibid., chap. xvi, p. 388 : « Domino patriarcha reposcente ab eo civitatem sanctam Deo ascriptam et ejusdem civitatis præsidium, simulque urbem Joppensem cum suis pertinentiis. »
3. Sybel, Gesch. des erst. Kreuz., chap. xii. p. 533 : « Il est à regretter que nous n'ayons pas de renseignements plus précis sur les négociations de Daimbert avec Godefroy ni sur les intrigues dont usa le patriarche pour obtenir satisfaction. » — Kühn, Gesch. der erst. Lat. patr., p. 25 : « L'acceptation par Godefroy des exigences formulées par Daimbert équivalait sans doute à une abdication. Godefroy serait devenu un prince sans terre et, pour ainsi dire, le chef d'armée du patriarche régnant. Mais il ne pouvait pas s'opposer trop énergiquement aux prétentions de Daimbert parce qu'il ne pouvait pas se passer du secours des Pisans. »
4. Guill. de Tyr, liv. IX, chap. xvi, p. 388 : « In ditionem domini cederent patriarchæ. »

l'Église latine l'indépendance mais l'empire. Ce que Grégoire VII avait essayé de faire dans le monde chrétien, Daimbert l'a tenté en Terre Sainte. Il a recherché évidemment l'autorité temporelle elle-même; et, loin d'être indulgent pour les rois, il s'est appliqué à les régenter en soulevant contre eux les peuples.

En effet lorsque, après la mort de Godefroy (1100), le comte Garnier de Gray, occupant militairement la Tour[1], refusa de remettre entre les mains du patriarche les territoires convoités, Daimbert donna le signal de la guerre civile. Dans une lettre adressée à Boémond, prince d'Antioche, il rappela à ce dernier l'exemple de son illustre père, Robert Guiscard, qui avait délivré le pontife de Rome et l'avait arraché des mains des impies. Il l'adjura d'employer tous les moyens, même la violence, pour fermer au successeur de Godefroy le chemin de Jérusalem[2]. On a contesté l'authenticité de ce document conservé par Guillaume de Tyr. Prutz[3] et Alfred Wolff[4], ne s'expliquant pas comment il serait arrivé entre les mains de l'historien, l'ont regardé comme un morceau oratoire dont lui-même serait l'auteur. Kugler[5], estimant que la lettre impliquait la présence de Daimbert à Jérusalem le jour de la mort de Godefroy, ce qui est formellement démenti par Albert d'Aix, n'a pas cru davantage à l'authenticité et a vu dans cette pièce l'œuvre d'un faussaire dont Guillaume aurait été la première victime. Mais l'opi-

---

1. Guill. de Tyr. liv. X, chap. III, p. 403.
2. Le texte de la lettre de Daimbert est dans Guill. de Tyr, liv. X, chap. IV, p. 403.
3. Prutz, Studien über Wilhelm von Tyrus, Neues Archiv., chap. VIII, p. 130.
4. Al. Wolff, König Balduin I, I, p. 2.
5. Kugler, p. 218, A. von A.

nion contraire, déjà soutenue par Sybel[1], fut reprise dans ces dernières années et défendue avec succès par M. Kühn[2]. Il est visible en effet que le tableau des relations de Daimbert avec Godefroy offre des variantes sensibles dans la lettre et dans le récit du chroniqueur; il suit de là que la lettre et le récit n'émanent pas du même auteur. Si maintenant on prête attention aux renseignements fournis par Albert d'Aix[3] on ne s'étonnera pas que Guillaume ait pu prendre connaissance du fameux message. Le secrétaire du patriarche, Morel, qui en était porteur, tomba à Laodicée entre les mains du comte Raymond de Toulouse; c'est ainsi, dit Albert, que la perfidie du patriarche fut découverte et partout proclamée. Quand Baudoin, dans sa marche sur Jérusalem, arriva à Laodicée[4], il voulut sans doute avoir la preuve d'une trahison dont tout le monde parlait et réclama vraisemblablement la lettre révélatrice si intéressante pour lui. Tout porte à croire qu'elle lui fut alors communiquée. En possession du précieux document le roi l'aura gardé et placé dans les archives de Jérusalem où l'évêque de Tyr aura pu le consulter. Enfin il n'est pas juste de dire avec Kugler que la lettre implique la présence de Daimbert à Jérusalem au jour de la mort de Godefroy. Cette phrase du message : « Hæc omnia... etiam in lecto ægritudinis de qua mortuus est, coram multis et probatis testibus ipse constituit », ne prouve nullement que la con-

---

[1]. Sybel (Gesch. des erst. Kreuz., p. 137), sans entrer dans le fond de la question, a cru à l'authenticité sur l'assurance formelle de Guillaume.
[2]. Kühn, Gesch. der erst. Lat. patr., p. 59. Appendice I.
[3]. Alb. D'Aix, liv. VII, chap. xxvii, p. 524 : « Sic tota legatio litterarum irrita fuit, et perfidia ubique patefacta. »
[4]. Ibid., liv. VII, chap. xxxii, p. 527 : « Quarta vero die ab Antiochia procedens in omni jocunditate, Laodiciam pacifice cum toto apparatu suo descendit, ubi biduo requie fruens, retardati ac subsequentis populi præstolabatur adventum. »

firmation dont parle le patriarche ait été faite le jour même de la mort et non quelques jours auparavant. La phrase n'est donc pas en contradiction avec l'affirmation si nette d'Albert qui constate l'absence de Daimbert[1]. Elle ne renferme rien qui permette de croire à une falsification. Daimbert a réellement écrit à Boémond; il a tenu en propres termes le langage que nous a fait connaître l'évêque de Tyr. Emporté par son audace le patriarche a été plus loin. S'il faut en croire Guibert, un commencement d'exécution aurait été donné au plan qu'il avait conçu. Avec une petite escorte de gens de son pays et avec l'évêque de la Pouille, le fougueux prélat, sous la conduite de Boémond, aurait devancé Baudoin et se serait préparé à la résistance dans Jérusalem[2]. Et quand Baudoin vainqueur fut reçu dans sa capitale aux acclamations du peuple, Daimbert, pour ne point assister à l'entrée triomphale du chef de l'État, préféra abandonner le siège patriarcal et s'en alla cacher ses ambitieuses colères sur le Mont Sion[3].

Si l'on s'en tenait aux récits de Foucher et de Guillaume de Tyr on pourrait croire que le conflit entre les deux pouvoirs prit fin avec la retraite du patriarche. A partir de ce moment ces deux chroniqueurs, comme s'ils

---

1. ALB. D'AIX, liv. VII, chap. XXII, p. 521 : « Gloriosissimo Duce infirmitate, curriculo quinque ebdomadarum, Iherusalem laborante, sicut erat decretum ante ejus obitum, Patriarcha, Tancredus et omnis apparatus Venediorum cum duce et episcopo illorum ab Joppe profecti sunt per mare et aridam ad civitatem quæ dicitur Cayphas. »

2. GUIB. DE NOG., liv. VII, chap. XXXIX, p. 255 : « Deibertus, cum aliqua suæ plebis frequentia, episcopo quodam Appulo comitante, Iherosolimam jam cum Boemundo, et hoc ipso duce, præcesserat. »

3. FOUCH. DE CH., liv. II, chap. III, p. 378 : « In monte Syon sede privatus tunc morabat... et fuit ibi donec delictum et malivolentiæ solutum est. » — GUILL. DE TYR (liv. X, chap. VII, p. 411) dit également que le patriarche n'assista point à la réception de Baudoin par le peuple de Jérusalem : « In ecclesiam montis Sion se contulerat. »

se désintéressaient de l'affaire, n'en parlent plus que pour rappeler la réconciliation des deux rivaux et le couronnement de l'un par l'autre : « Dans ce temps, écrit Foucher, Daimbert se remit en paix avec Baudoin qui fut consacré par les mains de ce même patriarche. » « L'an 1101, répète simplement l'évêque de Tyr, le patriarche Daimbert et Baudoin firent enfin la paix, grâce à l'heureuse intervention de quelques hommes sages; puis, le jour de Noël, Baudoin fut couronné par les mains du patriarche Daimbert [1]. » Mais la narration beaucoup plus circonstanciée d'Albert d'Aix permet d'établir qu'entre la fuite de Daimbert et sa réconciliation avec Baudoin, la lutte continua, violente, acharnée de part et d'autre. Et d'abord Daimbert ne resta point au Mont Sion, ainsi que l'assure Foucher, « jusqu'au moment où sa criminelle malveillance lui fut pardonnée [2] ». Que le patriarche, si cruellement déçu dans ses espérances, se soit, par dépit, et aussi un peu par prudence, retiré au Mont Sion, c'est là un fait très vraisemblable, quoique Albert n'y ait pas fait la moindre allusion. Mais il faut admettre que le fugitif quitta sa retraite soit volontairement, soit par la force, car Albert représente le roi de Jérusalem réunissant, peu après son entrée dans sa capitale, une assemblée de clercs et « sommant le patriarche en présence de toute

---

1. Fouch. de Ch., liv. II, chap. v, p. 382 : « Pacificatoque Daiberto cum domno Balduino et cum canonicis ecclesiæ sancti Sepulcri aliquantis, quia viri sensati de hoc tractaverunt, cessavit contentio eorum. » Chap. vi : « A Patriarcha memorato... coronatus est rex Balduinus. » — Gull. de Tyr, liv. X, chap. ix, p. 413 : « Anno igitur ab incarnatione Domini millesimo centesimo primo, reconciliatis ad invicem Domino Daimberto patriarcha et domino comite Balduino, per quorumdam prudentum commendabilem interventum, in die sancto nativitatis dominicæ, in ecclesia Bethleemitica... consecratus est... per manum domini Daimberti... dominus Balduinus. »
2. Voir p. 351, note 3.

l'Église de répondre sur l'acte criminel dont il s'était rendu coupable¹ ». Presque aussitôt la querelle, s'envenimant de plus en plus², fut portée en cour de Rome. Le pape Pascal envoya en Terre-Sainte le cardinal Maurice avec le titre de légat pour suspendre le patriarche rebelle³. Mais telle était encore la force de Daimbert qu'il réussit par des offres brillantes à endormir les scrupules du légat et calmer les ressentiments du roi; puis, quand il eut arraché à l'un et à l'autre la promesse qu'il serait provisoirement maintenu dans sa dignité, il oublia toute prudence et reprit le ton de la menace. Visiblement les deux autorités, l'État et l'Église demeuraient irréconciliables. Tandis que Daimbert, en compagnie du légat, dépensait dans les fêtes le produit des offrandes faites au Saint-Sépulcre, Baudoin, pressé par les nécessités de la guerre, demandait en vain au patriarche les chevaliers indispensables à la défense de la terre. Aux yeux de l'Église pareille demande n'était pas fondée. N'ayant pu réunir à son autorité spirituelle la puissance temporelle, l'Église s'affranchissait du souci des affaires. A la royauté au contraire incombaient les charges inséparables du pouvoir. L'Église était faite pour prier, la royauté pour combattre. Daimbert, qui prétendait ne devoir que des prières, refusait de prendre à sa solde l'entretien d'aucun chevalier. De là les sévères remontrances adressées au chef de la religion par le chef de l'État⁴ : « Vous êtes

---

1. Alb. d'Aix, liv. VII, chap. xlvi, p. 538 : « Non aliqua dehinc mora, rex Iherusalem Patriarcham de perfidia quam egerat cum Tancredo adversus se, ne dignus hæres Godefrido succederet..., coram omni ecclesia interpellavit, eo quod de hoc scelere multum a suis optimatibus criminaretur. »
2. Ibid., chap. xlvi : « Discordia inter regem et patriarcham adeo de die in diem cœpit magis ac magis invalescere. »
3. Ibid., chap. xlvii, p. 539.
4. Ibid., chap. lx, p. 546 : « Vos in comessationibus, nos in tribulatio-

dans les festins et nous dans les tribulations. Vous dépensez dans vos délices les offrandes gratuites des fidèles et vous ignorez nos souffrances et notre détresse. D'où vient que vous prélevez si librement et avec tant d'assurance les offrandes et les dons présentés par les fidèles devant le Sépulcre du Seigneur et que vous ne vous occupez nullement de pourvoir aux besoins des Chrétiens? » Quand Baudoin menaçait le patriarche de l'empêcher de recevoir à l'avenir les choses qui revenaient à l'Église, celui-ci osait lui répondre[1] : « Tu n'as pas été bien conseillé lorsque tu es venu nous accuser si témérairement et nous interdire les choses qui reviennent à l'Église; car il est de notre droit que ceux qui servent l'autel vivent de l'autel. Prétendrais-tu rendre tributaire et servante cette sainte Église que Jésus-Christ a fait passer par son sang de la servitude à la liberté et qu'il a confiée à nos soins? Prends garde à ne plus parler ou agir désormais ainsi que tu le dis; car il ne t'appartient pas de le faire, et avec une telle audace tu pourrais encourir les malédictions du Seigneur. » Ce qui revenait à dire : « Si tu veux enlever à Dieu ce qui est à Dieu, il t'enlèvera ton royaume. »

---

nibus die ac nocte pro salute confratrum nostrorum et periculis versamur. Vos gratis vota Fidelium in deliciis vestris applicatis, angustias et penuriam nostram ignoratis.... Unde enim vobis ut oblationes et munera Fidelium tam libere et potenter a Dominico sepulchro tollatis, in cibos delicatos componatis, et minima Fidelium necessitati subvenatis? »

1. ALB. D'AIX, liv. VII, chap. LX, p. 555 : « Non recte consultus fecisti ut tam temere nos argueres, et res Ecclesiæ interdiceres, cum nostræ sit justitiæ ut qui altari serviunt de altari vivant. An tributariam et ancillam facere sanctam præsumis Ecclesiam, quam Dominus Ihesus Deus, Dei filius, suo sanguine liberam ex ancilla faciens custodiæ apostolorum commisit et reliquit. Vide ne ultra præsumas de his loqui aut agere, cum ad te minime pertineat, et domni Apostolici maledictionem de talibus ausis justo judicio possis incurrere. »

Le mieux était encore pour Baudoin de consentir à un accommodement. Grâce à l'entremise de plusieurs seigneurs la paix fut signée entre le trône et l'autel [1], paix sans amitié puisque ce n'était pas la confiance qui l'avait cimentée (1101). Aussi lorsque, peu de temps après, le clergé de Jérusalem, poussé par les intrigues d'Arnoul, s'assembla en concile et déposa solennellement l'ambitieux patriarche [2], Baudoin ne fit auprès des clercs aucune démarche pour obtenir la revision d'une sentence qui le débarrassait enfin d'un adversaire dangereux. Daimbert mourut à Messine en 1107, sans avoir pu reprendre possession de sa dignité, au retour d'un voyage à Rome qu'il avait entrepris pour en appeler au pape de la violence dont il disait avoir été victime [3]. Il n'en léguait pas moins à ses successeurs un exemple dont ceux-ci s'autorisèrent quand l'occasion s'offrit.

Au lendemain de la mort de Daimbert, il y eut pourtant une sorte d'accalmie. Nous voyons après lui plusieurs patriarches vivre en bons rapports d'amitié avec le pouvoir civil : tels furent en 1103 Ebremar [4] qui s'appliqua à rétablir la discipline ecclésiastique [5]; en 1106 Gibelin,

---

1. Alb. d'Aix, liv. IX, chap. xvi, p. 599. Comme l'a fait remarquer Küns (Gesch. der erst. patr., p. 32), nous avons fort peu de renseignements sur les circonstances qui ont rendu possible la réconciliation de Baudoin avec Daimbert. Nous savons par Foucher (liv. II, chap. IV, V et VI) que Baudoin ne s'arrêta pas longtemps à Jérusalem, mais se rendit à Ascalon. Or ce n'est que le 21 décembre qu'il retourna dans la Ville Sainte et dès le 25 il était solennellement couronné par le patriarche. Il faut croire que les hommes sages et avisés qui s'entremirent entre le roi et le patriarche avaient préparé un rapprochement pendant l'absence de Baudoin.
2. Alb. d'Aix, liv. IX, chap. xvi et xvii, p. 599, 600 : « Sub judicio omnium fidelium depositus ac anathemate percussus est. » — Guill. de Tyr, liv. X, chap. xxv.
3. Guill. de Tyr, liv. XI, chap. iv, p. 456.
4. Ibid.
5. Cart. du S. Sép., n° 36, p. 71. — Küns, Gesch. der erst. patr. p., 42.

archevêque d'Arles[1], vieillard d'un caractère pacifique; en 1111 Arnoul, archidiacre de Jérusalem[2], qui poursuivit l'œuvre réformatrice entreprise par Ebremar[3]; en 1118 Gormond[4]. Mais avec le successeur de ce dernier, Etienne, élevé en 1128 au siège patriarcal[5], la vieille hostilité se ralluma.

Etienne, né en France dans le pays de Chartres, d'une famille illustre, avait d'abord été vicomte de Chartres, puis, renonçant au métier des armes, il avait pris l'habit religieux et était devenu abbé du monastère de Saint-Jean de la Vallée[6]. Il était allé à Jérusalem pleurer sur le tombeau du Christ et s'y était fait remarquer par sa dévotion. Le patriarche Gormond étant mort sur ces entrefaites, le peuple s'assembla pour nommer un pasteur, et il arriva que tous les suffrages tombèrent sur l'abbé de Saint-Jean de la Vallée. A peine eut-il été consacré que, contre toute attente, Étienne réclama la possession de Jérusalem et de Jaffa. Il en résulta une prompte et grave inimitié entre lui et Baudoin II. Le débat allait s'ouvrir quand la mort prématurée d'Étienne (1130) le conjura. « Plusieurs, écrit Guillaume de Tyr, accusent le roi de Jérusalem d'avoir fait empoisonner le patriarche; mais nous ne pouvons pas donner le fait pour certain. On rapporte cependant que le patriarche agonisant répondit au roi qui s'informait de son état : Sire roi, je suis à cette heure

---

1. GUILL. DE TYR, liv. XI, chap. IV, p. 456.
2. Ibid., liv. XI, chap. XV, p. 479.
3. KÜHS, Gesch. der erst. patr., p. 55.
4. ALB. D'AIX., liv. XII, chap. XXX, p. 709. — GUILL. DE TYR, liv. XII, chap. VI. — Ce dernier constate à maintes reprises que Gormond se comporta dans sa charge avec beaucoup de prudence et de zèle, c'est-à-dire qu'il vécut en paix avec le pouvoir civil (liv. XII, chap. XIII, XXIV, XXV; liv. XIII, ch. VI, XXIII, XXV).
5. JACQ. DE VIT., chap. LXV, p. 1083. — GUILL. DE TYR, liv. XIII, chap. XXV.
6. GUILL. DE TYR, liv. XIII, chap. XXV, p. 594, 595.

comme vous voulez[1]. » Guillaume ne repousse donc pas l'accusation d'empoisonnement. Ce fait est de nature à surprendre si on se rappelle les éloges que l'évêque a donnés aux vertus religieuses de Baudoin[2], et si on réfléchit que le mot adressé par le patriarche au roi peut aisément être pris dans une acception beaucoup plus large que celle que lui donne le chroniqueur.

Certes, la raison d'État n'est jamais suffisante à excuser un crime. N'était-ce point cependant la sûreté de l'État que l'Église, dans son ardent désir de domination, avait mise en péril? On ne peut nier que l'hostilité des deux pouvoirs ait entravé dans une large mesure l'action gouvernementale. En obligeant le chef de l'État à consacrer une grande partie de ses forces à sa défense contre des ennemis intérieurs, elle le rendit moins redoutable aux ennemis du dehors. Elle ébranla l'ordre public au moment où les rois s'appliquaient à l'assurer. Le clergé, enhardi par l'exemple de son patriarche, parla plus d'une fois en maître et les évêques aspirèrent à l'exercice d'un pouvoir temporel. Ils affectèrent des airs d'indépendance à l'égard de la royauté. A la mort d'Étienne, le royaume avait déjà trente années d'existence et aucune des deux puissances n'avait réussi à faire reconnaître sa supériorité par l'autre. Il en était résulté des troubles continuels. Une semblable situation ne pouvait être que préjudiciable à l'autorité royale. En même temps qu'elle inquiétait les esprits religieux, elle compromettait les princes aux yeux des peuples prêts à se désaffectionner d'un pouvoir honni par l'Église.

---

1. Guill. de Tyr, liv. XIII, chap. xxv, p. 595 : « Traditus tamen, quod dum in lecto supremæ decubaret ægritudinis, et rex ad eum visitandum esset ingressus, et ab eodem de ejus statu quæreret, ita responderit : Sic est nobis in præsenti, domine rex, sicuti vultis. »
2. Ibid., liv. XII, chap. iv, p. 516.

En vain les esprits clairvoyants dévoilaient le danger. Les chroniqueurs, et en particulier Guillaume de Tyr et Albert d'Aix, se montraient peu favorables aux patriarches qui créaient des difficultés au pouvoir. Au contraire ils n'avaient que des éloges pour ceux d'entre eux qui savaient vivre en bons rapports d'amitié avec les rois.

Le patriarche Guillaume élu en 1130 vécut en paix avec Baudoin II et Foulque : il mérita d'être appelé par l'historien « vir simplex [1] » et encore « bonæ memoriæ patriarcha;... vir simplex ac timens Deum [2] ». Foucher, successeur de Guillaume, élu en 1146, fut en toutes circonstances l'allié de Baudoin III : nous voyons le patriarche et le roi se porter ensemble au-devant de l'empereur Conrad de passage à Acre [3], au-devant du roi de France Louis VII en route pour Jérusalem [4]; Foucher est encore un « bonæ memoriæ patriarcha [5] ». Amaury, successeur de Foucher, entretint des rapports amicaux avec Baudoin III; il laissa après lui le souvenir d'un homme dont l'administration n'avait pas été sans profit pour l'Église [6].

Dans l'esprit des contemporains le bon patriarche était donc celui qui savait concilier les droits de l'Église avec ceux de l'État. Les hommes du temps n'étaient pas moins prompts à vanter la modestie des patriarches qu'à réprouver leurs visées ambitieuses. L'Église elle-même finit-elle par entrevoir les conséquences fâcheuses qu'entraînait pour le royaume un pareil état de choses? On doit le

---

1. Guill. de Tyr, liv. XIII, chap. xxvi, p. 598.
2. Ibid., liv. XVI, chap. xvii, p. 733.
3. Ibid., chap. xxviii, p. 753.
4. Ibid., chap. xxix, p. 754.
5. Ibid., chap. xxviii, p. 753.
6. Mar. San., liv. III, pars. VI, chap. xxiv, p. 172 : « Patriarcha Almericus moritur, cujus simplicitas modicum ecclesiæ profuit. »

supposer; car la catastrophe de 1187[1] ouvrit les yeux à ceux qui encourageaient le clergé dans la voie de la résistance. Les patriarches, désormais établis à Saint-Jean d'Acre, s'abstinrent de toute querelle avec le pouvoir civil. Le conflit survenu entre Girold et Frédéric II n'eut aucun des caractères des luttes soutenues par les premiers patriarches contre les premiers rois; Girold, en combattant les entreprises de Frédéric, défendit les droits de l'État autant que les droits de l'Église[2]. Malheureusement le clergé s'assagit un peu tard. Lorsqu'il abdiqua la vieille ambition, la cause des Latins était déjà compromise. Voilà pourquoi dans l'échec final la part de responsabilité de l'Église est des plus lourdes. C'était elle qui avait annoncé la conquête de la Syrie, la délivrance du Saint-Sépulcre; et pourtant, après une guerre de deux cents ans, les Latins étaient chassés de la Syrie et le tombeau du Sauveur retombait au pouvoir des Infidèles! Pourquoi aussi l'Église avait-elle combattu cette royauté qu'elle avait bénie? Pourquoi ses chefs, ministres de paix, avaient-ils commis la faute de compliquer d'une guerre civile une effroyable guerre étrangère?

Conclusion.

On le voit, l'Église latine abusait de la situation privilégiée qu'elle avait su conquérir dans le royaume de

---

1. Jérusalem fut prise par Saladin sous le patriarcat d'Héraclius.
2. *Acta Sanctor.*, t. III, Maii, p. LIV, n° 227. Par les lettres qu'il adresse au pape Grégoire IX et à toute la Chrétienté, Girold dévoile les trahisons de Frédéric et ses alliances avec les Infidèles, « querens de treuga cum Soldano inita ab Imperatore Friderico, cum maximo Christianitatis damno atque dedecore ». — Cf. MATH. PARIS anno 1227 et GREG. IX epist., liv. III, 31; ENSORI, chap. XL, p. 157 et suiv., où il est parlé des négociations secrètes de Frédéric avec les Sarrasins.

Jérusalem. Sa hiérarchie, sa souveraineté territoriale, son indépendance en matière judiciaire, sa suprématie reconnue par le clergé chrétien d'Orient avaient fait d'elle un corps solidement organisé, très riche, capable de contrarier par son développement l'évolution régulière de l'institution monarchique. En vain le législateur avait délimité à l'avance le domaine des deux autorités temporelle et spirituelle en traçant nettement les frontières; il aurait voulu que chacune d'elles, croissant dans son indépendance, trouvât dans l'autre son alliée la plus sûre. Mais l'ambition séculaire de l'Église bouleversa les plans les mieux combinés. On doit déplorer l'erreur qui amena le clergé à déserter les choses spirituelles pour le tracas des affaires. Il faut le blâmer d'avoir subordonné les intérêts de la religion et ceux de l'État à sa passion pour le pouvoir.

CONCLUSION GÉNÉRALE

C'était surtout en effet par une alliance étroite avec l'Église que la puissance monarchique aurait réussi à tenir en équilibre les forces politiques et sociales dont le développement l'étouffait. Il semblait que ces forces s'étaient groupées autour de la royauté pour la surveiller et la combattre, non pour la seconder et la servir. Isolée dans sa sphère, seule en face d'une noblesse ombrageuse et d'un ennemi souvent vaincu, mais toujours renaissant, la royauté latine tomba dans l'impuissance et alla s'usant de plus en plus. L'explication de cette décadence est dans la nature des institutions que nous avons analysées l'une après l'autre. Aussi ne voudrions-nous pas finir sans résumer, en quelques pages, les résultats essentiels de nos recherches, sans rappeler ce que furent les organes principaux du gouvernement à Jérusalem et essayer la synthèse de cet organisme.

Une idée s'impose, dès les premiers pas, la même qui préside à l'ensemble de l'ouvrage; c'est que la seule institution qui ait vigueur est la féodalité. Le roi est subordonné à cette redoutable ennemie. Il doit du moins ne jamais se placer au-dessus des lois qui règlent les relations des possesseurs de fiefs avec le suzerain sous peine de voir la désertion se produire dans tous les rangs et les seigneurs assister impassibles à sa lente agonie. Pour lui aucun moyen de contraindre les vassaux à la soumission passive; aucune possibilité d'exercer, sans leur aide, les différentes prérogatives dont l'investit la constitution du royaume. Sans doute l'aristocratie, privée de son chef, est exposée à se désagréger; mais le roi privé du concours de l'aristocratie n'est plus qu'un général sans troupes. Placé à un poste d'honneur, pliant sous le poids de la plus lourde des responsabilités, il a le droit, même le devoir, de faire valoir son autorité sur tous ceux qui sont au-dessous de lui. Mais à leur tour ceux-ci ont la liberté de dénoncer toute usurpation et de rejeter tout contrôle qui, même inspiré par l'intérêt général du pays, ne tient aucun compte de leurs intérêts particuliers. Pour être sûr de l'appui de l'aristocratie, le parti le plus sage est encore de vivre fraternellement avec elle.

Le sentiment de la confraternité beaucoup plus que celui de leur dépendance rattache en effet les grands feudataires au roi. Le lien de vasselage existe; les documents ne permettent pas à l'historien d'en douter. Il est une conséquence de l'hommage et du serment de fidélité. Le vassal, oublieux du premier ou parjure au second, encourt la colère du prince, seigneur suzerain dans tout le royaume. Mais ce lien n'est pas une entrave au libre exercice de l'autorité seigneuriale. Les princes d'Antioche, les comtes d'Édesse et de Tripoli gouvernent chez eux, à leur gré, sans se préoccuper de ce qui se dit ou se pense à Jérusalem. Nous n'avons remarqué à aucun signe que l'autorité royale fût intervenue dans leurs affaires d'une façon normale et régulière. L'action du pouvoir n'est sensible que dans les cas exceptionnels. S'agit-il de réprimer un acte de violence commis par l'un des hauts barons, d'étouffer dans le germe une guerre civile naissante, de conjurer un malheur public en prenant la direction d'une principauté dont le chef a disparu, le roi fait acte d'autorité, impose sa médiation, devient l'administrateur provisoire de la seigneurie vacante. Toutefois, même lorsqu'il agit en qualité de suzerain, il use d'infinis ménagements. Nous n'avons aperçu aucun grand feudataire dépouillé de son fief par ordre du prince. L'idée de prolonger la vacance d'une principauté pour y conserver le pouvoir ne s'est présentée à l'esprit d'aucun roi. Tous, au contraire, impatients de remettre en d'autres mains la défense d'un territoire que les circonstances leur ont livré, n'ont rien eu de plus pressé que de rentrer dans leur propre seigneurie. A vrai dire, la domination directe des rois de Jérusalem ne dépasse pas les limites du domaine royal. Au delà cette domination existe en droit beaucoup plus qu'en fait; elle s'exerce par intervalles, mais n'est la plupart du temps qu'un vain mot.

Chez elle, la royauté est plus forte. Appuyée sur la clientèle immédiate des baronnies et seigneuries du royaume, elle prend une part active au gouvernement. Elective dans les premiers temps, elle se transforme au xiiie siècle, sans pourtant parvenir à se passer complètement du suffrage des grands, en pouvoir héréditaire. Elle s'entoure d'un brillant cortège de grands officiers, en même temps qu'elle adopte l'étiquette et le cérémonial des cours de l'Occident. C'est elle qui nomme les agents du pouvoir : les dignitaires, sénéchal, connétable, maréchal et chambellan; les fonctionnaires, vicomte chargé de la rentrée de l'impôt et président de la Cour Bourgeoise, bailli de la Secrète, divers officiers de finance ou de justice. Elle les déplace et au besoin les révoque. Elle pèse encore d'un grand poids dans les élections épiscopales. Il n'est pas jusqu'au patriarche de Jérusalem, chef suprême du clergé latin d'Orient, dont le choix ne soit soumis à l'approbation royale. En temps de guerre, le commandement des troupes, la direction des opérations militaires appartiennent au roi; sous ses étendards viennent se grouper les vassaux non seulement du domaine, mais encore des grands fiefs; le royaume, fractionné en quatre dominations distinctes, s'unifie, en présence de l'ennemi, dans la main de son chef qui est le roi. Pendant la paix, ce dernier a la garde des lois, en surveille l'exécution, administre, sous le contrôle de l'aristocratie, les deniers publics; en un mot, porte son attention sur toutes les affaires qui touchent aux intérêts généraux du pays.

Mais des entraves multiples rendent inefficace cette action du pouvoir monarchique. Le roi, maître en apparence de tous les barons du royaume, est en réalité le plus surveillé et le moins libre d'entre eux.

Placé à la tête du palais où se pressent quelques intimes et les agents qu'il a nommés, il n'a auprès de lui aucun conseil permanent chargé de donner aux actes royaux un caractère légal. Pour exercer son autorité législative, il recourt à l'assistance non seulement des chefs de la féodalité laïque et ecclésiastique, mais encore des principaux bourgeois.

Chef d'armée, il est soumis à toutes les obligations qui

rattachent le suzerain au vassal ; car, en oubliant une seule d'entre elles, il délie les vassaux du serment de fidélité, par suite les affranchit de tout service. Or l'effectif des armées latines n'est pas considérable. Pour repousser les fanatiques soldats lancés contre l'Occident par l'inépuisable Asie, le roi ne peut, sans danger, se priver d'une portion, si minime qu'elle soit, du service féodal.

Possesseur d'un trésor qu'alimentent des sources nombreuses de revenus mais qu'épuisent plus encore les franchises et priviléges imprudemment accordés aux bourgeois, aux barons, aux gens d'Église, il tombe dans un état de pauvreté voisin de la misère.

Président de la Haute Cour et représenté par le vicomte dans la Cour des Bourgeois, il ne prononce aucune sentence qui n'ait été dictée par les barons ou les bourgeois. Toute justice émane du tribunal, non du roi. Il est vrai que ce tribunal ne peut se réunir que sur convocation royale et dans les lieux qu'il a plu au roi d'indiquer ; mais comme les juges qui le composent sont les seuls dispensateurs de la justice, la royauté, en évitant systématiquement toute convocation, laisserait le nombre des procès s'accroître dans une proportion démesurée. Une fois constituées, la Haute Cour et la Cour des Bourgeois sont en possession de l'autorité judiciaire ; et, le roi dans la première, le vicomte dans la seconde, n'ont plus qu'à répéter le verdict que les juges ont rendu.

Enfin la société ecclésiastique échappe à l'action du souverain autant et plus que le monde laïque. L'intervention royale dans le choix ou la confirmation définitive du patriarche et des évêques ne confère à Godefroy et à ses successeurs aucune action réelle sur le gouvernement de l'Église. Celle-ci a son chef particulier qui est le patriarche; elle est l'apôtre zélée de l'influence pontificale en Palestine; mais elle ne fait rien pour propager ni affermir l'autorité politique dont le siège est à Jérusalem. L'Église ne marchande pas seulement son concours au souverain en ne lui concédant qu'à regret les ressources militaires et fiscales dont il a besoin; elle réclame aussi l'autorité temporelle et essaye de confisquer à son profit l'administration générale de l'État.

Dès lors les causes de la décadence puis de la chute du royaume latin se révèlent à nos yeux. Elles ne sont ni dans la corruption hâtive des Chrétiens d'Orient; ni dans la froideur que les princes de l'Europe, à l'exception de saint Louis, montrèrent, dès la fin du XIIe siècle, pour la conquête de Godefroy et de ses compagnons de fortune; ni dans l'impossibilité où se trouvèrent les soldats du Christ de conclure une paix durable avec les ardents sectateurs de Mahomet. Les péchés des Chrétiens ne peuvent faire illusion qu'aux moralistes et aux sermonneurs. L'indifférence de l'Europe, les soucis d'une guerre quasi permanente ne suffisent pas à expliquer l'effondrement d'une domination qui, pendant plus de quatre-vingts ans, avait eu toutes les apparences de la solidité. Le royaume de Jérusalem succomba par l'effet de ses vices organiques. Les catastrophes de 1187 et de 1291 sont dues surtout à la nature des institutions dont nous avons tracé le tableau. Si la Palestine avait pu être sauvée, des hommes comme Godefroy, Baudoin Ier, Baudoin II, Foulque, Amaury, Jean de Brienne, l'auraient retenue sur les bords de l'abîme. Avec ces princes, l'héroïsme s'était installé sur le trône; mais les vices du gouvernement avaient été plus puissants que les vertus des gouvernants. Les rois de

Jérusalem ne firent pas respecter leurs ordres ni régner la paix publique parce que les grands vassaux du royaume, en se donnant un chef, avaient retenu une grande part des droits souverains. Ils ne se maintinrent pas dans leur conquête parce qu'ils n'eurent à leur service que des armées féodales, sans cohésion, sans esprit militaire, mal entretenues par les revenus d'un impôt improductif. Pour échapper à la déplorable situation où les avait mis le triomphe de l'esprit féodal, ils n'eurent recours ni à la juridiction royale ni à l'influence ecclésiastique; car ils ne prirent jamais possession de la justice et eurent toujours à compter avec la turbulente indépendance de l'Église.

Ce que nous devons conclure de la présente étude, c'est que la royauté latine n'était munie d'aucun des organes nécessaires à sa croissance. Elle tomba, et le royaume latin avec elle, parce qu'elle ne fut soutenue par aucun allié intéressé à combattre le régime féodal et à fonder dans l'État la centralisation administrative.

FIN

APPENDICE

ROIS DE JÉRUSALEM

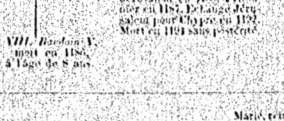

INDEX

DES NOMS DE PERSONNES ET DE LIEUX

A

Abou-Bekr-Yakout, marchand de Damas, 246.
Aboulféda, historien arabe, 29, 39.
Abou-Meraçen, historien arabe, 39.
Acindyn, archevêque de Bethléem, 312.
Acre (Saint-Jean d'), 21, 34, 76, 77, 78, 83, 139, 159, 161, 171, 219, 224, 230, 236, 247, 249, 254, 258, 271, 291, 295, 303, 304, 308, 316, 348, 358, 379.
Acropolite (Georges), 24.
Adèle, comtesse de Sicile, femme de Baudoin I°r, 138.
Adonis, fleuve, 81.
Agnès d'Édesse, femme d'Amaury Ior, 10.
Aicardo, doyen du Saint-Sépulcre, 312.
Ain-el-Marel, localité, 230.
Aintab, prélatik, 80.
Albert d'Aix, historien latin, 8, 11, 13, 14, 15.
Alep, principauté, 77, 79, 98.
Alexandre III, pape, 315.
Alexandre IV, pape, 255.
Alexandrette, golfe, 79.
Alix de Champagne, fille de la reine de Jérusalem Isabelle Ire, 98, 126, 165.
Aloys Cornet, jurisconsulte chypriote, 55.
Alphonse IX, roi de Léon, 152.
Amadi (François), chroniqueur italien, 21, 22.
Amaury Ier, roi de Jérusalem, 3, 10, 40, 42, 107, 113, 120, 126, 132, 134, 143-145, 156, 161, 163, 175, 181, 207, 218, 221, 228, 232, 244, 246, 259, 260, 267, 291, 292, 298, 316, 338, 343, 366.
Amaury II de Lusignan, roi de Jérusalem, 49, 50, 113, 121, 122, 150, 180, 316, 366.
Amaury, patriarche d'Antioche, 87.
Amaury, patriarche de Jérusalem, 333, 341, 358.
Amida, ville, 80.
Andronic, général grec, 175.
Antioche, 8, 13, 23, 26, 73, 78, 79, 80, 81, 85, 87, 89, 92, 98, 101, 211, 213, 218, 263, 331, 362.
Apamée, ville, 80.
Aquapendente, comté, 314.
Arcas, localité, 91.
Arnoul de Rœux, chancelier, archidiacre de l'église du Sépulcre et patriarche, 321, 333, 340, 342, 343, 346, 359.
Arsur, ville, 76, 180, 291, 293.

INDEX DES NOMS DE PERSONNES ET DE LIEUX.

ARTÉSIE, ville, 81.
ASCALON, ville, 9, 78, 83, 174, 218, 221, 291, 293.
ASSÉBÈBE, ville, 291, 291.
AYMARD DE CÉSARÉE, comte, 119.
AZOTH, ville, 78.

B

BACHELIER, bourgeois de Jérusalem, 273.
BASILE, historien arménien, 26, 211.
BAUDOIN Ier, roi de Jérusalem, 8, 9, 15, 19, 40, 75, 76, 77, 95, 97, 103, 107, 108, 109, 130, 131, 136-140, 144, 146, 153, 156, 163, 164, 174, 180, 203, 219, 296, 314, 332, 342, 350, 351, 352, 353, 354, 355, 366.
BAUDOIN II, roi de Jérusalem, 8, 9, 15, 19, 40, 75, 77, 87, 88, 91, 92, 93, 96, 98, 104, 107, 111, 112, 125, 140-144, 146, 155, 163, 244, 246, 253, 254, 255, 273, 303, 333, 336, 337, 338, 342, 356, 358, 366.
BAUDOIN III, roi de Jérusalem, 42, 54, 75, 77, 79, 87, 88, 89, 93, 94, 96, 99, 107, 113, 122, 125, 131, 143-145, 155, 158, 179, 182, 244, 254, 259, 337, 338, 344, 343, 358.
BAUDOIN IV, roi de Jérusalem, 3, 54, 99, 107, 125, 126, 145, 146, 147, 158, 163, 181, 218, 256, 273, 333.
BAUDOIN V, roi de Jérusalem, 40, 111, 120, 121, 145.
BAUDOIN, archevêque de Césarée, 342.
BAUDOIN, comte de Marasch, 26, 214.
BAUDOIN, empereur, 24.
BAUDRY, historien latin, 8, 11, 13, 14.
BÉATRIX, comtesse d'Edesse, femme de Josselin II, 94.
BEHA-EDDIN, historien arabe, 32.
BÉLINAS, ville, 291, 310.
BELVOIR, forteresse, 226.
BENDOCDAR, sultan d'Égypte, 78.
BÉRANGÈRE DE CASTILLE, fille d'Alphonse IX, roi de Léon, et femme de Jean de Brienne, 152.
BERNARD, trésorier de l'abbaye de Corbie, 17, 18, 20.
BERTIN, bourgeois de Jérusalem, 273.
BERTRAND, fils de Raymond de Toulouse, comte de Tripoli, 77, 86, 95, 99.
BÉRYTE, ville, 77, 81, 219, 244, 271, 291, 295, 303, 310.
BESSAN, ville, 291, 310.
BETHLÉEM, ville, 158, 161, 314, 333, 342.
BETHSERET, archevêché, 310.

BIBLIOS, ville, 7, 81.
BLANCHE-GARDES, localité, 291.
BOÉMOND Ier, prince d'Antioche, 73, 319, 351.
BOÉMOND II LE JEUNE, prince d'Antioche, 88, 91, 92, 96, 98, 101.
BOÉMOND III, prince d'Antioche, 99, 102, 213, 232.
BOÉMOND VI, prince d'Antioche et comte de Tripoli, 244, 267.
BOSTRA, ville, 239.
BRIENNE (ISABELLE DE), fille de Jean de Brienne, et femme de l'empereur Frédéric II, 152- 321.
BRIENNE (JEAN DE), roi de Jérusalem, 114, 120, 122, 135, 150-153, 176, 244, 321, 366.
BURSEQUIN, chef turc, 218.

C

CAIPHE, ville, 76, 254, 291.
CALAMAN DE CILICIE, 213.
CALIXTE II, pape, 340.
CAPHARDA, ville, 81.
CAYMONT, ville, 291.
CÉSARÉE, ville, 76, 78, 81, 219, 239, 254, 291, 310, 329, 333, 342.
CHACO, localité, 239.
CHARLES Ier d'Anjou, roi de Sicile, 117.
CHASTEL-ENSAUT, forteresse, 337.
CHASTEL-ROUGE, forteresse des Hospitaliers, 226.
CHÂTEAU DU ROI, ville, 291.
CHIEN (fleuve du), 82.
CINNAME (JEAN), historien grec, 24.
COMNÈNE (ALEXIS), empereur grec, 302.
COMNÈNE (ANNE), fille d'Alexis, 23.
COMNÈNE (MANUEL), empereur grec, 78, 94, 113, 135, 175.
CONRAD III, empereur d'Allemagne, 20, 337, 358.
CONRAD, fils de Frédéric II, 128.
CONRAD, marquis de Montferrat, 121, 146, 149, 303, 321.
CONSTANCE, princesse d'Antioche, fille de Boémond II, femme de Raymond de Poitiers, 39.
CORICE, ville, 80.
COURÇON, cardinal, 176.
CRAC, forteresse, 82, 83, 131, 226, 239, 291, 294.
CURDES. Voir CRAC.

D

DAIMBERT, patriarche de Jérusalem, 109, 333, 346-355.

INDEX DES NOMS DE PERSONNES ET DE LIEUX. 375

Damas, ville, 29, 71, 79, 83, 93, 239, 240, 337.
Damiette, ville, 176.
Dandolo (André), 21.
Darum, forteresse, 82, 207, 218, 239, 291.
Djebel-Esch-Scheik, montagne, 212.
Dubois (Pierre), écrivain, avocat des causes ecclésiastiques au bailliage de Coutances, 22.
Ducas, chef de troupes auxiliaires grecques, 218.

E

Ebremar, patriarche de Jérusalem, 340, 355, 356.
Édesse, 25, 73, 78, 79, 80, 84, 85, 90, 92, 94, 96, 101, 211, 263, 362.
Ekkehard, historien latin, 12, 14.
Ela, port de la mer Rouge, 82, 84.
El-Aini, historien arabe, 30.
Emad-Eddin, secrétaire de Saladin, 46.
Ernoul, chroniqueur, 17, 18, 19, 20, 22.
Esdraélon (plaine d'), 239.
Estéfanie, fille de Livon, roi d'Arménie, et femme de Jean de Brienne, 152.
Étienne, patriarche de Jérusalem, 356-357.
Eude de Montbéliard, connétable, 170.
Eude de Saint-Amand, vicomte de Jérusalem, 282.
Eustache, comte de Boulogne, 111.
Eustache Garnier, seigneur de Césarée et régent du royaume de Jérusalem, 125, 126, 127, 155, 281.

F

Florio Bustron, notaire et historien de l'île de Chypre, 56.
Forbies, localité, 239.
Foucher de Chartres, historien latin, 8, 9, 11, 12, 13, 14.
Foucher, patriarche de Jérusalem, 357, 358.
Foucher, archevêque de Tyr, 308.
Foulque, roi de Jérusalem, 74, 75, 77, 87, 89, 92, 94, 100, 104, 107, 112, 113, 122, 125, 132, 142-143, 155, 156, 161, 170, 242, 244, 312, 337, 358, 366.
François Alton, jurisconsulte chypriote, 53.

Frédéric Ier, empereur d'Allemagne, 20.
Frédéric II, empereur d'Allemagne et roi de Jérusalem, 115, 123, 126, 127, 153, 154, 168-170, 261, 301, 321, 359.
Frédéric, évêque d'Acre, 312.

G

Gadres, localité, 239.
Galilée, principauté, 83, 291, 294.
Garnier de Gray, comte, 349.
Gaultier, chancelier et historien latin, 8, 12, 13, 14, 15.
Gaufridus Acus, bourgeois de Jérusalem, 212.
Gaza, ville, 230, 239, 295.
Geoffroy le Tort, jurisconsulte, 49, 50.
Gérard de Pui, camérier du roi Amaury Ier, 156.
Gérard de Sidon, seigneur du royaume de Jérusalem, 291, 292.
Gerbert d'Assaly, grand maître de l'Hôpital, 232.
Ghazir, ville, 81.
Gibelin, patriarche de Jérusalem, 340, 355.
Gibelin, forteresse, 226.
Giblet. Voir Biblios.
Girard, camérier de Baudouin Ier, 156.
Girold, patriarche de Jérusalem, 359.
Godefroy de Bouillon, 8, 19, 38, 39, 40, 41, 43, 47, 48, 49, 52, 53, 73, 75, 76, 107, 108, 109, 111, 129, 130, 135-136, 139, 146, 156, 160, 162, 170, 171, 180, 244, 261, 277, 278, 279, 290, 295, 296, 303, 314, 331, 338, 345, 348, 349, 366.
Gormond, patriarche de Jérusalem, 336, 340, 356.
Goscelin, camérier de Foulque, 156.
Grand-Gérin, localité, 239.
Grégoire-Bar-Hébréus, évêque d'Orient, 330.
Grégoire Don'a, auteur arménien, 25, 213.
Grégoire le Prêtre, auteur arménien, 25, 212.
Grégoire VII, pape, 8, 317, 319.
Grégoire IX, pape, 301.
Guibert de Nogent, historien latin, 13, 14, 15.
Guillaume de Beaujeu, grand maître du Temple, 229.
Guillaume de Bures, seigneur de Ti-

bériade et régent du royaume de Jérusalem, 125, 155.
GUILLAUME DE CHATEAUNEUF, grand maître de l'Hôpital, 230.
GUILLAUME JOURDAIN, comte de Tripoli, 95.
GUILLAUME, messager de Baudoin Ier, 219.
GUILLAUME DE NANGIS, historien, 21.
GUILLAUME, patriarche de Jérusalem, 309, 358.
GUILLAUME DE QUEVILLIER, seigneur de Terre-Sainte, 312.
GUILLAUME SIMÉON, bourgeois de Jérusalem, 273.
GUILLAUME, prieur du Sépulcre, archevêque de Tyr, 342.
GUILLAUME, archevêque de Tyr et historien, 1-12, 17, 19, 158, 216, 319, 322-324, 343.

H

HADRIEN IV, pape, 226, 341.
HAMAH, ville, 32.
HARENC, localité, 213.
HATAB, ville, 80.
HENRI IV, empereur d'Allemagne, 8.
HENRI II, roi de Chypre et de Jérusalem, 153.
HENRI, comte de Champagne, 121, 146, 150, 179-180.
HENRI LE BUFFLE, gentilhomme champenois, 10, 162, 203, 205.
HÉRACLIUS, patriarche de Jérusalem, 322, 339.
HERMAN DE PÉRIGORD, grand maître du Temple, 230.
HIÉRAPOLIS, ville, 80.
HONORIUS III, pape, 111.
HUGOLIN BOZACHARIE, consul pisan d'Acre, 304.
HUGUE Ier, roi de Chypre, 341.
HUGUE II, roi de Chypre, 115.
HUGUE III, roi de Chypre et de Jérusalem, 114, 115, 116, 133, 133, 134, 171, 188, 189, 190.
HUGUE IV, roi de Chypre, 55.
HUGUE D'ANTIOCHE, 168.
HUGUE DE BRIENNE, 168.
HUGUE DE CÉSARÉE, 10.
HUGUE DE JAFFA, 170.
HUGUE DE PAYNS, 66.
HUGUE PLAGON, 17.
HUGUE DE SAINT-OMER, 155.
HUGUE, duc de Toscane, 318.
HUMFROY III de Toron, 120, 121, 248, 321.

I

IBELIN, localité, 294.
IBELIN (BALIAN D'), 17, 18, 273.
IBELIN (JEAN D'), comte de Jaffa et d'Ascalon, 43, 49, 50, 51, 58.
IBELIN (JEAN D'), seigneur de Béryte, 168, 169, 264, 303.
IBN AL-ATHIR, historien arabe, 31, 34.
IBN-DJOBAIR, historien arabe, 33, 34, 35, 236, 237.
IBN-EL-DJEUZI, historien arabe, 33.
IBN-KHALLICAN, historien arabe, 33.
INNOCENT II, pape, 308, 309.
INNOCENT III, pape, 120, 316, 341.
ISABELLE Ire de Jérusalem, 115, 120, 121, 126, 248, 321.
ISABELLE, fille de Jean de Brienne et femme de Frédéric II, 114, 123, 152.

J

JACQUES DE MAILLÉ, maréchal du Temple, 230.
JACQUES DE VITRY, historien latin et évêque d'Acre, 12, 14, 15, 319.
JAFFA, ville, 75, 83, 126, 291, 293, 295, 318, 356.
JEAN DE NORES, comte de Tripoli, 55.
JEAN Ier, roi de Chypre, 153.
JEAN, seigneur de Césarée, 247.
JEAN D'YPRES, 21.
JÉRICHO, ville, 219.
JOSAPHAT (abbé et abbaye), 255, 311, 315.
JOSSELIN Ier, comte d'Édesse, 91, 96, 105, 212.
JOSSELIN II LE JEUNE, comte d'Édesse, 94, 96.

K

KELAOUN, sultan d'Egypte, 229.
KEMAL-EDDIN, historien arabe, 33.
KHALIL-ASCHRAF, sultan d'Egypte, 78.
KORIOBRET, forteresse, 125, 212.

L

LAMBERT, chapelain, 158.
LAODICÉE, ville, 80, 350.
LARIS, localité, 82.
LATINE (abbé de la), 311.
LÉON II, roi d'Arménie, 26, 330.

LÉON III, roi d'Arménie, 229.
LIBAN, montagne, 77, 211.
LIDDE, ville, 294, 337.
LIVON, prince d'Arménie, 152, 232.
LOUIS VII, roi de France, 26, 98, 99, 337, 358.
LUSIGNAN (GUY DE), roi de Jérusalem, 18, 98, 120, 122, 125, 127, 128, 132, 143, 157-159, 218, 219, 230, 244, 275, 303, 304.
LUSIGNAN (AMAURY DE). Voir AMAURY II.
LUSIGNAN (MÉLISENDE DE), 115.
LUSIGNAN (PIERRE DE), 53.
LYCUS, fleuve, 81, 83.

M

MALATIA, pachalik, 80.
MALDUC, sultan de Mossoul, 138.
MALEK-EL-MANSOUR, sultan d'Égypte, 78.
MANASSIER, connétable de Baudoin III, 179.
MARACLÉE, port, 80.
MARASCH, pachalik, 80.
MARGAT, forteresse, 80, 92.
MARIE D'ANTIOCHE, prétendante à la couronne de Jérusalem, fille de Boémond IV, prince d'Antioche, et de Mélisende de Lusignan. 114, 115, 116, 117.
MARIE, fille d'Isabelle Ire et de Conrad de Montferrat, femme de Jean de Brienne, 118, 119, 120, 122, 152.
MARINO SANUTO, noble vénitien, 22.
MARGAT, forteresse des Hospitaliers, 226.
MARKAB, ville, 30, 231.
MARRAH, place forte, 212.
MARRUS, forêt, 80.
MARSILIO GIORGIO, bailli vénitien, 256.
MATTHIEU D'ÉDESSE, historien arménien, 25, 212, 319.
MATHIEU PARIS, historien, 21.
MATHILDE, comtesse de Toscane, 357.
MAURICE, cardinal et légat du Saint-Siège, 353.
MÉLISENDE, fille de Baudoin II et femme de Foulque, 96, 112, 113, 122, 125, 155, 156, 179.
MESRUB, Arménien agrégé à l'Ordre des Templiers, 215.
MICHEL LE SYRIEN, patriarche jacobite d'Antioche, 26, 330.
MONT-DE-SION (abbé et abbaye), 311, 315.
MONT-FERRAND, forteresse, 82, 100.
MONT-OLIVET (abbé du), 311.

MONTRÉAL, forteresse, 77, 83, 131, 294, 294.
MONT-SINAÏ (évêque du), 310.
MONT-THABOR (religieux du SAUVEUR DE), 228, 255.
MOREL, secrétaire du patriarche Daimbert, 330.
MOSSOUL, principauté, 31, 34, 77, 79, 318.

N

NAHR-EL-MAMELTEIN, fleuve, 81, 82, 84.
NAPLOUSE, ville, 83, 159, 163, 219, 273, 274, 294, 317.
NASR-IBN-KAOUWAM, marchand musulman, 236.
NAZARETH, ville, 159, 294, 329, 333.
NICÉTAS CHONIATE, historien grec, 24.
NICOLAS, camérier de Baudoin III, 156.
NICOSIE, ville, 55.
NISIBE, ville, 80.
NOTRE-DAME LA GRANDE (abbesse de), 311.
NOUREDDIN, sultan de la dynastie des Atabecs, 31, 33, 181, 213, 215.

O

ORFA, pachalik, 80.
ORANTO, comté, 314.
ORONTE-MÉHEN, fleuve, 80.

P

PANÉADE (forêt de), 251, 252, 259.
PANÉAS, place forte, 77.
PAQUE DE RIVERY, courtisane, 322.
PASCAL II, pape, 332, 340, 342, 353.
PÉLAGE, légat du Saint-Siège, 176.
PÉLERINS (château des), 82.
PÉTRA, ville, 310.
PHILIPPE Ier, roi de France, 335.
PHILIPPE-AUGUSTE, roi de France, 21, 119, 120, 198, 327.
PHILIPPE DE NOVARE, 43, 49, 50, 51, 58.
PHOCAS (JEAN), historien grec, 24.
PIERRE, archevêque de Tyr, 343.
PONS, comte de Tripoli, 86, 87.
PORCEL, bourgeois de Jérusalem, 273.

Q

QUARTAPIERT. Voir KORTOBRET.

R

RABATH. Voir PETRA.
RAMES, ville, 291.
RAMLA, ville, 76.
RAOUL, chancelier de Baudoin III, 87, 158, 343.
RAOUL DE CAEN, historien latin, 12, 14.
RAOUL DE COGGESHAL, historien, 46, 47.
RAOUL DE TIBÉRIADE, jurisconsulte, 49, 50.
RAVENDEL, ville, 80.
RAYMOND II, comte de Tripoli, 88, 98.
RAYMOND III, comte de Tripoli, 98, 99.
RAYMOND, comte de Tripoli, fils de Boémond III, prince d'Antioche, 213, 232.
RAYMOND DE POITIERS, prince d'Antioche, 89, 96, 98, 101, 102.
RAYMOND D'AGILES, historien latin, 8, 9, 11, 12, 14.
RAYMOND DE TOULOUSE, 350.
RENAUD DE CHATILLON, prince d'Antioche, 87, 88, 89, 92, 102.
RENAUD MASSUER, seigneur de Margat, 92.
RESAINA, 80.
RICHARD I", roi d'Angleterre, 21.
RICHARD FILANGIER, maréchal de l'empereur Frédéric II, 168, 169, 264.
RISHANGER, continuateur de Mathieu Paris, 21.
ROBERT GUISCARD, 349.
ROBERT LE MOINE, historien latin, 12, 13, 14.
ROGER D'ANTIOCHE, 213.
ROGER II, roi de Sicile, 302.

S

SABON, maréchal sous Baudoin II, Foulque et Baudouin III, 155.
SAINT-ABRAHAM, localité, 131, 291, 293.
SAINTE-ANNE (abbesse de), 311.
SAINTE-MADELEINE, de Messine, 65.
SAINT-LADRE (abbesse de), 311.
SAINT NERSÈS DE LAMPRON, archevêque de Tarse, 26, 330.
SAINT NERSÈS SCHNORHALI, patriarche arménien, 25, 213.
SAINT-SAMUEL (abbé de), 311.
SAINT-SÉPULCRE (prieur du), 42, 311.
SAJETE. Voir SIDON.
SALADIN, 16, 32, 33, 34, 40, 45, 46, 47, 98, 163, 181, 213, 218, 221, 229, 230, 231.
SANGUIN, sultan d'Alep, 96, 98.
SAPHET, ville, 78.
SAPHORIE (fontaine de), 181.
SAPINOIE (forêt de la), 241.
SCANDÉLION (forteresse), 77, 291.
SÉBASTE (évêque de), 310.
SÉVÉREK, pachalik, 80.
SIBYLLE, fille d'Amaury I" et femme de Guy de Lusignan, 120, 121, 122, 123, 148, 149, 275.
SIDON, ville, 77, 83, 159, 219, 271, 291, 294, 295, 303, 308, 310.
SIMON DE MONTFORT, régent au nom de Frédéric II, 127.
SIRACON, général de Nouraddin, 207, 218.
SOVANA, comté, 314.
STÉPHANIE DE SAINTE-MARIE-MAJEURE (abbesse de), 10.
STRABULON, camérier de Godefroy, 156.

T

TABARIE (terre de), 210.
TANCRÈDE, prince d'Antioche, 7, 15, 95, 97, 346.
TARSE, ville, 26, 80.
TAURUS, montagne, 81.
TEMPLE (abbé du), 311.
THÉODORA, nièce de l'empereur Manuel et femme de Baudouin III, 113.
TIBÉRIADE, ville, 7, 18, 76, 148, 218, 219, 230, 275, 303, 310.
TORON, forteresse, 77, 291.
TOROS I", roi d'Arménie, 212.
TOROS II, 213, 218.
TOUR DE DAVID, 214, 348, 349.
TRIPOLI, 77, 78, 79, 80, 81, 82, 84, 85, 90, 101, 211, 239, 254, 263, 271, 362.
TUERUF, historien latin, 12, 13, 14.
TULUPA, ville, 80.
TURBESSEL, ville, 80, 92, 93.
TYR, ville, 34, 77, 83, 119, 159, 161, 221, 271, 291, 295, 303, 310, 318, 329, 333, 336, 337, 343.

U

URBAIN II, pape, 347.

V

VALÉNIE, port, 80.

TABLE DES MATIÈRES

Préface..	vii
Introduction. Les Documents.............................	1
I. Les œuvres historiques. — Historiens occidentaux, grecs, arméniens, arabes.................................	1
II. Les textes législatifs................................	36
III. Les chartes...	61

CHAPITRE I
ÉTAT DU ROYAUME LATIN

I. État géographique................................	73
II. État politique. — Rapports de la royauté avec la haute féodalité. — Action du pouvoir central sur les grands feudataires : droits et devoirs de la royauté. Mesure dans laquelle les grands feudataires échappent à l'action du pouvoir central............	84

CHAPITRE II
NATURE ET CARACTÈRES ESSENTIELS DE LA ROYAUTÉ

I. De la transmission du pouvoir royal. — Lutte entre le principe d'élection et le principe d'hérédité.........................	106
II. Droits des femmes en matière de successibilité. — Régence...	118
III. Grandeur apparente mais faiblesse réelle de la royauté. — Les titres portés par les rois ; leur costume. — Portrait des princes	

latins. — Leur cour. — Prédominance de la Haute Cour et droits des feudataires limitant l'étendue de la puissance royale.. 128

CHAPITRE III

LE SERVICE MILITAIRE

I. Autorité militaire du roi. — Le roi chef suprême de l'armée. — Les grands officiers de la couronne. — Convocation des armées : mode de convocation, lieu de réunion, les banniers. 173

II. Le service féodal. — Devoirs réciproques du vassal et du suzerain. — Devoirs du vassal. Tout homme qui doit le service de corps est astreint sur la réquisition de son seigneur à se présenter à cheval et en armes. La durée du service à l'armée. Si le service est exigible hors du royaume comme dans le royaume. — Devoirs du suzerain. Maintenir le fief. Remettre à son possesseur le fief pris par les Sarrasins. La solde. Le restor... 182

III. De quelques usages qui semblent compliquer les relations féodales et par suite les obligations relatives au service féodal. — Celui qui autorise le partage du fief entre plusieurs héritiers. — Celui qui permet au vassal de prêter, sans mentir sa foi, hommage à deux seigneurs. — Celui qui permet aux femmes de tenir et d'acheter des fiefs. — Celui qui permet aux ecclésiastiques de posséder des fiefs. Service féodal de l'Église... 197

IV. Comment on supplée à l'insuffisance du service féodal. — Vassaux soldés. Fiefs de soudée permettant de prendre à solde des troupes étrangères d'origine occidentale et indigène : Syriens, Maronites, Arméniens. — Les milices communales. — Effectif de l'armée des princes latins. — Marine........ 205

V. Les ordres du Temple et de l'Hôpital. — Organisation. — Rôle joué en Orient... 222

CHAPITRE IV

ORGANISATION FINANCIÈRE

I. Situation matérielle de la royauté. — Les revenus de la couronne.. 233

II. Organisation du trésor royal. — Administration financière.... 250

III. Insuffisance des impôts. — Nécessité où se trouvent les rois de recourir à des expédients pour combler le déficit toujours croissant... 253

CHAPITRE V

LE POUVOIR JUDICIAIRE

I. Justice royale. — Haute Cour. Le roi en apparence chef de la justice. Comment les liges réunis dans la Haute Cour sont les juges véritables alors que le roi n'est que l'exécuteur des arrêts de la Haute Cour. — Cour des Bourgeois. Comment la classe des bourgeois a conquis son rang dans la hiérarchie sociale. La question des origines de la Cour des Bourgeois. Composition de la Cour. Ses attributions.............. 261

II. Justice seigneuriale. Les Cours des seigneurs et leurs rapports avec la Cour royale.. 290

III. Juridiction commerciale et maritime. — Cours de la Fonde. Cours de la Chaîne. Consulats...................................... 295

CHAPITRE VI

LA ROYAUTÉ ET LE CLERGÉ

I. Organisation de l'Église latine. — Sa hiérarchie. — Sa souveraineté territoriale. — Sa juridiction. — Ses relations avec le clergé indigène.. 307

II. Rapports des rois avec l'Église. — Comment l'Église exerce son autorité sur l'État. — Quelle est l'action du prince sur l'Église. — Démêlés entre rois et patriarches........................... 331

CONCLUSION GÉNÉRALE.. 361

APPENDICE.. 370

INDEX DES NOMS DE PERSONNES ET DE LIEUX.. 373

Coulommiers. — Imp. PAUL BRODARD.

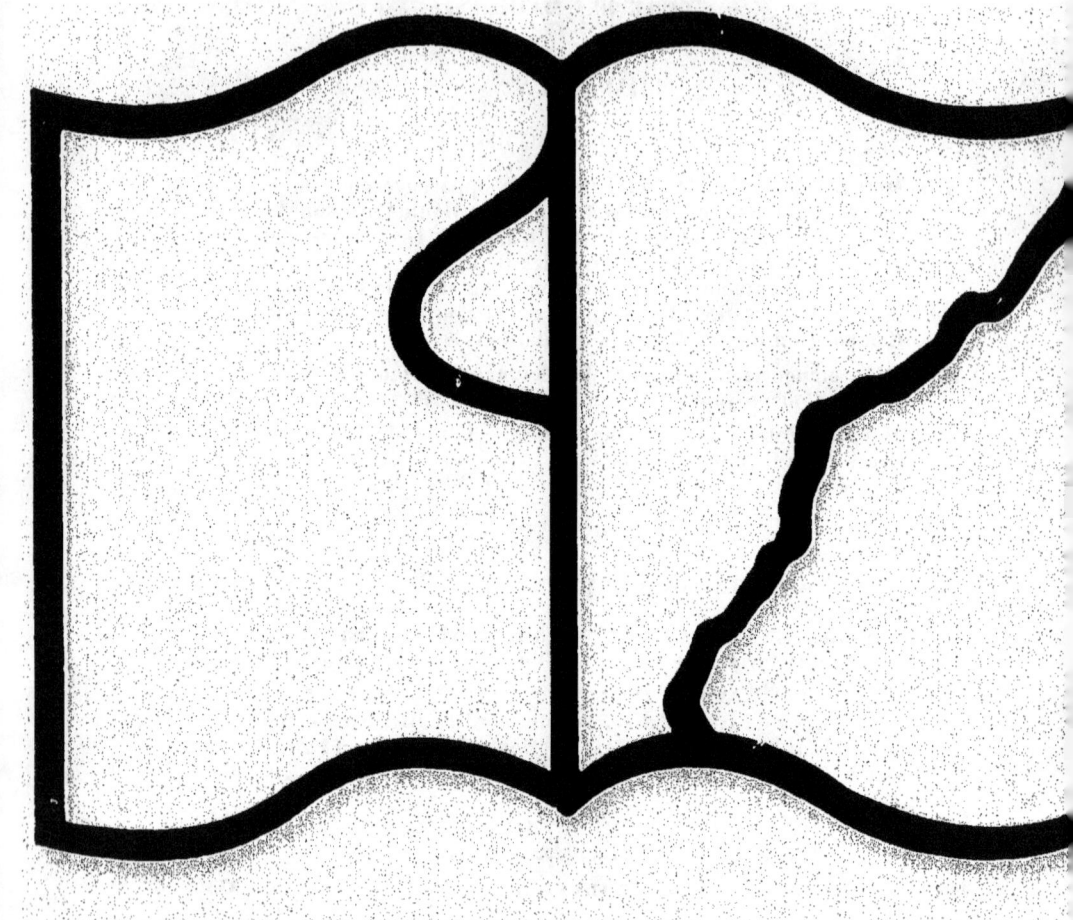

Texte détérioré — reliure défectueuse

NF Z 43-120-11

www.ingramcontent.com/pod-product-compliance
Lightning Source LLC
Chambersburg PA
CBHW050420170426
43201CB00008B/474